ポスト・ケインズ派経済学

Post Keynesian Economics

マクロ経済学の革新を求めて

In Quest for an Alternative Macroeconomic Theory

Naoki Nabeshima
鍋島直樹 著

名古屋大学出版会

ポスト・ケインズ派経済学

目　　次

序　章　正統派経済学への挑戦 …………………………………… 1

1　本書の目的　1
2　経済学史というアプローチ　3
3　ケインズ経済学の興隆と退潮，そして再生へ　9
4　本書の構成　17

第 I 部　ポスト・ケインズ派経済学の歴史と現状

第 1 章　ポスト・ケインズ派経済学の史的展開 ………………… 24
―――ケインズとカレツキの統合に向かって

はじめに　24
1　ポスト・ケインズ派経済学には一貫性があるのか　27
2　ケインズとカレツキの現代的加工　33
3　ケインズ＝カレツキ総合の可能性　39
4　ポスト・ケインズ派経済学の将来　43

第 2 章　ポスト・ケインズ派経済学の方法と理論 ……………… 48

はじめに　48
1　異端派経済学としてのポスト・ケインズ派経済学　49
2　ポスト・ケインズ派の経済理論　59
3　ポスト・ケインズ派経済学の進路　68
補論　日本におけるポスト・ケインズ派経済学　71

第 3 章　ケインズおよびポスト・ケインズ派の経済政策論 ……… 73
―――「投資の社会化」論を中心に

はじめに　73
1　ケインズにおける「投資の社会化」論の展開　75
2　21 世紀のケインジアン経済政策に向けて　82
おわりに　89

第 II 部　ポスト・ケインズ派における貨幣・金融理論の展開

第4章　ポスト・ケインズ派貨幣経済論の回顧と展望 …………… 92

はじめに　92
1　「生産の貨幣理論」に向かって　93
2　貨幣経済における失業の原因　96
3　内生的貨幣供給理論の展開　98
4　内生的貨幣の一般理論　101
5　今日の課題──「ニュー・コンセンサス」への対抗　105

第5章　現代主流派マクロ経済学の批判的考察 ………………… 109
　　　　──「貨幣的分析」の視点から

はじめに　109
1　ニュー・コンセンサス・マクロ経済学の基本的枠組み　112
2　ニュー・コンセンサスに対するポスト・ケインズ派の批判　117
3　「自然利子率」の概念をめぐって　123
おわりに　128

第6章　金融化と現代資本主義 ………………………………… 131
　　　　──新自由主義の危機をどう見るか

はじめに　131
1　アメリカ資本主義の歴史的進化　133
2　金融化とマクロ経済　137
3　新自由主義の危機　141
4　グローバル・ケインジアン・ニューディールに向かって　145
おわりに　149

第 III 部　ミンスキーの金融不安定性理論の可能性

第 7 章　ミンスキーの逆説 ……………………………………154
　　　　　――金融不安定性仮説の射程

　はじめに　154
　1　ミンスキーの投資理論　156
　2　安定性が不安定性を生み出す　160
　3　経済政策の費用と便益　163
　おわりに　166

第 8 章　金融的動学と制度的動学 ………………………………169
　　　　　――ミンスキーの資本主義経済像

　はじめに　169
　1　資本主義経済の金融的動学　171
　2　不安定な経済を安定化する　176
　3　抑止的システムの二面的性格　181
　おわりに　185

第 9 章　金融不安定性仮説の意義と限界 ………………………188
　　　　　――アメリカ・ラディカル派の視角から

　はじめに　188
　1　「ハリネズミ・モデル」の限界　190
　2　新自由主義時代における経済危機の基本的性格　194
　3　世界金融危機をどう解釈するか　200
　4　経済危機の理論の統合に向けて　203

第 IV 部　カレツキと現代経済

第 10 章　カレツキの資本主義経済論 …………………… 208

はじめに　208
1　カレツキによる「一般理論」の発見　212
2　価格と分配の独占度理論　216
3　利潤と国民所得の決定　222
4　投資と景気循環　225
5　完全雇用のための政策とその障害　231
6　カレツキ経済学の可能性　235
補論　カレツキの生涯　238

第 11 章　カレツキのマクロ経済学の核心 …………………… 244
　　　　──「有効需要の理論」の意義と可能性

はじめに　244
1　カレツキの先行性に関する問題　245
2　パティンキンの異議をめぐって　248
3　カレツキの「擬似均衡」モデル　254
4　経済成長の源泉はどこにあるのか　260
おわりに　267

第 12 章　カレツキの経済政策論 …………………… 270
　　　　──完全雇用の政治経済学

はじめに　270
1　カレツキと社会主義　271
2　完全雇用の実現のために　276
3　ケインズ主義との交錯　280
4　資本主義のもとでの永続的な完全雇用は可能か　286
5　カレツキの教訓　292

終　章　ポスト・ケインズ派経済学の課題と展望 …………… 295
　　　1　ケインズ主義から新自由主義へ　295
　　　2　ケインズとカレツキを超えて　299
　　　3　ポスト・ケインズ派経済学の到達点　301
　　　4　現在の危機にどう立ち向かうか　304

参考文献　309
あとがき　333
初出一覧　336
人名索引　337
事項索引　341

序　章

正統派経済学への挑戦

> 現在がやがては歴史になるであろうことは誰でも知っている。社会科学者の最も重要な課題は，現在がまだ現在であるうちに，そしてわれわれがまだその形と結果とを動かしうる力をもっているうちに，それを今日の歴史として把握しようと努めることである，と私は信ずる。
> ──P. M. スウィージー『歴史としての現代』序文より

1　本書の目的

　1980 年代初頭以降，多くの先進資本主義諸国において推し進められてきた新自由主義政策は，雇用の不安定化や所得格差拡大など，さまざまな歪みを経済社会にもたらしてきた[1]。2008 年の世界金融危機は，新自由主義の経済モデルが自らの内にはらんでいた矛盾と限界を露呈するものであった。世界経済を揺るがした深刻な金融危機が勃発して以来，新自由主義批判のうねりが多くの国々で高まっている。約 30 年にわたって資本主義世界における経済政策の大枠を形づくってきた新自由主義も，ようやく終焉のときを迎えようとしているのかもしれない。しかしながら，これからの資本主義がどこに向かうのか，いまだその行方を見通すことはできない。

　このような状況のなかで，経済の不安定性を増大させてきた新自由主義政策の代案となる経済政策の枠組みが強く求められている。それとともに，代替的

---

[1] 新自由主義政策の歴史的・思想的背景，およびその展開については，本章第 2 節 3 で論じる。

な経済政策の理論的基礎として，現代の主流派経済学に取って代わる新しい経済理論を構築することの必要性もますます大きくなっている。こうした社会的および学問的な課題に応えようとする経済学の一つに，ジョン・メイナード・ケインズとミハウ・カレツキを理論的源泉とするポスト・ケインズ派の経済学がある。1970年代半ばに誕生して以来，ポスト・ケインズ派は，代替的な経済理論の構築に向けて全精力を傾けてきた。学説史展望にもとづき，その形成と発展の過程を振り返るとともに，今日的な意義と課題を明らかにしようというのが本書の目的である。

ケインズとカレツキのあいだで理論や方法に多くの相違があるという歴史的背景をも反映して，今日のポスト・ケインズ派は，大きく見ると「ファンダメンタリスト・ケインジアン」と「カレツキ派」の二つの流れに分かれている。さらに細かく分類すると，これに「ミンスキー派」を加えて，三つの流れから成ると見ることもできるだろう[2]。本書は，ケインズ，カレツキ，ミンスキーの原典に折に触れて立ち返りつつ，これら三つの流れをあわせて考察の対象とすることによって，ポスト・ケインズ派経済学の全体像を描き出そうと試みる。さらに，アメリカ・ラディカル派やフランス・レギュラシオン派など，多岐にわたる現代政治経済学の動向に照らしながら，ポスト・ケインズ派経済学の特質を明らかにしてゆく。これらの作業を通じて，現代経済学における位置づけを明らかにすると同時に，ケインズとカレツキの統合へと向かう道を探究する。

さらに言えば，本書の意図は，先行諸研究を幅広く取り上げ，それらを手際よく整理することにあるのではない。本書では，ポスト・ケインズ派の知的基盤を築いたケインズ，カレツキ，ミンスキーのそれぞれの流れを汲む三つのアプローチのすべてを扱っているので，濃淡の差はあれ，ポスト・ケインズ派の

---

2) ポスト・ケインズ派の諸系統については，本書第1章において詳しく説明する。そこでも述べるように，かつてはスラッファ派をポスト・ケインズ派の一つの流れと見なす論者が多かったが，今日では，ポスト・ケインズ派とスラッファ派をそれぞれ独立した互いに異なる学派と見なすことが一般的となっている。たとえばキング（King [2015]）は，ポスト・ケインズ派を，(1)ファンダメンタリスト・ケインジアン，(2)カレツキ派，(3)ミンスキー派，の三つの流れに分類している。

主要な諸学説の多くに何らかのかたちで触れているはずであるが，それらの貢献を網羅的に紹介することを目的としているのではない[3]。そうではなく，経済学史のアプローチにもとづき，ポスト・ケインズ派経済学の核心をなしている諸理論の着想源やその展開過程を究明し，さらに諸理論の背景にあるビジョンや思想を探るとともに，その今日的な意義と将来の展望を明らかにすることを本書はめざしている。

2　経済学史というアプローチ

1）経済学史研究の意義

　しかしポスト・ケインズ派経済学という現代の経済理論を，経済学史の研究対象とすることが可能なのだろうか。もしそれが可能であるとしても，経済学史のアプローチを用いて現代理論に考察を加えることにどのような意味があるのだろうか。こうした疑問をもつ読者も少なからずいることと思うので，経済学史研究の特徴と意義について，ここであらためて考えておきたい。

　経済学史とは，経済学の歴史について研究する経済学の一分野である。したがって経済学史は，おもに過去の経済理論を研究対象としているが，過去の理論だけを対象としているのではない。それは，さまざまな学説の発展を長期的・歴史的な視野から考察し，その特徴と意義，および歴史的・思想的な背景を明らかにしようと試みるものである。現代の理論であっても，このような方法にもとづいて考察を加えることは可能であるから，それは経済学史の研究対象となるのである。じっさいに近年では，経済学史研究の現代化の流れが急速

---

[3] ポスト・ケインズ派経済学の主要な貢献について時代を追って紹介・検討している著作としては，J. E. キングの『1936 年以降のポスト・ケインズ派経済学の歴史』(King [2002]) がある。この著作では，理論・方法・政策の広い領域にわたり，ケインズ『一般理論』の公刊から今日にいたるまでのポスト・ケインズ派経済学の進化について包括的な展望をあたえている。すでに公刊から 10 年以上を経ているが，今日でも一読に値する内容をもっている。

な勢いで進んでおり，ハイエク，フリードマン，ガルブレイスなど，第二次世界大戦後に活躍した経済学者の学説や，さらには一般均衡理論やゲーム理論，現代マルクス経済学などについても，経済学史研究者による多くの成果が生み出されている。

そもそも，経済学史を研究することの意義はどこにあるのだろうか。経済学の歴史，さらに広く社会科学の歴史を学ぶ意義を明快に説いた著作に，内田義彦の『社会認識の歩み』（1971年）がある。彼によれば，われわれ一人ひとりが社会科学的認識を深めてゆくためには，社会科学の歴史における数多くの結節点をあらためてくぐり抜ける必要があるという。

> 人間は胎内で，人類がまさに人類になってきた長い歴史の結節点，結節点を通過しながら個体としての人間になってゆく。そういう意味で個体発生は系統発生を繰返すといわれています。……われわれのなかで社会科学的認識が育ってゆく場合にも，やはり，社会科学の長い歴史の歩みの結節点，結節点を上手に，停滞したり，鳥になったりしないで，くぐりぬけてゆく。過去の学者がそういう作業をしたし，われわれもまた同じ作業をすることが必要だ。意識的にそういう仕方で勉強してゆくことも，一つの仕方としてあるんじゃないかと思うんです。　　　　　　　　　　（内田［1971］76頁）

すなわち，社会科学の歴史において結節点をなしている画期的ないくつかの著作をひもとき，その歴史を追体験することなしには，先人たちの知的遺産を正しく継承し，それを発展させてゆくことができないのである。したがって，「ここまではすでに片付いている，ここからという形で社会の学問は進みません。先に進むためには根本のところをもう一度やりなおさなければならない。というのが社会科学の宿命でもあり面白いところでもあります」（同上，77頁）。

内田の議論は，経済学をはじめとする社会科学の研究に携わる者にとって古典に学ぶことの意味をあらためて教えてくれる。本書が対象としているポスト・ケインズ派経済学について研究しようとする場合にも，その源泉であるケインズとカレツキにさかのぼって，彼らが，先行する諸学説から何を学び，さらに同時代の支配的学説をどのように乗り越え，新しい理論を構築していった

のかを追体験しなくてはならないのだろう。そして、ロビンソンやカルドア、デヴィッドソンやミンスキーといった学派の担い手たちが、その時代においてどのような歴史的課題に直面し、それを解決するためにケインズとカレツキの遺産をどのように継承し、発展させていったのかということを改めて追体験する必要があるのだろう。このように経済理論の研究とは、本来、経済学史のアプローチと切っても切り離すことのできない関係にある。したがって本書は、現代のポスト・ケインズ派経済学を研究の対象としているが、必要に応じてケインズとカレツキの原典に立ち戻り、ポスト・ケインズ派が二人の理論から何を受け継いでいるのかということについて考察を加えることになる。

2）現代経済学と経済学史

　上で見たように経済学史のアプローチは、過去の理論についてはもちろんのこと、現代の理論について研究するうえでも大きな有効性をもっている。さらにそのアプローチは、経済学の過去の遺産を現代に活かすことを可能にしてくれることに加えて、現代を歴史の一局面として捉えることによって、現代の価値基準を絶対視する見方から逃れることを可能にしてくれるという利点をもっている。

　人間は誰しも、その時代その時代の支配的な思想の虜となりがちである。過去には、自由な経済活動を通じて経済社会の発展が追求された時代もあったし、これとは反対に人間の理性と計画による社会の進歩がめざされた時代もあった。そして、それぞれの時代においては、その時々の支配的な思想が自明のものとして受け取られ、ときには人々を熱狂の渦へと巻き込んでいった。時代精神とは、それほどまで強力に人々の思考と行動を支配するのである。しかし、今日の時点から振り返ってみると、それらの思想がそれぞれの時代において支配的なものとなったことには相応の理由があるにせよ、それらはいずれも絶対的に正しいものではなく、社会的・経済的な状況の変化とともに、やがては異なる思想に取って代わられたということが分かる。

　経済学説の発展や変遷を、その歴史的・社会的背景に照らし合わせながら考察するというのが、経済学史の方法である。このような方法を現代経済学に適

用することによって，現代の支配的な学説を支配的なものたらしめている理由が何であるのかを理解するとともに，支配的な学説を相対化して捉えることが可能となる。その時々の時代精神から自らを解き放ち，現代の社会をよりよく理解するためにも，歴史に学び，その流れのなかに現代という時代を位置づけなおす作業が必要となるのである。要するに，「歴史的なものの見方」を身につけることとは，単に過去の出来事や理論・思想についての知識を蓄積するということではなく，長期的な視野でそれらの事象をとらえ，その本質を理解しようとする態度を養うことを意味している。そして，このような歴史的なものの見方にもとづいて経済学を研究する学問分野が，経済学史なのである。

したがって，歴史的な観点から現代の経済学を眺めてみるならば，さまざまな理論の特質と意義をより正しく理解することができるようになるだろう。とりわけ，今日においては異端とされている学説について学ぶことの意味も理解することができるようになる。すなわち，自然科学の場合とは異なり，経済学をはじめとする社会科学においては，いつの時代にも複数の競合的な理論が存在している。そして時代状況に応じて，それらの理論が交互に優勢となったり劣勢となったりしながら，社会科学の歴史が形づくられてきた。そのため，正統派が異端派に転落したり，異端派が正統派に取って代わったりということが，しばしば生じるのである。そうであるとすれば，経済学の新しい展開をはかろうとする際には，異端派の理論に対しても幾らかの目配りを欠かすことができないことになる。

経済学の場合には，さまざまな理論を大きく二つの類型に分類することができるだろう。すなわち一方には，資本主義経済が安定的・調和的な性格をもつと見て，市場機構の自動調整作用に信頼を寄せる考え方がある。このような考え方は，一般に「市場主義」の名で呼ばれている。また他方には，資本主義経済とは本来的に不安定なシステムであるので，理性的な計画や介入によって経済の安定と発展をはかるべきであるという考え方がある。このような立場を，F. A. ハイエクのことばを借りて，ここでは「設計主義」と呼ぶことにしよう。大まかに見れば，古典派経済学や新古典派経済学が市場主義の流れにつらなり，マルクス経済学やケインズ経済学，さらには歴史学派や制度学派の経済学が設

計主義の系譜に属していると言ってよい。そして，これら二つの競合するパラダイムがしばしば攻守ところを変えながら相争うことによって，経済学の歴史が糾われてきたのである。

このように経済学という学問は，不完全な理論がより優れた理論に順次取って代わられるというかたちで単線的に進歩してきたのではない。市場主義のパラダイムが設計主義のパラダイムに取って代わられたのちには，市場主義の考え方が以前よりも頑健な理論的枠組みを備えて復権し，さらにそれに続いて，よりいっそう洗練された設計主義の考え方がふたたび優位になる，という具合に螺旋的な進歩を遂げてきた。したがって経済学の歴史においては，一度は廃れた理論が新しい装いのもとに復活を遂げるということが，往々にして見られる。その時々の正統派の理論が破綻の危機を迎えるときには，それまで異端とされていた理論のなかにパラダイム転換のための糸口が求められることになるからである。いつの時代にも異端派の経済学は，正統派経済学の限界を乗り越え，経済学の新たな地平を切り開いていく潜在力を宿しているのである[4]。

3）歴史としての現代

20世紀の経済学の歴史を振り返ってみると，長いあいだ設計主義の思想が優位を占めていたのち，1970年代以降に思潮の変化が起きたことが分かる。20世紀の後半にいたるまで，社会主義の思想が高い知的威信をもっていたことを反映して，国ごとにいくらかの事情の違いはあるにせよ，マルクス経済学が多くの熱心な共鳴者を集めていた。ケインズの『雇用・利子および貨幣の一般理論』（1936年）は，のちに「ケインズ革命」と呼ばれるほどの大きな衝撃をあたえ，その公刊後，彼の理論は瞬く間に経済学の世界を席巻した。ケインズの経済学も，人間理性と計画によって社会の安定と進歩をめざすという点において，マルクスの思想と一面では通底するところがあった。またアメリカにおいては，T. B. ヴェブレン，J. R. コモンズ，W. C. ミッチェルらによって代表

---

[4] 経済学の歴史を学ぶことが現代経済学についての理解を深めるうえでも有益であることを分かりやすく解説している著作に，三土［1993］第1章，根岸［1997］第1章がある。

され，社会改良主義の立場をとる制度学派が，1920年代から30年代にかけて大きな影響力をもっていた。ともあれ20世紀においては，場所と時期によって異なるかたちを取りながらも，長いあいだ「社会設計の思想」が強い輝きを放ち，多くの人々を惹きつけていたのである。

　ところが1970年代半ば頃を境として，このような歴史の流れが反転することになる。高度経済成長が終焉を迎え，スタグフレーションという未曾有の経済問題が現れると，国家の積極的な介入によって経済の安定化をはかるケインズ主義者の企ては「理性の濫用」にほかならず，できるかぎり多くのことを市場の自由なはたらきに委ねるべきであるとするハイエクの主張が勢いを得ていった。経済学の世界では「ケインズ反革命」の嵐が吹き荒れるようになり，マネタリズム，サプライ・サイド経済学，新しい古典派など，反ケインズ主義の経済学が，さまざまな形をとりながら次から次へと登場した。これに伴い，先進資本主義諸国における経済政策の基調も，政府の役割を重視するケインズ主義から，市場原理への回帰をはかる新自由主義へと転換した。そのもとで，金融市場と労働市場の規制緩和や国営企業の民営化が進められ，民間活力の利用による経済の活性化が試みられた。

　しかしながら，新自由主義政策の成果は必ずしも芳しいものではなかった。緩慢な経済成長が続くと同時に，所得格差拡大と貧困の問題がしだいに深刻さを増していった。新自由主義政策が富裕層や大企業に恩恵をもたらした一方で，勤労大衆の生活を不安定なものにしてきたことは疑いない。それとともに金融システムも不安定化し，たびたびにわたって深刻な金融危機に見舞われた。そして新自由主義的な資本主義の矛盾が頂点に達することによって生じたのが，2008年の世界金融危機である。

　こうして新自由主義の路線それ自体が限界に到達したのであるから，経済政策の根本的な方向転換なしには，安定的な経済成長を望むことができないことになる。市場主義の時代が終焉を迎え，経済問題の解決において国家の役割が重視される時代がふたたび到来しようとしているのかもしれない。しかしながら，ポスト新自由主義時代の資本主義は，まだその明確な姿を現していない。とはいえ，今後の資本主義の姿がどのようなものになるのかは，あらかじめ決

定されているのではなく，われわれ自身の努力と決断とによるところが大きい。あたえられた状況のもとで制約を受けながらも，人間は自らの歴史をつくる力をもっているからである。そして，われわれが現在なしうること（あるいは，なしえないこと）は何かを知るためには，われわれがどこから来て，今どこにいるのかを知らなくてはならない。すなわち，題辞として掲げたスウィージー（Sweezy [1953]）の一文にあるように，現代を歴史の一齣として把握することが必要になる。

　現代の経済理論を経済学史のアプローチにもとづいて研究するのも，経済学の過去を振り返ることによって現在を理解し，その将来を展望しようとするためにほかならない。新自由主義時代が終幕を迎えようとしている今日，経済学においても，設計主義の流れを汲む理論が，以前よりも高度な分析用具を携えて復活することが求められている。そのような理論を構築するためには，自らの分析的枠組みのどこに弱点があるのかを見定め，それを克服するとともに，その枠組みを社会的・経済的状況の変化に対応することのできるよう，さらに洗練していかなくてはならない。そのためには，現代の経済学を歴史の相のもとに捉え直す作業が不可欠となる。

3　ケインズ経済学の興隆と退潮，そして再生へ

1) ケインズ経済学の興隆

　のちに「暗黒の木曜日」と呼ばれることになった 1929 年 10 月 24 日のウォール街での株価暴落を端緒として，世界経済は大恐慌の奈落へと突き進んでいった。多くの国で大量失業が発生し，資本主義経済は存亡の危機に瀕していた。このように深刻な経済危機に際して，伝統的な経済学は適切な診断と処方箋を下すことができなかったため，これに代わって，非自発的失業の発生を説明するとともに，それを克服するための方策を指し示すことのできる新しい経済理論が求められることになった。この課題に応えようとした経済学者の一人が，ケインズである。彼は，1936 年に公刊した『雇用・利子および貨幣の一般理

論』（以下，『一般理論』と略記する場合もある）において，生産と所得の水準が総需要によって決定されることを説く「有効需要の原理」という斬新な考え方を打ち出し，失業が需要の不足によって生じることを明らかにするとともに，雇用を改善するための国家の政策介入に理論的な根拠をあたえた。また，これとほぼ同じ時期に，カレツキも，マルクスの再生産表式分析から出発して，ケインズとは独立に同じ理論に到達していた。分析の枠組みに不完全競争を導入して価値と分配の理論を展開したカレツキの説明は，ある意味においてケインズの理論よりも「真に一般的な理論」であったとジョーン・ロビンソンは述べている（Robinson [1972] p. 4：邦訳 308 頁）。

　ケインズは，1930 年代の大不況を自由放任資本主義の矛盾によるものと考え，それに代わり，財政政策や金融政策を用いた積極的な国家介入によって完全雇用の実現をめざす「修正資本主義」の路線を指し示した。すなわち，非自発的失業，および不平等な所得分配という資本主義経済の顕著な欠陥を取り除くために，「個人主義的資本主義」の枠を超えて解決の道を探ったのである[5]。カレツキもまた，政府の介入によって完全雇用を実現することを唱えていた。公共投資を拡大したり，民間投資を刺激したりするよりも，所得再分配政策によって消費需要を増加させることを強調している点に，カレツキの政策提案の特徴がある。ただし社会主義を奉じていた彼は，資本主義の枠内で持続的な完全雇用を実現する可能性について幾らか懐疑的な見解をもっていた。

　ケインズの経済学は世界中の多くの有能な若手経済学者たちの熱狂的な支持を獲得し，第二次世界大戦後には，さまざまな形でその枠組みの精緻化や拡張が進められた。こうして経済学における「ケインズ時代」が到来した。しかしながら，一口にケインズ経済学と言っても，そこには幾つかの異なる流れが存

---

5) ケインズは，しばしば「個人主義的資本主義」（individualistic capitalism）に対して厳しい批判を加えていた。たとえば，1933 年の論文「国家的自給」では次のように述べている。「退廃した，国際主義的ではあるが個人主義的な資本主義，その手中でわれわれは大戦を経験しており，それは成功していない。それは知的ではない，それは美しくない，それは公正ではない，それは道徳的ではない。そしてそれは，期待にかなうものではない。要するに，われわれはそれを嫌い，軽蔑しはじめている」（Keynes [1933a] p. 239：邦訳 271 頁）。

在する．それらの流れのなかで，戦後経済学の主流をなしたのは，P. A. サミュエルソンをはじめとするアメリカ・ケインジアンによって唱道された「新古典派総合」(neo-classical synthesis) のアプローチであった．それは，ケインズの新しい経済学と伝統的な新古典派経済学との折衷をはかろうとする立場である．その考え方によれば，完全雇用が達成されるまでは財政・金融政策を用いる必要があるが，ひとたび完全雇用が達成されれば，市場機構の自由なはたらきによって最適な資源配分が実現するという．このアプローチにおいては，賃金や価格の硬直性に失業の原因が求められることになる．

　他方で，ケインズの衣鉢を継ぐイギリス・ケインジアンたちは，ケインズ経済学の長期化・動学化の試みを進めていった．R. F. ハロッド，J. ロビンソン，N. カルドアらによって，景気循環や経済成長の理論モデルの構築とその彫琢がさかんに行なわれた．不確実性と期待の役割，所得分配と経済成長の問題，国家の積極的な介入の必要性を重視する点に，彼らのアプローチの特徴がある．彼らは，ケインズとともにカレツキからも大きな影響を受けている．ロビンソンは，新古典派総合のアプローチを，ケインズ理論の核心部分を骨抜きにした「似非ケインズ主義」(bastard Keynesianism) にほかならないと激しく非難した．そして彼女は，新古典派的な枠組みにもとづくケインズ解釈とはきっぱりと手を切って，ケインズの経済学が本来もっていた革命的な見解をよりいっそう徹底していくことによって，未完に終わったケインズ革命を完成させなくてはならないと訴えた．またこれとは独立に，アメリカにおいても，S. ワイントロープ，P. デヴィッドソン，H. P. ミンスキーら少数の経済学者が，ケインズ自身の著作に立ち返ることによって新古典派総合に取って代わる経済理論を構築しようと試みていた．これらの集団は，のちに合わせて「ポスト・ケインズ派」と呼ばれるようになる．

　主流派経済学者たちのあいだで，ケインズの経済学は必ずしも正確に理解されていなかったし，カレツキの経済学にいたってはほとんど無視されていたにせよ，総需要を管理することによって高く安定した雇用水準を維持することが政府の責務であるという考え方は，経済学者たちの間においてばかりでなく，多くの先進資本主義諸国の政府によっても受け容れられた．こうして曲がりな

りにもケインズ主義が戦後の各国政府の政策運営における基調とされ，拡張的なマクロ経済政策によって高水準の雇用が維持されるとともに，これと並行して社会保障制度の整備が進められた。このような国家体制は「ケインズ主義的福祉国家」と呼ばれ，戦後四半世紀に及んだ資本主義の「黄金時代」を先導する役割を果たした。黄金時代のあいだ，先進各国は歴史上かつてない高度経済成長を経験し，これにともない人々の生活水準は著しく向上した。

しかしながら，ケインズ主義的な経済政策運営が戦後期の持続的な経済成長をもたらした社会的・経済的枠組みにおける重要な一支柱をなしていたことは事実であるにせよ，高度経済成長がもっぱらケインズ政策の実践に負うものではないことにも留意しておく必要がある。以下で詳しく見るように，高度成長を生み出した根本的な原因は，協調的な労使関係の確立を背景として，賃金・需要・生産性の水準がともに安定的に上昇したことにある。ケインズ政策が効果的に機能したのも，協調的な労使関係という制度的基礎があってのことであった。したがって，長期に及ぶ経済成長そのものが労使間の対抗関係を激化させることによって資本主義の「黄金時代」の制度的基礎を掘り崩した結果，ケインズ政策もまた，その効力を失うことになったのである。

2）危機から再生へ

戦後期の持続的成長から構造的危機への転換の仕組みを解き明かした理論の一つに，カレツキとカルドアのマクロ経済学に着想を得て展開されたフランス出自の「レギュラシオン理論」がある[6]。それによれば，戦後資本主義においては，団体交渉制度の確立を背景として，労働側がテイラー主義的労働編成（構想と実行の分離，および作業の細分化・単純化を特徴とする労働編成方式）を受

6）レギュラシオン（régulation）とは，「調整」を意味するフランス語である。資本主義経済はさまざまな矛盾や対立に満ちているにもかかわらず，それらがどのように調整されて経済社会の安定性がもたらされるのかというのが，レギュラシオン理論の問題設定である。レギュラシオン理論に関しては，Aglietta [1976]，Boyer [1986] などの古典的著作をはじめ，多くの著作が翻訳出版されている。山田 [1994] は，レギュラシオン理論の分析視角と方法について体系的に解説している基本書である。また宇仁・坂口・遠山・鍋島 [2010] 第13章においても，その理論の概要について簡潔に紹介している。

け容れて生産性上昇に協力する見返りに，経営側は生産性上昇の果実を賃金上昇というかたちで労働側に分配するという労使間の社会的妥協が成立していたという。これによって，生産性の上昇が賃金上昇を通じて需要の増加をもたらす一方で，収穫逓増効果のはたらきを通じて需要の増加が生産性の上昇をうながすという好循環が形成され，生産性と需要とのあいだに累積的因果関係が生み出された。こうして成立した大量生産・大量消費（高生産性・高賃金）の蓄積体制が，「フォーディズム」(Fordism) である。この用語は，ベルトコンベヤーを用いた流れ作業を導入することによって大量生産を実現すると同時に，自動車の大量消費を可能とするために1日5ドルという高賃金政策を採用したヘンリー・フォードによる1910〜20年代の先駆的な試みに由来するものである。

　このように，テイラー主義と生産性インデックス賃金の取引という「フォーディズム的労使妥協」がフォーディズムにおける調整様式の核心をなしていた。このほか，ケインズ主義的な景気安定化政策や，ベヴァリッジの構想に起源をもつ社会保障制度も総需要を刺激するうえで大きな役割を果たした。レギュラシオン学派を代表する理論家の一人であるR. ボワイエの見解によると，自動車にたとえるならば，エンジン装置にあたるのがフォーディズム，エンジン・オイルが社会保障，加速装置がケインズ政策であったとされる。すなわち，経済成長の原動力はあくまでもフォーディズムという蓄積体制にあるのであり，それがあって初めてケインズ政策も正当化される。政策当局は，不況の時期にはエンジンを加速させ，好況の時期には減速させることによって経済の安定化をはかる。しかしそれは経済の微調整の手段であって，エンジンそのものではないことを理解しておかなくてはならない。ともあれ戦後資本主義という自動車は，長きにわたって快調を保ち，疾走を続けたのである（ボワイエ［1990］150頁を参照）。

　しかし，高度成長は永遠のものではなかった。フォーディズムは1970年代以降に構造的危機の局面に入ってゆく。経済成長が減速し，失業率が上昇していくとともに，労働生産性は低下し，インフレーションが加速的に進行するなど，先進各国の経済はかつて経験したことのない困難に見舞われた。当時，スタグフレーションの原因を，ケインズ政策による財政赤字の拡大や，二度の石

油危機に求めようとする議論が支配的であった。しかしそれらは，危機を増幅させた要因であったとしても，その根本的な原因ではない。そもそも，高度経済成長をもたらした原動力がケインズ政策ではなかったのだとすれば，その終焉をもたらした危機の原因をケインズ政策に求めることもできないことになる。それでは，経済危機の原因はどこにあるのか。それは，フォーディズムという蓄積体制それ自体が限界に到達したことにある。

まず，テイラー主義的労働編成のもとで生産性上昇を確保することが困難になった。テイラー原理のいっそうの推進は，労働の細分化・断片化・無内容化を進めることになり，これは，労働者の疲労，労働意欲の低下，ひいては労働者の抵抗を招いた。こうした労働編成の危機によって需要の増加が生産性の上昇につながるという回路が切断され，生産性危機が勃発したのである。これとともに，持続的な高雇用状態のもとで賃金上昇圧力が高まり，利潤圧縮が発生した。とくに1960年代末以降には，「賃金爆発」と呼ばれる急速な賃金上昇が生じた。これによって生産性上昇益の分配機構も変調をきたし，生産性インデックス賃金が再審に付される。すなわち，収益性危機が引き金となって労使妥協の危機がもたらされたのである。これらの結果，フォーディズムのもとで成立していた生産性と需要のあいだの好循環の構図が崩壊した。

要するに，1970年代に先進資本主義諸国を襲った経済危機とは，フォーディズムの構造的危機にほかならない。それは，生産性危機（労働編成の危機）と収益性危機（労使妥協の危機）とが折り重なって生じたものであり，需要サイドの危機ではなく供給サイドの危機であった。したがってそれは，ケインズが格闘していた1930年代の需要危機とは全く性格が異なるものである。それゆえ，ケインズ主義的な総需要管理政策では，この危機に対応することができないということになる。自動車のエンジンが故障してしまった以上，アクセルを踏んでも意味がないからである。フォーディズムに代わる新しい蓄積体制の構築が，危機からの脱出のための要件となる[7]。

---

7) レギュラシオン理論と類似した視角にもとづいて，1970年代半ばに始まる先進資本主義経済の長期停滞を分析している理論に，アメリカのラディカル派経済学者たちによっ

こうして1970年代の世界的経済危機に直面して，戦後の経済学において長らく主流派の地位を占めていた新古典派総合は破綻をきたした。その理論はケインズ自身の理論とは似て非なるものであったし，財政政策と金融政策を用いた経済の微調整もケインズが唱えていた政策とは全く異なるものであった。それにもかかわらず新古典派総合の破綻は，ケインズ主義そのものの破綻を意味するものと一般には受け止められた。とはいえ，新古典派総合にかぎらず，従来のケインズ経済学の枠組みでは当時の経済危機を十分に説明することができなかったし，危機に対応するための有効な処方箋を下すことができなかったこともまた事実である。こうしてケインズ経済学は退潮を余儀なくされた一方で，それに代わって様々なかたちの保守派経済学が台頭した。これらの経済学はいずれも，自由市場経済の調整機能に強い信頼を寄せるとともに，ケインズ的な経済安定化政策の有効性を否定するものであった。そして，これらの保守派経済学によってお墨付きをあたえられた新自由主義の路線が，先進各国における経済政策運営の指針とされてゆくことになる。これについては，すでに第2節3で述べたとおりである。

　しかしこの間，ケインズ経済学の再生をめざす試みも着実に進められてきた。ジョーン・ロビンソンは，1971年にアメリカ経済学会において「経済学の第二の危機」と題する講演を行ない，雇用の水準だけでなく，その内容についても説明することのできる経済理論が求められていると訴えた。この講演は大きな反響を呼び，これを一つの契機として，ポスト・ケインズ派という新しい研

て展開されてきた「社会的蓄積構造理論」（SSA理論）がある。資本・労働間における合意の形成とその崩壊に焦点を合わせることによって成長から危機への転化を説明している点において，これら二つのアプローチは共通している。このことから，SSA理論はレギュラシオン理論の「アメリカ版」であるとしばしば指摘される。ただし1970年代の経済危機を供給サイドの危機と見ている点は同じであるものの，レギュラシオン理論においては危機の生産性危機としての側面が，SSA理論においては収益性危機としての側面が，よりいっそう強調されている。SSA理論における初期の代表的な著作には，Gordon, Edwards and Reich [1982]，およびBowles, Gordon and Weisskopf [1983] がある。鍋島 [2014] は，SSA理論の基本的枠組みと，その生誕から近年にいたるまでの展開について紹介と検討を行なっている。

究集団が形成された。そして今日にいたるまで，理論・実証・政策の各領域において多くの研究成果が生み出されている。主な成果としては，カルドアらの内生的貨幣供給理論，ミンスキーの金融不安定性仮説，デヴィッドソンの貨幣経済理論などが，よく知られている。これらの理論はいずれも，資本主義経済の不安定性に焦点を合わせ，適切な政策介入の必要性を主張するものである。とくに，資本主義経済は金融不安定性という内在的な欠陥をもつと説くミンスキーの理論は，2007年のサブプライム危機のさいに一躍脚光を浴びた。

　ポスト・ケインズ派は，ケインズとカレツキによって発見された「有効需要の理論」を軸とする代替的な経済理論の構築を目標としている。自由放任の資本主義経済には十分な総需要をつくり出して完全雇用を保証する機構が備わっていないというのが，その核心的な主張である。このような視点にもとづき，彼らは，経済の安定化における国家の役割を重視する。頻発する金融危機や所得格差の拡大などを受けて新自由主義政策の限界が叫ばれる今，代替的な経済政策とその理論的基礎を追求してきたポスト・ケインズ派の真価が問われている。

　なお，ケインズ経済学の再生・復活をはかろうとする試みとしては，ポスト・ケインズ派経済学のほかにも，「ニュー・ケインジアン経済学」と呼ばれているアプローチがある。かつての新古典派総合と同じく，ニュー・ケインジアンも賃金や価格の硬直性が失業の原因であると考えている。ただし，新古典派総合の枠組みにおいてはアド・ホックに仮定されていた賃金や価格の硬直性を個別経済主体の合理的な行動によって説明し，マクロ経済学にミクロ的基礎づけをあたえようとする点に違いがある。しかしながら，賃金の硬直性が失業の原因であるというのはケインズの見解ではない。実際にはそれは，ピグーをはじめとする新古典派経済学者たちの見解であった。もし賃金や価格の硬直性がケインズ経済学の本質であるとするならば，「ケインズ革命」なるものは存在しなかったということになる[8]。さらに，合理的期待形成仮説を取り入れる

[8) ケインズは次のように述べて，失業の原因が賃金の硬直性にあると主張するピグーら「古典派経済学者」を批判していた。「古典派理論は経済体系の仮想的な自動調整的性格

とともに，貨幣の長期的中立性を主張するなど，ニュー・ケインジアンの経済学は，その名称とは裏腹に，総じて新古典派的な色彩が強いものである。

4　本書の構成

本書は，全4部から構成されている。各部はそれぞれ三つの章から成っているので，本書は，この序章と終章を含めて14の章をもつ。各部および各章の概要は，以下のとおりである。

第I部「ポスト・ケインズ派経済学の歴史と現状」では，ポスト・ケインズ派の形成・発展の過程を振り返るとともに，現代経済学における存在意義を明らかにしたのち，理論と政策の両面におけるポスト・ケインズ派の基本的枠組みについて紹介・検討する。あわせて，主流派経済学との相違点や，他の異端派の諸潮流との異同についても考察を加える。

まず第1章「ポスト・ケインズ派経済学の史的展開——ケインズとカレツキの統合に向かって」では，ポスト・ケインズ派経済学の歴史を振り返るとともに，その現状と将来について展望する。生誕以来40年のあいだに，ポスト・ケインズ派経済学は，理論・方法・政策の三つの面において枠組みの拡張を進めることによって首尾一貫したアプローチへと進化してきた。今日では，ファンダメンタリスト・ケインジアンとカレツキアンの二つの系統は，総需要の重要性に加えて，所得分配をめぐる社会的コンフリクトの作用，不確実な世界における期待の浮動性，貨幣供給の内生性など，多くの基本的な見解を共有しており，統合への歩みを着実に進めている。

第2章「ポスト・ケインズ派経済学の方法と理論」では，ポスト・ケインズ派の方法と理論における特徴について検討する。まず正統派経済学と異端派経済学を分かつ対立点を明らかにしたのちに，ポスト・ケインズ派は，マルクス

を貨幣賃金の可変性の想定に依存させ，硬直性が存在する場合には，この硬直性に不調整の責めを負わせることを常としてきた」(Keynes [1936] p. 257：邦訳255頁)。

派や現代制度派など，他の異端派経済学の諸潮流と多くの見解を共有していることを確認する。さらにポスト・ケインズ派の独自の特徴として，有効需要の原理を唱えるとともに，貨幣的生産経済・根本的不確実性・歴史的時間という諸概念のあいだの関連に注目していることを指摘する。それに続き，価格形成，貨幣と金融，インフレーションとデフレーション，所得分配，経済成長の五つの領域に焦点を合わせて，ポスト・ケインズ派の経済理論の概要を紹介する。

第3章「ケインズおよびポスト・ケインズ派の経済政策論――「投資の社会化」論を中心に」では，ケインズおよびポスト・ケインズ派の経済政策を俎上に載せ，その内容と意義について考える。ケインズが提唱した「投資の社会化」とは，微調整政策を通じた総需要管理にとどまることなく，長期計画にもとづいて国家が投資量を管理するための政策的・制度的枠組みの構築をめざすものであった。ケインズの構想を受け継ぎ，その現代的な展開をはかるポスト・ケインズ派は，高水準の生産と雇用を達成するためには財政政策を用いるべきであり，インフレ抑制のためには所得政策を導入することが望ましいと主張している。彼らの提案は，今日の主流派マクロ経済学者たちが提唱しているインフレ目標政策に対する明確な代案をなしている。

第Ⅱ部「ポスト・ケインズ派における貨幣・金融理論の展開」は，ケインズの貨幣的経済理論をポスト・ケインズ派の経済学者たちがどのように継承し，発展させてきたのかについて考察する。内生的貨幣供給や金融化などの主題を取り上げ，貨幣と金融に関する諸問題についてのポスト・ケインズ派の見解と新古典派の見解との相違を明らかにする。

第4章「ポスト・ケインズ派貨幣経済論の回顧と展望」は，ケインズに始まり，ポスト・ケインズ派によって一層の拡張と展開が進められた貨幣経済理論の伝統の再評価を通じて，代替的な経済理論の方向を探る。この章では，ケインズ経済学の核心が，貨幣の中立性を否定する「生産の貨幣理論」である点に存することを，ケインズの諸著作の検討を通じて明らかにする。これに続き，カルドアの貢献を嚆矢とする内生的貨幣供給理論の展開について概観したうえで，ホリゾンタリズムと構造論という二つのアプローチを統合することによって，より一般的な内生的貨幣の理論を構築することが必要であると主張する。

最後に，マクロ経済学と金融政策の「ニュー・コンセンサス」に対するポスト・ケインズ派の批判を取り上げ，その今日的課題について確認する。

これを承けて第5章「現代主流派マクロ経済学の批判的考察——「貨幣的分析」の視点から」では，ニュー・コンセンサス・マクロ経済学についてポスト・ケインズ派の分析視角にもとづき批判的に考察する。ニュー・コンセンサス・マクロ経済学は，貨幣供給は内生的であり，金利は外生的であるという見解をとっている点で，ポスト・ケインズ派と共通している。しかしながら，両者の類似は見かけ上のものにすぎない。すなわちニュー・コンセンサス・モデルにおいては，マクロ経済の長期均衡がもっぱら供給側の要因によって決定されるので，貨幣と金融政策は長期においては実体経済の活動に影響を及ぼすことができないと考えられている。またニュー・コンセンサスは，自然利子率が体系の重心として作用するという見解をヴィクセルから受け継いでおり，この点でもポスト・ケインズ派の見解とは異なっている。

第6章「金融化と現代資本主義——新自由主義の危機をどう見るか」では，ミンスキーの長期発展理論にもとづいてアメリカ資本主義の歴史的進化を振り返ったうえで，2008年の世界金融危機の構造的原因を探る。1980年代以降，アメリカ資本主義は「資金運用者資本主義」という新たな段階に入った。そのもとで企業経営における株主利益重視の傾向が強くなったことにより資本蓄積が停滞するとともに，所得分配の不平等化によって消費支出に対しても押し下げ圧力が加わった。こうして総需要不足の傾向をつくり出すという点に，資金運用者資本主義の基本的矛盾がある。この矛盾が激化することによって世界金融危機が生じたのであるから，この危機は資金運用者資本主義そのものの危機と見なくてはならない。

第III部「ミンスキーの金融不安定性理論の可能性」では，ポスト・ケインズ派における貨幣・金融理論の多様な展開のなかでも，ミンスキーの「金融不安定性仮説」に焦点を絞り，その今日における意義と限界について検証する。資本主義経済の動態とその進化に関する彼のビジョンにまで遡って，金融不安定性仮説の核心を探る。

第7章「ミンスキーの逆説——金融不安定性仮説の射程」は，ミンスキー

の金融不安定性仮説の特質と意義について究明する。ミンスキーは,貨幣経済に関するケインズの洞察から出発し,資本主義経済は不安定性という本来的な欠陥を内包しているという結論にいたる。したがって彼は,負債デフレーションの発生を防ぐための安定化政策として,政府の赤字支出と中央銀行の「最後の貸し手」としての介入を提唱する。しかしながら政府と中央銀行の介入政策は,民間の企業や銀行によるリスクの高い金融慣行を促進することによって,金融システムを脆弱化させるという副作用を併せもっていることも,彼は認識していた。このようにミンスキーの分析枠組みは,弁証法的な緊張に満ちたものである。

　第8章「金融的動学と制度的動学──ミンスキーの資本主義経済像」では,前章での議論を承け,ミンスキーの制度的動学分析について,さらに深く掘り下げて論じる。ミンスキーは,政策介入によって,資本主義経済の本来的な不安定性を抑制することができると主張していた。しかしそれと同時に,経済システムの安定性を支えている政策や制度は,それ自らが孕んでいる矛盾によって,遅かれ早かれ不安定性を増大させる要因へと転化することも十二分に理解していた。経済にとっての自動誘導装置というものは存在しないので,経済環境の変化に適応するために,われわれは,つねに規制や介入のあり方を改善するように努めなくてはならないというのが,ミンスキーの分析から得られる政策的含意である。

　第9章「金融不安定性仮説の意義と限界──アメリカ・ラディカル派の視角から」では,ミンスキーの理論に対するアメリカ・ラディカル派の批判と評価について概観するとともに,2008年の世界金融危機に関する彼らの分析について検討する。アメリカ・ラディカル派の経済学者たちは,ミンスキーの理論モデルが経済危機の金融的側面を見事に解明している一方で,実体部門における不安定性の源泉には十分な考慮を払っていないことを指摘する。世界金融危機についても,賃金停滞と所得不平等の拡大を通じて,新自由主義政策が強い需要押し下げ圧力を生み出していた点に,その構造的原因がある。したがってミンスキーの理論は,さまざまな実体的要因のはたらきを組み入れるように拡張していく必要がある。

第 IV 部「カレツキと現代経済」では，カレツキの資本主義分析の体系について紹介するとともに，理論と政策の両面からカレツキの経済学の現代的意義について考察する。これによって，ケインズとカレツキの資本主義観の共通点と相違点，およびポスト・ケインズ派に対するカレツキの影響の広さと深さを知ることができるだろう。

ポスト・ケインズ派経済学の現在と今後を語るためには，カレツキの経済学についての総体的な理解を欠かすことができない。というのも彼の理論は，今日においてもなお，ポスト・ケインズ派（とりわけカレツキ派）の理論的枠組みの基本部分をなしているからである。そこで第 10 章「カレツキの資本主義経済論」では，ケインズの理論との異同に注意を払いながら，カレツキの資本主義分析の体系を再検討し，その今日的意義といっそうの発展の可能性について考える。これによって，カレツキがミクロ分析とマクロ分析を独特なかたちで結びつけていたことや，実体部門と貨幣部門の相互作用にたえず関心を払いながら経済変動の分析を進めていたことなどが明らかになるだろう。また補論では，カレツキの生涯について簡潔に紹介する。

第 11 章「カレツキのマクロ経済学の核心——「有効需要の理論」の意義と可能性」は，カレツキのマクロ経済学の核心がどこにあるのかを究明する。カレツキは，ケインズに先行して不完全雇用均衡の存在を説明するための理論的枠組みを提示していた。しかしこの点にカレツキの主要な貢献を見出すのは狭く一面的な解釈であり，かえってその意義を矮小化することになりかねない。他方で，カレツキのマクロ経済学を「カレツキアン」の賃金主導型成長モデルの原型と位置づけることもまた，その本質をとらえたものではない。結局のところ，経済活動水準は短期においても長期においても総需要によって決定されるという見解を示したところに，その歴史的意義を見出すことができる。ケインズの中心的な主張もまた，これと同じである。

第 12 章「カレツキの経済政策論——完全雇用の政治経済学」では，カレツキの経済政策論の基本的特徴について論じる。彼は，経済体制としての社会主義の優位性を信じるとともに，資本主義経済の発展可能性についても悲観的な見方をとっていた一方で，失業・貧困・不平等など，資本主義経済が生み出す

さまざまな弊害を緩和することにも大きな関心をもっていた。完全雇用を達成するための方法として，彼は，民間投資の刺激よりも，政府の赤字支出や所得再分配のほうが適切であると主張していた。ただし，そのような政策の実行には，重大な政治的・社会的障害が存在する。社会諸集団のあいだの力関係を反映しながら政策や制度が形成されるというのが，カレツキの一貫した見解であった。

終章「ポスト・ケインズ派経済学の課題と展望」では，ポスト・ケインズ派経済学の到達点を確認するとともに，今後の課題について論じる。1970年代半ばを境とする先進資本主義諸国における経済政策の路線転換の背後には，産業と労働による「ケインズ的妥協」から金融と産業による「新自由主義的妥協」への支配的な社会秩序の変化があった。したがって新自由主義政策に対する代替戦略を構築するさいには，株主主権型企業をステークホルダー型企業へと変えてゆく企業統治改革が不可欠となる。また今日，新自由主義の構造的危機の原因と性格については多くの異端派経済学者の見解がおおむね一致しており，異端の諸学派が連携を進めてゆくために有利な社会的・経済的状況が存在している。

かつてケインズは，「現在のことだけしか知らないことと，過去のことだけしか知らないことのいずれが人間をより保守的にするのか，私には分からない」(Keynes [1926a] p. 277：邦訳330頁) と述べた。このような彼の精神を受け継ぎ，経済学の現在と過去のあいだの往復を繰り返すことによって，これからの経済学が進むべき方向について考えるというのが，本書の基本的な姿勢である。現代の主流派経済学に対してどこか飽き足りない思いを抱いている読者にとって，本書の議論が多少なりとも，代替的な経済理論の構築にいたる道筋を見つけるうえでの手がかりとなることを願っている。

第 I 部

ポスト・ケインズ派経済学の
歴史と現状

第1章
ポスト・ケインズ派経済学の史的展開
―― ケインズとカレツキの統合に向かって ――

はじめに

　先進工業諸国における高度経済成長が終焉を迎えた1970年代は，戦後資本主義の転換点をなすと同時に，経済学における一転機でもあった。世界資本主義が混迷を深めるなか，経済学における支配的パラダイムたる新古典派理論がその矛盾と限界を露呈するとともに，正統派経済学に対する知的挑戦がさまざまな形で展開された時代であった。

　その当時，世界的な貧困の増大，環境汚染，軍事支出の拡大などの社会問題が深刻さを増していたにもかかわらず，新古典派経済学がそれらの問題を直視することなく現実社会から遊離した抽象的な理論的・計量的モデルの彫琢に終始していることに，多くの人々が批判を投げかけていた。また，ベトナム反戦運動を導火線とする急進的な学生運動の高揚に象徴されるように，既存のあらゆる価値観に対する異議申し立てが世界的な規模で展開され，そのなかで既成の経済学への深い疑念が喚起されたことも，経済学の革新を求める運動を促進する一要因として作用した。さらには科学史と科学哲学における新たな展開も，経済学の革新運動の高まりをもたらすうえで重要な役割を果たした。とりわけ，「科学革命」の概念を用いて科学的知識の成長過程を説明したトーマス・クーンの『科学革命の構造』（Kuhn [1962]）は，異端派経済学者たちに大きな知的刺激をあたえた。新古典派経済学に危機の兆候が現れた折，彼らは，経済学におけるパラダイム転換の鍵を同書のなかに探り当てようとしたのである。

その生涯にわたってケインズ革命の完成への道をいちずに追求しつづけたジョーン・ロビンソンが，1971年にアメリカ経済学会のイーリー講演において「経済学の第二の危機」の到来を告げたのは，このような社会的・学問的状況を背景としてのことであった（Robinson [1972] を参照）。この講演において彼女は，軍備の肥大化，環境汚染，不平等の拡大など，人々がもっとも解決を必要としている問題について経済学は何も語ることができないでいると述べて，経済学の破産を宣告したのである。この講演を一つの大きな契機として，代替的な経済理論を希求する多くの若き共鳴者たちが結集し，ロビンソンを盟主に仰ぐ経済学の新しいパラダイムが登場するに至った。こうして，ポスト・ケインズ派経済学は誕生した。

戦後ながらく「ポスト・ケインジアン」（Post Keynesian）という名称は，特定の理論上の立場をさす用語としてではなく，ケインズ以後のマクロ経済学の展開を総称する用語として広い意味で用いられてきた。しかし，「政治経済学の再構築」を自らの目的として宣揚し，新古典派経済学に取って代わる新しいパラダイムの形成をめざす一つの研究集団が出現するとともに，彼らは自らを指す呼称として「ポスト・ケインジアン」という用語を自覚的に選びとったのである。アイクナーとクレーゲルの論文「ポスト・ケインズ派理論概説──経済学における新しいパラダイム」（Eichner and Kregel [1975]）は，この新しい経済学の登場を広く世に知らしめるうえで大きな役割を果たした。そして，1978年に *Journal of Post Keynesian Economics* 誌が創刊されたことによって，ポスト・ケインズ派という名称が定着するに至った[1]。当時のポスト・ケインズ派経済学者たちは，自らが経済学における革命の時代を生きており，経済学は今まさにパラダイム転換の縁にあるという知的興奮に包まれていた。スラッ

---

1) リー（Lee [2000]）は，1970年代以降のアメリカにおけるポスト・ケインズ派経済学の社会的ネットワークおよびその制度的基盤の形成・確立の過程を詳細にたどっている。とくに彼は，1970年代における初期のネットワークの形成と発展において，メーリングリストの作成，ニューズレターの発行，各種のコンファレンスやセミナーの開催などを通じて，A. S. アイクナーが中心的な役割を果たしたことを明らかにしている。また緒方［1981］は，ラトガース大学での在外研究の体験をふまえて，1970年代から80年代初めにかけてのアメリカにおけるポスト・ケインズ派の研究動向を克明に伝えている。

ファの主著『商品による商品の生産』(Sraffa [1960]) の公刊が契機となって生じた「ケンブリッジ資本論争」の結果，新古典派経済学の矛盾が明らかとなった。対抗的なパラダイムはすでに用意されている。古い世代の経済学者たちの理論は破綻し，経済学の未来は若い世代の側にある，と彼らは強く信じていた。

　それ以来，今日にいたるまでポスト・ケインズ派は，代替的な経済理論の構築に向けての挑戦をたゆまず続け，数多くの優れた学問的成果を生み出してきた。それにもかかわらず，経済学の世界におけるポスト・ケインズ派の影響力は，依然として周辺的なものにとどまっている。多くの主流派経済学者は，ポスト・ケインズ派経済学とは雑多な思考の寄せ集めにすぎず，一貫性のある体系的な理論的枠組みを提示しているものではないと見ている[2]。しかしながら，このような見方はポスト・ケインズ派の現状を正しく捉えたものではない。その生誕以来40年のあいだに，ポスト・ケインズ派は，理論・方法・政策の各分野において枠組みの拡張と展開をさかんに進めてきた。その結果，その枠組みは首尾一貫した経済学体系へと進化しているのである。

　本章は，ポスト・ケインズ派経済学の歴史を回顧するとともに，その現状と将来について展望する。それを通じて，経済学において新古典派的な思考が支配的となっているなかで，ポスト・ケインズ派経済学の存在意義がどこにあるのか，そしてその将来の発展のための活路がどこにあるのかについて考えてみたい。

---

2) たとえば，主流派マクロ経済学者のR. ドーンブッシュとS. フィッシャーは，ポスト・ケインズ派の経済学について次のように述べている。「ポスト・ケインズ派とは，現代のマクロ経済学がケインズの『一般理論』のもっとも中心的な諸要素の多くを置きざりにしているか，あるいは明示的にそれらを捨象しているという信念を共有する雑多な経済学者たちの集団である。……ポスト・ケインズ派経済学は，たとえば合理的期待仮説のような体系的な挑戦ではなく，多様な思考の折衷的な集合体にとどまっている」(Dornbusch and Fischer [1990] p. 704)。

1　ポスト・ケインズ派経済学には一貫性があるのか

　ポスト・ケインズ派は，スミス，リカード，マルクスによって代表される古典派経済学の伝統と，ケインズとカレツキによって創始されたマクロ経済学の伝統を受け継いでいる。そして，剰余の生産と分配に関する古典派の分析と，ケインズとカレツキの有効需要分析とを現代的なかたちで発展させるとともに，それらを統合することによって新古典派経済学に代わる新しい経済学の構築をめざしている。言うまでもなく，このような試みは，第二次大戦後の早い時期から，ジョーン・ロビンソン，ニコラス・カルドア，リチャード・カーン，ロイ・ハロッド，ピエロ・スラッファをはじめとするイギリスにおけるケインズとカレツキの継承者たちによって精力的に進められてきた。しかし先にも述べたように，このような問題関心を共有する異端の経済学者たちが，代替的なパラダイムの形成を志向する自覚的な研究集団として凝縮するにいたるのは，1970年代半ば以降のことである。

　実のところ，その内部における理論的な多様性のゆえに，ポスト・ケインズ派経済学とは何かを厳密に定義することは難しい。しかし，そのアプローチの基本的な特徴をいくつか挙げることは可能である。たとえば P. アレスティスは，階級，権力，富と所得の分配の問題がポスト・ケインズ派の分析の核心をなしていると主張したうえで，その基本的な見解を，(1)経済は歴史的過程である，(2)不確実な現実世界においては，経済活動に対して期待が重大な影響を及ぼす，(3)社会的・政治的諸制度が経済現象の成り行きを決めるうえで重要な役割を演じる，という三つの命題に要約している（Arestis [1996] p. 114) [3]。

---

3) ポスト・ケインズ派経済学の歴史と現状を展望している最近の主要な文献に，Arestis [1992, 1996, 1997], Chick [1995], Fontana and Gerrard [2006], Hein and Stockhammer (eds.) [2011], Holt and Pressman [2001], King [2002, 2015], Lavoie [1992, 2006a, 2014], Palley [1996], Pasinetti [2007], Sawyer [1995] chs. 3-4 などがある。とりわけキングの著作（King [2002]）は，『一般理論』の公刊から近年にいたるまでのポスト・ケインズ派経済学の歴史について包括的な検討を試みた重要な貢献である。

ポスト・ケインズ派経済学を展望するさいの基本文献と長らく位置づけられてきたハモウダとハーコートの論文（Hamouda and Harcourt [1989]）では，ポスト・ケインズ派の内部には三つの相異なる系統が存在することが指摘されている。すなわち，(1)歴史的時間のもとでの不確実性・期待・貨幣の連鎖に注目することによって，貨幣的生産経済の運動様式や，金融システムの不安定性に関する分析を進めている「ファンダメンタリスト・ケインジアン」，(2)階級間コンフリクトの作用に焦点を合わせながら，不完全競争経済のもとでの価格形成と所得分配，および景気循環と経済成長の仕組みを解明しようとする「カレツキ派」，(3)スラッファの洞察にもとづき，新古典派の限界理論に取って代わる価格と分配の理論を構築しようと試みる「スラッファ派」（新リカード派），の三つがそれである。

これら三つのアプローチのあいだには多くの矛盾や対立が存在しているので，ポスト・ケインズ派は首尾一貫した枠組みを備えてはいないという批判的な見解が，これまで多くの論者によって表明されてきた。ポスト・ケインズ派とは，新古典派経済学の拒絶という一点のみで結束している異質な経済学者たちの集合体にすぎないと指摘されることも多い。このような指摘は，ポスト・ケインズ派の内部においてさえ，しばしば見られるものである（たとえば，Lawson [2003] ch. 7 を参照）。

近年においても，ポスト・ケインズ派経済学が一貫性を欠いているという批判は跡を絶たない。たとえばウォルターズとヤング（Walters and Young [1997]）は，ポスト・ケインズ派の内部には，ローソン（Lawson [1997]）の「批判的実在論」，ダウ（Dow [1985]）の「バビロニア流の思考様式」，デヴィッドソン（Davidson [1994]）の「一般化アプローチ」など，たがいに整合的ではないうえに著しく異なる方法論が並存していると論じている[4]。さらに，学派の指導的

---

4) 「批判的実在論」（critical realism）とは，われわれの経験やじっさいの事象の根底には，それらを生み出したり支配したりする構造・力・メカニズム・傾向などが存在していると考える経済学方法論上の立場である。したがってその方法は，表面的な「定型化された事実」から，より深い実在性の階層へと推論を進めていくことによって，直接に観察することはほとんど不可能であるにもかかわらず深層において作用している因果的な力

な研究者たちのあいだで理論的・政策的課題に関する合意が存在していないことや，価格形成・不確実性・貨幣というポスト・ケインズ派にとって重要であると見なされている領域においても，ファンダメンタリスト・ケインジアン，カレツキ派，スラッファ派の三者の見解がたがいに相容れないものであることを指摘して，ポスト・ケインズ派が一つの代替的な学派であるという見方は成立しないと主張している。

　ウォルターズとヤングの批判に対して，アレスティス，ダン，ソーヤー（Arestis, Dunn and Sawyer [1999]）は，ポスト・ケインズ派の側からの反論を展開している。彼らは，ポスト・ケインズ派内部の各々の系統がたがいに整合的であり，ポスト・ケインズ派経済学は「貨幣的生産経済においては有効需要が経済活動水準を決定する」という中心的な命題を基軸として統合に向かっていると主張する。またポスト・ケインズ派のいくつかの方法論のあいだには若干の緊張関係が存在していることを認める一方で，「事象 x が起きるときには，いつも事象 y が生じる」というかたちの事象の規則性が社会システムにおいては必ずしも成立せず，それゆえに社会システムが開放系であると考える点では，それらの方法論は共通していると述べる[5]。さらに不確実性・価格・貨幣の分

　　を究明することを目的する（Lawson [1997]）。ローソン（Lawson [1994]）とロートハイム（Rotheim [1999]）は，批判的実在論を，ポスト・ケインズ派経済学に首尾一貫した方法論的基礎をあたえるものであると位置づけている。これに対してウォルターズとヤング（Walters and Young [1999]）は，批判的実在論の採用はポスト・ケインズ派にとって無益であるばかりか，むしろ破滅的な効果をもたらすであろうと論じる。批判的実在論は，スラッフィアンとカレツキアンはもとより，ケインジアンのアプローチとさえも整合的ではないというのが，その理由の一つである。

　　ダウのいう「バビロニア流の思考様式」は，一貫性のある一つの方法論のもとで，問題に応じてもっともふさわしい出発点を選び，多様な方法を用いることによって複雑な現実世界を理解しようとするものである（Dow [1985] ch. 2）。またデヴィッドソンの「一般化アプローチ」とは，貨幣の中立性の公理，粗代替性の公理，エルゴード性の公理という三つの制限的な公理を採用している新古典派の理論を，より一般的なポスト・ケインズ派の理論的枠組みの特殊ケースとして包含しようとする方法である（Davidson [1994] ch. 2）。

5）これに対して，演繹主義の方法にもとづく新古典派経済学は閉鎖系アプローチによって特徴づけられる。このアプローチにおいて想定されているように事象の規則性が成り立つためには，閉鎖性についての二つの条件が満たされなくてはならない。すなわち，分

析についても，ケインズとカレツキの見解を比較検討しながら，両者のあいだに根本的な対立は存在しないことを論じている。

だが，長期においては利潤率の均等化と完全能力利用が達成されると見るスラッファの長期分析の枠組みは，ケインズの短期的分析やカレツキの循環的アプローチとは異質なものではないのか。この点についてアレスティスらは，長期とは，決して達成されることはないが，それにもかかわらずあらゆる時点において経済が向かっていく位置であると考えるならば，スラッファ派とポスト・ケインズ派の分析はたがいに整合的なものになりうると述べている。すなわちこれらの分析は，それぞれ異なる問題に対して適用されるべきものであると位置づけられているのである。しかしながら最終的には，「ポスト・ケインズ派には，カレツキ，ケインズ，制度主義者から派生する三つの主要な系統が存在するということに我々は合意している」(ibid., p. 546) と結論して，スラッファ派をポスト・ケインズ派から除外している[6]。

析の対象となっている個人やシステムが外的影響から隔離されているという「閉鎖性のための外的条件」と，各個人やシステムの内的構造が不変であるという「閉鎖性のための内的条件」の二つである。しかしながら社会的世界においては，これらの閉鎖性の条件が満たされることはありそうにないので，事象の規則性の成立は保証されないのである（Lawson [1997] ch. 7 を参照）。

　このような意味において社会システムを開放系であると捉える批判的実在論の基本的な認識の一つは，社会構造が人間主体に依存しているということである。すなわち社会構造は，人間主体によって創造されるものではないが，しかしそれから独立したものでもない。諸個人の活動は社会構造を再生産したり，あるいはそれを変形させたりするのである（ibid., ch. 12）。ここに見られるように，ローソンの批判的実在論の見方は，根本的不確実性と歴史的過程に焦点を当てるケインズおよびポスト・ケインズ派の見解と重なり合うところが大きい。

6) これと同じくアレスティス（Arestis [1996]）は，ポスト・ケインズ派における三つの伝統として，(1)マーシャルに由来し，ケインズの『貨幣論』と『一般理論』にしっかりと根ざした伝統，(2)ロビンソンと彼女の継承者たちの貢献を要約しているカレツキ派の伝統，(3)ヴェブレンをはじめとする制度主義の伝統，を挙げて，スラッファ派を除外している。チック（Chick [1995]）もまた，ポスト・ケインズ派プロジェクトとは「ケインズとカレツキの線に沿って経済学の全体を再展開すること」(p. 20) であると述べるとともに，ポスト・ケインズ派と新リカード派のあいだでは均衡の概念がまったく異なることを指摘している (p. 27)。キング（King [2015]）は，ポスト・ケインズ派の三つの異なる流れとして，(1)ファンダメンタリスト・ケインジアン，(2)カレツキ派，

ここに見られるように,近年では,スラッファ派をポスト・ケインズ派から区別することが一般的となっている。スラッファ派は,古典派の価値と分配の理論における長期均衡の概念にもとづいて,産出・価格・雇用の長期的な水準の決定を説明する。その理論的枠組みは,階級対立と所得分配という政治的・社会的要因を重視している点においてはポスト・ケインズ派と共通している。しかしながら,経済体系を長期均衡に導く持続的な力が存在するというスラッファ派の仮定は,現実世界が根本的不確実性と貨幣契約のような制度によって特徴づけられると論じるポスト・ケインズ派の見方とはうまく適合しない。スラッファ派の長期均衡分析は,経済過程が経路依存的(path dependent)であると見るポスト・ケインズ派の分析とは理論的に整合しないのである。したがって,ポスト・ケインズ派の内部においても,ポスト・ケインズ派はスラッファ派ときっぱりと手を切って,理論的な一貫性を取り戻すべきであるという主張がなされることがある(Dunn [2000] pp. 349-50 を参照)[7]。これと同様に,スラ

---

(3)ミンスキー派,を挙げている。

ただしラヴォア(Lavoie [2014])は今日においてもなお,ハモウダとハーコート(Hamouda and Harcourt [1989])の分類にしたがい,ファンダメンタリスト・ケインジアンおよびカレツキ派とともに,スラッファ派をポスト・ケインズ派経済学における三つの主要な系統の一つに位置づけている。スラッファ派は歴史的・伝統的にポスト・ケインズ派と密接な結びつきをもっていること,有効需要の役割や内生的貨幣供給などの重要な問題に関してスラッファ派と他のポスト・ケインズ派の経済学者の間でほとんど完全な合意が存在していることなどが,その理由である(Lavoie [2014] pp. 39-40)。さらにラヴォアは,ジョン・ケネス・ガルブレイスによって代表される「制度主義者」と,ワイン・ゴッドリーやアンソニー・サールウォールなど,貨幣・成長・生産性・開放経済などの諸問題に取り組んでいる「カルドア派」の二つの系統を,ポスト・ケインズ派に付け加えることができると述べている(*ibid.*, pp. 40-2)。

7) このことに関して,キングは次のように述べている。「今日では,「ポスト・ケインズ派=スラッファ派」経済学を単一の首尾一貫した学派と見なしている者は,ほとんどいない。前世紀末頃に,スラッファ派はポスト・ケインズ派の伝統から追放された(あるいは,たぶん,彼ら自ら離脱した)。そして2010年において,政治経済学への古典派アプローチ(スラッファ派のごくわずかな残党は,その呼称が知られることを望んでいる)が,ハインツ・クルツやネリ・サルヴァドーリのようなスラッファ後の最初の世代の理論家たちが引退したのちに長く生き延びるのか否かは,まったく明らかでない」(King [2013] p. 10,( )内は原著者のもの)。ポスト・ケインズ派とスラッファ派との関係については,King [2015] pp. 116-7 もあわせて参照されたい。

ッファ派の側でも，ポスト・ケインズ派との統合が困難であることが認められている。たとえば A. ロンカッリアは，スラッファ体系における産出量を長期的な「重心」(centers of gravitation) と見なす解釈が，スラッファ派とポスト・ケインズ派の統合のさいの大きな障害になっているので，そのような解釈は放棄されるべきであると論じている（Roncaglia [1995]）[8]。

　J. E. キングは，ファンダメンタリスト・ケインジアン，カレツキ派，スラッファ派の三者のあいだでの相互批判を要約するとともに，それらのアプローチの統合をめざす多様な試みを紹介している（King [2002] ch. 7）。彼は，この主題に関する数多くの文献に検討を加えたうえで，次のように論じている。統合を志向する者の多く（P. アレスティス，M. ラヴォア，P. J. レイノルズ，M. C. ソーヤー）が主としてカレツキの枠組みに依拠していることに見られるように，カレツキ派は他のアプローチに対して相対的に寛容な態度を示している。これと同様に，一部のスラッファ派は統合に向けて積極的に取り組んでいる一方で，ほとんどのファンダメンタリスト・ケインジアンは，スラッファ派とカレツキ派の見解から学ぶものは何もないと考えているように思われる，と。ただしキングは，たとえカレツキ派に党派的な態度があまり見られないとしても，それは単に和解の必要のためであるのかもしれないとも述べている（ibid., p. 219）。

　上述のように，今日ではポスト・ケインズ派とスラッファ派をたがいに異なる学派と見なすことが一般的となっている。したがって以下では，ファンダメンタリスト・ケインジアンとカレツキ派という二つのアプローチの歴史的展開を振り返り，それらの分析的枠組みの特徴を明らかにした後に，二つのアプロ

8）ポスト・ケインズ派内部での三つのアプローチの相違が明らかになってきたのは，1980年代以後のことである。その象徴的な出来事として，ポスト・ケインズ派のサマー・スクールが解散するに至ったことがある。1980年代の数年のあいだには，イタリアのトリエステでサマー・スクールが開催され，毎年，世界各国から多くの研究者を集めていた。しかしながら，ファンダメンタリスト・ケインジアンとスラッフィアンのあいだの対立がきわめて深刻なものとなったために，それは1990年代まで存続することができなかった（King [2002] pp. 158-9）。青木 [1986] は，貨幣的生産理論の系譜に属するポスト・ケインズ派と実体的な長期分析に立脚するスラッファ派とのあいだで，1980年代の早い時期から鋭い対立関係が生じていたことを明らかにしている。

ーチの統合の可能性とその方向について考察を加えてみたい。

2 ケインズとカレツキの現代的加工

　今日，ケインズとカレツキの名は，所得と雇用の水準が総需要によって決定されると主張する「有効需要の原理」の同時発見者として広く知られている。そして，ポスト・ケインズ派の経済学者たちは，ケインズとカレツキを自らの研究の出発点と位置づけ，この二人の先導者の洞察を現代的に拡張していくことによって代替的な経済理論の構築をめざしてきた。したがってほとんどのポスト・ケインズ派経済学者は，多かれ少なかれ何らかのかたちでケインズとカレツキの二人から理論的遺産を継承している。しかしながら，ケインズとカレツキのあいだで分析の枠組みや方法に大きな差異があることもまた事実であり，そのような事情を反映して，ファンダメンタリスト・ケインジアンとカレツキアンのあいだにも，いくつかの共通点とともに重大な相違点が存在する。

1）カレツキアンの系譜

　カレツキは，有効需要の大きさが経済活動水準を決定するという見方をケインズと共有している。しかし彼は，マルクスの再生産表式から出発することによって「有効需要の理論」に到達したのであった。さらにカレツキは，階級間での利害対立や経済的行動様式の相違に焦点を当てながら，国民所得の分配をめぐる階級間コンフリクトの作用が蓄積活動に及ぼす影響を明らかにしようと努めた（Kalecki [1971]）。第二次大戦後，このような視点を継承しながら所得分配と資本蓄積についての分析を拡張・深化させていったのが，ジョーン・ロビンソンを中心とするケンブリッジの経済学者たちであった。したがってカレツキ派とは，マルクスからカレツキをへてロビンソンとその継承者たちに至る系譜であると見なすことができる。

　ロビンソンは「一般理論の一般化」を標榜し，1950年代から60年代初めにかけて，資本主義経済における蓄積過程の長期分析に多大な精力を傾けた。そ

の成果は大著『資本蓄積論』(Robinson [1956]) に結実している。彼女は，一方においては蓄積率が利潤率を決定し，他方においては利潤率が蓄積率を決定するというかたちで蓄積率と利潤率のあいだに二重関係が存在することを想定したうえで，これら二つの関数によって所望蓄積率が決まることを説明した。しかし，このようにして与えられる成長率がハロッドのいう「自然成長率」(natural rate of growth) に一致するという理由は何も存在しないので，完全雇用をともなう円滑な恒常的成長が達成される「黄金時代」(golden age) は，現実の経済においては得られそうにない神話的な状態にすぎないと主張する。

その晩年には，ロビンソンの主たる関心は，新古典派経済学の方法に対する批判へと移っていった。彼女は，新古典派経済学で用いられている「均衡」の概念が現実の資本主義経済の分析には不適切であると主張するとともに，ケインズ革命の核心を「過去を変えることはできず，将来を予測することはできない」という歴史的時間の概念を重視する点に求めている。こうして彼女は，ポスト・ケインズ派と新古典派の対立の構図を「歴史 対 均衡」という語句で要約した (Robinson [1974]) [9]。

ポスト・ケインズ派経済学の形成と発展に大きく貢献したケンブリッジの経済学者として，ロビンソンとならんで，ニコラス・カルドアの名を挙げることができる。彼の研究は，景気循環・経済成長・所得分配に関する理論的分析を中心にマクロ経済学の広い範囲に及んでいる。カレツキとカルドアのあいだには，共通点とともに多くの相違点が存在するので，カルドアをカレツキ派と位置づけることは必ずしも適切ではない。しかし彼の代表的な貢献の一つである「ケインズ派」分配理論は，カレツキのマクロ経済分析を独自の方向に展開したものであると見なすことができる (Kaldor [1955-6])。カルドアは，完全雇用

---

9) このような経済認識の転換に対応するかたちで，スラッファ派の分析枠組みに対するロビンソンの見方にも変化が生じた。かつてはスラッファの経済学の熱心な普及者であったにもかかわらず，晩年の彼女は，ファンダメンタリスト・ケインジアンの観点からスラッファ派に対して厳しい攻撃を加えるようになったのである。とりわけ彼女は，その枠組みが不確実性と期待の演じる重要な役割を軽視し，静学的・無時間的な均衡概念にもとづいていることを批判した (King [2002] p. 209 を参照)。

の仮定にもとづいて彼自身の分配理論を構築し，賃金と利潤のあいだの分配が，資本家および労働者の貯蓄性向と，国民所得に対する投資の比率によって決定されることを説明した。さらに労働者貯蓄が存在しない場合には，「資本家は自ら支出するものを稼得し，労働者は自ら稼得するものを支出する」というカレツキの利潤理論における命題が成立することを示した。国民所得の分配が各生産要素の限界生産力とは無関係に決定されることを明らかにしたところに，カルドアの大きな功績がある[10]。

後期カルドアの重要な貢献の一つに，内生的貨幣供給理論の展開がある(Kaldor [1982])。1970年代末以降，イギリスをはじめとする多くの先進諸国の中央銀行によってマネタリズムの教義が採用されるなかで，カルドアは，それに対抗するための理論的装備として内生的貨幣供給理論の彫琢に力を注いだ。その理論によれば，名目国民所得とマネーサプライとのあいだには，マネタリストの見解とは反対に，前者から後者への因果関係が存在するとされる。すなわち，中央銀行はマネーサプライを制御する力をもたないので，マネタリストの理論ではインフレーションを説明できないし，また貨幣量の増加を抑制することによって物価を安定化するという彼らの政策提案はもとより実行が不可能なものであるということになる。貨幣供給の内生性は，ポスト・ケインズ派経済学における中心的主題の一つとして，今日にいたるまで盛んに枠組みの拡張が進められている（詳しくは，本書第4章第3・4節を参照）[11]。

カレツキ派の系譜に属する主要な貢献の一つに，アイクナー（Eichner [1976]），ウッド（Wood [1975]），およびハーコートとケニヨン（Harcourt and Kenyon [1976]）らによって展開されたマークアップ価格形成の理論がある。こ

---

10) ローソン（Rowthorn [1981]）は，完全稼動経済を想定して利潤主導型の成長パターンを描いたカルドアのモデルと，不完全稼動状態にある寡占経済に焦点を合わせて賃金主導型の経済成長を定式化したカレツキのモデルを相互に補完的なものと見なし，両者の総合をはかる「構造主義マクロ経済学」のモデルを展開している。

11) カレツキは，研究の初期の段階から，貨幣供給の内生性という要因を自らの分析枠組みに取り入れていた。すなわち彼の景気循環理論においては，景気の拡張とともに中央銀行が弾力的な通貨の供給を行なうものと想定されている（本書229-30頁を参照）。カレツキの貨幣経済論については，鍋島［2001］第7～9章で詳しく検討している。

れらの研究は，巨大企業が投資資金調達の必要にもとづいてマークアップの大きさを決定することを主張するものである。したがってこの枠組みにおいて，価格水準は企業の投資決意に依存して決まることになる。

さらにカレツキ派の独自の流れとして，資本主義の歴史的発展とともに資本の集中が進むと，その不可避的な帰結として経済停滞がもたらされるという「独占＝停滞」命題を唱導するアプローチが存在する。シュタインドル（Steindl [1952]），バランとスウィージー（Baran and Sweezy [1966]），カウリング（Cowling [1982]）らが，その代表的な論客である。しかしながら，彼らのアプローチがカレツキの経済学を重要な源泉の一つとしていることは紛れもない事実であるにせよ，カレツキ自身の資本主義観は彼らのそれとはかなり異なるものである（詳しくは，鍋島［2001］第11章を参照）。

このほかにも，カレツキ派に属する著名な理論家は多い。理論・実証・政策の広い分野において，長年にわたり多くの研究成果を発表してきたフィリップ・アレスティスとマルコム・ソーヤー，マクロ経済学の幅広い領域において精力的に研究を進めているマルク・ラヴォア，賃金主導型の経済成長を想定する「カレツキアン・モデル」の定式化とその彫琢に努めてきたアミタヴァ・ダットらは，ベテラン世代の代表的な研究者である。若い世代には，成長・分配・失業についての理論的・実証的分析に取り組んでいるエックハルド・ハインとエンゲルベルト・ストックハンマーがいる。とくに現代資本主義の「金融化」に関する彼らの研究は，学派を超えて多くの異端派経済学者からの注目を集めている。

2）ファンダメンタリスト・ケインジアンの系譜

ファンダメンタリスト・ケインジアンとは，シドニー・ワイントロープをその創始者とし，おもにアメリカで展開されてきたポスト・ケインズ派経済学の一潮流をさす。当初はケンブリッジの経済学者たちとは独立に研究活動を進めていたが，1970年代以降には，両者のあいだでしばしば交流がもたれるようになった。この集団には，ワイントロープのほか，ポール・デヴィッドソン，ハイマン・ミンスキー，バズル・ムーアらが含まれる。より若い世代の主要な

理論家にはレイ（Wray [2012, 2016]）がいる。

　ワイントロープは，新古典派総合の *IS-LM* モデルを用いたケインズ経済学の理解に異議を唱えて，総供給・総需要モデルにもとづくケインズ解釈を提示するとともに，そのモデルのいっそうの展開を試みた（Weintraub [1958]）。また，総供給・総需要モデルを用いてインフレーションや所得分配などのマクロ経済問題についての分析を行ない，インフレーションの「賃金コスト・マークアップ理論」を構築した。その理論によれば，貨幣賃金上昇率が労働生産性上昇率を上回るときにインフレーションが生じることになるので，インフレーションを抑制するためには，過度の貨幣賃金上昇を防ぐことが必要となる。ワイントロープの名は，今日では「課税にもとづく所得政策」（tax-based incomes policy：TIP）の提唱者としてよく知られている。

　ワイントロープの弟子であるデヴィッドソンは，『貨幣的経済理論』（Davidson [1978]）を著し，ケインズ経済学の本質が貨幣の長期的な非中立性の分析にあるという独創的なケインズ解釈にもとづいて，「生産の貨幣理論」（monetary theory of production）としてのケインズ経済学の再生を試みる。ケインズが『一般理論』第 17 章において明らかにしたように，貨幣には，生産の弾力性と代替の弾力性がともにゼロであるという性質が備わっている。すなわち生産可能財とは異なって，貨幣は民間部門で労働を用いて生産することができない。また不確実性が増大する状況のもとで価値保蔵手段としての貨幣に対する需要が増加して，貨幣の相対価格が上昇するときにも，人々が貨幣の代わりに生産可能財を価値保蔵手段として保有しようとすることはない。それゆえ，企業家の期待が悲観的なものとなって，流動性に対する需要が増加すればするほど，雇用は減少することになる。すなわち，デヴィッドソンの見解によれば，資本主義経済において非自発的失業が発生する根本的な原因は，貨幣という生産不可能な流動資産が存在することにある。

　ミンスキーの名は，資本主義経済の金融構造が景気の拡張とともに脆弱化していくことを説く「金融不安定性仮説」（financial instability hypothesis）の提唱者として知られている（Minsky [1975, 1982a, 1986]）。その理論によると，投資ブームの過程においては，経済全体が楽観的な期待によって支配されるので，企

業は負債ファイナンスに対する依存をしだいに高めながら投資支出を拡大する。しかしながら，利子率の上昇を契機として経済は好況の局面から不況の局面へと移っていく。脆弱化した金融構造のもとでひとたび景気の下降が始まると，それは，投資と利潤の累積的な減少の過程を通じて全面的な負債デフレーションへと進展していく可能性がある。こうして景気循環は，資本主義経済にとって本質的な金融的属性のために生じる。すなわち金融不安定性とは資本主義経済に内在的な欠陥であるというのが，ミンスキーの基本的な見方である（詳しくは，本書第7章を参照）[12]。

ファンダメンタリスト・ケインジアンの系譜に属する主要な経済学者としては，このほかに，内生的貨幣供給理論の拡張と洗練化に多大な貢献をなしているムーアがいる（Moore [1988]）。彼によれば，信用貨幣の供給は銀行信用に対する需要によって内生的に決定され，それに次いで中央銀行は，金融市場の安定性を維持するために「最後の貸し手」として同調的なベース・マネーの供給を行なう。すなわち貨幣供給は，「信用によって誘発され，需要によって決定される」（credit-driven and demand-determined）内生変数である。中央銀行にとって制御可能であるのは，信用貨幣の数量ではなく，その供給価格である短期利子率である。このような金融調節方式のもとでは貨幣供給曲線が水平に描かれることになるので，ムーアの立場は「ホリゾンタリスト」（horizontalist）と呼ばれている[13]。

---

12) ファンダメンタリスト・ケインジアンとカレツキ派の間においてだけでなく，ケインズ貨幣経済論の再生・発展を進めるファンダメンタリスト・ケインジアンの内部においてもまた，少なからぬ見解の対立が存在している。たとえばミンスキーは，デヴィッドソンのアプローチが定常成長過程を基礎とするものであるとして，それについて批判的な見方をとっていた（King [2002] p. 113 を参照）。他方でデヴィッドソンの見るところ，ミンスキーの景気循環論的な分析視角はケインズの非エルゴード的不確実性と血気の概念にもとづいていないので，ミンスキーをポスト・ケインズ派に分類することはできないとされる。デヴィッドソンによれば，1970年4月にラトガース大学で二人が面会し，貨幣と金融市場の役割に関する見解の相違について議論したさいに，たがいの著作について公の場で批判しないという合意が二人のあいだで取り結ばれたという（Davidson [2003-4] pp. 252-4)。

13) ポスト・ケインズ派の内生的貨幣供給理論には，同調論アプローチ（ホリゾンタリス

以上の議論から理解されるように，カレツキ派とファンダメンタリスト・ケインジアンというポスト・ケインズ派の二つの系統のあいだには，分析の枠組みや焦点にかなりの相違がある。カレツキ派が成長と分配の問題を重視しながら寡占経済の動学分析に取り組んでいるのに対して，ファンダメンタリスト・ケインジアンはもっぱら貨幣的・金融的要因のはたらきに注目することによって資本主義経済に内在する不安定性を解明しようと試みる。しかしながらその一方で，「有効需要の原理」を分析的枠組みの基礎に据えるとともに，経済システムの動向を方向づけるうえで政治的・経済的諸制度が演じる役割を強調している点においては，二つのアプローチは共通している。さらに注目に値するのは，貨幣供給の内生性という概念を両者が共有していることである。今日では，ファンダメンタリスト・ケインジアンとカレツキ派が共通の枠組みにもとづいて内生的貨幣供給理論のいっそうの拡張と展開を進めている。このように両者の分析視角が重なり合う領域は決して小さくないばかりか，むしろ近年ではよりいっそう拡大しつつあると言ってよい。そこで次節では，これら二つのアプローチが統合へと向かう可能性について考えてみたい。

3　ケインズ＝カレツキ総合の可能性

　ケインズとカレツキのあいだには，多くの面において相違点や対立点が存在していることは事実である。とりわけ，市場の競争状態に関する仮定については大きな差異がある。カレツキは，現代資本主義経済においては不完全競争ないしは寡占が通常の状態であると想定し，生産物価格は費用に対するマークアップによって決定されると論じていた（Kalecki [1971] ch. 5）。カレツキの体系

　　ト・アプローチ）と構造論アプローチの二つの立場が存在する。これら二つのアプローチのあいだには，流動性選好説の位置づけをはじめ，多くの面において見解の対立が見られる。これについては，本書第 4 章第 3 節で詳しく論じる。内生的貨幣供給理論の基本的枠組みとその発展について知るためには，渡辺［1998］，Rochon［1999］，内藤［2011］が有益である。

においては，生産物市場における競争度の変化が，価格水準と所得分配に，さらには所得と雇用の水準に大きな影響を及ぼす。これとは対照的に，ケインズの『一般理論』は競争的な市場を仮定しており，競争度の変化が所得と雇用に及ぼす影響については考察していない。

ケインズとカレツキの相違がもっとも鮮明に現れるのは，不確実性と期待の役割をめぐる議論においてである。ケインズは，根本的不確実性をともなう現実世界においては，企業家のいだく期待はきわめて移ろいやすい性格をもっており，そのことが投資と所得の変動を引き起こす基本的な原因であると考えていた（とくに，Keynes [1936] ch. 12 を参照）。これに対してカレツキの枠組みにおいては，利潤量や資本ストックなどの客観的な変数によって投資が決定されるので，投資決定の過程において企業家の長期期待という心理的要因が基軸的な役割を演じることはない[14]。したがって，デヴィッドソンをはじめとするファンダメンタリスト・ケインジアンの側から見るならば，カレツキの雇用理論は，非自発的失業の究極的な原因を，流動性・金融的投機・不確実性にではなく生産物市場における競争の欠如に帰している点において，ケインズの理論とは大きく異なるものであるということになる（Davidson [2000]）。

デヴィッドソンの見解に対して，クライスラー（Kriesler [2002]）はカレツキ派の立場からの反論を行なっている。彼によれば，カレツキは，不完全競争が失業をより深刻なものにすることはあるにせよ，それが失業の根本的な原因であるとは考えていなかった。ケインズと同様に，カレツキもまた，失業とは有効需要の不足の結果にほかならないと見ていたからである。さらにクライスラーは，ケインズとカレツキがともに「有効需要の理論」と結びついた四つの基本原理を展開していたことを想起するべきであると言う（*ibid.*, p. 628）。すなわち，

---

14) ただしアレスティス，ダン，ソーヤー（Arestis, Dunn and Sawyer [1999]）は，価格決意と投資決意に関するカレツキの分析は，保険統計的なリスクの状態のもとでの最適化行動を組み入れているものではないと述べて，カレツキのモデルはケインズ的不確実性と整合的であると主張している（p. 537）。

1 雇用のおもな決定要因は需要の水準である。貨幣賃金の切り下げは完全雇用を回復させない。
2 投資が貯蓄を決定するのであって，その逆ではない。
3 貨幣部門と実体部門のあいだの二分法は誤りである。
4 資本主義経済には，完全雇用を保証する自動的な機構は存在しない。

このようにカレツキとケインズの「有効需要の理論」は，それぞれに独自の内容とともに多くの共通の特徴をもっているので，それら二つの理論的枠組みは競合的なものというよりも補完的なものと見なされるべきであると，クライスラーは主張している。

じっさいに，ケインズとカレツキの経済学を総合することによって首尾一貫した理論的枠組みを構築しようとする試みは，これまでにも多くの理論家によって活発に進められてきた（たとえば，Reynolds [1987], Sawyer [1989], Arestis [1992], Lavoie [1992, 2014], Palley [1996], Hein [2008] を参照）[15]。そうした試みの一つとして，ここでは，イェールのケインズ主義（トービン），ケンブリッジの英国ケインズ主義（カルドア），アメリカのポスト・ケインズ派（ワイントロープ，デヴィッドソン，ミンスキー）の三つの系を統合しようと試みるパリー（Palley [1996]）の貢献を取り上げてみよう。

ポスト・ケインズ派は 1980 年代以降，一貫した理論的枠組みの形成に向けての歩みを着実に進めてきたと明言したうえで，パリーは，すべてのポスト・ケインジアンが共有している核心的な命題として次の六つを挙げている。すなわち，(1)所得分配をめぐる社会的コンフリクトの重要性，(2)経済活動水準の

---

[15] これらの理論家の何人かは，ケインジアンとカレツキアンにとどまらず，さらにマルクス派や制度学派などを含む異端派の幅広い伝統の糾合を志向している。たとえばラヴォア（Lavoie [1992]）は，ポスト・ケインズ派，新リカード派，ラディカル派，制度学派を同一の傘のもとに再編することが可能な非正統派経済学の流れであるとして，これら四つのアプローチに共通の諸要素を「ポスト古典派研究プログラム」（post-classical research programme）と名づけている（p. 2）。のちにラヴォアは正統派経済学と対立する諸学派の集合体を「異端派経済学」（heterodox economics）と呼ぶようになったが，異端派の総合を志向している点においては変わりがない（Lavoie [2014] pp. 5-6 を参照）。

決定における総需要の重要性，(3)名目賃金と価格の切り下げが完全雇用を保証しえないこと，(4)貨幣の内生性，(5)マクロ経済過程における負債ファイナンスの重要性，(6)不確実な将来についての期待の移ろいやすい性格，がそれである (ibid., ch. 2)。

さらにパリーは，ポスト・ケインズ派を現代マクロ経済学における他の諸潮流から分かつ独自の特徴として，(1)マクロ経済の均衡が総需要によって決定される，(2)価格や名目賃金の調整は有効需要不足の問題を解決することができない，という二つの命題を挙げている (ibid., chs. 3, 13)。これに対して，新しい古典派とニュー・ケインジアンはいずれも，供給側の制約によってマクロ経済の均衡が決定されるという見解をとっている。よく知られているように，これら二つのアプローチは，価格や名目賃金がじっさいに伸縮的であるのか否かという論点をめぐって鋭く対立している。新しい古典派は，価格調整のすみやかな作用によって完全雇用が保証されると考えるのに対して，ニュー・ケインジアンは，価格と賃金の硬直性が失業の原因であると主張し，経済諸主体の最適化行動にもとづいて価格の硬直性を説明しようと試みる。しかしながら，これらのアプローチはいずれも，価格が十分に伸縮的であるとすれば完全雇用均衡が達成されると考えている点においては変わるところがない。

こうしてパリーは，嗜好・技術・要素賦存量によって均衡産出量が決定されるとする主流派の「供給制約均衡」の概念に対して，「需要決定均衡」という革新的な概念を対置したところにケインズ革命の核心を求めるとともに，その概念の継承・発展を志向している点に現代経済学におけるポスト・ケインズ派の存在意義を見出している。さらに彼は，ポスト・ケインズ派経済学の発展の方向として「構造主義マクロ経済学」(structuralist macroeconomics) との統合を示唆している (ibid., pp. 219-20)。総需要と金融についてのポスト・ケインズ派の理論を，労使間コンフリクト，および国家の政治経済的な役割に対する構造主義マクロ経済学者の関心と結合することは，将来の研究のための魅力的な進路を提供するであろう，と彼は述べている[16]。

---

16) パリーは，構造主義マクロ経済学における研究の一例として Marglin and Schor (eds.)

ここまで見てきたように，ポスト・ケインズ派は「経済活動水準が有効需要によって決定される」という命題を軸として着実に統合へと向かっている。すなわち，総需要の重要性に加えて，所得分配をめぐる社会的コンフリクトの作用，不確実な世界における期待の役割，貨幣供給の内生性など，マクロ経済分析に関する多くの基本的な見解を共有したうえで，論理的に一貫した基礎にもとづいた理論的枠組みを構築しつつあるのである。こうして現在，ポスト・ケインズ派はケインズとカレツキの統合に向けての歩みを確実に進めている。しかしケインズとカレツキの統合といっても，それは多様なかたちを取りうるので，今後も統合に向けたさまざまな試みが展開されていくことであろう。

4 ポスト・ケインズ派経済学の将来

ポスト・ケインズ派は，経済学の理論・方法・政策の各分野において，その生誕以来40年のあいだに膨大な研究成果を蓄積してきた。この間，価格形成，投資，所得分配，貨幣と金融，失業とインフレーション，景気循環と経済成長をはじめとする多くの領域において枠組みの拡張がさかんに進められ，一つの総合的な理論体系を形成するに至っている。戦後の経済学において新古典派理論が長らく支配的パラダイムとして君臨してきたなかで，対抗的な枠組みを構築しえたことの意義は決して小さくない。とりわけ1970年代には，新鮮で鋭い問題提起によって現代経済学に厳しい反省を迫るとともに，新古典派による経済学の一元的支配を大きく揺るがしたのである。当時，ポスト・ケインズ派の経済学者たちは，経済学におけるパラダイム転換が遠からず実現するものと

[1990] を挙げている。富と権力の分配がマクロ経済の動態にいかなる影響を及ぼすのかという問題関心にもとづきつつ，マルクスからカレツキにいたる伝統とケインズの洞察とを融合しようと試みるところに，そのアプローチの特徴がある。このような観点から，パリー（Palley [1999]）は，権力と所得分配に照準を合わせるマルクス＝カレツキ的モデルと，金融の役割を重視するネオ・ケインジアン的モデルとの統合をはかる一般的なポスト・ケインズ派モデルの展開を試みている。なお構造主義マクロ経済学については，本章の注10，および第12章の注5も参照されたい。

確信していた。現在の時点から振り返ってみると，そのような楽観主義はいささか根拠に欠けるものであったにせよ，ポスト・ケインズ派の挑戦は，新古典派の側においても一時は深刻な脅威と受け止められたのである。

しかしながらポスト・ケインズ派は，その枠組みの拡張と深化にもかかわらず，1970年代末以降，研究活動を支える制度的基盤の形成・確立の戦線においては退却に退却を重ねてきた。主流派の側からの苛酷な差別と排除に直面して，ポスト・ケインズ派の影響力はますます周辺的なものとなっていったのである。たとえば，ロビンソンやカルドアら第一世代の引退後，ケンブリッジ大学経済学部の教授陣の大部分が新古典派経済学者によって占められるようになった。これと同様にアメリカにおいても，デヴィッドソン，アイクナー，クレーゲルらの精力的な活動によって1980年代初めにはラトガース大学がポスト・ケインズ派経済学研究の一大拠点となりつつあったにもかかわらず，主流派とのあいだでの長く激しい消耗戦ののちに，有力なポスト・ケインジアンたちがラトガースを去るという事態にいたった。また経済学における新古典派の支配が強まるとともに，多くの国において異端派の経済学者が大学に職を得ることが次第に難しくなっている。大学院の博士課程をもつ大学の場合には，なおさらそうである。とくにアメリカにおいては，アイビー・リーグをはじめとする有力大学で教鞭をとっているポスト・ケインズ派経済学者はほとんどいない。さらに1970年代以降，*Economic Journal* や *American Economic Review* をはじめとする主要な学術誌は，ポスト・ケインズ派をはじめとする異端派の経済学者の手による論文に対して，それが慣習的な思考や表現の様式にもとづいていないという理由でしだいに門戸を閉ざすようになった。

主流派の側からの排除に対して，ポスト・ケインズ派は代替的な制度的基盤を形成することによって対抗しようと試みた。たとえばアメリカでは，ニュースクール大学，マサチューセッツ大学，カリフォルニア大学リバーサイド校，ノートルダム大学，ミズーリ大学カンザスシティ校など幾つかの拠点校にポスト・ケインズ派の経済学者が集結している。また彼らの研究成果を公表する場として，*Cambridge Journal of Economics* や *Journal of Post Keynesian Economics*, *Review of Political Economy*, また最近では *Review of Keynesian Economics* などの

非主流派の雑誌が創刊された。厳しい制度的環境のなかにあって，こうした対応はやむをえないものではあったにせよ，それはまたポスト・ケインズ派が主流派経済学からの「自己排除」を進めることにもつながった[17]。

このように困難な状況をふまえ，かつてキング（King [2002] ch. 12）は，ポスト・ケインズ派の将来についての展望を示したことがある。まず，ポスト・ケインズ派が補充要員を集めることができずに遠からず消滅するという悲観的なシナリオと，それが新しい科学革命によって新古典派に取って代わるという楽観的なシナリオとによって示される二つの極端な可能性がある。さらにキングは，この両極のあいだに四つの中間的な可能性が存在すると述べている。第一は，政治学や社会学のような他の社会科学への移住である。第二は，主流派経済学への吸収である。第三は，他の異端派経済学の諸伝統との連携，さらには統合を進めていく道である。そして第四に，「敵に包囲された少数派」として生き延びるという最も実現する見込みの大きいシナリオがある。方法・理論・政策の研究においてポスト・ケインズ派の伝統が分析上の独自の利点をもっていること（存続），ポスト・ケインズ派の攻撃に新古典派が屈服することはありそうにないこと（少数派），ポスト・ケインズ派を主流派から分かつ重大な相違が存在すること（敵による包囲）を，このシナリオの根拠としてキングは挙げていた。

その後15年をへた今日の時点で振り返ってみると，ほぼキングが予想したとおりに事態は推移してきたと言える。この間，二つの極端なシナリオについては言うに及ばず，他の中間的なシナリオが実現することもなかった。主流派とのあいだには理論と方法における解消しがたい相違点があるので，ほとんど

---

[17] 制度上の戦いにおけるポスト・ケインズ派の敗北，および異端派経済学に対する社会的・制度的抑圧の欧米での実状については，King [2002] pp. 132-6, Lee [2002] において詳しく説明されている。リー（Lee [2009]）は，アメリカとイギリスの事例を取り上げ，学術雑誌のランキング，大学院の教育プログラム，教員の採用と昇進の仕組み，研究業績評価の方法，研究資金の配分制度などについての詳細な調査にもとづき，異端派経済学者が置かれている厳しい状況を明らかにするとともに，学会や研究団体を通じた相互交流，他学派の研究者への学会誌の開放，各種の研究集会の開催などを通じて，1990年代以降に異端派の諸集団のあいだの連携が大きく進展したことを紹介している。

のポスト・ケインジアンは主流派に吸収されることを潔しとはしないであろう。また近年，ポスト・ケインズ派と他の異端派の諸潮流との連携がさかんに進められてきたとはいえ，異端派の多様なアプローチのあいだには依然として多くの矛盾や対立があるため，まだその統合には至っていない。こうした状況は，今後も当分のあいだ変わることがないだろう。

しかし，主流派とのあいだで建設的な討論を進めたり，あるいは他の異端派との連携を強化したりすることは，ポスト・ケインズ派経済学の発展にとって有益であるにちがいない。とりわけ，他の異端派との相互交流からは，大きな利益を享受することができるだろう。じっさいにアメリカにおいては1980年代以降，制度経済学（institutional economics），社会経済学（social economics），ラディカル経済学（radical economics），ポスト・ケインズ派経済学という四つの異端派のコミュニティのあいだで，大会セッションや機関誌の相互開放，会員の重複などを通じた収斂が進むことによって，異端派経済学の単一のコミュニティが出現しつつある（Lee [2000, 2002]）。このようにして異端派経済学のさまざまな流れが，たがいに自己批判をともないつつ開放的な討論を進めていくならば，たとえ異端派の総合へとつながることがないとしても，それぞれの学派は，自らとは異なるアプローチから多くを学ぶことができるはずである。したがってポスト・ケインズ派は，他の異端派の諸集団と継続的に対話を重ねていくことによって，その分析枠組みをよりいっそう豊かなものとすることができるにちがいない[18]。

頻発する金融危機や所得格差の拡大などを受けて新自由主義政策の限界が問われる今，その矛盾を点検し，代替的な経済政策構想を描き出すための指針となる理論と思想が強く求められている。そしてケインズとカレツキの経済学は，今もなお，そのような新しい構想を練り上げていくための豊富な素材を提供し

---

18) 実際に，そのような取り組みは様々なかたちで進められている。その例の一つとして，本章の前節でも取り上げた「構造主義マクロ経済学」との統合の試みを挙げることができる。さらに，これから本書で見ていくように，内生的貨幣供給理論，金融不安定性理論，経済の「金融化」論などの主題をめぐっても，学派の垣根を越えて，異端派経済学者たちのあいだで活発な議論が交わされている。

ているのである。彼らのよき知的遺産を受け継ぎながらも，近年における経済社会の急速な変化を見据えつつ，代替的な経済政策の基礎となりうる堅固な理論的枠組みを確立することが，ポスト・ケインズ派にとっての最大の課題である。この課題に応えることによってポスト・ケインズ派は経済学のパラダイム転換を実現することができるであろうし，また21世紀の経済社会において民主主義と公正を拡大していくために，何としてもそれを実現させなくてはならない。

第2章
ポスト・ケインズ派経済学の方法と理論

はじめに

　1970年代半ばに誕生して以来，ポスト・ケインズ派は，ケインズとカレツキの知的遺産の現代的な再生・発展の道を探りつつ，新古典派正統に対する代替的な経済理論の構築をめざしてきた。とはいえ前章でも述べたように，ポスト・ケインズ派は一枚岩の理論集団ではなく，たがいに見解を異にする幾つかのアプローチに分岐しているうえに，それらのアプローチの分類それ自体をめぐっても議論が絶えることはない。しかしその一方で，それらの多様な系統に共通する基本的な命題も存在している。この意味において，ポスト・ケインズ派をなお一つの学派と見なすことは可能である。

　かつてサールウォール（Thirlwall [1993]）は，「ケインズのビジョンの六つの中心的メッセージ」を次のように要約した。(1)雇用と失業は，労働市場ではなく，生産物市場において決定される，(2)非自発的失業が存在し，それは有効需要不足によって引き起こされる，(3)総投資から総貯蓄への因果関係が存在する，(4)貨幣経済は物々交換経済とは全く異なる，(5)貨幣数量説は根本的に誤っている，(6)資本主義経済は企業家の「血気」（animal spirits）によって導かれ，それが投資決意を決定する。おそらく，ほぼすべてのポスト・ケインズ派経済学者が，これらの命題に同意するであろう。

　キング（King [2015]）は，サールウォールの六つの命題から，次のようなマクロ経済政策にとっての含意を導出している。すなわち，それらの命題の核心

は「有効需要の原理」にある。総産出量と雇用は，通常は需要によって制約される。したがってセイ法則は誤りであり，完全雇用の達成と維持には，しばしば国家の介入が必要とされる。財政政策は必ずしも無効ではなく，「リカードの等価定理」は誤っている。金融政策は，インフレ抑制の役割に限定されるべきではない。インフレーションを抑制したりデフレーションを防止したりするためには，政府の価格政策と所得政策が必要とされる (ibid., p. 9)。これらの経済政策論議をめぐっても，今日では，ポスト・ケインズ派経済学者のあいだで概ね合意が形成されていると言ってよい（詳しくは，本書第3章を参照）。

このようにポスト・ケインズ派経済学者たちは，経済理論と政策の幅広い領域にわたって，多くの見解を共有している。したがって，ポスト・ケインズ派経済学とは異質な諸学派の集合体にすぎず，それは首尾一貫性を欠いているとの批判は，多分に誇張されたものである。本章では，ポスト・ケインズ派経済学が一つの代替的な経済理論をなしているという認識に立ったうえで，その方法と理論の特徴について概説することにしたい。

1　異端派経済学としてのポスト・ケインズ派経済学

1）主流派経済学，正統派経済学，異端派経済学

これまで繰り返し述べてきたように，ポスト・ケインズ派は異端派経済学の一潮流である。したがって，現代経済学においてポスト・ケインズ派が占めている位置を見定めるためには，まず経済学における主流・正統・異端の定義を明らかにしておく必要がある。M. ラヴォアによると，経済学者は，主流派 (mainstream) と反対者 (dissenter) の二つの大きな集団に分類することができる。主流派とは，学部上級や大学院レベルの教科書で表明されている見解に相当するものである。反対者とはそれらの見解に異議を唱える者であり，さらに細かく，「正統派側の反対者」(orthodox dissenter) と「異端派側の反対者」(heterodox dissenter) の二つの集団に区分される (Lavoie [2011a] pp. 8-10, Lavoie [2013] pp. 20-2, Lavoie [2014] pp. 8-10)[1]。

これらのうち「正統派側の反対者」とは，主流派経済学とその方法論を信奉しているが，その理論のいくらかの修正を提唱する人々のことを指す。この例として，マランヴォーやベナシーをはじめとする1970年代の不均衡学派，『一般理論』を公刊した当時のケインズ，マネタリズムが流行する以前のフリードマンなどが挙げられる。さらに，今日のマクロ経済学や金融政策論において常套的な分析枠組みとなっている動学的確率的一般均衡モデルも，当初は正統派側の反対者であったと見なすことができる。このほか，ロバート・シラー，リチャード・セイラー，コリン・キャメラー，ハーヴェイ・ライベンシュタイン，ダニ・ロドリック，ハーバート・サイモン，ロナルド・コース，ワシリー・レオンチェフ，アマルティア・セン，ジョージ・アカロフ，ポール・クルーグマン，ジョセフ・スティグリッツ，オリヴァー・ウィリアムソン，ウィリアム・ヴィックリーなど，多様な論者が正統派側の反対者の例として挙げられている。ここに見られるように，正統派側の反対者には，新古典派経済学の最先端に位置している者がしばしば含まれている。したがって正統派は，主流派および「正統派側の反対者」の双方から構成されているので，主流派よりも広い概念であるということになる。今日においては，新古典派経済学が正統派の地位を占めている。

これに対して異端派経済学者とは，すなわち「異端派側の反対者」のことを指す。異端派側の反対者たちは，主流派の理論を信奉しておらず，その理論的核心や現実妥当性を否定するだけでなく，その理論の改善にも関心をもたない。彼らは，主流派の研究課題とはかかわりなく，自分自身の課題をもっている。このような意味において，異端派経済学とは主流派経済学の単なる裏返しではなく，その代案なのである。したがって，「もし主流派経済学が消滅したとしても，異端派経済学は何の影響も受けないだろう」(Lee [2011] p. 545)。異端派

---

1) この分類は，バックハウス（Backhouse [2004]）の提案にもとづくものである。これと同様に，リー（Lee [2011]）は，国家と教会の関係との類推を用いて，主流派の理論からの部分的な逸脱を唱える者を「異説者」(heretic)，主流派理論全体を否定して，まったく異なる理論に置き換えることを主張する者を「冒瀆者」(blasphemer) と名づけている。

側の反対者には，ポスト・ケインズ派のほか，マルクス派，アメリカ・ラディカル派，フランス・レギュラシオン派，現代制度派などが含まれる。彼らは，新古典派経済学と同じ枠組みのもとでの正統派争いに身をやつすことなく，新古典派とは根本的に異なる経済理論の構築を進めている。それゆえ，代替的な経済理論の存在を広く世に知らしめるべく，あえて「異端」を自称しているのである。

さて2008年に勃発した世界金融危機は，主流派経済学者たちに大きな衝撃をあたえた。1930年代の大不況以来とも言われる深刻な経済・金融危機の発生を，誰も予想することができなかったからである。また経済主体は合理的に行動し，それゆえ市場は効率的に機能すると考える主流派の理論では，これほどの厳しい経済収縮の発生を説明することができない。これを承けて，行動経済学や実験経済学など，正統派側の反対者たちによる新しいアプローチが，「経済人」（homo economicus）を想定する伝統的な新古典派経済学の枠組みを乗り越える試みとして大きな注目を集めた。しかしながら，それらの研究成果に対するポスト・ケインズ派経済学者たちの評価は，一様に否定的なものである。

たとえばリー（Lee [2013]）は，神経経済学・実験経済学・行動経済学などのフロンティアの研究が，伝統的な新古典派の効用概念および効用関数と直接に結びついているなど，依然として，新古典派の方法と理論にきわめて厳格に根ざしたものであると述べている。この結論は，主流派経済学者たちによっても支持されているという。そして，それらの研究について次のように述べて厳しく批判している。「こうして，それは擬似知識であることを免れることができない。そしてフロンティアの研究が擬似知識であるならば，異端派経済学者たちにとって，それとかかずらうために自らの労力を費やす理由は存在しないのである」（*ibid.*, p. 114）。

ストックハンマーとラムズコグラー（Stockhammer and Ramskogler [2013]）は，近年のミクロ経済学において生じた二つの大きな変化に注目している。第一に，非対称情報のもとでは市場が清算しないことを論証する数多くの研究が現れた。第二に，多くの環境において人々が合理的に行動しないことや，しばしば人々が利己的に行動しないことを明らかにする実証研究が増加している。このよう

に，ミクロ経済学・実験経済学・行動経済学の分野においては，合理的経済人の基礎そのものについての問題が論じられるようになった一方で，現代のマクロ経済学は経済主体の最適化行動を当然のことと見なしている。したがって，研究分野としてのミクロ経済学と，マクロ経済学のミクロ的基礎とのあいだに大きな相違が存在していると，彼らは指摘する (*ibid.*, pp. 46-9)。

ラヴォア (Lavoie [2013]) もまた，今日の主流派マクロ経済学は，行動ファイナンスや行動経済学をはじめとする最先端の研究からほとんど影響を受けていないとの認識を示したうえで，「異端派側の反対者に見切りをつけて正統派側の反対者に加わることを決意するのは，あまりにも時期尚早である」(*ibid.*, p. 37) と訴えている。世界金融危機の発生とその拡大において大きな役割を演じたマクロ経済の逆説は，ポスト・ケインズ派の経済理論によってこそ，正しく理解することが可能となるからである。

2) 異端派経済学の特徴

ここまで見てきたように，現代の経済学においては，正統派経済学（すなわち新古典派経済学）と異端派経済学という二つの競合的な研究プログラム（ないしはパラダイム）が存在している。さらに異端派経済学の研究プログラムには，ポスト・ケインズ派，マルクス派，現代制度派などの多くの学派が含まれている。これらの諸学派は，それぞれに異なる理論的枠組みをもち，またさまざまな理論的・現実的問題をめぐって互いに見解を異にしている。それにもかかわらず異端の諸学派は，いくつかの形而上学的信念を共有していると考えることができる。このような信念は，形式的なモデルによっては表現することができず，また仮説や理論に先立って存在するものであり，一つの研究プログラムの本質的要素をなす。かつてレイヨンフーヴッド (Leijonhufvud [1976]) は，研究プログラムを構成する形而上学的信念のことを「前提」(presupposition) と呼んだ。すなわち異端の諸学派は，新古典派経済学に対する反発によってだけでなく，共通の諸前提によって互いに結びついているのである。以下では，異端派経済学が正統派経済学とは区別されるどのような諸前提を共有しているのかについて，ラヴォアの議論を手がかりとして考えてみたい (Lavoie [2006a]

表 2-1 異端派と正統派の研究プログラムにおける前提

前提	異端派	正統派
認識論／存在論	現実主義	道具主義
合理性	環境整合的な合理性 満足化行動をとる主体	超モデル整合的な合理性 最適化行動をとる主体
方法	全体論，有機体論	個人主義，原子論
経済的な核心	生産，成長，豊富	交換，配分，稀少性
政治的な核心	規制された市場	自由な市場

出所）Lavoie [2014] p. 12.

ch. 1, Lavoie [2011a] pp. 11-4, Lavoie [2014] pp. 10-30 を参照）。

　ラヴォアによれば，表 2-1 に要約されているように，異端派経済学の研究プログラムは，(1)現実主義，(2)環境整合的な合理性と経済主体の満足化行動，(3)有機体論，(4)生産と成長の問題への関心，(5)市場を規制する必要があるという信条，という五つの前提にもとづいている。これらについて順番に見ていこう。

　第一に，認識論および存在論に関する正統派と異端派の見解の違いについて取り上げる。新古典派経済学における支配的な認識論は，「道具主義」(instrumentalism) と呼ばれている立場である。M. フリードマンが，その代表的な提唱者の一人である。その考え方によると，理論の目的は，過去・現在・未来のいずれの現象であるかにかかわらず，未知の事実を予測することにあるとされる。理論は予測を行なうための道具であるのだから，理論を選択するための基準は予測の正確さにある。さらに理論のもつ予測能力は，その理論の諸仮定が現実的であるか否かとは全く関係がないとされる[2]。これに対して異端派経済学者は，理論が前提とする仮定の現実性が重要であると考える。経済学の目的は，現実世界における経済の実際の動きを説明することであり，この目的を達成するためには，想像上の理想的状態からではなく，現実的な諸仮定から出発する以外にないからである。あらゆる仮定は現実を抽象化・単純化したもの

---

[2] フリードマンの方法論については，馬渡［1990］第 21 章において詳しい紹介と検討が行なわれている。本項の記述においても同書を参照した。

であるということに間違いはないにせよ，現実に反した仮定から出発するべきではない。

　この問題と密接にかかわって，第二に，合理性についての考え方にも正統派と異端派のあいだで大きな違いがある。合理的期待形成仮説にしたがい，新古典派マクロ経済学において許容される唯一の類型の合理性は，モデル整合的な合理性，すなわち無限定な合理性である。経済主体は，将来において生じるすべての出来事とその客観的確率分布を知っているだけでなく，マクロ経済の構造についても正確な知識をもっていると仮定されている。したがって経済主体は，それらの知識や情報にもとづいて最適化行動をとることができる。他方で，異端派経済学者の見るところでは，経済主体の情報処理能力や計算能力には厳しい制約が存在するので，その合理性は限定的なものでしかありえない。このように人間の合理性には限界があるので，諸個人は，数多くの選択肢を比較したうえで最善のものを選ぶ「最適化原理」ではなく，あらかじめ設定した目標水準をみたす案が見つかれば，その案を選択するという「満足化原理」にもとづいて行動するだろう。

　第三の前提は，分析の方法に関するものである。新古典派理論における代表的主体は，消費者であると同時に生産者でもあり，あたえられた制約条件のもとで目的関数を最大化する。新古典派経済学者は，個人の効用関数が周囲の人々からの影響を受けることはなく，このような意味で原子論的な諸個人から社会が構成されると考える。最適化行動をとる自律的な個人のレベルから分析を始めるべきであり，マクロ経済の結果は代表的主体の単なる集計にすぎないと見る新古典派経済学の考え方は「方法論的個人主義」(methodological individualism) と呼ばれる。これに対して異端派経済学者は，個々人にとっては正しい命題も社会全体にとっては必ずしも当てはまらないという「合成の誤謬」(fallacy of composition) が存在することに注目する。個々人が貯蓄を増やそうとして消費を切り詰めても，経済全体では所得が減少する結果，貯蓄の額は変化しないという「節約の逆説」が，その代表的な例である。社会を構成する諸個人のあいだには複雑な相互依存関係があるために，社会の各部分の総和が全体に等しくなるとは限らないのである。このような社会の見方を「全体論」(holism）あるいは「有機体論」（organicism）という。

　第四の対立点は，分析の焦点をめぐるものである。ライオネル・ロビンズの有名な定義によれば，経済学とは稀少な資源の効率的な配分にかかわる学問である。しかしこの定義は，財の稀少性が経済の動向を規定すると考える新古典派理論についてしか当てはまらない。たしかに，すべての生産資源が完全に利用されているときには，それらの資源は稀少となる。このときには，より多くの商品を生産することよりも，現存の資源を適切に利用することのほうが重要な経済問題となる。これとは対照的に異端派経済学者は，現存する資源がどのていど利用されているのかに大きな関心をもつ。現実の経済においては，遊休設備や失業が存在するのが通常の状態であり，このような意味において資源は稀少ではない。この場合，資本設備や労働などの資源を効率的に配分するよりも前に，それらの利用度を引き上げて，生産を拡大することのほうが重要である。すなわち，正統派経済学が稀少性の世界の研究プログラムであるとすれば，異端派経済学は豊富の世界の研究プログラムである。ただしケインズも述べていたように，資本主義経済においては，しばしば有効需要の不足によって「豊富の中の貧困」（Keynes [1934]）という逆説的な現象が生じる。

　このような問題関心の差異は，市場と国家の役割に対する見解の相違によって生じるものである。したがって第五に，そして最後に正統派および異端派の政治的な「前提」について考察する必要がある。大多数の新古典派経済学者は，市場の自己調整的なはたらきに信頼を寄せており，それゆえ国家の介入は最小限にとどめることが望ましいと主張している。また彼らは，もし競争や情報の面における不完全性を市場から取り除くことができるならば，価格の伸縮的な変化を通じて経済が完全雇用均衡に導かれるにちがいないと考えている。他方で異端派経済学者たちは，市場機構の効率性と公平性に対して強い疑念をもっている。すなわち自由放任の資本主義には，失業や所得格差などの経済的弊害を生み出す傾向が内在していると考える。さらに彼らの見方によると，伸縮的な価格は経済を安定化させるよりも，むしろ不安定化させる可能性が大きい[3]。

---

3) たとえば深刻な不況のさいの物価下落は，負債の実質価値の増加を通じて企業の投資支

したがって国家は，市場を規制するとともに総需要を管理して，経済の安定化をはからなくてはならない[4]。

3）ポスト・ケインズ派経済学の特徴

さてそれでは，他の異端の諸学派とは異なるポスト・ケインズ派に独自の特徴とは何かについて見ていこう。ここでも引き続き，ラヴォアの議論にもとづいて検討を進める。彼によれば，ポスト・ケインズ派経済学の分析の諸前提は四つの組に分けることができるという（Lavoie [2011a] pp. 14-8, Lavoie [2014] pp. 33-7 を参照）。

第一の組は，その方法に関するものである。現実主義，有機体論，適度な合理性，生産，不均衡と不安定性が，その特徴を表す概念となる。ただちに理解できるように，これらは異端派経済学の前提にそのまま対応している。ポスト・ケインズ派が異端派経済学の一潮流であることを考えるならば，それは当然のことである。ここでは，「不均衡と不安定性」について説明を加えておこう。これは，表 2-1 においては「規制された市場」と表現されているものである。多くのポスト・ケインズ派経済学者は，資本主義経済が内生的な不安定性をはらんだシステムであり，価格機構の自由なはたらきに経済を委ねていたのでは，このような不安定性を抑制することは困難であると考える。したがって，不安定な経済を安定化するためには，政府の規制と介入が必要となる。

第二の組は，ポスト・ケインズ派に固有の前提であり，(1)有効需要の原理，

出を抑制し，不況をさらに悪化させることになるかもしれない。価格伸縮性のもつ安定化効果と不安定化効果について詳しくは，宇仁・坂口・遠山・鍋島 [2010] 258-61 頁を参照されたい。

4）ミーゼスとハイエクの流れを汲む新オーストリア学派の理論家たちも，自らを異端派経済学者であると見なしている。しかしながら，ここで挙げた異端派経済学の五つの前提に照らしてみると，新オーストリア学派は，原子論的社会観，稀少性の重視，市場の自己調整機能に対する信頼という少なくとも三つの点において，他の異端の諸学派とは見解を異にしている。新古典派のアプローチから自らを論理的に区別せず，そのアプローチに対して重大な疑義を提起してもいないという点に鑑みて，新オーストリア学派は「正統派側の反対者」であると見なすことが適切であると，ラヴォアは述べている（Lavoie [2014] pp. 29-30 を参照）。

(2)投資から貯蓄への因果関係，(3)制度の重要性，という互いに関連する三つの特徴から成る。有効需要の原理とは，産出量と雇用量が総需要によって決定されるという考え方である。今日では，多くの経済学者が，短期においては有効需要の原理の妥当性を認める一方で，長期においてはそうではないと考えている。したがって，短期においても長期においても経済活動水準の決定において有効需要が重要であるという見解は，ポスト・ケインズ派に独自のものである。すなわち彼らは，供給側の諸要因が需要側に調節されることを通じて，長期の成長経路もまた総需要によって決定されるのだと主張する（詳しくは，本書118-9頁を参照）。投資が貯蓄を決定するという命題は，有効需要の原理と密接に結びついている。そのため多くの論者が，この因果関係はポスト・ケインズ派経済学の主要な特徴の一つをなすものであると強調している。制度が重要であるという見方も，これらのことと関係している。すなわち，経済がおかれている制度的文脈によって，財政政策と金融政策が実体経済の活動に及ぼす影響は異なってくる。

　第三の前提の組もまた，ポスト・ケインズ派に固有のものである。それは，(1)貨幣経済，(2)歴史的時間，(3)根本的不確実性，という三つの概念から構成される。これらの概念もまた，たがいに密接に関連している。ポスト・ケインズ派の経済学においては，計算可能な確率的リスクに還元することのできない根本的不確実性が中心的な概念の一つとなっている。すなわち，将来の出来事についての保険統計的に信頼性のある予測を行なうことはできないと考えられているのである。この点において，経済主体が将来の事象の確率分布についての完全な知識をもつと想定する新古典派の理論とは鋭い対照をなしている。そして根本的な不確実性をともなう世界においては，貨幣が，流動的な価値保蔵手段として決定的に重要な役割を演じる。貨幣経済において失業が発生するのは，支出に関する意思決定を将来に先送りするために，人々が自らの購買力の一部を，貨幣をはじめとする流動資産のかたちで保蔵しようとするからである。これらのことと深くかかわって，ポスト・ケインズ派が重視する時間の概念は，「過去を変えることができず，将来を知ることはできない」という歴史的時間である。長期とは一連の短期状態の結果にほかならないので，現在時点におけ

る人々の意思決定が，最終的な均衡状態にも影響を及ぼすことになる。したがってポスト・ケインズ派は，経路依存性（path dependence）や履歴現象（hysteresis）を，歴史的時間の流れのなかにある経済システムの典型的な現象であると見なす。

　ポスト・ケインズ派経済学の前提の第四の組には，権力関係，開放系のモデル化，多元主義などの要素が含まれる。これらの要素に関しては，上述の諸前提についてと同じほどの多くの合意が形成されてはいない。たとえば，経済活動や所得分配の説明における権力関係の重要性は，必ずしもポスト・ケインズ派経済学に独自の特徴ではなく，この要素はむしろ制度学派やマルクス派において，よりいっそう強調されている。開放系と閉鎖系の二分法についても，その有用性をめぐって議論が分かれている。ローソン（Lawson [1997]）をはじめとする一部の有力なポスト・ケインズ派経済学者の見解によれば，異端派経済学が社会システムを開放系であると見なしているのに対して，新古典派経済学は閉鎖系アプローチにもとづいている（詳しくは，本書29-30頁を参照）。しかしながらラヴォアは，このような二分法は有益なものではないと述べている（Lavoie [2014] p. 29）。これと同様に，現実はさまざまな形態をとるので，それを分析するためには多様な理論や方法をその時々の必要に応じて用いることが望ましいと主張する多元主義の方法論的アプローチもまた，ラヴォアの見るところ，それ自体が利点をもつことは間違いないにせよ，ポスト・ケインズ派経済学に固有の特徴であるとは言えない。

　ここまでの議論を要約しよう。ポスト・ケインズ派は，異端派経済学の五つの前提をすべて受け容れている。しかしその一方で，短期においても長期においても有効需要の原理が妥当性をもつと主張するとともに，貨幣的生産経済，根本的不確実性，歴史的時間という諸概念のあいだの関連に注目している点において，他の異端の諸学派から区別される。

2 ポスト・ケインズ派の経済理論

　ポスト・ケインズ派の内部にはさまざまな潮流が存在するがゆえに，学派の担い手たちのあいだで激しい論争が巻き起こることも度々であった。そのことは，学問的な活力を生み出す源となる一方で，ポスト・ケインズ派とは一貫性を欠いた異質な理論家の集団にすぎないとの非難を招く一因にもなった。そうした曲折を経ながらも，ポスト・ケインズ派経済学は，長年にわたる研究成果の蓄積を通じて「有効需要の原理」を軸とする首尾一貫した理論的枠組みへと着実に進化を遂げてきた。この節では，価格形成，貨幣と金融，インフレーションとデフレーション，所得分配，経済成長の五つの領域に焦点を合わせて，ポスト・ケインズ派の経済理論の概要を紹介する[5]。

1) 価格形成

　ポスト・ケインズ派のなかには，いくつかの異なる価格形成理論が存在している。リー（Lee [1998]）によれば，ポスト・ケインズ派の価格理論には，(1)現代企業および工業製品価格の非伸縮性に関するG. C. ミーンズの著作がその核心をなしている「管理価格理論」，(2) P. W. S. アンドリューズ，オックスフォード調査グループ，およびR. L. ホールとC. J. ヒッチのフル・コスト理論に起源をもつ「正常費用価格理論」，(3)カレツキが1925～45年に展開したミクロ分析にその起源を見出すことができる「マークアップ価格理論」，の三つがある[6]。ただし，いずれの理論モデルも，コスト・プラス価格形成にもとづい

---

5) ポスト・ケインズ派の経済理論を包括的に紹介している最近の著作として，Lavoie [2006a, 2014]，Hein and Stockhammer [2011] がある。Sawyer [2009a] は短い論文であるが，ポスト・ケインズ派経済学を中心に，異端派マクロ経済学の特徴を簡潔にまとめている。ポスト・ケインズ派をはじめとする異端派経済学の諸理論を幅広く紹介している国内の著作には，植村・磯谷・海老塚 [2007]，および宇仁・坂口・遠山・鍋島 [2010] がある。

6) リー（Lee [1998]）は，これら三つの価格理論の形成と展開について，学説史的なアプローチにもとづき包括的な検討を加えている。ポスト・ケインズ派は首尾一貫した現実

ている点では共通している。すなわち，工業製品などの再生産可能財については，短期の需要変化は価格にほとんど影響をあたえないものと見なされている。なぜなら，これらの財の場合，一般に生産能力の予備が存在しているので，完全稼働に満たない状態のもとでは平均可変費用がほぼ一定となるからである。そして企業は，生産物1単位当たりの費用に対して利潤マージンを付け加えることによって生産物の価格を決定する。

　価格形成に関するこれらの理論のなかでも，その簡便さゆえに，多くのポスト・ケインズ派経済学者が好んで用いているものが，カレツキのマークアップ価格理論である (Kalecki [1971] ch. 5)。それによれば，企業の平均主要費用は完全能力産出点に達するまで一定であり，また企業は一般に完全稼働に満たない状態のもとで操業しているので，需要と稼働率の変化が単位当たり費用に影響を及ぼすことはない。そして費用に対するマークアップ（利潤の上乗せ）の大きさは，企業の市場支配力を表す「独占度」によって決定される。独占度を変化させる要因には，産業内の集中過程だけでなく，広告や販売促進活動，共通費の水準と主要費用との関係，労働組合の力など，企業をとりまく様々な制度的・環境的要因が含まれる。カレツキの価格形成理論の特徴は，価格形成と所得分配の問題がたがいに分かちがたく結びついていると見る点にある。たとえば，独占度の上昇にともなって商品価格が上昇するときには，実質賃金の低下を通じて，労働者の分け前が減少することになるだろう（詳しくは，本書第10章第2節を参照）。

　また他方でカレツキは，原材料品や農産物などの一次産品の価格は，主として需要によって決定されると論じていた。工業製品の場合とは異なり，これらの商品の供給は一般に非弾力的である。したがって景気の拡大にともない，それらの商品に対する需要が増加するならば，その価格も上昇することになるだろう。このような見解にしたがい，ポスト・ケインズ派は，資源や食料などの国際商品の価格変動を抑えるための緩衝在庫（buffer stock）の創設を提唱して

　的な価格理論を提示するには至っておらず，実証的な基礎づけをもつ非新古典派的な価格理論の展開がなお重要な課題として残されているというのが，リーの見解である。

いる (Kaldor [1976], Davidson [1994] ch. 9)。

2) 貨幣と金融

ケインズは，1932年のミカエルマス学期に行なった「生産の貨幣理論」(monetary theory of production) と題する講義の初回において，自らが新たに構築しようと試みている経済理論の特質について，次のように説明している。マーシャルやピグーをはじめとする古典派経済学者たちの理論においては，貨幣が登場するものの，それは単に交換の媒介手段として用いられているにすぎず，貨幣量の変化が実体経済に影響を及ぼすことはない。したがって，彼らの理論が扱っている経済は「中立貨幣経済」(neutral money economy) と呼ぶにふさわしいものである。これに対して自らが想定している「貨幣的経済」(monetary economy) においては，貨幣が人々の動機と意思決定に影響を及ぼすため，短期においても長期においても金融政策が実体的な影響をもつ，と (Rymes [1989] pp. 47-54：邦訳53-61頁)。

ケインズのこのような洞察を受け継ぎ，ポスト・ケインズ派は，短期においても長期においても貨幣が非中立的であると主張する。たとえばデヴィッドソン (Davidson [1994]) は，ケインズ (Keynes [1936] ch. 17) にしたがい，貨幣は二つの本質的な性格をもつと主張する。すなわち貨幣は，生産の弾力性がゼロであるとともに，代替の弾力性がゼロであるという特性をもつ。不確実性に満ちた現実世界において，流動的価値保蔵手段としての貨幣に対する需要が増加しても，貨幣を生産するために雇用が増えることはない。さらに，工業製品などの生産可能財は価値保蔵手段としての貨幣の代替物にはならないので，貨幣に対する需要が増加して，その価格（すなわち利子率）が上昇したとしても，貨幣から生産可能財へと需要が移ることはないだろう。したがって，人々が生産可能財に対する需要を減らすと同時に，流動性タイムマシンとしての貨幣によって購買力を保蔵することを決意するならば，雇用が減少することになる。このように資本主義経済においては，将来が不確実であり，流動性に対する人々の需要が生産と雇用の水準に影響を及ぼすので，貨幣は決して中立的ではありえない（本書第4章第2節を参照）。

ポスト・ケインズ派の貨幣経済理論において，長きにわたり中心的論点の一つをなしてきたのが内生的貨幣供給理論である。その端緒を開いたのは，カルドア（Kaldor [1970, 1982]）のマネタリズム批判であった。彼の見るところ，信用貨幣経済においては，貨幣供給は需要に対して受動的に調節される。すなわち，名目国民所得が増加するときには貨幣需要が増加するので，これに同調するかたちで銀行貸出と預金が増加する。したがって，マネタリストが主張しているのとは逆に，名目国民所得から貨幣供給へという因果関係が存在するのである。そうであるとすれば，貨幣供給の制御を通じて物価の安定化をはかるというマネタリストの政策は，がんらい実行不可能なものであるということになる。貨幣供給が内生的である場合には，利子率は外生的な変数となる。したがって中央銀行は，政策的な判断にもとづいて短期利子率を決定する一方，その利子率のもとで需要に応じて弾力的に準備の供給を行なうことになる（さらに詳しくは，本書第4章第3節を参照）[7]。

　1980年代以降のマネタリズムの退潮をへて，多くの先進諸国で，貨幣供給に代えて金利をおもな政策手段とする金融政策運営方式が採用されるようになった。すなわち，中央銀行は金利の操作を通じて物価の安定をはかるべきであるという「ニュー・コンセンサス」が，多くの中央銀行関係者と主流派マクロ経済学者のあいだで形成されたのである。このような政策運営方式のもとでは，金利が外生変数となる一方で，貨幣ストックは内生変数となる。したがってニュー・コンセンサスは，一見したところ，ポスト・ケインズ派の見解にきわめてよく似ている。しかしながら，このような類似は表面的なものにすぎない。というのも，ニュー・コンセンサスにおいては，マクロ経済の長期均衡が供給側の要因によって決定されると考えられているからである。すなわち金融政策

---

7) 研究が進展して議論が詳細に及ぶにつれて，ポスト・ケインズ派の内生貨幣論は，中央銀行の同調的な準備供給を前提に，貨幣供給曲線が水平であると考える「ホリゾンタリスト」（horizontalist）と，中央銀行が準備に対する量的な制約を加える可能性を考慮に入れて，右上がりの貨幣供給曲線を描く「構造論者」（structuralist）の二つのアプローチに分かれ，両者のあいだで激しい論争が展開されるに至った。ポスト・ケインズ派の内生貨幣論の歴史的展開，学派の内部での論争，および今日的な意義と課題については，ラヴォア（Lavoie [2011b]）が見通しのよい解説をあたえている。

は，長期においては物価水準の変化を引き起こすだけで，実体経済の活動水準には影響を及ぼすことができないとされている（本書第5章を参照）。

　ポスト・ケインズ派の金融分析における重要な貢献の一つに，ミンスキー（Minsky [1975, 1982a, 1986]）によって提示された「金融不安定性仮説」（financial instability hypothesis）がある。この仮説は，ケインズ的な不確実性のもとでなされる企業家の投資決意に焦点を合わせることによって，投資と金融の相互作用が景気循環を生み出す仕組みを明らかにしている。それによれば，脆弱化した金融構造のもとでひとたび景気の後退が始まると，投資と利潤の累積的な減少の過程を通じて，経済は全面的な負債デフレーションへと突入していく恐れがある。ミンスキーは，金融不安定性が資本主義経済の正常なはたらきの結果として生じることを強調している。言い換えるならば「安定性が不安定性を生み出す」というのが，発達した金融制度を備えた現代資本主義の特質についての彼の所見である（本書第7章を参照）。

3）インフレーションとデフレーション

　現代資本主義経済におけるインフレーションの基本的性格をどう見るかについても，主流派とポスト・ケインズ派のあいだで大きく見解が異なっている。一般に主流派経済学者は，生産物市場における超過需要が原因となって生じるディマンドプル型のインフレーションを想定している。これに対してポスト・ケインズ派は，現代資本主義のもとで生じるインフレーションの多くが「コストプッシュ・インフレーション」であると見ている。彼らは，生産費用のなかでも，とりわけ賃金コストの上昇を重視している。賃金上昇が生産物価格に転嫁されるならば，物価が上昇する結果，実質賃金は元の水準にとどまるので，労働側はいっそうの賃上げを求めるだろう。こうして賃金と物価の螺旋的な上昇過程が開始する。インフレーションとは，所得分配をめぐる社会諸集団の対立の帰結なのである。

　本節1で見たように，ポスト・ケインズ派は，賃金コストに対する企業のマークアップ価格形成行動によって，生産物価格の決定とその変化を説明している。そのため彼らのインフレーションの理論は，しばしば「賃金コスト・マー

クアップ理論」の名で呼ばれている。貨幣賃金支払い額に対する粗利潤マークアップが一定であるとすれば，名目賃金の上昇が労働生産性の上昇を上回るときにインフレーションが発生する。したがってインフレーションを抑制するためには，名目賃金の上昇を生産性上昇の範囲内にとどめることが必要であるということが分かる。そこで多くのポスト・ケインズ派は，インフレ抑制政策として所得政策を支持している。たとえばデヴィッドソン（Davidson [1994]）は，「課税にもとづく所得政策」（tax-based incomes policy）を提案している（pp. 149-51：邦訳 179-83 頁）。その基本的な仕組みは，生産性の上昇を大きく超えた賃上げを認める企業に対して罰則を加えるために，法人所得税体系を用いるというものである。この制度のもとでは，過大な賃上げ要求に応じた企業には，より高い課税という罰則が課せられることになる。

　インフレーションやデフレーションという物価の変動は，実体経済の活動にも重大な影響を及ぼす。たとえばデフレーションは，負担の実質価値を増加させて，企業倒産を引き起こしたり，投資支出を抑制したりする要因として作用するだろう。この場合，負債の増加とデフレーションという二つ経済的弊害がたがいにその影響を強め合う結果，経済の累積的な下降が進むことになる。したがってポスト・ケインズ派は，新古典派経済学の見解とは反対に，賃金や価格の粘着性をもたらすような社会的・制度的仕組みは，むしろ経済を安定化させる要因であると考える。

4）所得分配

　豊かで公正な経済社会の実現をめざすポスト・ケインズ派の経済学者にとって，所得分配の問題はつねに重大な関心事であったし，今日においてもそうである。国民所得の分配は，生産の技術的要因だけでなく，経済を取り巻くさまざまな社会的・政治的・制度的要因にも依存して決まるというのがポスト・ケインズ派の見解である。したがって彼らは，生産の物理的・技術的な特性によって所得の分配を説明する新古典派の限界生産力説に異議を唱え，それに取って代わる理論的枠組みを構築することに多大な労力を費やしてきた。ポスト・ケインズ派の代表的な分配理論としては，カレツキの独占度理論とカルドアの

マクロ的分配理論がある。すでに価格形成の問題とかかわらせて述べたように，不完全稼働状態にある寡占経済を想定しているカレツキの理論においては，「独占度」の変化を通じて賃金の相対的分け前が変化する。彼は，早くも1938年の論文で独占度の概念にもとづく所得分配の理論を展開していた（Kalecki [1938a]）。

カルドア（Kaldor [1955-6]）の理論に特徴的なことは，完全雇用の水準で国民所得が一定であるという仮定が設けられていることである。さらに国民所得は賃金と利潤とに分割され，資本家の限界貯蓄性向は労働者のそれよりも大きいと仮定されている。この枠組みにおいて，投資が拡大するときには物価の上昇が生じるので，これを通じて実質賃金が低下することになる。このようにして賃金と利潤のあいだの分配は，おもに投資の大きさによって決定される。カレツキとカルドアの分配理論はいずれも，各生産要素の限界生産力とは無関係に分配関係が決定されることを明らかにしている。この点に，ポスト・ケインズ派分配理論の独自の意義を見出すことができる。また二人の理論においては，経済全体での利潤額は投資と資本家消費の総額に等しくなる。このことをカルドアは，「資本家は自ら支出するものを稼得し，労働者は自ら稼得するものを支出する」という有名な格言で言い表している。

さらに所得分配は，それ自体が重要な問題であるにとどまらず，経済成長とも密接な関係をもっている。なぜなら所得分配の変化は，総需要の水準にも影響を及ぼすからである。カレツキの理論モデルにおいては，賃金上昇は消費の増加を通じて総需要を拡大させ，投資と産出量の増加を導く。これとは対照的にカルドアの理論においては，賃金上昇は利潤率の低下を通じて，投資の減少と成長率の低下をもたらす。すなわちカレツキの理論が「賃金主導型」の経済成長を描写しているのに対して，カルドアの理論は「利潤主導型」の経済成長を定式化しているのである。しかしながら両者の差異は，根本的なものであるというよりも，むしろ強調点の違いにすぎないと見るのが適切である。いずれの理論も，貯蓄の増加が需要水準を低下させて投資の減退をもたらすという「有効需要の原理」の考え方にもとづいている点においては同じだからである。したがって，カレツキとカルドアの理論モデルの異同を明らかにしたり，ある

いは両者の統合をはかったりする試みも，今日にいたるまで盛んに進められてきた（Rowthorn [1981]，Bhaduri and Marglin [1990]，Lavoie [1995]）。

5）経済成長

　ケインズ（Keynes [1936]）は「有効需要の原理」という斬新な考え方を打ち出し，経済活動の水準が総需要によって決まることを明らかにした。しかしながらケインズの経済理論は，なお短期的・静学的な枠組みにとどまっており，その長期化・動学化が次なる理論的課題となった。その方向に向けての第一歩を印したのが，ハロッド（Harrod [1939]）の「不安定性原理」である。彼によれば，(1)現実の成長率，(2)資本設備の完全利用を保証する成長率である「保証成長率」（warranted rate of growth），(3)完全雇用をもたらす成長率である「自然成長率」（natural rate of growth）の三つは，それぞれ異なる要因によって決まるので，それらが一致するのは全くの偶然を除いてはありえない。そして，いったん現実成長率が保証成長率から乖離したり，あるいは保証成長率が自然成長率から乖離したりすると，マクロ経済の不均衡は時とともにますます拡大していく。こうして彼は，自由放任の資本主義経済における成長経路が累積的な不安定性を示すことを主張した。

　ハロッドの理論に対して，新古典派の側から批判を加えたのがソロー（Solow [1956]）である。彼のモデルにおいては，生産要素市場における価格機構のはたらきによって資本と労働の投入比率が変化し，安定的な成長経路が実現する。たとえば保証成長率が自然成長率よりも高いときには，資本の成長率が労働力人口の成長率よりも高いので，利子率が低下する一方で実質賃金は上昇するだろう。その結果，労働から資本への要素代替が生じて必要資本係数が高くなるので，保証成長率は自然成長率に調節されることになる。こうして経済は，自然成長経路に安定的に収束する。しかしながらソローのモデルでは，経済成長を生み出す重要な要因である技術進歩が外生的にあたえられていた。これに対して，技術進歩をモデルの内部で説明しようと試みるのが，1980年代半ば以降さかんに展開されるようになった「内生的成長理論」である。そのモデルには，研究開発モデル，人的資本モデル，学習効果モデルをはじめ，多

くの変種が存在する。ただしこれらのモデルも，経済成長の源泉が人口や技術などの供給側にあると見ている点においては，旧来の新古典派成長モデルといささかも変わるところがない[8]。

これとは対照的にポスト・ケインズ派の成長モデルでは，長期においても有効需要が経済活動を主導する役割を演じる。すなわち自然成長率それ自体が，需要によって決まる現実成長率に合わせて調節される内生変数であるとされている（Lavoie [2006a] pp. 120-1：邦訳 159-61 頁，Lavoie [2014] pp. 413-5）。たとえば総需要の増加は，労働参加率の上昇，一人あたり労働時間の増加，移民労働者の流入などのかたちで，労働供給を増加させることにつながる。また経済活動の拡大は，企業家の利潤期待を改善して新技術の採用や研究・開発を刺激するとともに，規模の経済や学習効果（learning by doing）のはたらきによって労働者の知識や技術の向上を引き起こすだろう。こうして自然成長率の二つの構成要素である労働力人口増加率と技術進歩率は，需要成長率とともに上昇することになる。

経済の成長経路は供給側の要因によってあらかじめ決定されているのではなく，成長経路それ自体が総需要によって影響を受ける。このような意味において，ポスト・ケインズ派は，経済成長が経路依存的な性格をもつと考える（この問題については，本書 118-9 頁において詳しく論じる）。ポスト・ケインズ派の成長モデルは，ロビンソンやカルドアの理論を出発点とする「ネオ・ケインジアン・モデル」と，カレツキの分析的枠組みの拡張をはかる「カレツキアン・

---

[8] 実のところ，生産性の上昇を内生的に説明しようとする試みは，カルドア（Kaldor [1966]）によって早い時期に行なわれていた。彼は，先進諸国の製造業部門において，産出高成長率と生産性上昇率とのあいだに正の相関関係があることを実証している。この動学的な関係は，「フェルドーン法則」（Verdoorn's law）あるいは「カルドアの第二法則」と呼ばれている。これについてカルドアは，産出高の成長が収穫逓増のはたらきによって生産性上昇を引き起こすのだと論じている。このように，生産性上昇を内生的なものと捉える一方で，今日の内生的成長理論とは異なり，技術進歩率と経済成長率の決定において総需要が果たす役割を重視している点に，カルドアの議論の特徴がある。カルドア法則のほか，ミュルダールとカルドアの累積的因果関係論については，宇仁 [2009] 第 10 章，および藤田 [2010] 第 4 章が詳しい。

モデル」の二つに大別されるが，いずれも需要主導型の成長モデルであるという点では共通している[9]。

3　ポスト・ケインズ派経済学の進路

　その生誕から今日にいたるまで，ポスト・ケインズ派経済学は，新古典派経済学とは異なる独自の方法にもとづき，経済学のさまざまな領域において数多くの成果を生み出してきた。とりわけ所得分配と経済成長の問題は，ロビンソンやカルドアによって代表されるポスト・ケインズ派第一世代にとっての中心的課題であったし，今日においてもネオ・ケインジアン・モデルとカレツキアン・モデルの統合の試みなど，さかんに研究が進められている領域である。貨幣と金融に関する問題もまた，ポスト・ケインズ派が多くの独自の貢献を積み上げてきた領域である。内生的貨幣供給理論や金融不安定性理論などの成果が示しているように，これまで様々なかたちでケインズとミンスキーの洞察の拡張と応用が試みられてきた。しかしながら，このように旺盛な研究活動にもかかわらず，ポスト・ケインズ派は，経済学の世界のなかで脇に追いやられつづけてきた。したがって今日，研究と教育における制度的基盤をどのように維持・強化して，自らの地歩を拡大するのかが，ポスト・ケインズ派にとっての重要課題となっている。

　経済学界におけるポスト・ケインズ派の周辺化を食い止める術を考えるさいには，主流派経済学とどのように向き合うのかという問題にまず直面すること

9）ネオ・ケインジアン・モデルとカレツキアン・モデルの基本的枠組み，および両者の異同について知るためには，池田［2006］第1・2章における紹介と検討が有益である。池田は，二つのモデルの違いを，本質的な違いというよりも強調点の違いとして捉えている。すなわち，カレツキアン・モデルが不完全稼働をともなう低成長経済を，ネオ・ケインジアン・モデルが完全稼働をともなう高成長経済を，それぞれ描くものと整理する。そして二つのモデルの差異は，それらの理論が展開された歴史的背景の差異として理解することができると述べている（47-51頁）。カレツキアン・モデルの基本的特徴については，本書第11章第4節も参照されたい。

になる。この問題については，ポスト・ケインズ派の経済学者のあいだでも意見が分かれている。フォンタナとジェラード（Fontana and Gerrard [2006]）は，ポスト・ケインズ派が前進するためには，主流派経済学との建設的な対話を進めていくことが必要であると主張している。彼らは，ケインズの『一般理論』が新古典派理論をより一般的な枠組みのなかに包み込んだように，ポスト・ケインズ派もまた，適切な新古典派の諸モデルをより一般的な枠組みの中に包含するべきであるという「包含原理」（encompassing principle）を提唱している（ibid., p. 71）。彼らによれば，不完全競争のマクロ経済学，不確実性のもとでの意思決定の理論，経路依存性効果，国際金融システム，金融・財政政策のルールなどが，主流派とポスト・ケインズ派のあいだで建設的な対話を進めてゆく可能性のある領域であるという。

　しかしながら，このような主張に対しては否定的な見方も多い。たとえばキング（King [2013]）は，主流派経済学者が対話のなかで自らの考えの過ちに気づいて，理論と政策におけるポスト・ケインズ派の対案を採用することになるだろうという期待は幻想にすぎないと断じる。というのは，2008年の世界金融危機ののちにも，主流派マクロ経済学者たちは，自らの理論的枠組みの大部分が依然として妥当性をもつと考えているからである。したがって，ポスト・ケインズ派の友好的な批判が，主流派経済学者の思考に大きな影響をあたえることは考えにくいというのが，キングの見方である。

　ラヴォア（Lavoie [2013]），ストックハンマーとラムズコグラー（Stockhammer and Ramskogler [2013]），リー（Lee [2013]），ローションとドカティ（Rochon and Docherty [2013]）も同様に，主流派との建設的対話というアプローチの有効性については懐疑的である。ポスト・ケインズ派は，主流派経済学とは異なる自分自身の研究課題をもっているのだから，その解決にまず力を注ぐべきであって，主流派との対話は排除されるべきではないにせよ，それはポスト・ケインズ派の将来にとって二次的な問題にすぎないというのが，彼らの見解である。そもそも，多くの主流派経済学者は異端派との対話に関心をもっていないので，対話のために多くの労力を費やしても，実り豊かな成果につながるとは限らない。今日では，数学的な理論モデルや計量経済学的な手法を用いた研究もポス

ト・ケインズ派経済学者のあいだで盛んに展開されているが，新古典派経済学者はそれらの研究にもほとんど興味を示していないのが実情である。

　その一方で，マルクス派や現代制度派など，他の異端の諸学派との協力をさらに進めていくべきであるという点では，多くのポスト・ケインズ派経済学者の見解が一致している。今日では，イギリスの「異端派経済学会」(Association for Heterodox Economics : AHE)，「ヨーロッパ進化経済学会」(European Association for Evolutionary Political Economy : EAEPE)，「経済学の多様性のための学会の国際連合」(International Confederation of Associations for Pluralism in Economics : ICAPE) など，異端の諸学派の連携を進めるための多くの組織が存在している[10]。ストックハンマーとラムズコグラーによれば，このような協力には二つの目的がある (Stockhammer and Ramskogler [2013] p. 54)。第一の目的は，経済学における多様性を維持することである。これらの組織は，学術雑誌の格付けの仕組みを改善することや研究評価制度の改革を求めるなど，異端派経済学の研究を周辺化から守るための活動に取り組んでいる。第二の目的は，異端派経済学の多様な流れを横断する研究プロジェクトを促進することである。基本的な諸前提を共有している異端の諸学派のあいだの交流を通じて，各学派は，新たな分析課題を見つけたり，自らの視野や方法を広げたりすることが可能になるだろう。

　さらにストックハンマーとラムズコグラーは，ポスト・ケインズ派の研究課題はいくつかの方向への拡張を必要としていると指摘する (*ibid*., pp. 54-5)。彼らの見るところ，ポスト・ケインズ派は，ある面では創設当初からの研究プログラムを固守してきたがゆえに，現実経済の分析において幾つかの重大な欠落が生まれる結果となった。したがってポスト・ケインジアンは，分析視角の面においてではなく，取り扱う問題の面において，もっと「ポスト」になると同時に，もっと「ケインジアン」ではなくなるべきであると，彼らは主張している。たとえば，ポスト・ケインズ派は長いあいだ制度の重要性を訴えてきたに

---

10) 横川 [2004] は，自らの参加経験を踏まえて，これらの異端派経済学者の横断的組織の形成過程や，その意義と課題について論じている。なお日本からは進化経済学会が ICAPE に加盟しているほか，経済理論学会も準加盟している。

もかかわらず，経済成長における制度の役割はまだ十分に解明されていない。また，情報通信技術やグローバル化，雇用の不安定化や環境問題など，広い範囲の社会経済問題について，これまでほとんど何も語ってこなかった。さらにポスト・ケインズ派は，さまざまな社会集団がどのようにして政府行動に影響を及ぼすのかなどを説明するための国家理論を構築するには至っていない。これらの多くの領域における分析枠組みの構築を進めるうえで，ポスト・ケインズ派は，他の異端派との交流から多くの知見を得ることができるだろう。

現実の経済社会が直面する諸問題に対する適切な分析と政策提案を進め，供給サイドやミクロの課題へと取り組むべき問題の範囲を広げるとともに，それらの問題の解決策を探るために他の異端派との協力を強めていく。経済学研究における常道ではあろうが，これが，ポスト・ケインズ派の進むべき道であることは間違いない。

補論　日本におけるポスト・ケインズ派経済学

わが国のポスト・ケインズ派経済学は，世界的に見て，きわめて特異な環境に置かれている。日本では1970年頃まで，マルクス経済学とそれ以外の「近代経済学」が学界を二分する状態が続いていた。それ以後，マルクス経済学の勢力がしだいに衰えていったとはいえ，他国と比べると，今日なお経済学界において異端派経済学者の占める割合が大きいうえに，異端派経済学者の大勢をマルクス経済学者が占めているという状況にある。そのため日本では，ポスト・ケインズ派の存在感はさほど大きくない。このようなわが国独特の歴史的背景もあって，ポスト・ケインズ派経済学者のなかには，もともとマルクス経済学から出発した者や，マルクス経済学をその基幹と位置づける「経済理論学会」に所属している者も少なくない。したがって日本のポスト・ケインジアンには，異端派経済学全般についての幅広い知識をもつとともに，他学派に対して寛容な態度をとる者が多く，異端派の連携を進めてゆくための豊かな学問的土壌が存在していると言える。

日本では，カレツキ，シュタインドル，ロビンソン，カルドア，ハロッドら指導的なポスト・ケインジアンの研究が，戦後早くから盛んに紹介されていた。その活動を担った宮崎義一，伊東光晴，浅野栄一，川口弘らが，わが国におけるポスト・ケインズ派経済学研究の草分け的な存在である。ポスト・ケインズ派が一つの自覚的な集団として凝集するに至るのは1970年代半ばのことであったが，日本でも1980年に川口弘を中心として「ポスト・ケインズ派経済学研究会」が設立され，学問的な問題関心を共有する研究者のネットワークが形成された。ゆるやかで開放的な組織であるため，会員数を正確に把握することは難しいものの，現在，おおよそ50〜60名程度の経済学者が何らかの形でその活動に関与していると思われる。年3回の定例研究会の開催のほか，日本経済評論社の「ポスト・ケインジアン叢書」（2016年末時点で，計38点が刊行されている）として海外のポスト・ケインジアンの主要な著作を翻訳出版するなどの活動を通じ，ポスト・ケインズ派経済学の普及と発展に努めている。

　近年の主な研究成果としては，吉田［2003］，池田［2006］，二宮［2006］，内藤［2011］，石倉［2012］，西［2014］，Sasaki［2014］などを挙げることができる。このほか，渡辺（編）［2011］，原（編）［2012］の論文集も刊行されている。これらの成果を見ると理解できるように，最近では若手を中心に，数学的・計量的な手法を用いてマクロ経済学の理論的・実証的分析に取り組む研究者が増えている。このような流れは今後さらに進んでいくであろうし，また積極的に推進していくべきものである。しかし他方で，ポスト・ケインズ派がもともと歴史的・制度的・思想的な視角にもとづく分析に独自の強みをもっていたことを考えると，そうした特色を活かした研究もあわせて進めていくことが望まれる。そのうえで，数理的なアプローチも含めて，多様なアプローチにもとづく研究成果を相互に有機的に結びつけていくことが今後の重要な課題となるだろう。もちろんこのことは，日本にかぎらず，ポスト・ケインズ派経済学研究全般についても言えることである。

第 3 章

ケインズおよびポスト・ケインズ派の経済政策論
―「投資の社会化」論を中心に―

はじめに

　アメリカにおける 2007 年のサブプライム問題に端を発する世界的な金融危機の勃発を受け，各国政府は危機に対処するべく，積極的な財政出動や金融緩和をはじめとするあらゆる政策手段の動員に乗り出した。一見したところ，このような事態は，過去 30 年以上にわたって先進資本主義諸国における政策運営の基調とされてきた新自由主義の路線が放棄され，政府の積極的な介入による経済の安定化を説くケインズの思想が復権したことを示すものであるように思われるかもしれない。たしかに今次の金融危機は，資本主義経済は根本的な不確実性にさらされており，そのような不確実性の存在こそが金融危機を引き起こすのだというケインズのビジョンを確証するものであるに違いない[1]。1937 年に発表されたケインズの論文「雇用の一般理論」における次の一節は，あたかも現代の金融危機を描写しているかのようであり，新鮮な響きをもつ。

　　静穏にして不動の，確実にして安全な慣行は，突然に崩壊するのである。
　　新しい不安と希望とが，警告なしに人間行動を支配するであろう。幻滅の

---

1) ケインズの経済理論において不確実性が重要な役割を果たしていることを強調する代表的な論者に，デヴィッドソン（Davidson [1994, 2007]）およびスキデルスキー（Skidelsky [2009, 2011]）がいる。とくにスキデルスキーは，今次の金融危機の原因や性格を理解し，不況から脱出するための政策を提示するうえでも，不確実性の概念に基礎をおくケインズの経済学は大きな意義をもつと論じている。

力が，突然，価値判断の新しい慣習的基礎を押しつけることになるかもしれない。きれいに鏡板を張った重役室や，巧妙に規制された市場のために作られた，これらすべての見事で洗練された技術は崩壊を免れない。漠然とした恐慌の不安，およびそれと同様に漠然として理由のない希望が現実に静まることは常になく，ただ一本の細々とした道があることを除いては，それらの不安と希望は常に人々の心の内面に横たわっている。

(Keynes [1937a] pp. 114-5：邦訳 283-4 頁)

しかしながら他方で，不況や失業という資本主義経済の生み出す弊害を克服するためにケインズが提案していた経済政策は，単なる赤字財政政策とは多分に異なるものであった。実のところ彼は，一般に「ケインジアン政策」として知られているものよりも，はるかに遠大な政策を構想していたのである。彼は，『雇用・利子および貨幣の一般理論』(1936 年) において，失業問題を克服するための方策として「投資の社会化」を唱えている。それは，微調整（fine-tuning）政策を通じた短期的な総需要管理にとどまることなく，国家が投資を直接的に組織することによって，長期的な視野から投資水準を安定化させるための政策的・制度的枠組みの構築をめざすものであった。したがって，リーマン・ショック以降，各国政府が経済危機の解決のために積極的な財政出動に乗り出したことを以て，ケインズ主義的な経済政策が復活を遂げたと見なすことは必ずしも正しくない。

それでは，ケインズが提案した「投資の社会化」とは一体どのような政策であったのか。本章では，ケインズの著作を読み返すことによってこの問いに取り組むとともに，ケインズの政策構想がどのようなかたちで現代のポスト・ケインズ派に継承されているのかについて検討する。これらの議論を通じて，今日のマクロ経済政策に対する代案として，ケインズおよびポスト・ケインズ派の経済政策論が有している意義と可能性を明らかにしたい。

1　ケインズにおける「投資の社会化」論の展開[2]

1）『一般理論』の経済政策論

　『一般理論』の分析的枠組みにおいては，産出量と雇用量を引き上げるうえで金融政策が大きな役割を果たすことができるものと見なされている。なぜなら，貨幣量の増加は利子率を低下させ，利子率の低下は投資と所得の増加をもたらすことになるからである。その一方でケインズは，金融政策の実際的な有効性については懐疑的な見方を示していた。というのも，将来についての企業家の期待が悲観的となり，投資の予想収益が急速に低下している不況の局面においては，利子率の引き下げが投資の回復をもたらすという効果はきわめて限られたものでしかないからである。

> 私自身としては，現在，利子率に影響を及ぼそうとする単なる貨幣政策が成功するかどうかについていささか疑いをもっている。私は，資本財の限界効率を長期的な観点から，一般的，社会的利益を基礎にして計算することのできる国家が，投資を直接に組織するために今後ますます大きな責任を負うようになることを期待している。なぜなら，……各種資本の限界効率に関する市場評価の変動があまりにも大きくなるので，利子率の実現可能な変化によってもはや相殺できないようになるかもしれないからである。
> 　　　　　　　　　　　　　　　　　　（Keynes [1936] p. 164：邦訳 162 頁）

　そこでケインズが完全雇用を達成するための政策として提案したのが，相続税の重課による所得分配の平等化，および「投資のやや広範な社会化」である（*ibid.*, ch. 24）。完全雇用が実現される点までは，資本の成長は低い消費性向に依存しているというよりも，むしろそれによって阻害されるので，社会全体での消費性向を高めることにつながる所得再分配は，資本の成長を促進すること

2）本節の議論は，鍋島［2001］第 2 章と重複する内容を含んでいることを断っておく。したがって，ケインズの「投資の社会化」論に関するさらに詳しい議論については同書を参照されたい。

になるだろう。これが,ケインズが所得再分配政策を推奨した理由である。さらに彼は,最適投資量を実現するためには,投資の社会化が必要であると主張する。

> 国家は一部分は租税機構により,一部分は利子率の決定により,そして一部分はおそらく他のいろいろな方法によって,消費性向に対してそれを誘導するような影響を及ぼさなければならないであろう。さらに,利子率に対する銀行政策の影響は,それ自身では最適投資量を決定するのに十分ではないように思われる。したがって私は,投資のやや広範な社会化が完全雇用に近い状態を確保する唯一の方法になるだろうと考える。
>
> (*ibid.*, p. 378:邦訳380-1頁)

ケインズが提唱した「投資の社会化」とは,それのもつ急進的な響きに反して,「適度に保守的」(*ibid.*, p. 377:邦訳380頁) な政策である。すなわちそれは,産業の国有化や社会主義的計画化をめざすものではない。国家が管理するべきであるのは,経済全体の投資の量であって,それらの方向ではない。失業問題を解決するために効率と自由を犠牲にする必要はなく,それゆえ国家社会主義の体制を是とする根拠は存在しないというのが,ケインズの見解であった。しかしながら『一般理論』においては,投資の国家管理の方法や形態についての詳しい説明がなされていない。以下では,ケインズがいかなる経緯をへて「投資の社会化」という構想を抱くに至ったのか,そしてその構想をどのように深めていったのかを見ていくことにしよう。

2)「国家投資委員会」創設の提案

公共事業政策に関するケインズの提案の骨格は,1924年には,ほぼ出来上がっていた。彼は,『ネーション・アンド・アシニーアム』誌の1924年5月24日号に「失業には思い切った対策が必要か」(Keynes [1924]) と題する論文を発表し,失業を克服するためには,国債の発行によって,住宅・道路・送電線などの大規模な建設事業に政府が乗り出すべきであると主張している。ケインズは,自らの提唱する政策的実験が有する歴史的意義について次のように述

べている。「政治的・経済的進化の次なる展開は，民間の創意と公共の資金のあいだの協力に見出されるかもしれない。私が思うに，将来の真の社会主義は，個人的本能と社会的本能のあいだで適切な棲み分け分野を発見し，この姉妹的な本能のあいだの実りある協力の条件を発見するための無限に多種多様な実験から出現するであろう」（ibid., p.222：邦訳244-5頁）。もはや自由放任主義は現代社会における国家政策のための哲学的基礎として適切なものではなくなったというビジョンに導かれつつ，ケインズは，1920年代後半から30年代にかけて，公共事業政策の積極的な推進をくりかえし提言している。

1928年に自由党産業調査会は，のちに「自由党黄書」として知られることになる報告書『イギリス産業の将来』を発表した[3]。ケインズが調査会の中心的な委員の一人となって作成されたこの報告書は，不況を克服するための方法として大規模な国内開発計画の実行を強く求めている。また報告書は，貯蓄を投資に導き，さらに投資の方向を制御するための方法として「国家投資委員会」（Board of National Investment）の創設を提唱している。その主な役割は，さまざまな政府機関に集まる資金をプールし，それを中央政府・地方政府・民間企業による新規の資本支出に対して融資することであるとされている。ケインズは，これ以降の時期にも，国家投資委員会の設立をたびたび主張している。

たとえばそのような主張は，『一般理論』が公刊された翌年の1937年1月12～14日に『タイムズ』紙に発表した論文「いかにして不況を回避するか」（Keynes [1937b]）にも見ることができる。そこにおいてケインズは，繁栄を持続的に享受するためには，国内資源のうちの投資に充てられる割合が，過大になっても過小になってもいけないと指摘する。すなわちその割合が，完全雇用が達成されたときに国民所得が貯蓄に充てられる割合にできるかぎり等しくなることが必要であると述べている。しかしながら，投資の量がつねに適切となることを保証するような「見えざる手」が存在すると考える理由はないし，他

---

3) 自由党産業調査会は，党の新しい綱領を起草するという目的のために，1926年夏に党首のロイド＝ジョージが資金を提供することによって創設された機関である。1927年末まで会合がもたれ，ケインズは，調査会の執行委員会の一員として，その議論に積極的に参加した（Dostaler [2007] p.114：邦訳263-4頁を参照）。

方で「計画化」によってそれを保証することも極めて困難である。したがって，われわれが望みうる最善のことは，埋め草としてかなり容易に計画することのできるような種類の投資を利用して，総投資の安定性を可能なかぎり維持することである，と彼は言う（*ibid.*, pp. 386-7：邦訳 440-2 頁）。

そしてケインズは，ここでは「公共投資委員会」（Board of Public Investment）の設立を提案している。名称はやや異なるものの，国家投資委員会とほぼ同じ機能や目的をもつ組織であると考えてよい。彼の見るところ，大量の資本を用いることの多い建設・運輸・公益事業は，私的管理と公的管理の中間に位置している。それゆえに，これらの産業は，公共政策と低金利という二つの刺激をともに必要としている。しかし賢明な公共投資計画の作成には長い時間がかかるので，経済危機がじっさいに起こるまで待っていたのでは遅すぎる。現在時点で何らかの事業を行なうわけではないにしても，どのようなプロジェクトが有益であるのかを調査し，将来の不況に備えて詳細な計画を準備するための機関を直ちに設置するべきである，と彼は言う。そして，このような任務を負うのが公共投資委員会である（*ibid.*, p. 394：邦訳 448-9 頁）。

3）ケインズの予算制度改革論

しかしながら 1940 年代に入るとケインズは，国家投資委員会の設立に向けた提案を撤回することになる。そして彼は，1942 年から 45 年にかけて，予算を「経常予算」と「資本予算」の二つに分離することを折にふれて提案し，「投資の社会化」という自らの構想の輪郭をしだいに明らかにしていった[4]。

---

4) この点について，ケインズは次のように述べている。「私の理解するところでは，単にできごとの後のみならず，将来的にも，全体としての公的資本予算について調査と報告の義務を負う何らかの当局（私の望むのは大蔵省である）が存在するということが，政府の完全雇用政策にとっては絶対に必要な部分である。かつて，私はこれを国家投資委員会と呼ばれる半独立の決定機関の任務とすべきであると考えていた。しかし政策の現代的な発展にともない，そのような問題に関する決定は全体としての政府の経済計画の非常に大きな部分を占めるようになってきているので，それは，所轄大臣である大蔵大臣および大蔵省から分離されるべきではない」（Keynes [1980] p. 408：邦訳 468 頁，（ ）内は原著者のもの）。

彼の提案によれば，経常予算はつねに均衡が保たれなくてはならないとされる。そして経常予算に余剰をつくり出し，それを資本予算に移していくことで，死重債務（dead-weight loss），すなわち戦費などの生産力効果をもたない債務を，生産的債務ないしは準生産的債務に置き換えていくことが，この制度の目的である。したがって，景気の変動を相殺するという役割は，経常予算ではなく資本予算に委ねられることになる（Keynes [1980] pp. 277-8：邦訳 318 頁）。すなわち民間投資が減少したときには，それを相殺するように公共投資の規模を増加させて，総投資の大きさを安定させようというのである。このような制度は，予算に対して追加的な負担をもたらすものではないとケインズは言う。

> 国庫資本予算は，現在「画線上」にあって通常予算から支出される推定額のなかに含められている資本支出と，現在「画線下」にあってその目的のために特別に許可された借入金によって調達されている資本支出の両者を包含している。……現在の慣行は，資本支出に対して不必要な妨げとなっている。完全雇用政策をとるからといって，われわれは有益な二つの資本計画のどちらかに偏るべきではない。なぜなら，一つは直接的な現金収入をもたらすし，もう一つは社会的もしくは間接的な現金収入をもたらすからである。
> 　　　　　　　　　　　　　　　　　　（*ibid*., pp. 406-7：邦訳 465-6 頁）

公共投資の大きさが民間投資とは反対の方向に変化するという点において，ケインズの提案が反循環的な財政政策という性格をもっていることは確かであるが，ここで彼が強調しているのは，公共投資の規模は長期的投資計画にもとづいて決定されるべきだということである。したがって彼の政策提案は，世間一般の見方とは異なり，短期的・裁量的な財政政策として特徴づけられるものではない。ケインズは，1943 年 5 月 27 日の J. E. ミード宛の手紙において次のように述べている。

> あなたは治療法に重点をおき，予防法を軽視しすぎていると思います。即座に変動する公共事業というのは不器用な治療法であって，完全に成功するとは思えないというのは全くそのとおりです。他方，もし投資の大半を

公的ないしは準公的な統制のもとにおき，安定した長期計画をめざすとすれば，変動が深刻なものになるということは滅多にしか起こりそうにありません。　　　　　　　　　　　　　　　(*ibid.*, p. 326：邦訳 374 頁)[5]

　以上から理解されるように，一般には「ケインジアン政策」の核心と見なされている短期の裁量的財政政策に対する積極的な支持を，ケインズの著作のなかに見出すことはほとんどできないのである。ケインズの政策提案は，反循環的な財政政策の発動を決して否定するものではないにせよ，単にそれにとどまるものではない。さらに進んで，高くて安定した雇用水準を実現するべく，国家が長期計画にもとづいて投資量を管理するという「投資の社会化」を提唱している点に，ケインズの政策論の要諦がある。各種の規制や誘導を通じて民間投資の安定化をはかったうえで，それでもなお民間投資の大きな変動が生じたときには，それを相殺するために公共投資の規模を変化させるべきであるというのが，ケインズの提案の骨子である。すなわち，裁量的な政策によって短期的視野から総需要を管理することよりも，長期において産出量を社会的に最適な水準に維持するための政策ルールを確立することに重きが置かれていたのである。

4) 小　括

　経済の安定化をはかるためにケインズが提示した政策的枠組みは，裁量的な政策というよりも，むしろ「ルールにもとづく政策」としてより適切に特徴づけられるものであった。ただし，ケインズが政策ルールを重視していたと言っても，そのことは，「新しい古典派」のような今日のルール尊重論者と同じ陣

---

[5] ケインズは，1943 年当時に大蔵省に勤務していたヒューバート・ヘンダーソンが発表した「雇用維持の問題についての覚書」に対するコメント（1943 年 5 月 25 日付）のなかでも，これと同じ趣旨の見解を述べている。「もし総投資の 3 分の 2 ないし 4 分の 3 が公共団体または準公共団体によって実行されるか，あるいは影響を及ぼすことができるならば，安定した性質をもった長期計画は，より小さな投資量が公的統制のもとにおかれ，またこの部分でさえも民間部門での投資の変動を抑制するよりもむしろそれに同調する傾向の強かった頃よりも，はるかに狭い範囲にその潜在的変動幅を縮小することができるであろう」（Keynes [1980] p. 322：邦訳 369 頁）。

営に彼が属していることを意味するものではない。たしかにケインズは，裁量的な政策の利用はその効果を低減させるような有害な期待を誘発するという理由にもとづき，長期的な政策ルールの必要性を強調していた。しかしその一方で彼は，失業問題の解決においては国家が積極的な役割を果たすべきであると考えていた。したがってケインズの立場は，「ルールか裁量か」という経済政策論をめぐる今日の対立図式にうまく収まるものではない。とは言えここでは，ケインズが決して素朴な裁量政策の提唱者ではなく，実際にはルールにもとづく政策を提言していたのだということを，ひとまず確認しておきたい[6]。

ケインズは，経済の広範囲を網羅した大規模な長期計画を実行に移すことによって，資本主義をこれまでよりも遥かに効率的で安定した体制に変えることができると確信していた。1942年にBBCのラジオ放送で広くイギリス国民に向けて語った講話からは，彼の抱いていた遠大な意図がいきいきと伝わってくる。

> 壮大な計画を適度に規制された速さで実行してゆくことにより，われわれは，今後の長い年月にわたり，雇用を良好な状態に維持することができます。われわれは実際のところ，以前には愚かにも強制的な怠惰のもとにおいて活用させないままにしておいた労働により，われわれのニュー・エルサレムを建設してしまっていることでしょう。
>
> (*ibid*., p. 270：邦訳 309-10 頁)

しかし，ケインズの経済理論が戦後の主流派経済学者たちの手によって俗流化されたのと同様に，彼の政策提案もまた骨抜きにされてしまい，結局のところ，本来のかたちで実行に移されることはなかった。さらに1980年代以降に

---

6) ケインズがじっさいには素朴な裁量的財政政策を主張していなかったという解釈を提示している代表的な論者に，A. H. メルツァーがいる。彼は，ケインズを「十分に定義された政策ルールによって拘束される裁量的行動の提唱者」(Meltzer [1988] p. 293：邦訳 338 頁) と見なしている。これと同様に B. W. ベイトマンも，ケインズは，景気循環を緩和するうえで有用ないくつかの「政策ルール」の提唱者としてその生涯を終えた，と論じている (Bateman [1994] p. 116)。

なると，保守派政権のもとで緊縮的な経済政策への転換が推し進められると同時に，福祉国家の解体をはかる動きが先進各国に広がり，ケインズ主義の威信はすっかり地に堕ちてしまった。しかしながら，今日のマクロ経済政策のあり方を検証し，その代案を探っていくうえでも，大不況の只中にあって失業克服のための抜本的な方策を提起したケインズの思考から，われわれは，今なお多くの示唆を得ることができるのである。次節では，ポスト・ケインズ派の経済政策論について検討し，それを通じてケインズ政策の今日的意義について考えることとする。

2　21世紀のケインジアン経済政策に向けて

1）1980年代以降のマクロ経済政策

　ポスト・ケインズ派の経済政策論について紹介するに先立ち，近年の先進諸国におけるマクロ経済政策運営の動向を見ておこう。過去30年ほどの間に，財政政策と比べて金融政策の役割がよりいっそう重視されるようになるという形で，各国のマクロ経済政策には大きな変化が生じた。さらに多くの国において，物価の安定が金融政策の唯一の目標とされている。

　1970年代に激しいインフレーションが世界経済を襲ったあと，多くの中央銀行は，政策目標として物価の安定性を重視するようになった。当初はマネタリズムを政策的教義として貨幣供給の制御を通じた物価の安定化が試みられたものの，金融イノベーションの結果，貨幣の流通速度がしだいに不安定化したために，貨幣量と物価水準の関係もまた不安定なものとなり，マネタリストの実験は失敗に終わった。これを受けて各国の中央銀行は，貨幣集計量ではなく，金利を金融政策の主要な手段として用いるようになった。さらに1990年以降には，多くの国でインフレ目標政策が採用された。金利の操作を通じて総需要を適切に管理することによりインフレーションの抑制をはかるべきであるというのが，この金融政策レジームの背後にある考え方である。この枠組みでは，インフレーションがもっぱら生産物市場における超過需要によって生じると想

定されているので,中央銀行は,現実産出量と潜在産出量のギャップ,および現実インフレ率と目標インフレ率のギャップに反応して金利を調整することによって,インフレ目標を達成することができると考えられている。このような金利政策ルールは「テイラー・ルール」と呼ばれている[7]。

その一方で今日のマクロ経済政策運営において,財政政策には,経済活動の振幅を抑制することのできる自動安定化装置をあたえるものとして,せいぜいのところ補助的な役割が認められているにすぎない。財政政策の有効性を否定する論拠となっているのは,「リカードの等価定理」である。それによれば,政府支出の増加が総需要に対して及ぼす効果は,政府支出増に等しい民間部門での支出減少によって相殺されるので,財政政策が経済活動水準に影響を及ぼすことはできないとされる。さらに近年,財政政策の利用は政府の浪費を促進させて,公的債務が持続不可能な水準にまで膨らむような事態を招きかねないという主張の高まりを受け,債務の増加傾向を抑えるために各種の均衡予算ルールが導入されるようになった。各年の財政赤字をGDPの3％以内に制限するという,欧州連合の「安定・成長協定」はその一例である。こうして現在では,予算の均衡が財政政策の主要な目標とされるようになり,経済政策の積極的な手段としての財政政策の重要性は低くなっている(Arestis and Sawyer [2010a] pp. 329-31 を参照)。

ポスト・ケインズ派の観点から見るならば,インフレ目標政策の最大の欠点は,貧困や失業の削減など,物価の安定以外の経済政策の目標にほとんど関心が払われていないことにある。経済がインフレ基調にある場合,インフレ目標に固執することは,長期にわたって中央銀行が高い実質金利を維持しなくてはならないことを意味する。高金利は賃金稼得者から金利生活者への所得の再分配を引き起こすので,これによって総需要が大きく減少し,産出と雇用の水準は低下することになるだろう。この場合,中央銀行はインフレーションの抑制

---

[7] ここで取り上げた今日の金融政策レジームは,「ニュー・コンセンサス・マクロ経済学」の名で呼ばれている現代の主流派マクロ経済学の理論的枠組みにもとづくものである。ニュー・コンセンサス・マクロ経済学の基本的枠組みとその問題点については,本書第5章を参照されたい。

に成功するかもしれないが，それには失業の増加という犠牲がともなうのである[8]。このような観点にもとづき，ローションとロッシ（Rochon and Rossi [2006]）はインフレ目標政策が所得分配に及ぼした影響について考察し，インフレ目標政策を採用した諸国の多くで賃金分配率の低下が生じたことを明らかにしている。さらに彼らは，それらの国々のほぼ全てにおいて，その政策が導入される以前にインフレ率はすでに低下傾向にあったことを指摘している。

2）ポスト・ケインズ派のマクロ経済政策

ポスト・ケインズ派は，ケインズの経済理論をおもな拠り所としながら，持続可能で公正な経済社会を実現するための政策プログラムの構築を進めている。ケインズ経済学の枠組みにおいては，産出量と雇用量を決定する主たる要因は総需要の水準であるとされている。そして，自由市場経済には完全雇用をもたらす水準に総需要を維持するような機構が備わっていないので，完全雇用を達成するためには政府が高水準の需要をつくり出さなくてはならない。マクロ経済政策の主要な目的は完全雇用の達成にあるというのが，ポスト・ケインズ派の主張である。以下ではアレスティスとソーヤー（Arestis and Sawyer [2010a, 2010b], Sawyer [2009b]）の議論を中心に，ポスト・ケインズ派の経済政策論について紹介し，その特徴と意義を明らかにしたい。

経済政策の目的として，ここでは，完全雇用，金融システムの安定，インフレーションの抑制，の三つがあたえられているとしよう。これらの目的に対して，われわれは，財政政策・金融政策・所得政策という三つの政策手段を割り

---

8) さらにポスト・ケインズ派は，金利の引き上げは，物価を低下させるというよりも，かえって物価の上昇を引き起こす可能性すらあると主張している。金利の上昇によって企業にとっての費用が増加するとき，寡占企業は，生産物価格の引き上げによって消費者にそれを転嫁することがありうるからである。この点については，たとえば Monvoisin and Rochon [2006] p. 70, Hein and Stockhammer [2009] pp. 284-5 を参照されたい。

実のところ，金利と物価が同じ方向に動く可能性については，つとにケインズの『貨幣論』において指摘されていた。彼はこのような現象を，その発見者の名にちなんで「ギブソンの逆説」と呼んでいる（Keynes [1930b] pp. 177-9：邦訳 208-9 頁）。ケインズは，それが生じる理由を，市場利子率は自然利子率に比べてきわめて粘着的であり，自然利子率が変化するとき，市場利子率の変化がそれに遅れることに求めている。

当てることができる。アレスティスとソーヤーをはじめとするポスト・ケインズ派経済学者は，短期においても長期においても，財政政策は，望ましい産出量と雇用量を達成するための効果的な手段であると主張する。金利政策については，実質金利が経済の趨勢成長率に等しくなるように名目金利を設定することが望ましい。さらに中央銀行の活動は，究極的には金融安定性の維持に向けられるべきである。これに加えて，需要の削減に依存することのないインフレ抑制政策を展開する必要があり，そのためには何らかのかたちの所得政策を導入することが必要となる。それでは，これら三つの政策手段について順番にやや詳しく見ていこう。

第一に，財政政策について。多くのポスト・ケインズ派経済学者は，総需要の水準を管理するうえで，財政政策は金利政策よりもはるかに効果的な手段であると考えている。財政政策の運営は，長期における「粗調整」(coarse-tuning) と短期における「微調整」(fine-tuning) に区別される。

長期においては，高い目標経済活動水準を支えるような財政スタンスがとられなくてはならない。そのためには，A. P. ラーナーが提唱した「機能的財政」(functional finance) アプローチを採用することが望ましい[9]。このアプローチのもとでは，投資に対する民間貯蓄の超過を吸収するために財政赤字が用いられ，反対に貯蓄に対する投資の超過が存在するときには黒字政策がとられることに

---

9) ケインズは，ラーナーの論文「機能的財政と連邦債」(Lerner [1943]) を読んだのちに，J. E. ミード宛の手紙 (1943年4月25日付) のなかで，その論文を称賛している。「最近私は，赤字予算に関するラーナーの興味ぶかい論文を読みました。その中で彼は，時間の経過とともにそれまでの債務に対する利子は，さもなければ必要になったであろうと思われる新規債務に取って代わるので，実際には赤字予算は国債の無限の増大を意味するものではないということを示しています（もちろん彼は，購買力の一時的な不足よりも慢性的な不足について考えています）。彼の議論は申し分のないものです。しかし，われわれの考えの進化の現段階では，ふつうの人にそれを理解させようと試みるのは大変なことです」(Keynes [1980] p. 320：邦訳366頁，( ) 内は原著者のもの)。

ただしケインズは，機能的財政の考え方を公衆にうまく説明することが極めて難しいことに加えて，ラーナーはその政策の実際上のさまざまな困難を直視していないという理由のため，それを実践に移すことについては終始，慎重な態度を崩すことがなかった。たとえばケインズは，1944年10月25日付のF. マッハルプ宛の手紙で次のように述べている。「しかし私はやはり，機能的財政は，一つの考えであって政策ではないと言い

なる。この場合，財政赤字は次の式で表される。

$$G-T=S(Y_f)-I(Y_f)+M(Y_f)-X(Y_w)$$

ここで，G は政府支出，T は税収，S は貯蓄，I は投資，M は輸入，X は輸出，Y_f は目標所得水準，Y_w は世界所得を表す。この式から財政赤字は，貯蓄と投資の差額，および輸入と輸出の差額の合計に等しくなるように計上されなくてはならないことが分かる。したがって，高い経済活動水準で貯蓄と投資が等しくなるほど高水準の総需要が存在するときには，財政赤字は必要でなくなる。また目標所得水準で投資が貯蓄を超過する場合には，財政黒字が必要となる。目標所得水準を達成するために必要とされる財政赤字は，貯蓄性向，投資性向，輸入性向，および輸出能力に依存して決まる。

　このような政策的枠組みを用いる場合，次の二つの理由のために，財政赤字の持続可能性が深刻な問題となることはない。一つ目に，このアプローチにおいては，投資に対する貯蓄の潜在的な超過が存在するときにのみ赤字財政の必要が生じるので，国内の民間貯蓄によって財政赤字をファイナンスすることができる。すなわち，民間部門が貸出意欲をもつときにだけ，政府は借り入れを行なうのである。二つ目に，GDP 成長率が国債金利よりも高いかぎり，国債残高の対 GDP 比率は一定の値 $d/(g-r)$ に収束するという意味において，基礎的財政収支（プライマリー・バランス）の赤字は持続可能である（ここで，d は基礎的財政収支の赤字の対 GDP 比，g は経済成長率，r は国債金利を表す。g と r はいずれも名目値，あるいはいずれも実質値）。また全体の財政収支について見ると，GDP に対する国債残高の比率は d'/g で安定化する（ここで，d' は利払いを含む財政赤字の対 GDP 比，g は名目経済成長率である）。

　短期における財政スタンスの変化は，民間部門における経済活動水準の変化

たいのです。それは人々の思考の道具の一つではあるが，かなりの留保条件をつけて著しく薄められた場合を別とすれば，行動の道具ではありません。私が思うに，経済学者たちは，この二つをきわめて注意ぶかく区別するように努めなくてはなりません」（Aspromourgos [2014] p. 420 からの引用）。なお機能的財政に関するケインズの見解については，Aspromourgos [2014] が詳細な検討を行なっている。

を相殺するために用いることができる。この政策は，今日において一般に試みられている金利を通じた微調整と同一の機能を果たすことができる。ただし財政政策の場合には，認知のラグ，実施のラグ，波及のラグなどの政策ラグが伴うという厄介な問題がある。しかしながら，累進課税制度や社会保障制度などの自動安定化装置は，すでに微調整のための手段としての役割を果たしている。したがって今後は，累進課税強化などの方法によって自動安定化装置を補強するとともに，財政スタンスのかなり頻繁な調整を可能にするような制度的仕組みを導入することが望まれる[10]。

第二に，金融政策について見ていこう。前項で述べたように，政策金利の頻繁な変更を通じて経済の微調整を行なう政策レジームが，今日，多くの国で採用されている。しかしながら，このような政策が経済を安定化する効果をもつかどうかは疑わしい。たしかに政策金利の水準は，為替レートや資産価格などの変数に対して大きな影響をもつので，金融政策はこの経路を通じて総需要やインフレ率にも影響を及ぼすことができるだろう。しかし，その影響は好ましいものばかりであるとは限らない。たとえば，もっぱら国内価格の安定に焦点を合わせた金利の決定が為替レートの不安定性を生み出したり，あるいは低金利政策が資産価格のバブルを誘発したりするなど，実体経済がかえって不安定化する恐れもある。

他方で財政政策運営の観点から見るならば，金利の設定についての明確な含意を導くことができる。先に見たように，財政赤字の持続可能性は金利の水準に依存している。金利と経済成長率とが等しい場合には，公的債務がいつまでも増加することになったとしても，国民所得もそれと同じ割合で増加するため，国債残高の対 GDP 比率は一定にとどまる。このような政策を実行するための

---

[10] 一般にポスト・ケインズ派のマクロ経済分析においては，所得分配の変化が総需要に影響を及ぼすことが強調される。ただし，分配の変化が総需要に及ぼす効果は，経済成長のレジームが賃金主導型であるのか利潤主導型であるのかによって異なってくる。いずれにせよ，有効需要政策を行なうにあたっては所得分配の問題を考慮に入れる必要がある。しかしながら所得再分配政策のあり方は，それが総需要に及ぼす効果によってではなく，分配問題それ自体についての価値基準に照らして評価されるべきである（Arestis and Sawyer [2010b] p. 100 を参照）。

最も簡単な方法は，当該年の予想インフレ率を考慮に入れつつ，年初に名目政策金利を決定することである。したがって中央銀行は，金利設定を通じた微調整を放棄するとともに，それに代えて，実質経済成長率に等しい目標実質金利を実現するように名目金利を設定することが望ましい。

そして中央銀行の中心目標は，物価の安定ではなく，金融システムの安定におかれるべきである。一定の目標実質金利を維持する政策は，財政の持続可能性に対してばかりでなく，金融安定性に対しても好ましい効果をもつと考えられる。そのような政策は，金利の引き下げが原因となって生じる信用膨張とそれにもとづく資産価格バブルを，未然に防ぐことができるからである。これに対して，金融危機の防止に努めるよりも，じっさいに危機が生じた後にそれを処理するという方針をとる場合には，これまでの多くの歴史的経験が示しているように，生産量と雇用の喪失という面でも財政面でも，そのコストは膨大なものとなるにちがいない。このほか，金融システムの安定化をはかるための方策として，反景気循環的な性格をもつ健全経営規制のプログラムを推進することも必要である。すなわち，バーゼルⅡの自己資本比率規制のように景気循環増幅効果をもつ規制とは反対に，資産価格バブルの局面では規制が厳しくなり，資産価格が下落しているときには規制が緩やかになるような仕組みを導入することが望ましい。

第三に，インフレ抑制政策について考えよう。インフレ目標政策の提唱者たちは，インフレーションの原因がもっぱら生産物市場における需要超過にあると見ている。そして，総需要と物価の水準を管理するためには，金利政策がもっとも効果的な手段であると主張する。これに対してポスト・ケインズ派は，現代資本主義経済のもとでのインフレーションが，主として所得分配をめぐる経済諸集団のあいだの利害対立によって生じるという見解をとる。とりわけ彼らは，賃金コストに対する企業のマークアップ価格形成行動に分析の焦点を合わせて，インフレーションの「賃金コスト・マークアップ理論」を提示している。ポスト・ケインズ派が考えているようにインフレーションがコストプッシュ型のものである場合には，金融政策でそれを解決することはできない。さらに言えば，需要インフレーションに対する金融政策の効果も実際にはかなり小

さい（Arestis and Sawyer [2010b] pp. 101-2 を参照）。

　たしかに主流派経済学者が主張しているように，金利の引き上げによって総需要を抑制するならば，物価の安定を実現することが可能であるかもしれない。しかしながら今日の経済学に求められているのは，金融引き締めによる需要の縮小に頼ることなくコストプッシュ・インフレーションを克服するとともに，インフレ期待を安定化することのできるような政策手段を開発することである。そのためには，何らかのかたちの「所得政策」が必要となるだろう[11]。

　ここまで見てきたように，マクロ経済政策に関する主流派の見解は，総需要と物価の安定化のために金融政策を利用する一方で，財政政策は中立的に保つべきだというものである。これに対してポスト・ケインズ派は，短期においても長期においても失業問題を解決するためには財政政策を用いるべきであり，インフレ抑制のためには所得政策を導入することが望ましいという対案を提示している。

おわりに

　かつてケインズは，人類の政治問題とは，経済的効率性・社会的公正・個人的自由の三つの要素を結合することであると述べた（Keynes [1926b] p. 311：邦訳374頁）。その彼は，1930年代の大不況に直面して，個人的自由を擁護しながら失業問題を解決するための方策として「投資の社会化」を提唱した。それは，裁量的な財政政策にとどまらず，長期的な視野から国家が投資の水準を管理するような制度的枠組みの構築をめざすものであった。ケインズは，そのた

---

11) インフレーションに関するポスト・ケインズ派の見解，および彼らの提唱するインフレ抑制政策の一つである「課税にもとづく所得政策」について知るためには，デヴィッドソン（Davidson [1994] ch. 9）の議論が有益である。セッターフィールド（Setterfield [2007]）は，インフレーションの対立的要求モデル（conflicting claims model）を展開するとともに，戦後アメリカにおける所得政策の歴史について考察している。彼の見るところ，過去50年のアメリカにおいては，所得政策の興隆から衰退，そしてふたたび興隆へという過程をたどった。

めのより良き枠組みを生涯にわたって探求しつづけたものの，経済学と経済政策の根本的な刷新をめざした彼の試みは，結局のところ未完に終わった。そしてケインズ没後70年をへて，世界経済が大きな動揺に見舞われるとともに，多くの国々において格差と貧困が深刻な経済問題となっている今日，効率・公正・自由の三つを結合する経済システムを実現しなくてはならないというケインズの提起した課題は，人類社会にますます重くのしかかっている。

　この課題を解くためにポスト・ケインズ派は，ケインズの「有効需要の原理」から出発し，さらにその理論の拡張と発展を進めることによって，完全雇用を達成するための政策的枠組みを構築しようとする。ポスト・ケインズ派は，短期においても長期においても，財政政策はマクロ経済政策における強力な手段であると考え，経済活動水準を引き上げるためには財政政策を用いることが必要であると主張する。ケインズ政策とは，巷間に流布している見方とは異なり，短期的・裁量的な財政政策を指すのではない。その核心は，高水準の産出量と雇用量を達成するために，長期的な視野にもとづいて財政政策を用いようとするところにある。ケインズが提示した「投資の社会化」の構想を受け継ぎ，その現代的な展開をはかるポスト・ケインズ派の政策提案は，今日の主流派マクロ経済学者たちが提唱しているインフレ目標政策に対する一つの明確な代案をなしている。

　ケインズ亡きあとの第二次世界大戦後にかぎっても，高度経済成長から1970年代半ば以降の長期停滞へ，そしてグローバル化と金融化が進む今日へと，資本主義経済はめまぐるしい変貌を遂げてきた。それにもかかわらず，経済政策のあるべき方向を考えていくうえで，われわれは今日なお，時を超えてケインズに多くを学ぶことができる。新自由主義政策のほころびが広がり，経済政策の方向転換が探られているなか，市場の役割は何か，国家の役割は何か，を問いつづけたケインズの思想に立ち返ることの意義は大きい。

第 II 部

ポスト・ケインズ派における貨幣・金融理論の展開

第4章
ポスト・ケインズ派貨幣経済論の回顧と展望

はじめに

　ケインズは,『雇用・利子および貨幣の一般理論』(1936年)として結実する新しい経済理論をつくり出そうと苦心していたさなかの1934年に「豊富の中の貧困——経済体系は自己調整的か」(Keynes [1934]) と題する論文を発表し,そこにおいて経済学者を大きく二つのグループに分類している。彼によれば,一方に,現存の経済体系はさまざまな摩擦や撹乱にさらされながらも,長期においては自己調整的であると考える経済学者たちがいる。これに対して他方には,いかなる意味においても,経済体系が自己調整的であるという見解を否定する人々が存在する。そしてケインズは,「さて私は,自らを異端派の側に位置づける」(ibid., p. 489, 強調は原著者のもの)と述べて,「自己調整否定派」の立場に立つことを宣言している。

　このようにケインズは,資本主義経済が不安定性という本来的な欠陥をはらむシステムであると見なしていた。彼の見るところ,失業や不平等な所得分配をはじめとする資本主義経済の欠陥は,不完全競争や政府介入などといった摩擦や撹乱要因が市場のはたらきを妨げることによって生じるのではなく,市場機構のはたらきの自然な結果として生じるのである。ケインズは『一般理論』において,マクロ経済の均衡が,供給側の要因ではなく有効需要の水準によって決定されることを明らかにするとともに,有効需要の不足による失業の存在が資本主義経済のもとでの通常の状態であると主張した。

しかるに今日の経済学においては，ケインズの言う「自己調整派」の潮流がますます支配的なものとなりつつある。価格機構の迅速なはたらきによって経済がつねに均衡状態に維持されると考える「新しい古典派」はその典型をなすが，価格や賃金の硬直性によって失業の発生を説明しようと試みる「ニュー・ケインジアン」も，価格や賃金が完全に伸縮的となる長期においては完全雇用均衡が達成されるはずだと見ている。グローバル化，金融危機の頻発，所得格差の拡大など，資本主義経済がさまざまな試練に直面しているなか，自由市場経済がはらむ本来的な不安定性に焦点を当てる「自己調整否定派」の諸潮流は，今まさにその真価と存在意義を問われている。新古典派正統に取って代わる代替的な経済理論と経済政策の枠組みを提示することができるか否かに，政治経済学の流れを汲む諸学派の存亡がかかっていると言ってよい。

　ケインズは，短期においても長期においても貨幣は非中立的であり，貨幣は生産や雇用などの実体経済活動に重大な影響を及ぼすと論じていた。このようなケインズの洞察を受け継ぎ，さらに彼の独創的な理論のいっそうの拡張をはかることによって，精巧な金融制度をもつ現代資本主義経済の動態分析を進めてきたのが，ポスト・ケインズ派である。この章では，ケインズ革命の核心がどこにあるのかを明らかにしたのちに，ポスト・ケインズ派貨幣経済論の最近の動向について概観し，以て代替的な経済理論と政策の一つの方向を探っていくこととしたい。

1　「生産の貨幣理論」に向かって

　ケインズは，『一般理論』の形成過程を自ら振り返って，「思考と表現の慣習的方式から脱却しようとする闘い」（Keynes [1936] p. xxiii：邦訳 xxvii-viii 頁）であったと述べている。マーシャルやピグーらの教えを受け，伝統的な新古典派の経済学を学ぶことによって経済学の研究を開始したケインズは，長い年月をへたのちに，『一般理論』において，ようやく非自発的失業の存在を説明することのできる理論体系に到達したのである。伝統的な思考様式から脱却するた

めのケインズの闘いとは，取りも直さず，セイ法則と貨幣数量説という新古典派経済学の二つの基本的教義からの脱却の過程であった。彼は，『一般理論』の体系を構築するにあたって，セイ法則とその基礎にある貨幣中立性の公理を明確に放棄した。

ケインズは，『アルトゥール・シュピートホフ記念論文集』(1933年) への寄稿論文において，自らの理論の基本的性格を「生産の貨幣理論」(monetary theory of production) ということばで表現している。「私の見解では，恐慌の問題が未解決である理由は，あるいは少なくともこの理論が非常に不満足なものである理由は，生産の貨幣理論と名づけられるであろうものが欠けていることのなかに見出せる」(Keynes [1933b] p. 408，強調は原著者のもの)。そして，次のように論じて，伝統的な「古典派経済学」の理論と自らの理論的枠組みとを区別している。

> 貨幣を用いるが，しかしそれを実物財や実物資産のあいだの取引の単なる中立的な連結環としてしか用いず，貨幣が動機や決意に入り込むことを許さないような経済は，よりよい名称を欠いているけれども，実物交換経済 (real-exchange economy) と呼んでよいだろう。これとは対照的に，私が切望している理論は，貨幣がそれ自らの役割を演じ，動機や決意に影響を及ぼし，要するに，貨幣が状況を左右する諸要因の一つとなるような経済を取り扱うものである。したがってその理論は，最初の状態と最後の状態との間における貨幣の動きに関する知識なしには，長期においてであれ短期においてであれ，事象の成り行きを予測することのできないような経済を扱うものである。そして，われわれが貨幣経済 (monetary economy) について語るときに意味するべきであるのは，このことである。
>
> (*ibid.*, pp. 408-9，強調は原著者のもの)

ここに見られるように，ケインズ経済学の核心の一つは，それが，貨幣の中立性を否定する「生産の貨幣理論」であるという点に存する。今日の「貨幣経済」においては，非自発的失業を生み出す経済活動の変動は，貨幣や金融のはたらきと分かちがたく結びついているのである[1]。

ケインズはまた,『一般理論』の草稿において,「共同体経済」(co-operative economy) および「企業家経済」(entrepreneur economy) という概念を用いて,古典派経済学が扱う経済と自らの理論が扱う経済との相違について説明している。1933 年第三草稿で彼は,「共同体経済と企業家経済のあいだの区別は,カール・マルクスによる含蓄に富む所見といくらかの関係をもっている」(Keynes [1979] p. 81) と述べている。ケインズによれば,現実世界における生産の性格は $C-M-C'$ によって示されるのではない。他の商品を得るために商品を貨幣と交換するというのは,個人消費者の観点であって,企業の態度ではない。企業の態度とは $M-C-M'$ であって,より多くの貨幣を得るために商品と引き換えに貨幣を手放すのである[2]。

このように,マルクスの資本循環の範式を用いて企業家経済の特質を明らかにしたうえで,ケインズは次のように述べている。「有効需要の変動は,共同体経済とは区別される企業家経済の特徴であると私は言いたい。そのとき,このような企業家経済が,貨幣なしに存在することができるであろうか」(*ibid.*, p. 85)。そして企業家経済の本質は,(1)生産の諸要素に報酬が支払われるさいに用いられるもの(すなわち貨幣)が,経常生産物以外のものに費やされること,(2)貨幣の生産に経常生産物を振り向けることはほとんどできないこと,

---

[1] ケンブリッジ大学におけるケインズの講義の題目も,1932 年のミカエルマス学期に「貨幣の純粋理論」(The Pure Theory of Money) から「生産の貨幣理論」(The Monetary Theory of Production) に変更されている。1932 年秋の講義でケインズは,貨幣経済と実物交換経済との違いを明らかにしたのちに,貨幣経済における産出量の決定についての説明をあたえようとしている (Rymes [1989] を参照)。なお,貨幣の性格と役割に関するケインズの見解とその進化について知るためには,Dostaler [2007] ch. 6(邦訳書では第 5 章)が有益である。

[2] ただしケインズは,マルクスの経済学が真剣な学問的検討に値するものであるとは考えていなかった。たとえば「豊富の中の貧困」(1934 年)において,彼は次のように述べて,マルクス主義を自由放任主義とともに 19 世紀正統派のなかに含めている。「自己調整派の本質的諸要素は,マルクス主義者たちによって熱烈に受け容れられている。実際,マルクス主義は,資本主義的個人主義は現実にはどうしても機能することができないという極めてもっともらしい推論を,リカード経済学から引き出している。それだけになおさら,リカード経済学が倒れるべき定めにあるとすれば,マルクス主義の知的基礎の主要な支柱も,それとともに倒れることになるであろう」(Keynes [1934] p. 488)。

(3)貨幣の交換価値が，無制限に生産することが可能である経常生産物のうちのいずれか一つによって固定されてはいないこと，にあるとされている。ここから理解されるように，資本主義経済は有効需要の激しい変動にさらされ，そして有効需要の変動は貨幣が保蔵されることによって生じるのだという『一般理論』で展開されているケインズの経済観は，1933年末にはほぼ確立していた[3]。そこで次に，貨幣と実体経済との関係についての『一般理論』での議論を見ていくことにしよう。

2　貨幣経済における失業の原因

　ケインズの見解によれば，企業家経済において非自発的失業が発生する原因は，貨幣という特殊な性格をもつ流動資産が存在することにある。彼は『一般理論』第17章において，貨幣が二つの独特な基本的性格をもつことを指摘している。第一は，その生産の弾力性がゼロか，あるいはきわめて小さいということである。すなわち，民間の企業家が労働者を雇用することによって貨幣を生産することはできない。第二は，生産可能な財やサービスに関する代替の弾力性がゼロか，あるいはほぼゼロに等しいということである。このことは，貨幣の相対価格が上昇しても，他の商品がそれに代わって価値保蔵手段として用いられることはないということを意味している。この点については既に本書の第1章と第2章において説明したが，貨幣の非中立性について，ここでさらに詳しく考察することにしたい。

　将来の経済事象を正確に予測することができないという根本的不確実性をともなう世界においては，所得の一部分を貨幣やその他の流動資産のかたちで保蔵することが，人々にとって賢明な行動となる。したがって将来に関する不確実性が高まるときには，人々は工業生産物の購入を減らし，その代わりに，自

---

[3] 『一般理論』の諸草稿に詳細な検討を加えている主要な研究として，浅野［1987］（とくに第4章），平井［2003］（とくに第10章）がある。

らの購買力を現在から将来に移転させるための「流動性タイムマシン」として，貨幣をはじめとする流動資産に対する需要を増大させるであろう。こうして貨幣に対する需要が増えると，その分だけ生産可能財に対する需要が減少して，失業が増加することになる。というのは，追加的な貨幣を生産するために，民間部門でより多くの労働者が雇用されることはないからである。しかも，紅茶の価格の上昇がコーヒーの需要の増加を引き起こすのとは異なり，貨幣の価格（すなわち流動性プレミアム）が上昇しても，貨幣に対する需要が何らかの生産可能財へと移動することはない。いかなる生産可能財も，流動的価値保蔵手段として機能する貨幣のすぐれた代替物とはなりえないからである。したがって貨幣に対する需要の増加は，工業生産物に対する需要の減少をもたらすと同時に，失業の増加を引き起こすのである。ケインズは，貨幣経済における失業の発生について次のように述べている。

> 言ってみれば，人々が月を欲するために失業が生じるのである。──欲求の対象（すなわち，貨幣）が生産することのできないものであって，それに対する需要も簡単に抑制することができない場合には，人々を雇用することはできないのである。救済の途は，公衆に生チーズが実際には月と同じものであることを説得し，生チーズ工場（すなわち，中央銀行）を国家の管理のもとに置くよりほかにはないのである。
>
> （Keynes [1936] p.235：邦訳234頁，（ ）内は原著者のもの）

P. A. サムエルソン，J. トービンのような「オールド・ケインジアン」や，N. G. マンキュー，D. ローマーをはじめとする「ニュー・ケインジアン」の議論とは全く異なり，賃金と価格の硬直性は，失業の存在を説明するための必要条件でもなければ十分条件でもない。実のところ，賃金や価格の硬直性が失業の原因であるという見解は，ケインズの論敵であったピグーをはじめとする「古典派」の経済学者たちによって唱えられていたものである。ケインズは『一般理論』において，古典派の見解を明確に否定している。彼は，「古典派理論は経済体系の仮想的な自動調節的性格を貨幣賃金の可変性の想定に依存させ，硬直性が存在する場合には，この硬直性に不調整の責めを負わせることを常と

してきた」(*ibid.*, p. 257：邦訳 255 頁）と述べたうえで，「私は，この種の分析とは根本的に意見を異にしている」(*ibid.*, p. 258：邦訳 256 頁）と明言している（詳しくは，鍋島［2001］第 4 章を参照）。

ケインズは，賃金や価格が完全に伸縮的な競争的経済においても，完全雇用がもたらされるという保証は何ら存在しないことを明らかにした。資本主義経済において不完全雇用均衡が生じる原因は，流動性目的で保有される貨幣という生産不可能な資産が存在することにある。将来を予見することのできない不確実な世界において，人々が貨幣を保有しようと望むならば，市場の競争度のいかんにかかわらず，持続的な失業が発生しうるのである[4]。

3 内生的貨幣供給理論の展開

ポスト・ケインズ派の貨幣経済論は，1970 年代以降，S. ワイントロープ，P. デヴィッドソン，および H. P. ミンスキーをはじめとするアメリカのポスト・ケインズ派経済学者たちを中心として，ケインズ理論の再解釈という形をとりつつ活発に展開されてきた。そうした試みの一つに，内生的貨幣供給理論がある[5]。その理論は，保守派経済政策の理論的支柱として 1970 年代以降に

---

[4] ケインズの諸著作に立ち返りつつ，不確実性と貨幣の連鎖に焦点を合わせることによってケインズ経済学の再生と発展を試みている「ファンダメンタリスト・ケインジアン」の代表的な理論家の一人に，P. デヴィッドソンがいる。彼の議論については，Davidson ［1994, 2007］などを参照されたい。

[5] ケインズの『一般理論』では，三つの基本的な心理的要因（消費性向，流動性選好，資本の限界効率），貨幣賃金率とともに，中央銀行の行動によって決定される貨幣量が「究極的な独立変数」(Keynes ［1936］pp. 246-7：邦訳 244-5 頁）であるとされている。しかしながらダウ（Dow ［1997］）は，この叙述は，貨幣供給を外生変数ではなく所与の変数と見なしているものと解釈されるべきであると主張している。その理由としてダウは，『一般理論』のほかの箇所では，貨幣当局の役割がさほど重要視されていないことを挙げている。『一般理論』において貨幣供給が所与であると仮定されていることを，多くのポスト・ケインズ派経済学者は，ケインズの基本的な立場からの逸脱であると見なしている。そして，その背景には，セイ法則と貨幣数量説の誤りを経済学者仲間に説得するために，可能なかぎり論敵に譲歩するという戦略的な理由があったのだと，しば

多くの先進資本主義諸国を席巻していたマネタリズムに抗して，代替的な理論的・政策的枠組みを提示することを目的として展開された。その代表的な論客の一人が，ニコラス・カルドアである。このことに見られるように，内生的貨幣供給理論は，アメリカとイギリス双方の多くのポスト・ケインジアンが早くから熱心に取り組んできた主題であり，ポスト・ケインズ派のさまざまな流れの結節点をなしていた。

　カルドア（Kaldor [1970, 1982]）は，信用貨幣経済において，貨幣供給は需要に対して受動的に調節されると主張する。すなわち，貨幣数量説にもとづくマネタリストの見解とは反対に，名目国民所得から貨幣供給へという因果関係が存在するのだと言う。中央銀行は「最後の拠り所としての貸し手」(lender of last resort) の機能を果たしつづけなくてはならないので，貨幣供給を制御する能力をもたない。中央銀行が制御することのできる金融変数は，貨幣供給ではなく利子率である。こうしてカルドアが主張するように，利子率が中央銀行によって決定され，その利子率のもとで生じる貨幣需要によって貨幣ストックが決定されるのだとするならば，貨幣ストックの増加率を一定に制御することによってインフレーションを抑制するというマネタリストの目標は，そもそも達成不可能なものであるということになる。カルドアの見るところ，マネタリストの真の狙いは，高金利，為替レートの過大評価，財政支出の削減などの手段を通じて有効需要を減少させ，失業を増加させることによって，労働側の交渉力を弱めることにある。すなわち，「マネーサプライの制御は，どのみち政府自らの基準にもとづいても効力をもたないが，それは，このような反社会的措置をイデオロギーのうえから正当化しようとする都合のよい煙幕にすぎない」(Kaldor [1982] p. 70：邦訳155頁)。

　カルドアの研究を嚆矢として，1980年代以降，多くのポスト・ケインジアンによって内生的貨幣供給理論の彫琢がさかんに進められ，その理論は，今日にいたるまでポスト・ケインズ派の貨幣経済分析における要石とされている。

しば指摘される。なお，内生的貨幣供給理論の観点から，ケインズの貨幣観とその進化について詳細な検討を加えている研究に，Moore [1988] ch. 8 がある。

そして，多くの議論が重ねられるなかで，内生的貨幣供給理論には，「同調論」（accommodationism）と「構造論」（structuralism）という二つのアプローチが存在することが次第に明らかとなってきた（Pollin [1991] を参照）。

「同調論者」はカルドアの見方を継承し，信用貨幣の供給が利子率に対して無限弾力的であると考える。彼らの見解によれば，貨幣はおもに，投資資金を必要とする企業に対する銀行貸出を通じて創造されるので，貨幣供給は「信用によって誘発され，需要によって決定される」（credit-driven and demand-determined）。そして銀行貸出と預金の増加によって生じた準備需要の増加に対して，中央銀行は同調的な準備の供給を行なう。このアプローチは，現行利子率のもとでの水平な貨幣供給曲線を想定していることから「ホリゾンタリズム」（horizontalism）とも呼ばれる。その主要な論者には，カルドアのほか，ムーア（Moore [1988]），ラヴォア（Lavoie [1996]），ローション（Rochon [1999]）らがいる[6]。

これに対して「構造論者」は，商業銀行の準備需要に対して中央銀行が完全に同調するとはかぎらないと述べ，無限弾力的な貨幣供給関数を仮定することに異議を唱える。そして，中央銀行が完全同調的な準備の供給を拒んだとしても，商業銀行は，CD，ユーロダラー，フェデラル・ファンドなどの手段を用いた負債管理行動によって短期金融市場で準備を調達し，少なくとも部分的に

---

[6] ただし，ローションやラヴォアのような「サーキット・アプローチ」にしたがう論者たちは，中央銀行の同調的な行動を，貨幣の内生性のための必要条件であるとは考えていない。彼らは，貨幣の負債としての性格を強調し，それは生産目的のために利用される銀行信用を通じて現れるのであるから，貨幣はいつでもどこでも内生的な現象であると主張する（Rochon [2003] を参照）。それゆえ彼らは，「同調論」という用語を用いることを避け，自らを「ホリゾンタリスト」と称している。ローションとロッシ（Rochon and Rossi [2013]）によれば，いつの時代においても，またその材料形態のいかんにかかわらず，貨幣は内生的であるとされる。すなわち，商品貨幣の時代においても貨幣創造過程はすでに内生的な性格をもっていたのであり，また貨幣制度の変化は貨幣の内生性の結果であって，その原因ではないというのが彼らの見解である。彼らは，ポスト・ケインズ派の内生貨幣アプローチを，貨幣の内生性が制度変化の長い過程の結果であると考える「進化的見解」と，時代や制度にかかわらず貨幣はつねに内生的であったと見る「革命的見解」の二つに分類している。

は貸出需要の増加に対応することができると主張する[7]。このアプローチを提唱する今日の代表的な理論家として，ポーリン（Pollin [1991]）のほかに，アレスティス（Arestis [1997] ch. 3），ダウ（Dow [1997]），パリー（Palley [2002]），ソーヤー（Sawyer [1996]），レイ（Wray [1990]）などの名を挙げることができる。

1990年代以降，内生的貨幣供給に関するポスト・ケインズ派の研究のほとんどは，これら二つの陣営のあいだでの議論の応酬に費やされてきたと言っても過言ではない。しかしながらその論争は，表現や解釈のささいな相違をめぐる言い争いに終始することもしばしばであった。当事者の一人でもあったムーアは，同調論者と構造論者のあいだの論争を「コップの中の嵐」であったと振り返り，その論争によって，ポスト・ケインズ派の主張や彼らの新しい実証的発見の評価が，大きく損なわれる結果になったと述べている（Moore [2001] p. 13）。長年にわたる論争のために，その基本的な枠組みや政策的含意が不明瞭になってしまったことも一因となって，内生貨幣論は，多くの主流派経済学者や金融実務家の関心を集めることができなかった。それゆえ，その理論がもっと広く受容されるためには，同調論と構造論という二つのアプローチを統合し，より一般的な理論的枠組みを構築していく必要がある。そのような試みの一つとして，次節ではG. フォンタナの研究を取り上げることにしよう。

4　内生的貨幣の一般理論

前節で見たように，ホリゾンタリストに対する構造論者の批判の一つは，商

---

7) このような主張に対して，ホリゾンタリストのローション（Rochon [2001]）は，ホリゾンタリズムと構造論の相違は，中央銀行の同調が完全であるのか部分的であるのかという点に存するのではないと反論している。彼によれば，ホリゾンタリストの側も，商業銀行の準備需要に対して中央銀行が完全な同調を拒む可能性があることを認めているのであり，完全同調的な準備の供給が行なわれなかった場合には，利子率が上昇し，水平な信用供給曲線が上方に移動する結果となる。そしてこの場合にも，貨幣の内生的な性格が損なわれることはないのだと彼は主張している。

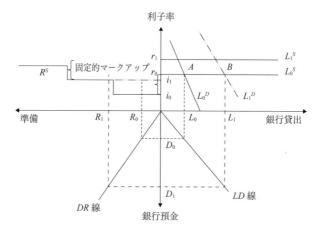

図 4-1 準備市場についての一般的な内生的貨幣分析
出所）Fontana [2009a] p. 108.

業銀行の準備需要に対して中央銀行がつねに完全同調的な準備の供給を行なうとは限らないということである。すなわち，ホリゾンタリストが無限弾力的な中央銀行の政策反応関数を想定するのに対して，構造論者は完全に弾力的ではない政策反応関数を設定している。フォンタナは，貨幣供給過程の図式的な表現を用いて，これら二つのアプローチの異同を明らかにしている（Fontana [2003, 2004, 2009a]）。

図 4-1 の左上の第二象限は，準備市場を表している。準備の供給は，いくつかの水平線から成る階段状の曲線 R^S によって示される。左上がりの傾きをもつ供給曲線は，中央銀行の反応関数が完全に弾力的ではないという構造論者の見解を反映している。それと同時に，曲線の各水平部分はそれぞれ異なる金利目標に対応しており，中央銀行の側での完全同調的な行動を表している。第一象限は，貸出市場を示している。銀行貸出の供給は，短期金融市場金利 i_0 に対する固定的マークアップによって決定される貸出基準金利 r_0 で完全に弾力的な曲線として描かれる。これに対して貸出需要関数 L_0^D は，借入コストの減少関数であると仮定される。貸出の総量は，これら二つの曲線の交点において決定される（すなわち L_0）。右下の第四象限は，「貸出が預金を創造する」とい

う見解にしたがい，LD（loans-deposits）線を通じて，預金の供給が均衡貸出量に自動的に調節されることを示している（すなわち D_0）。LD 線はまた，銀行が資産と負債を均衡させなくてはならないことを表している。なお LD 線は，図式的な表現が可能となるように，銀行がさまざまな類型の負債（有期預金や要求払預金など）を固定的な割合で保有するという仮定にもとづいている。第三象限は，「預金が準備を創造する」という見解のもとに，DR（deposits-reserves）線を通じて準備需要の量を決定する。DR 線の傾きは，預金準備率に依存する。そして第二象限で示されているように，準備需要の大きさによって現実の準備供給の量が決まることになる（すなわち R_0）。

さてここで，貸出需要が増加して需要曲線が右に移動するならば（L_0^D から L_1^D へ），他の事情が一定であるかぎり，銀行預金は D_0 から D_1 に増加し，したがって準備需要もまた R_0 から R_1 へと増加する。このとき中央銀行は，従来よりも高い短期金利 i_1 で準備需要に同調することを決意するであろう。このような中央銀行の政策スタンスの変化は，それに次いで銀行の貸出方針の変化を引き起こし，その結果，貸出市場の供給曲線は L_0^S から L_1^S へと上方に移動することになる。

以上の議論から理解されるように，貨幣供給過程においては中央銀行の行動がきわめて重要な役割を演じている。中央銀行は，名目短期金利を調節することによって，貸出市場における貸し手の行動に影響を及ぼすことができるからである。中央銀行がこのような力をもつことは，ホリゾンタリストと構造論者の双方によって認められている。すなわちいずれの側も，一般に中央銀行は，銀行の準備需要に対して部分的にしか同調しないであろうと考えているのである。フォンタナの見解によれば，両者のあいだの重要な相違は，貨幣供給過程において中央銀行がいだく期待の状態に関する仮定にある。ホリゾンタリストは，期待の状態が一定であると見なし，ある特定の政策スタンスが採用されると，それにもとづいて金利の水準が一義的に決定されると考える。これに対して構造論者は，中央銀行の期待の状態が変化することによってもたらされる効果を考慮に入れて，複雑な政策反応関数を想定しようとする。先の図に照らして言えば，構造論者が左上がりで階段状の準備供給曲線 R^S の全体について考

察しているのに対して，ホリゾンタリストはその曲線の各々の水平部分に着目しているのである[8]。

こうしてフォンタナは，内生的貨幣への二つのアプローチの相違は，貨幣供給過程に関して経済諸主体がいだく期待の状態についての仮定が異なっていることによるものであると捉えたうえで，ヒックス（Hicks [1956]）の区分にしたがい，それぞれのアプローチを「単一期間分析」および「連続分析」という概念によって特徴づけようとする。すなわちフォンタナによれば，ホリゾンタリズムは，考察される期間内において諸主体の期待の状態が不変であるという仮定にもとづく「内生的貨幣の単一期間理論」であると見なすことができる。このような分析の枠組みは，さしあたり期待を檻に閉じ込めておくことによって，貨幣供給過程における幾つかの安定的な関数関係を見つけ出すことを可能とする。これに対して構造論は，一続きのいくつもの単一期間の動学についての分析である。その理論は，諸主体の期待の変化，および期待変化と実現結果のあいだの絶えざる相互作用を考慮に入れた「内生的貨幣の連続理論」であると位置づけることができる。それゆえ連続分析を採用することによって初めて，金融政策の変化，流動性選好，および貸出と預金の連鎖といった問題を十分に考察することが可能となる。

ホリゾンタリズムと構造論はたがいに性格を異にするアプローチではあるものの，両者は相俟って，より一般的な内生的貨幣の理論をあたえてくれる。分析の順序として，まず単一期間分析によって貨幣供給過程についての重要な結論を暫定的に得たのちに，連続分析を用いることによって，さらに深く詳細な説明を導き出すことができる。二つのアプローチは対立的な関係にあるのではなく，より一般的な枠組みのもとで，それぞれに演じるべき役割をもっている

---

8) ここでは，準備市場についてのフォンタナの議論を紹介した。さらに彼は，これと類似した手法にもとづいて，貸出市場および預金市場についての分析を行なっている。準備市場の分析においては中央銀行のいだく期待の役割に焦点が当てられているのに対して，貸出市場の分析においては商業銀行の期待が果たす役割が重視されている。また預金市場の分析においては，預金の保有者である賃金稼得者の期待変化が考慮されている。これらの議論については，彼の一連の著作（Fontana [2003, 2004, 2009a]）を参照されたい。

のである[9]。

5　今日の課題——「ニュー・コンセンサス」への対抗

　ホリゾンタリストと構造論者のあいだでの長年にわたる論争を通じて，ポスト・ケインズ派経済学者たちは，貨幣供給の内生性に関して一定のコンセンサスを形成することができた。今日では両者のあいだの論争はほぼ終息し，内生的貨幣の分析は，その政策的応用の段階へと進んでいる。その一方，1980年代におけるマネタリズムの実験の失敗をへて，多くの国々の中央銀行は，貨幣集計量を制御しようとする試みを放棄し，短期利子率を金融政策の操作目標とするようになった。これを踏まえて，主流派マクロ経済学者たちのあいだでも，中央銀行の制御変数は短期利子率であるという認識が広く共有されるようになっている。このことは，利子率は外生的であり，貨幣供給は内生的であるという見解を，彼らが採用していることを意味する。J. B. テイラー，M. ウッドフォードらのニュー・ケインジアンを中心に展開されてきた金融政策に関する新しいアプローチは，「ニュー・コンセンサス」あるいは「新しい新古典派総合」（New Neoclassical Synthesis）の名で呼ばれている。

　このような事態の展開を見るならば，貨幣供給のメカニズムに関するポスト・ケインズ派の見解が，主流派経済学者および各国の金融当局によって受容

---

[9] 方法論的な観点から見るならば，期待の状態について相異なる仮定をおくこれら二つのアプローチはともに，ケインズの分析方法の正当な展開であると見なすことができる（Fontana [2004] pp. 381-2 を参照）。ケインズは，『一般理論』において期待に関する二つの類型の理論を区別している。すなわち，短期期待は必ずしも実現しないが，長期期待の状態は一定であるという仮定にもとづく「定常的均衡の理論」と，短期期待が裏切られるのみならず，それによって長期期待もまた時間を通じて変化するという世界を扱う「移動的均衡の理論」がそれである（Keynes [1936] pp. 293-4：邦訳 293-4 頁）。クレーゲル（Kregel [1976]）によれば，ケインズは『一般理論』において，「有効需要の原理」を説明するための基本的枠組みとして定常的均衡モデルを用いていた一方で，しばしば無意識のうちに移動的均衡モデルを利用していたという（p. 215）。

されたかのように見えるかもしれない。しかしながら，ポスト・ケインズ派貨幣理論とニュー・コンセンサスとの類似はあくまでも表面的なものにすぎず，両者のあいだには大きな相違がある。ニュー・コンセンサスは，貨幣および金融政策が長期においては中立的であるという新古典派の伝統的な見解を固守しているからである。さらに利子率を政策変数であると見ている点は同じであるものの，金融政策の目標に関しては，これら二つのアプローチのあいだで見解が対立している。したがって近年では，ニュー・コンセンサスについての批判的検討が，多くのポスト・ケインズ派経済学者によって盛んに行なわれている。

　ニュー・コンセンサスの二つの基本的要素は，短期利子率の外生的な決定，およびインフレ目標政策の採用である。すなわち，中央銀行は物価の安定を最優先の政策目標とし，その目標を達成するべく「テイラー・ルール」と呼ばれる金融政策ルールにもとづいて利子率を設定するべきであるというのが，その基本的な考え方である。テイラー・ルールのもとで中央銀行は，現実産出量と潜在産出量との差である産出量ギャップ，および現実インフレ率と目標インフレ率の差であるインフレ・ギャップに反応して利子率を調節する。ニュー・コンセンサスの見解によれば，物価の変動は，総需要が変化して現実産出量が潜在産出量から乖離することによって引き起こされる。この場合，中央銀行は，利子率の操作を通じて現実生産量を潜在産出量に調節することによって，物価を安定化することができる。しかしながら経済の潜在産出量は，技術水準・労働供給・資本ストックという供給側の要因によって決定されるので，金融政策は長期においては中立的であり，産出量および雇用の水準に持続的な影響を及ぼすことができないと見なされている。

　実のところ，ニュー・コンセンサスは，旧来の貨幣数量説の枠組みをヴィクセル利子理論の枠組みに置き換えたものであると見なすことができる。産出量ギャップをゼロとし，総需要と総供給とを等しくする均衡実質利子率のもとでは，貯蓄と投資の均等がもたらされるので，その利子率はヴィクセルの「自然利子率」に対応している。現実の利子率がこの水準を下回ると産出量ギャップが正となってインフレ率が上昇し，この水準を上回ると産出量ギャップが負となりインフレ率が下落する。それゆえ中央銀行は，短期利子率を適切に操作し

て総需要と総供給を均等させることによって，物価の安定性を実現しなくてはならない。このようなニュー・コンセンサスの政策的結論もまた，ヴィクセルのそれに極めて類似している（Fontana [2007], Weber, Lemke and Worms [2008] を参照）。

　これに対してポスト・ケインズ派は，ケインズの見解にしたがい，貯蓄と投資を等しくするような自然利子率の存在を否定する。貯蓄と投資の均等をもたらす変数が，利子率ではなく所得であるからだ。ケインズは『一般理論』において，唯一の自然利子率が存在するという見解を否定し，それぞれの雇用水準について，それに対応する自然利子率が存在するのだと主張している（Keynes [1936] pp. 242-3：邦訳241-2頁）。すなわち，産出量ギャップをゼロとする利子率が，完全雇用に対応していると考える理由は存在しないのである。

　さらに金融政策の目標に関しても，ポスト・ケインズ派はニュー・コンセンサスと見解を異にしている。ポスト・ケインズ派は，金融政策の目標が，物価の安定ではなく主として金融システムの安定におかれるべきであると主張する（本書第3章第2節2を参照）[10]。このような目的のために金融政策が用いられるならば，インフレーションには，所得政策など，他の手段によって対応しなくてはならない。そもそもニュー・コンセンサスは，インフレーションの性格がディマンドプル型であるという仮定にもとづいている。これとは対照的にポスト・ケインズ派は，現代資本主義のもとでの典型的なインフレーションは，賃金をはじめとする生産費用の上昇によって引き起こされる「コストプッシュ・インフレーション」であるという見解をとる。ポスト・ケインズ派が想定するようにインフレーションがコストプッシュ型である場合，物価の安定をはかるうえで，金融政策の効果はきわめて限定的なものとなる。金融政策はインフレーションを抑制するための唯一の手段であると主張するニュー・コンセンサスの理論的基礎は，決して堅固であるとは言えない。

---

10) しかしながら，テイラー・ルールに代わる金融政策ルールがどのようなものであるべきかに関しては，ポスト・ケインズ派経済学者のあいだでも意見がいくつかに分かれている。これについては，本書第5章の注9で論じる。

ここまで見てきたように,ポスト・ケインズ派は,マクロ経済学におけるニュー・コンセンサスに正面から異議を唱えるとともに,代替的な理論と政策の方向を指し示している。ニュー・コンセンサスは,貨幣供給の内生性を認める一方で,貨幣と金融政策の長期的中立性という命題を保持しつづけている。これに対してポスト・ケインズ派は,総需要が,短期において生産と雇用の水準を決定するだけでなく,経済の長期的な成長経路にも大きな影響を及ぼすと考える。そしてそれゆえに拡張的な経済政策は,実体経済に対して長期的な効果をもつと主張する。貨幣経済に関するケインズの洞察は,新古典派経済学に取って代わる新しい経済理論を求める経済学者たちにとって,今日なお,重要な拠り所の一つとなっているのである。次章では,ポスト・ケインズ派のニュー・コンセンサス批判について,さらに詳しく見ていくことにする。

第5章
現代主流派マクロ経済学の批判的考察
――「貨幣的分析」の視点から――

はじめに

　戦後経済学において長らく主流派の地位を占めてきた「新古典派総合」は，約四半世紀に及ぶ高度経済成長を経済理論と政策の両面から支えてきたにもかかわらず，1970年代初頭の世界的経済危機に直面して，解体の憂き目を見ることとなった。その後，マネタリズム，サプライ・サイド経済学，リアル・ビジネス・サイクル理論など，保守派経済学の諸潮流が経済学の世界を席巻し，これらの潮流が，「小さな政府」の実現をめざす新自由主義の路線に理論的支柱を提供した。その一方で，不完全競争や不完全性情報といった分権的市場経済の本来的な属性にもとづいて失業の発生を説明し，政府の景気安定化政策を正当化するための様々な試みも，「ニュー・ケインジアン」と呼ばれる一群の経済学者たちによって盛んに進められた。1980年代以降の主流派マクロ経済学は，新しい古典派とニュー・ケインジアンのあいだの対立を軸として展開されてきたと言ってよい[1]。
　さらに1990年代に入ると，ニュー・ケインジアンの経済学は，合理的期待形成仮説をはじめとする経済学の新しい方法を自らの内に取り込むことによっ

---
1) 鍋島［2001］第4・5章では，ニュー・ケインジアン経済学の概要を紹介するとともに，その理論的枠組みについてポスト・ケインズ派の視点にもとづき批判的な検証を加えている。

て「新しい新古典派総合」へと次第に進化した。このアプローチは,「ニュー・コンセンサス・マクロ経済学」とも呼ばれている[2]。その理論モデルは,個別経済主体の時間を通じた最適化行動にもとづくリアル・ビジネス・サイクル理論と,不完全競争や名目的硬直性の存在を重く見るニュー・ケインジアンの理論の双方の貢献を統合したものである。こうして今日の主流派マクロ経済学においては,分析の枠組みをめぐる学派間の対立はほぼ解消したと言われている。たとえばブランチャード(Blanchard [2009])は,現在のマクロ経済学の状態は良好であるという判断を下したうえで,次のように述べている。「マクロ経済学は,大いなる進歩と興奮の時代を通り抜けているところである」,また「過去20年にわたって,ビジョンと方法論の両面において収斂が生じた」(p. 225)。

しかしながら,新古典派総合の支配とその崩壊をへて「新しい新古典派総合」の形成にいたる主流派マクロ経済学の進化の過程を,経済学の歴史における連続的な進歩であると安易に見なすことはできない。というのも,いくぶん詳細に検討を加えてみると,ニュー・コンセンサスの理論的枠組みは多くの問題点をはらんでいるとともに,その枠組みにもとづく金融政策の効果もまた,かなり限定的なものにすぎないことが分かるからである。

前章で手短に見たように,ニュー・コンセンサス・マクロ経済学の二つのおもな命題は,(1)物価の安定が金融政策の主要な目標である,(2)中央銀行は,金利を操作することによってのみインフレーションを抑制することができる,というものである。これらのうち,後者の命題は,かつて権勢をふるっていた

---

[2] 「ニュー・コンセンサス・マクロ経済学」という呼称は,当時,連邦準備制度理事の職にあったメイヤー(Meyer [2001])が,金利の操作を通じた総需要の管理をマクロ経済学における「ニュー・コンセンサス」と定義したことに由来している(Fontana and Palacio-Vera [2003] p. 511 を参照)。ただし現在では,「ニュー・コンセンサス・マクロ経済学」という呼称は,ポスト・ケインズ派の経済学者たちによって多用されている一方で,主流派経済学者のあいだではほとんど用いられていないようである。ニュー・コンセンサス・マクロ経済学の概略,およびそれに対するポスト・ケインズ派の評価について基本的な知識を得るためには,Monvoisin and Rochon [2006], Arestis [2009a, 2009b], Fontana [2009b] などが有益である。

マネタリストの見解と著しい対照をなしている。1970年代には，マネタリストの強い影響のもとに，アメリカをはじめとする多くの先進諸国の中央銀行は，貨幣集計量を政策手段として用いることによってインフレーションの抑制をはかろうとした。しかしながら，金融自由化と金融イノベーションが進展した結果，マネーサプライと名目国民所得（およびインフレーション）とのあいだの関係が不安定化すると，マネーサプライを中間目標とする金融政策運営は放棄されるに至り，これに代わって，金利を主要な政策手段とする政策運営方式が採用されるようになった。こうして2000年代になると，中央銀行は短期金利の操作を通じて物価の安定をはかるべきであるという「ニュー・コンセンサス」が，マクロ経済学や金融政策の領域における支配的な見解となった。

実のところ，貨幣集計量ではなく金利を金融政策の手段とするべきであるという見解は，1970年代から今日にいたるまで，ポスト・ケインズ派が一貫して主張しつづけてきたものである（本書第4章第3・4節を参照）。この点に鑑みるならば，貨幣供給は内生的であり，金利は外生的であるというポスト・ケインズ派の見解が，ようやくにして多くの主流派経済学者や各国の金融当局によって受容されたかのように思われるかもしれない。しかしながら，ニュー・コンセンサスとポスト・ケインズ派の見解の類似は単に見かけ上のものにすぎず，両者の理論的枠組みには根本的な相違がある。すなわちニュー・コンセンサスにおいては，マクロ経済の長期均衡がもっぱら供給側の要因によって決定されるので，貨幣と金融政策は長期においては実体経済の活動に影響を及ぼすことができないと考えられている。このような見方は，ケインズおよびポスト・ケインズ派の見解とは正面から対立するものである。

本章では，ニュー・コンセンサス・マクロ経済学の基本的枠組みとその特徴について紹介したのちに，ポスト・ケインズ派の視角にもとづき，その問題点を検証する。さらにニュー・コンセンサスとポスト・ケインズ派経済学の理論的枠組みを学史的展望のもとに比較・対照し，両者のあいだの相違を浮き彫りにする。これらの作業を通じて，ケインズ経済学の核心，およびその今日的意義がどこにあるのかを究明することとしたい。

1 ニュー・コンセンサス・マクロ経済学の基本的枠組み

ニュー・コンセンサス・マクロ経済学の基本モデルは，それぞれ，総需要方程式，フィリップス曲線，金融政策ルールを記述する三つの方程式によって表すことができる。以下に，ソーヤー（Sawyer [2009b] pp. 551-2）が用いているモデルを紹介する（Lavoie [2006b], Monvoisin and Rochon [2006], Fontana [2009b] も参照）。なおここでは，議論を簡単にするために閉鎖経済を仮定している[3]。

$$Y^g_t = a_0 + a_1 Y^g_{t-1} + a_2 E_t(Y^g_{t+1}) - a_3 [R_t - E_t(p_{t+1})] + s_1 \quad (1)$$

$$p_t = b_1 Y^g_t + b_2 p_{t-1} + b_3 E_t(p_{t+1}) + s_2 \quad (2)$$

$$R_t = RR^* + E_t(p_{t+1}) + c_1 Y^g_{t-1} + c_2 (p_{t-1} - p^T) + s_3 \quad (3)$$

ここで，$b_2 + b_3 = 1$ である。記号は，Y^g が産出量ギャップ（現実産出量の潜在生産量からの乖離），R が名目金利，p がインフレ率，p^T が目標インフレ率である。RR^* は，産出量ギャップがゼロとなるときに成立する均衡実質金利である。s_i（$i=1, 2, 3$）は確率的ショックを，E_t は t 時点における予想を表す。

(1)式は総需要方程式（あるいは IS 曲線）である。すなわち，現在時点での産出量ギャップは，過去の産出量ギャップ，将来における予想産出量ギャップ，および実質金利によって決定される。実質金利の上昇は，総需要を減少させることによって産出量ギャップを縮小させることになる。

(2)式はフィリップス曲線である。この式は，現在のインフレ率が，現在の産出量ギャップ，過去のインフレ率，予想インフレ率によって決定されることを表している。これによれば，産出量ギャップの拡大とともに，インフレ率が上昇することになる。また現在のインフレ率が予想インフレ率からも影響を受

---

[3] 最近ではポスト・ケインズ派においても，開放経済における金融政策の効果について分析するために，開放経済ニュー・コンセンサス・マクロ経済学モデルがしばしば利用されている。たとえば，Arestis and Sawyer [2008], Arestis [2009a, 2009b] を参照されたい。

けると考えられているので、この式は標準的な「予想内包型フィリップス曲線」の一種であると見なすことができ、長期においては垂直となる。ただし、長期にわたって物価の安定性を達成するという中央銀行の約束が信頼性をもつほど、現行インフレ率の決定における予想インフレ率の重要性は小さくなる。

(3)式は金融政策ルールを示す方程式である。この式によれば、予想インフレ率、現在の産出量ギャップ、現在のインフレギャップ（目標インフレ率からの過去のインフレ率の乖離）、および均衡実質金利によって、現行の名目金利の水準が説明される。したがって中央銀行は、産出量ギャップやインフレギャップが正であるならば名目金利を引き上げ、逆にこれらのギャップが負であるときには名目金利を引き下げる。こうした金利の操作によって中央銀行は現実産出量を潜在産出量に等しくし、物価水準を安定化することができる。ただし、インフレギャップの大きさは産出量ギャップに依存して決まるのであるから、究極的には産出量ギャップに反応するかたちで金利の調整が行なわれることになる。このような金利政策ルールは、一般に「テイラー・ルール」と呼ばれている（Taylor [1993]）[4]。

このモデルの特徴は、(2)式から理解されるように、インフレ率が一定であるためには、産出量ギャップがゼロになる必要があるということである。また(3)式から明らかなとおり、産出量ギャップとインフレギャップが解消してインフレ目標が達成されるときには、実質金利が均衡実質金利 RR^* に等しくなる。したがってこの均衡金利は、ヴィクセルの「自然利子率」(natural rate of interest) に類似した性格をもっている。この金利のもとでは、供給側で決定される均衡産出量に現実産出量が等しくなるとともに、貯蓄と投資の均等がもたらされる。

こうしてニュー・コンセンサス・マクロ経済学は、物価の安定性をマクロ経

---

[4] テイラー・ルールを用いたインフレ目標政策のもとでは、中央銀行のインフレ目標およびインフレ予測にもとづいて金融政策の舵取りが行なわれる。目標値や予測値の公表は金融政策に透明性をあたえることになるので、インフレ目標政策は、単純な貨幣供給ルールと裁量的金融政策の総合であり、貨幣集計量を中間目標とする政策レジームに対する改善をなすものであると主張されることがある（Arestis [2009a] p. 173 を参照）。

済政策の主要な目標とし，この目標を達成するために，短期金利を金融政策の手段として用いることを提唱する。金利の操作による総需要管理を通じてインフレーションを抑制することができるというのが，その基本的な考え方である。したがってニュー・コンセンサスにおいては，インフレーションはもっぱらディマンドプル型のものであると想定されていることになる。他方で供給ショックはランダムであるから，平均すればゼロとなり，インフレ率の長期的趨勢には影響を及ぼさないものと考えられている。

このようにニュー・コンセンサスにおいては，マクロ経済政策の目標を達成するうえで金融政策の役割が重視されている一方，財政政策は二次的な手段にすぎないと見なされている。その主な根拠とされているのが「リカードの等価定理」である。それによれば，政府支出の増加は民間消費の減少によって相殺されるので，財政政策によって総需要の増加をもたらすことはできないとされる。この場合，財政政策は産出量に対してせいぜい短期的な効果を及ぼすことができるに過ぎない。

ラヴォア（Lavoie [2006b, 2009]）は，ニュー・コンセンサス・マクロ経済学の基本モデルを四象限の図によって表現している。ニュー・コンセンサスの特徴をよりいっそう明確に理解するうえで有益であるので，そのモデルを以下に紹介しよう。図5-1の右上の第一象限は，IS曲線とMP曲線（monetary policy curve）を示している。ここでは伝統的な右上がりのLM曲線が，水平なMP曲線に置き換えられていることに注意されたい。このモデルでは，中央銀行の政策反応関数にもとづき，名目金利の操作を通じて実質金利が外生的にあたえられる。さらにここで，中央銀行が産出量ギャップを考慮せず，もっぱらインフレ率に反応して金利を決定するものと仮定すると，産出量Yにかかわらず実質金利fは一定となる[5]。このことは，ポスト・ケインズ派の内生的貨幣供給理論において，水平な貨幣供給曲線から水平なLM曲線が導出されることと同

---

[5] 中央銀行がインフレギャップとともに産出量ギャップに反応して金利を決定する場合には，産出量の増加とともに金利が上昇するので，MP曲線は右上がりとなる。このとき，有効需要の増加はより小さな産出量の増加しかもたらさず，その結果，インフレ率の振幅もまた小さくなる（Lavoie [2006b] pp. 171-2）。

第 5 章　現代主流派マクロ経済学の批判的考察　115

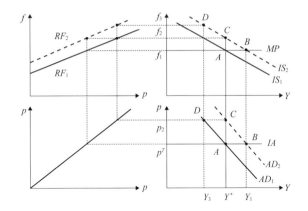

図 5-1　ニュー・コンセンサス・モデル

出所）Lavoie [2009] p. 195 を一部修正。

様の論理にもとづいている。左上の第二象限では，中央銀行の政策反応関数 RF が描かれている。第三象限は 45 度線である。第四象限では，総需要関数 AD と，垂直な「フィリップス曲線」（あるいは総供給曲線）が描かれている。総需要関数はインフレ率 p と産出量 Y との関係を表す。また垂直なフィリップス曲線は，安定的なインフレ率をもたらす唯一の産出水準 Y^* を示している。

まず，潜在産出量 Y^* と目標インフレ率 p^T が実現している基準ケースについて考える。インフレ率 p^T が歴史的に一定であるとし，第三象限から出発するならば，第二象限において実質金利が f_1 に決まる。次いで第一象限において，IS 曲線と MP 曲線との交点 A で産出量 Y^* があたえられる。これによって，第四象限において首尾一貫したかたちでモデルを閉じることが可能になる。なおこの場合には，現実の産出量が潜在産出量に等しくなっているので，産出量ギャップはゼロである。

さて次に，総需要の増加が経済に及ぼす効果について考えてみよう。財政支出や消費支出の拡大によって総需要が増加するならば，IS 曲線と AD 曲線がともに右上にシフトするので，経済は，水平な短期総供給曲線である IA 線 (inflation-adjustment curve) に沿って短期均衡点 B に至る。その結果，さしあたりインフレ率が一定のままで，産出量は Y_1 に増加する。しかしこの場合，正

の産出量ギャップが生じるのでインフレ率が上昇しはじめ,中央銀行は金利の引き上げによってこれに対応する。したがって第一象限と第四象限において,経済はB点からC点へと移動することになる。この新しい均衡においては,産出量が元の水準に戻る一方で,インフレ率と実質金利はともに当初よりも高くなっている。

しかしこの場合,現実のインフレ率p_2が目標インフレ率p^Tを上回っているので,中央銀行は反応関数を見直して,それをRF_1からRF_2へとシフトさせるであろう。その結果,金利がf_2からf_3に上昇するので,産出量はY_3に低下する。なおここで,反応関数のシフトはAD曲線を下方にシフトさせる。というのは,所与のインフレ率が以前よりも高い金利に対応し,それゆえ以前よりも低い産出量に対応することになるからである。他方で,IS曲線はIS_2のままにとどまる。したがって経済は,第一象限と第四象限のD点に移ることになる。しかしながら,この点は短期均衡にすぎない。この点では負の産出量ギャップが存在するので,それが解消されるまでインフレ率の低下が続くことになる。またここで中央銀行は,それに歩調を合わせて金利の引き下げを続けるであろう。こうして経済は,IS_2曲線に沿ってD点からC点に,またAD_1曲線に沿ってD点からA点に向かう。この新しい均衡において,産出量は潜在産出量Y^*に等しく,インフレ率も目標インフレ率p^Tに等しくなっている。このとき実質金利は,反応関数をシフトさせる前と同じ水準のf_2に落ち着く。結局,総需要の増加によって自然利子率がf_1からf_2に上昇したことになる。

ここに見られるように,ニュー・コンセンサス・モデルにおいては,有効需要の増加は長期において産出水準を引き上げることなく,実質金利の水準を上昇させるだけの結果に終わる。また金融政策は長期においては,実質金利や産出量の水準を変えることができず,インフレ率に影響を及ぼすにすぎない。長期においてはマクロ経済の均衡はもっぱら供給側の要因によって決定されるというのが,ニュー・コンセンサスの基本的な見解である[6]。

---

6) IS曲線・MP曲線・IA線を用いたマクロ経済モデルは,ローマー(Romer [2000])によって「IS-MP-IAモデル」と名づけられている。このように,ニュー・コンセンサ

2 ニュー・コンセンサスに対するポスト・ケインズ派の批判

2000年代半ば以降,ポスト・ケインズ派経済学者のあいだではニュー・コンセンサス・マクロ経済学の批判的検討が精力的に進められてきた。この間,ニュー・コンセンサスとポスト・ケインズ派の理論的枠組みの比較(Setterfield [2004], Monvoisin and Rochon [2006], Palley [2007]),代替的なマクロ経済モデルの展開(Lavoie [2006b, 2009], Hein and Stockhammer [2009, 2010], Setterfield [2009]),インフレ目標政策に代わるマクロ経済政策の枠組みの提案(Rochon and Setterfield [2007], Arestis and Sawyer [2008], Sawyer [2009b])など,ニュー・コンセンサス・マクロ経済学をめぐって夥しい数の研究が生み出されている。その結果,ニュー・コンセンサスの理論的基礎およびその政策的含意がはらんでいる数多くの問題点が明らかになってきた。この節では,多くの領域に及ぶポスト・ケインズ派のニュー・コンセンサス批判のなかから,有効需要の役割,インフレーションの原因,財政政策の有効性,という三つの論点を取り上げる。

1)有効需要の役割

前節で見たように,ニュー・コンセンサス・モデルにおいては,有効需要の増加が産出水準を引き上げるのは短期においてのみであり,長期においては金利の上昇がもたらされるにすぎない。そのモデルにおいては,経済の供給側で

ス・マクロ経済学のモデルにおいては LM 曲線が MP 曲線に置き換えられていることから,そのモデルは,ローマーの論文の題目に示されているように「LM 曲線なきマクロ経済学」とも称される。

　ニュー・コンセンサス・モデルに若干の修正を加えることによってポスト・ケインズ派の代替モデルを展開している研究として,Lavoie [2006b, 2009] のほかに,Setterfield [2009] がある。インフレ過程・所得形成過程・金融政策運営に関するポスト・ケインズ派的な仮定にもとづくセッターフィールドのモデルは,三つの政策手段(金融政策,財政政策,所得政策)を用いて,三つの政策目標(所得分配,経済活動水準,インフレーション)を同時に達成できることを明らかにしている。この点において,実体諸変数の均衡値が供給側の要因によって外生的に決定されるという前提のもとに,金融政策のみを用いて,もっぱらインフレ目標を追求するニュー・コンセンサスとは異なっている。

決定される均衡を表現するために,「自然失業率」(natural rate of unemployment) や「非インフレ加速的失業率」(non-accelerating inflation rate of unemployment : NAIRU) などの概念が用いられている。もし政府や中央銀行が,失業率をこの水準よりも引き下げようとして拡張的な経済政策をとったとしても,それは一時的に産出量を増加させるだけの効果しかもたない。マクロ経済の長期均衡は,もっぱら供給側の要因によって決定されるからである。さらにニュー・コンセンサスは,主流派の経済成長理論にしたがい,自然成長率もまた総需要とは無関係に供給側の要因のみによって決定されると考えている。

これに対してポスト・ケインズ派の理論では,短期においてのみならず,長期においても有効需要が重要な役割を演じる。長期の成長経路が総需要によって方向づけられるというのは,ポスト・ケインズ派経済学の核心的な命題の一つである。すなわち彼らは,需要主導型成長モデルにもとづき,自然成長率が現実成長率に対して内生的に変化するのだと主張している。その主な原因は,技術進歩にある。もし経済が完全雇用に近い状態にあり,かつ企業家がいっそうの市場の拡大を予想しているような状況のもとでは,企業家の側で生産性を引き上げようとする誘因がはたらくので,彼らは新たな発明や発見を熱心に追求するにちがいない。こうして新技術の開発が加速し,またそれらの技術の普及も急速に進むはずであるから,資本蓄積の進行とともに技術進歩率が上昇することになる[7]。さらに経済の高成長は,労働参加率を高めたり,移民の流入を拡大させたりすることによって,労働力人口の増加をもたらすであろう。こ

---

[7] 高い需要成長率が技術進歩を促すことによって自然成長率の内生的な変化を引き起こすという見解は,J. ロビンソンや N. カルドアらのケンブリッジ・ケインジアンによって 1950 年代にすでに提示されていた (Lavoie [2009] p. 203 を参照)。たとえばロビンソンは,その主著『資本蓄積論』(1956 年) において次のように述べている。「しかし同時に,技術進歩は蓄積と歩調を合わせて加速されている。技術進歩率は,慈雨のように天から降ってくる自然現象ではない。一人当たり産出高を増加させるための経済的な動機が存在するときには,企業家たちは発明と改善とを探し求める。発明を加速することよりも遥かに重要なことは,イノベーションの普及率を加速することである。潜在的市場は拡大しつつあるが,労働力を見出しがたい状況のなかにあることに気がついたときには,企業家たちは,生産性を上昇させるための十分な動機をもっている」(Robinson [1956] p. 96:邦訳 103-4 頁)。

うして，自然成長率の二つの構成要素である技術進歩率と労働人口増加率はともに，需要増加率と歩調を合わせて上昇する。このような意味において，経済成長の経路は内生的かつ経路依存的な性格をもつとポスト・ケインズ派は主張する（Lavoie [2006b] pp. 178-81, Fontana [2007] pp. 51-6, Palley [2007] p. 72, Lavoie [2009] pp. 202-6 を参照）。

そうであるならば，拡張的な経済政策は，総需要を拡大して雇用水準を引き上げると同時に，投資と技術革新を促すことによって潜在産出水準を高め，長期の経済成長を生み出すことになるはずである。すなわち，NAIRU の水準は総需要に依存し，自然成長率もまた総需要の増加率によって決定される。あらかじめ供給側で決定された自然失業率や NAIRU，自然成長率などというものは，実際には存在しないのである[8]。

ここまで見てきたように，ニュー・コンセンサスの理論的枠組みにおいては，総需要は短期においてしか重要性をもたない。また金融政策は物価水準の変化を引き起こすだけで実体経済に影響を及ぼさないという意味において，貨幣と金融政策は長期においては中立的である。さらにその枠組みは，貨幣供給の外生性というマネタリストの教義を放棄しているにせよ，自然失業率や垂直なフィリップス曲線など，マネタリストの分析用具の多くをそのまま保持している。このようなニュー・コンセンサスの枠組みは，きわめて古典派的な色彩の濃い

---

8) ハインとストックハンマー（Hein and Stockhammer [2009] pp. 282-7, Hein and Stockhammer [2010] pp. 334-42）は，ポスト・ケインズ派マクロ経済モデルを用いて，中長期においては NAIRU が経済活動と金融政策に対して内生的であることを示している。その経路として，彼らは次の四つを挙げている。(1)長期失業者の増大は，すでに雇用されているインサイダーの賃金要求水準を高めることによって NAIRU を上昇させる，(2)これに加えて，失業率が NAIRU を上回ることによって現実の賃金シェアが労働者の目標賃金シェアを上回るようになると，労働者の慣行的な行動のために目標賃金シェアが上昇し，それによってさらに NAIRU が上がる，(3)総需要が弱く，そのために設備投資が停滞すると中期的には資本設備の稼働率が高くなり，企業の目標利潤シェアと NAIRU が上昇する，(4)利子の支払いは企業にとっての費用であるから，実質金利の上昇は企業の目標マークアップと NAIRU を引き上げる。なお(1)と(2)の経路についての推論は，強い交渉力をもつ労働組合の存在を想定する「インサイダー・アウトサイダー理論」にもとづくものである。

ものであると言わざるをえない。

2) インフレーションの原因

　ニュー・コンセンサスが想定している金融政策運営の基本的な枠組みは，物価の安定という目標を達成するべく，金利を操作し総需要を適切な水準に調整することによって，産出量ギャップの解消をはかるというものである。したがってこの場合，インフレーションはもっぱら生産物市場における超過需要に起因すると見なされていることになる。ニュー・コンセンサスの見解によれば，インフレーションはいつでもどこでも，名目GDPの増加が潜在産出量の増加を上回ることによって生じるディマンドプル・インフレーションである。その一方で，供給ショックはランダムに発生するので，平均するとゼロになりインフレ率に影響をあたえることはないと考えられている。そうであるかぎり，金融政策のみでインフレーションを抑制することが可能であるということになる。

　しかしながら実際には，インフレーションに対する金利の影響はかなり小さいということが，多くの実証研究によって確認されている。たとえばアレスティスとソーヤー（Arestis and Sawyer [2006a]）は，インフレーションに対する金利変化の影響は弱く，1％の金利の変化によって0.2〜0.3％の物価水準の変化が引き起こされるにすぎないと指摘している。他方で投資などの実体的諸変数に対しては，金利が大きな影響を及ぼす可能性があると論じている（p. 849）。アレスティスとソーヤーはまた，金融政策の効果に関する近年の多くの実証研究も同様の結論を導いていることを紹介している（Arestis and Sawyer [2006b] pp. 11-7）。

　これに加えて，コストプッシュ・インフレーションが発生する可能性を排除することはできない。(2)式のフィリップス曲線から理解できるように，ニュー・コンセンサス・モデルにおいては，持続的な賃上げ圧力や利潤マージン引き上げ圧力の存在が明示的に考慮されていない。ポスト・ケインズ派は，現代資本主義におけるインフレーションの原因が主として所得分配をめぐる経済諸集団のあいだの対立にあると考える（本書第2章第2節3の議論を参照されたい）。企業側の目標利潤シェアと労働側の目標賃金シェアとが互いに不整合なものと

なれば，賃金と物価の螺旋的な上昇を通じてインフレーションが加速するであろう。金利の引き上げのような総需要抑制策では，持続的な高失業を生み出すことなしに，このようなコストプッシュ・インフレーションを回避することができない。金融政策は，需要インフレーションだけにしか効力をもたないのである（Arestis [2009b] pp. 108-9 を参照）。

したがってポスト・ケインズ派経済学者の多くは，インフレーションを抑制するために何らかのかたちの「所得政策」を導入することを提唱する。これによって貨幣賃金の上昇が労働生産性上昇の範囲内にとどめられるならば，インフレーションの進行を防ぐことが可能となる。あるいは全国レベルでの集権的な賃金交渉を通じて，労使間で相互に整合的な所得の分け前についての合意を形成することができる場合にも，賃金要求や価格形成の行動が適切な方向に導かれることになるので，物価の安定が実現するであろう（Rochon and Setterfield [2007] pp. 36-7, Setterfield [2009] pp. 285-90, Hein and Stockhammer [2009] pp. 288-91 を参照）。

3）財政政策の有効性

ここまで見てきたように，ニュー・コンセンサスにおいては物価の安定がマクロ経済政策の主要な目標とされ，そのための手段として金融政策が重視されている。その一方で，財政政策は短期的に産出量を増加させることができるに過ぎないと見なされており，それゆえ財政政策にはきわめて限定的な役割しかあたえられていない。

しかしながら財政政策は，ニュー・コンセンサスの枠組みにおいてさえも重要な役割を果たすことができる。なぜなら政府支出や租税の変化は，総需要方程式である(1)式のパラメーター a_0 を変化させることによって総需要と産出水準を変化させ，さらに産出量ギャップとインフレ率にも影響を及ぼすことができるからである。すなわち，インフレ目標を達成するうえでも，財政政策は金融政策と同じくらい有効な手段となりうるのである。しかも総需要と産出水準に対する金融政策の効果が金利を通じて間接的にしか作用しないのに対して，政府は財政政策を通じて総需要と産出量ギャップに直接に影響を及ぼすことが

できる (Fontana [2009b] pp. 201-4 を参照)。

これに対して金融政策には，経済を均衡に導き，物価の安定化をはかるうえで様々な限界がある。アレスティスとソーヤー (Arestis and Sawyer [2004]) は，金融政策の限界として以下の点を挙げている。第一に，均衡利子率が負であったり，あるいは正であっても実現するには低すぎる場合がありうる。第二に，金利の変化は貯蓄と投資の水準にほとんど影響をもたないかもしれない。第三に，中央銀行によって設定される短期金利と，投資決意において重要となる長期金利とのあいだの関係は，かなり緩やかなものでしかないことがありうる。第四に，中央銀行は，為替相場目標の達成など，国際的な要因をも考慮して金利を決定しなくてはならないので，必ずしも国内経済の均衡をもたらすような水準に金利を設定することができるとは限らない。これらの制約のため，総需要の変化を金融政策によって相殺することは容易でなく，経済活動水準の変動を緩和するためには，短期においても長期においても財政政策を用いることが不可欠となるのである。

したがってポスト・ケインズ派は，財政政策が依然としてマクロ経済政策における強力な手段でありつづけると主張する（たとえば，Sawyer [2009b], Setterfield [2009] を参照）。財政政策の目的は，総需要を増加させて，経済活動水準を可能なかぎり引き上げることにある。その一方で金融政策は，マクロ経済の微調整のためにではなく，分配的変数である金利を適切な水準に設定することを通じて，公平な所得分配を実現するために用いられることが望ましいとされる[9]。そして物価の安定は所得政策などの手段を通じて達成されるべきであ

---

9) たとえばセッターフィールド (Setterfield [2009]) は，ポスト・ケインズ派における金融政策運営へのアプローチの一つとして，パシネッティ (Pasinetti [1981] ch. 8) の「公正金利ルール」にもとづく政策運営を取り上げている。このルールは，インフレ率と労働生産性上昇率の和に等しくなるように名目金利を設定するというものである。このルールのもとでは，賃金単位で測った当初の負債残高の価値が一定に保たれるので，利子所得者と非利子所得者のあいだの分配関係が不変にとどまることになる。

　ただしポスト・ケインズ派の内部においても，金利政策に関しては幾つかの異なるアプローチが存在しており，それらのアプローチは大きく二つに分類される。第一に，経済活動水準の微調整の手段として金利を用いることを提唱する「活動主義 (activist) ア

るというのが，今日，多くのポスト・ケインズ派経済学者によって唱道されているマクロ経済政策の組み合わせである。

3　「自然利子率」の概念をめぐって

　ニュー・コンセンサスとポスト・ケインズ派の理論のあいだの最大の相違点の一つに，「自然利子率」の概念の取り扱いがある。すなわち，ニュー・コンセンサス・モデルでは産出量と物価の決定において「自然利子率」の概念が中心的な役割を演じているのに対して，ポスト・ケインズ派は貯蓄と投資を等しくさせる一義的な自然利子率の存在を否定する。言うまでもなく自然利子率の概念は，ヴィクセルの著作『利子と物価』（Wicksell [1898]）において初めて提唱されたものである。

　第1節で提示したモデルの(3)式から理解されるように，現実産出量と潜在産出量が等しくなり産出量ギャップがゼロとなるときには，実質金利が均衡実質金利 RR^* に等しくなる。この金利のもとでは総需要と総供給が等しくなり，それゆえ投資と貯蓄も等しくなるので，この金利はヴィクセルの自然利子率に対応している。また(1)式より，産出量ギャップをゼロとする均衡実質金利の値は a_0/a_3 に等しくなることが分かる。ここで a_0 は自立的支出を，a_3 は実質金利に対する需要の感応性を，それぞれ表している。したがって a_0 あるいは a_3 が変化するならば，均衡金利の変化が生じることになる。たとえば，消費の固定的部分，投資を支配する「血気」，財政スタンスなどに変化があれば，そのことは a_0 の変化に反映され，その結果，均衡金利が変化する（Arestis and

---

プローチ」がある。第二に，金利は総需要管理のための適切な手段ではなく，したがってそれを所与の水準に留め置くことが望ましいと考える「留め置き（parking-it）アプローチ」がある。さらに金利を留め置くためのルールについても，上述のパシネッティ・ルール（公正金利ルール）のほかに，実質金利をゼロに設定するべきであるという「スミシン・ルール」，名目金利をゼロにする「カンザスシティ・ルール」のあわせて三つがある。ポスト・ケインズ派における金利政策の多様なアプローチの詳細については，Rochon and Setterfield [2007]，Rochon [2009] を参照されたい。

Sawyer [2004] pp. 446-8)。このように，ニュー・コンセンサス・モデルにおいては，総供給と総需要とを等しくさせる均衡金利はもっぱら実体的な諸要因によって決定される。そして，この金利のもとでは完全雇用が実現していると暗黙裡に仮定されている。このような見方は，生産性と節倹という実体的諸力が自然利子率を決定し，この利子率のもとで経済は完全雇用にあるというヴィクセルの見解と軌を一にしている。

　ヴィクセルの「累積過程」論においては，総需要と総供給の不一致によって物価の変動が引き起こされる。もし銀行の貸出利子率である貨幣利子率が自然利子率を下回る場合には，企業家は銀行から資金を借り入れて投資を増加させるであろう。その結果，貯蓄に対する投資の超過（すなわち，総供給に対する総需要の超過）が生じるので，物価が上昇する。貨幣利子率が自然利子率を下回っているかぎり，物価は持続的に上昇するであろう。なおヴィクセルの「純粋信用経済」においては，企業家からの貸出需要の増加に対して銀行部門は信用創造によって同調することができるので，投資の拡大とともに信用供給が増加し，この過程を通じて貨幣が内生的に創造される。このような信用創造と物価上昇の累積過程は，銀行が貨幣利子率を自然利子率の水準に引き上げるまで続くことになる。

　このようにヴィクセルが物価水準それ自体の変化を考察の対象としているのに対して，ニュー・コンセンサス・モデルはインフレ率の変化に焦点を合わせている。すなわちそのモデルでは，潜在産出量と現実産出量とを等しくさせる均衡実質金利よりも実質金利が低くなるとインフレ率が上昇し，逆に均衡実質金利よりも実質金利が高くなるとインフレ率が低下すると考えられている。また，これら二つの金利が等しくなり，産出量ギャップがゼロになるときには，インフレ率は一定にとどまることになる（ゼロになるのではない）。しかしながら，貨幣数量説の枠組みを否定して，インフレーションがつねに需要超過によって生じると見ている点は，ヴィクセルと同じである。それゆえ中央銀行がインフレ率を一定に保とうとするならば，実質金利が均衡金利とちょうど等しくなるように金利を操作することが必要となる。このように，金利を適切に調整することによって物価の安定化をはかるべきであるというニュー・コンセンサ

スの政策提案もまた，ヴィクセルの議論ときわめて類似している。

　ここまでの議論から理解されるように，ニュー・コンセンサス・マクロ経済学とは，ヴィクセル利子理論の現代版と呼ぶにふさわしいものである。いずれのアプローチにおいても，中央銀行のおもな制御変数は，貨幣集計量ではなく短期金利であるとされている。したがって貨幣供給は内生的な変数となっている。またインフレーションは，総需要と総供給（すなわち，投資と貯蓄）のあいだの不均衡状態を記述する「要約統計量」であると見なされている（Fontana [2007] pp. 47, 50）。実際に，ニュー・コンセンサスの代表的な理論家の一人であるM. ウッドフォードは，その名も『利子と物価』（Woodford [2003]）と題する著書において，たびたびにわたってヴィクセルの貢献に言及するとともに，自らが展開している金融政策分析のための理論的枠組みを「ネオ・ヴィクセリアンの枠組み」と呼んでいる（ch. 4 を参照）[10]。

　ケインズは，1930年に刊行した『貨幣論』において自然利子率の概念を受け容れ，自らの理論的枠組みをヴィクセルの流れのなかに位置づけていた。そして貨幣の価値に関する「基本方程式」を用いて，貨幣利子率と自然利子率とが乖離することによって生じる投資と貯蓄のギャップが，物価変動の主な原因であることを示している。このことについて，ケインズは次のように述べている。

　　ヴィクセルにしたがって，われわれの基本方程式の第二項をゼロにするよ

[10) ボイアノフスキーとトラウトヴァイン（Boianovsky and Trautwein [2010]）は，ウッドフォードによって代表される「新しい新古典派総合」をヴィクセル理論のかなり限定的な拡張にすぎないと見なしている。彼らの見るところ，ウッドフォードのアプローチにおけるインフレーションと産出量の動学は，ヴィクセルやリンダールの枠組みとは異なって，期待形成と価格設定行動についての極めて限定的な仮定に依存している。また彼らによれば，これら二つの枠組みのあいだの最大の相違は，ヴィクセルがインフレーションを不均衡過程であると捉えているのに対して，ウッドフォードの枠組みは，物価と産出量の変動を連続的な均衡のなかにおける異時点間の最適化の結果であると見なしている点にある（p. 118：邦訳157-8頁）。ニュー・コンセンサスとヴィクセル理論との異同については，Fontana [2007]，Weber, Lemke and Worms [2008] もあわせて参照されたい。本節の記述も，これらの文献に負うところが大きい。

うな利子率を自然利子率と呼び，現実に行なわれている利子率を市場利子率と呼ぶのが適当であろう。したがって自然利子率とは，貯蓄と投資の価値額がちょうど等しくなり，したがって全体としての産出物の物価水準（Π）が生産要素の貨幣額での能率収入率と正確に一致するようになる利子率である。これに対して，市場利子率の自然利子率からのあらゆる乖離は，第二の基本方程式の第二項をゼロから乖離させることによって，物価水準の変動を起こさせる傾向をもつ。

(Keynes [1930a] p. 139：邦訳 159 頁，強調は原著者のもの)[11]

しかしながらケインズは，1936 年の『一般理論』では，唯一の自然利子率が存在するという見解を放棄した。それぞれの雇用水準には，それぞれに対応する相異なる自然利子率が存在するのだと彼は主張する。あらゆる産出水準において貯蓄と投資は等しくなりうるのであり，そして貯蓄と投資の均等をもたらす変数は，利子率ではなく国民所得なのである。

> 私は『貨幣論』において唯一の利子率とでもいうべきものを定義して，それを自然利子率と呼んだ。──それは『貨幣論』の用語によれば，貯蓄額（そこで定義された意味での）と投資額との均等を維持する利子率であった。私は，これがヴィクセルの「自然利子率」の発展であり明確化であると考えていた。それは，彼によれば，ある物価水準──これはあまり明確に規定されていないが──の安定を維持する利子率であった。
>
> しかし私は，どんな社会においても，この定義によれば，仮説的な各雇用水準に対して，一つの異なった自然利子率が存在するという事実を見逃していた。そして，同じように，各利子率に対して，その利子率が「自然」利子率となるような一つの雇用水準が存在する──経済体系がその

---

11) 平井 [2003] は，『貨幣論』のケインズを，ヴィクセルに端を発し，ミュルダール，リンダール，ミーゼス，ハイエク，ホートレー，ロバートソンらに至る「ヴィクセル・コネクション」に属していると指摘する。ヴィクセル・コネクションとは，新古典派経済学に対抗して，1920〜30 年代に貨幣的経済理論を展開した経済学者の系譜を指す。詳しくは，同書第 3・7 章を参照されたい。

利子率とその雇用水準のもとで均衡するという意味において——という事実を見逃していた。したがって，唯一の自然利子率について語ったり，以上の定義が，雇用水準にはかかわりなく，唯一の利子率の値をあたえるものであると示唆したりすることは誤りであった。私は当時，ある状態においては，経済体系が完全雇用に満たない水準のもとで均衡しうるということを理解していなかったのである。

(Keynes [1936] pp. 242-3：邦訳 241 頁，強調は原著者のもの)

さらにケインズは，貨幣利子率と自然利子率のあいだの因果関係についてもヴィクセルの見解を否定した。ヴィクセルの理論においては，自然利子率はもっぱら実物的諸力によって決定され，また貨幣利子率と自然利子率の乖離は，重力作用の中心である自然利子率に向かって貨幣利子率が調整されることによって解消される。したがって貨幣利子率は単なるヴェールにすぎず，経済の長期均衡状態を決定するのは，自然利子率の水準に影響をあたえる実物的諸力であるということになる。これに対してケインズは，ヴィクセルの枠組みを，利子率と「資本の限界効率」との関係に置き換えたうえで，両者のあいだの因果関係を逆転させた。

> 重要な結論は次のとおりである。すなわち，新投資の産出量は，資本の限界効率が利子率と等しくなる点まで押し進められるのであって，資本の限界効率表がわれわれに示すことは，利子率がどれだけかということではなく，利子率があたえられているとき，新投資の産出量がどの点まで押し進められるかということである。 (*ibid*., p. 184：邦訳 182 頁)

すなわちケインズは，均衡において利子率と資本の限界効率とが等しくなることを認める一方で，資本の限界効率のほうが利子率に等しくなるように動くのだと考えた。このように，彼の流動性選好説においては，慣行にもとづいて決定される貨幣利子率が重力作用の中心をなしている。それゆえに貨幣利子率は，生産や雇用の水準の決定において支配的な力を示すのである（Moore [1988] ch. 10, Rogers [1989] chs. 9, 10 を参照）[12]。

かつてシュンペーター（Schumpeter [1954]）は，さまざまな貨幣的理論を「実物的分析」と「貨幣的分析」の二つに分類した。実物的分析とは，長期均衡状態がもっぱら実物的諸力によって決定されると考える諸理論をさす。これに対して貨幣的分析とは，長期均衡の決定において実物的諸力と貨幣的諸力とを統合しようと試みる理論のことである。ヴィクセルとニュー・コンセンサス・マクロ経済学が実物的分析の系譜に属する一方で，ケインズおよびポスト・ケインズ派が貨幣的分析の流れを汲んでいることについては，もはや多言を要すまい。ケインズのヴィクセル批判の視点は，今日ふたたび，ポスト・ケインズ派のニュー・コンセンサス批判というかたちで論争の舞台に甦ったのである。

おわりに

近年の主流派マクロ経済学は，「新しい古典派」および「ニュー・ケインジアン」の双方の研究成果を統合することによって，ニュー・コンセンサス・マクロ経済学という新たな枠組みへと進化を遂げた。その結果，今日においては，主流派経済学者のあいだでビジョンや方法をめぐる論争は影を潜めるようになり，一つの共通の分析枠組みのもとで理論や政策に関する研究が進められるようになったと言われている。とくにニュー・コンセンサスは，近年における中

---

12) ケインズは，1937年に発表した論文「利子率の理論」においても，ふたたびこの論点を取り上げることによって，正統派の理論と自らの理論との相違について説明している。「簡潔に言えば，正統派理論は，さまざまな資産の限界効率の共通の値を決定する諸力は貨幣とは無関係であり，貨幣は言わば自立的な影響力をもたないと主張している。またその理論は，貨幣の限界効率すなわち利子率が，他の諸資産の限界効率の共通の値——それは貨幣以外の諸力によって決定される——に一致するようになるまで，物価が変動すると主張している。他方で私の理論は，このようなことが起こるのは特殊な場合であって，幅広い範囲のありうる状況において，ほとんど逆のことが正しいと主張する。すなわち，貨幣の限界効率は部分的にはそれら自らに固有の力によって決定されるのであり，また他の諸資産の限界効率が利子率に一致するようになるまで物価が変動するのである」（Keynes [1937c] p. 103）。

央銀行業務の変容を考慮に入れて，短期金利が外生的である一方で，貨幣供給は内生的であるという見解をとっている。ニュー・コンセンサスが，主流派マクロ経済学において一つの理論的進歩を刻するものであることは間違いない。

しかしながらその一方で，これまで再三にわたって論じたように，ニュー・コンセンサスの枠組みが古典派的な色彩を強く帯びていることもまた事実である。その枠組みにおいては，マクロ経済の長期均衡がもっぱら供給側の要因によって決定され，有効需要はその決定に何の影響ももたないとされている。したがって長期においては，金融政策は物価水準に影響を及ぼすにすぎず，生産と雇用の水準を引き上げることができないと見なされている。すなわちニュー・コンセンサスは，依然として「古典派の二分法」という伝統的な観念を固持しているのである。さらにニュー・コンセンサスは，ヴィクセル的な自然利子率の概念を受け容れ，現実産出量と潜在産出量の均等をもたらす均衡金利から市場金利が乖離することによってインフレ率の変化が生じると考えている。そして，自然利子率が金利体系の重心として作用するという見解をヴィクセルから受け継いでいる。

これとは対照的に，ポスト・ケインズ派の見方によれば，総需要は，短期の産出量を決定するだけでなく，長期の成長経路を方向づけるうえでも重要な役割を演じる。それゆえ財政・金融政策は，実体経済に対して長期的な効果を及ぼすことができる。さらにポスト・ケインズ派は，一義的な自然利子率の存在を否定するとともに，貨幣的要因によって決まる利子率が重力作用の中心をなすと主張する。このようにしてポスト・ケインズ派は，ニュー・コンセンサスと競合する代替的なマクロ経済学の枠組みを展開している。すなわちニュー・コンセンサスの枠組みは，労働市場の結果が財市場における均衡を規定し，貨幣が実体的諸変数に対して持続的な影響を及ぼすことはないという「古典派のヒエラルキー」にもとづいている。ポスト・ケインズ派は，それを「ケインジアンのヒエラルキー」に置き換える。すなわち，まず貨幣的・金融的過程が総需要の形成および財市場における均衡産出量の決定に影響を及ぼし，それが次いで労働市場の状態を規定すると考えるのである（Fontana and Setterfield [2009] を参照）。

近年の主流派マクロ経済学が長足の進歩を遂げ，それが一つの共通の枠組みへと進化したことは事実である。しかしながら，それは現代経済学のすべてではない。今日においても，多くのポスト・ケインズ派経済学者たちは，主流派マクロ経済学に対して正面から異議を申し立てるとともに，代替的な理論的枠組みの構築を進めている。マクロ経済学において，分析の枠組みをめぐる対立軸そのものが消滅したわけではないのである。ニュー・コンセンサスとポスト・ケインズ派の対立は，経済学の歴史を形づくってきた実物的分析と貨幣的分析のあいだの対立の現代的形態であると見なすことができる。資本主義経済は貨幣的・金融的な不安定性を本来的に内包しているという貨幣的分析の視点を理論的に基礎づけるうえで，これまでポスト・ケインズ派経済学は多くの貢献をなしてきた。そして今日，たびたびにわたり金融システム不安が世界経済を襲うなかで，ポスト・ケインズ派の果たすべき役割はますます大きくなっている。

第6章

金融化と現代資本主義
――新自由主義の危機をどう見るか――

はじめに

　2007年夏に始まった世界的な金融危機は，1930年代の大不況以来とも言われる厳しい経済的下降を先進資本主義諸国にもたらした。各国の政府・中央銀行が，積極的な財政出動や金融緩和など，あらゆる政策手段を動員して危機に対処したこともあり，2009年以降，世界経済はゆるやかに拡大を続け，曲がりなりにも回復への歩みを進めているように見える。その一方でわれわれは，この危機が現代の経済社会に突きつけた難問を未だに解くことができないままでいる。これほどの大規模な危機が，長期に及ぶ安定局面に続いて突然に生じたのはなぜなのか。新自由主義経済モデルの根本的な矛盾と欠陥はどこにあるのか。そして，危機のあとの資本主義はどこへ行こうとしているのか。こうした根源的な問いに答えるためには，経済・金融情勢のめまぐるしい変化に心を乱されることなく，現代資本主義の底流をじっくりと見据える必要がある。

　本章では，ポスト・ケインズ派を代表する論客の一人であるハイマン・ミンスキーの経済理論を参照軸としながら，これらの問題について考えてみたい。今日，ミンスキーの名は，深刻な金融危機が資本主義経済の正常なはたらきの結果として生起すると説く「金融不安定性仮説」の提唱者として広く知られている。それに加えて晩年の彼は，現代資本主義が直面している構造変化をとらえることを目的として，資本主義の長期発展理論の彫琢にも力を注いだ。彼の見方によれば，1980年代以降，アメリカ資本主義は「資金運用者資本主義」

という新しい段階に入った。そしてこれによって，アメリカ経済の構造と動態が大きく変貌し，人々の直面する不確実性と不安定性が増大したとされる。

今日の多くのポスト・ケインズ派経済学者も，ミンスキーのこのような見方を受け継いでいる。彼らの見るところ，今次の世界金融危機は，その起源を1980年代初めにまで遡ることができる。この時期以降，先進諸国では，「小さな政府」を旗印に掲げる保守派政権のもとで規制緩和と民営化が進められるとともに，緊縮的なマクロ経済政策への転換によって，経済に対する国家介入の度合いは総じて低下した。一般に「新自由主義」と呼ばれているこれら一連の政策のもとで，経済成長は緩慢なものにとどまる一方，雇用が不安定化するとともに，所得格差の拡大が進んだ。ポスト・ケインズ派は，所得分配の不平等化が危機の潜在的な原因の一つであると見ている。

1980年代以降の資本主義において生じた見過ごすことのできない変化として，国家の経済的な役割の縮小に加えて，内外の金融取引，金融業の収益，および各種の金融資産所得などの顕著な増加に見られるように，経済において金融部門の演じる役割が急速に拡大したことがある。ポスト・ケインズ派の理論家たちは，この現象を「金融化」（financialization）と呼んでいる[1]。そして金融部門の政治的・経済的な力が増大したことにより，各国の経済政策はその利害を強く反映するものとなった。労働組合の弱体化政策による賃金コストの抑制，株主価値重視の企業統治の導入，財政赤字を口実にした福祉支出の削減などが，その例である。こうして1980年代以降，金融規制の緩和が金融部門の力を増大させる一方で，金融部門の強い圧力のもとに新自由主義政策が推し進められてきた。すなわち，金融化と新自由主義とが相俟って，経済の不安定性を増幅させてきたのである。

本章は，ポスト・ケインズ派の金融化アプローチにもとづいて，現代資本主義の大まかな見取り図をあたえることを目的とする。まず資本主義の歴史的進

---

[1]「金融化」という概念が何を意味するのかは論者によって幾らかの相違があるものの，多くの論者がG. A. エプシュタインによる以下の定義をしばしば引用している。「金融化とは，国内経済および国際経済の活動における金融的動機・金融市場・金融的主体・金融機関の役割の増大を意味している」（Epstein [2005] p. 3）。

化を振り返ったうえで，世界金融危機の構造的な原因を探るとともに，危機の解決のための方策を提示する。そして，これらの考察を通じて資本主義の行方について考えてみたい。

1 アメリカ資本主義の歴史的進化

　資本主義は動態的・進化的なシステムであり，時とともにその姿を変えていく。そして金融構造の進化にこそ，資本主義のダイナミズムがもっとも顕著に表れるというのが，ミンスキーの長期発展理論の基礎にある考えである。

　資本主義の発展についてのミンスキーのビジョンは，彼がハーバードの大学院において指導を受けたJ. A. シュンペーターの恩恵に負うところが大きい。資本主義は変化してやむことのない動態的なシステムであり，生産と金融の両面における「新結合」こそが経済発展の過程の本質をなすという見解を，彼はシュンペーターから受け継いだ。このような見解は，ミンスキーの以下の叙述にもよく表れている。

> 資本主義は多くの特定の形態をとるので，それは弾力性に富んでいる。一つの意味においては，これは些細なことである。すなわち，大きな政府と積極的な中央銀行業務がその内生的な動態過程を抑制してきたということである。……もう一つの意味においては，それは些細なことではない。というのは，資本主義経済の内生的な進化的動学は，金融的な諸変数と実体経済の諸変数とのあいだの関係を変化させ，それに次いで経済の動態的パターンを変化させるからである。　　　　　　（Minsky [1990] pp. 65-6）

　このような観点にもとづき，ミンスキーは，金融と産業のあいだの関係に焦点を合わせて，アメリカ資本主義の歴史的な発展段階を次の五つに区分している（Minsky [1990] pp. 65-72, Minsky [1996a] pp. 362-4, Minsky and Whalen [1996-7] pp. 156-9)[2]。第一は「商業資本主義」（commercial capitalism）の時代である。この時代のアメリカ経済は，原材料輸出経済としての性格がかなり強か

った。それゆえ銀行業は商業信用に特化して，外部資金をおもに貿易活動に融資する一方で，長期的な設備投資への融資は行なっていなかった。またこの時代においては，民間部門における経済的な力が特定の主体に集中することなしに細分化・分散化されていた。第二の「産業資本主義」(industrial capitalism) の時代は，鉄道・公益事業・製造工場・鉱山などのような膨大な資金を必要とする産業の出現によって特徴づけられる。これらの産業における大規模なプロジェクトの資金調達は，ロスチャイルドやモルガンなどの新たに台頭した投資銀行に依存していた。さらに投資銀行が，このような投資プロジェクトだけでなく，カルテルやトラストなどの企業合同に対する融資に乗り出すようになったとき，「金融資本主義」(financial capitalism) と呼ばれる第三の段階が出現する。この時代には，投資銀行への経済的な力の集中が進む。しかしこの段階は，1930年代に生じた大不況とそれにともなう金融システムの崩壊によって終焉を迎えた[3]。

これに続いて，第四の「経営者資本主義」(managerial capitalism) の時代がニューディール改革によって到来する。この段階においては株式所有の分散化が進んだために，経営者は銀行と株主の双方からの高い独立性をもっていた。したがって，企業経営者が経済における支配的な主体であった。そして1980年代以降，年金基金，ミューチュアル・ファンド，保険会社などの機関投資家が

---

2) 資本主義の発展に関するミンスキーのビジョンは，J. R. コモンズをはじめとするアメリカ制度学派の伝統を受け継ぐものでもある。ミンスキーに対するコモンズの影響については，鍋島［2007］103-5頁を参照されたい。また本節は，同論文第4・5節の記述を利用していることを断っておく。

3) ヨーロッパにおいては，ヒルファディング (Hilferding [1910]) が，19世紀末から20世紀初頭にかけての資本主義の歴史的構造変化を「金融資本主義」という新しい段階への移行として説明していた。彼は，銀行資本と産業資本が融合して形成された独占体を「金融資本」と呼び，金融資本による経済の支配によって，資本主義は新たな段階に移行したと論じた。二人が考察の対象としていた地域が異なることもあり，その概念が意味するところは必ずしも同じではないにせよ，ミンスキーとヒルファディングがともに，20世紀への転換期における資本主義を「金融資本主義」と規定していることは，興味ぶかい事実である。レイ (Wray [2009] pp. 810-2) は，金融資本主義についてのミンスキーの考察と，ヒルファディングおよびヴェブレンの分析との関連性について検討している。

金融市場と企業に対して大きな影響力を行使するようになると，第五の段階である「資金運用者資本主義」(money manager capitalism) が出現する。この時代においては，企業経営者の資金的な独立性が弱まったので，経営者に代わって機関投資家の資金運用者が民間経済の支配者となった[4]。

ここでは，戦後資本主義経済の構造変化について，すなわち，経営者資本主義から資金運用者資本主義への移行過程について，もう少し詳しく見ていくことにしよう。ミンスキーによると，第二次世界大戦後に出現した「経営者資本主義」は，(1)景気後退のさいに企業の利潤フローを維持するための反循環的な財政政策，(2)大規模な移転支出をともなう福祉国家，(3)低水準の民間部門の債務によって特徴づけられる頑健な金融構造，(4)金融システムの不安定化を防ぐための中央銀行の介入，という四つの特徴をもっていた。経営者資本主義において，法人企業の側は，移転支出や労働組合の承認などを骨子とするニューディール改革の正当性を認めるとともに，みずからの保持する市場支配力を通じて獲得することのできた収益を労働側と共有していた。また先に述べたように，この時代においては企業経営者が支配的な主体であり，彼らは，株主の強い圧力を受けることなしに，長期的な視野にもとづいて企業経営にあたることが可能であった。これらの制度的仕組みによって高水準の総需要と企業利潤が保証されていたために，戦後アメリカ経済は長期にわたる成長と繁栄を謳歌することができたのである (Minsky [1989] pp. 395-6, Minsky [1990] p. 68)。

しかしながら経営者資本主義の成功そのものが，自らの危機を生み出す。投資と利潤の下方への不安定性に対して「床」を設定するような介入政策は，企業と銀行による投機的な金融慣行の追求を促す。その結果，企業の負債ファイ

---

[4] レイ (Wray [2009]) の見解によれば，1980年代以降に登場した資金運用者資本主義は，「金融資本」が支配的地位に復帰したという点において，金融資本主義の再来であるとされる。またティモワーニュとレイ (Tymoigne and Wray [2014]) は，所得不平等，高水準の負債，金融所得の高い割合など，資金運用者資本主義が金融資本主義と多くの特徴を共有していることを明らかにしている (pp. 97-103)。このような類似性を考慮するならば，これら二つの時代のいずれにおいても金融不安定性が高くなったことは驚くに当たらない。ただし，今日においては政府介入の規模がはるかに大きいという点に重要な違いがあり，これによって負債デフレーションの発生が回避されている。

ナンスへの依存度が高まり,かつては頑健であった金融システムがしだいに脆弱化していった。それとともに個人年金の膨大な蓄積は,年金基金をはじめとする機関投資家の活動を拡大させる要因となった。これによって,経営者資本主義の機能様式は変調をきたすようになる。

新たに出現した資金運用者資本主義においては,短期的な総ポートフォリオ収益の最大化を目的として資金の運用を行なう機関投資家が,大企業の株式の大きな部分を所有している。機関投資家のファンド・マネージャーは,企業経営者に対して株式の市場価値を維持するように圧力をかけるので,経営者は,短期的な利潤や,株式市場での自企業の評価に対して過敏にならざるをえない。もはや,彼らが長期的な視野にもとづいて経営を行なうことは困難になっている。こうして今日では,経営者支配は大きく後退し,経営者に代わって資金運用者が民間経済の支配者となった。それと同時に,資金運用者資本主義のもとでは,合併,買収,企業分割,レバレッジド・バイアウト (LBO),自社株買いなどの起こりやすい環境が生まれている。なぜならファンド・マネージャーは,ポートフォリオ価値の短期的な吊り上げのために乗っ取りを支援する強い誘因をもっているからである。さらに株価の引き上げを求める機関投資家の圧力は,企業の事業縮小を促進する方向にも作用する。企業のすべての部門が売買されるようになると同時に,パートや派遣などの非正規雇用が拡大したため,あらゆる階層の労働者にとって雇用保障が侵食され,彼らの職と所得の不安定の度合いが増加している。経営者資本主義の終焉とともに,そのもとで成立していた安定的な労使関係もまた終焉を迎えたのである (Minsky and Whalen [1996-7] p. 159)。

ニューディール改革に起源をもち,戦後資本主義の基本的枠組みをなしていた諸制度は,1970年代以降のアメリカ経済の構造変化によって次第に有効性を失い,もはや非効率的な仕組みとなってしまった。しかし,今日において必要とされているのは,自由放任に回帰することではなく,資金運用者資本主義のもとで急激に増大しつつある不確実性の影響を緩和するとともに,人々の雇用や生活の安定を高めるための新しい経済諸制度を創出することである。こうして,人々の直面する不確実性や不安定性を低減させることのできる新しい制

度的構造を確立することによって初めて経済的な進歩が可能になると，ミンスキーは主張している（Minsky [1996a] pp. 364-7, Minsky and Whalen [1996-7] pp. 161-7 を参照）。

2　金融化とマクロ経済

　ここまで見てきたように，1980年代初めを境とする資本主義の構造変化を，ミンスキーは「経営者資本主義」から「資金運用者資本主義」への転換として捉えた。そして，彼の見るところ，機関投資家のファンド・マネージャーが企業経営者に対して株主価値を重視するよう強い圧力を行使しているところに，今日の資本主義の特徴がある。このような特徴をもつ資本主義は，最近では，ポスト・ケインズ派の多くの論者によって「金融支配型資本主義」（finance-dominated capitalism）とも呼ばれている[5]。そして金融化が総需要と所得分配に及ぼす影響について，さかんに研究が進められている。この節では，ストックハンマー（Stockhammer [2004, 2011]）とハイン（Hein [2011]）の議論にもとづき，金融化がマクロ経済の動態にどのような影響を及ぼしているのかを見ていこう。

---

5) フランス・レギュラシオン学派は，1990年代以降にアメリカにおいて形成された新しい成長体制を「金融主導型成長体制」（finance-led growth regime）と名づけている。株主価値重視の企業統治がその基軸的制度をなすと見ている点において，ポスト・ケインズ派の見解と軌を一にしていると考えてよい。金融主導型資本主義の成長と危機に関するレギュラシオン学派の分析については，山田 [2011] の解説が有益である。またレギュラシオン派，社会的蓄積構造（SSA）派，ポスト・ケインズ派の三つのアプローチにおける「金融化」に関する見解の比較を試みている研究に，Hein, Dodig and Budyldina [2015] がある。ハインらは，金融化の特徴やその影響に関して，これら三つの学派の見解に根本的な相違点はなく，これらのアプローチはたがいに補完的であると論じている。

1）企業の投資

　企業部門の投資決意に対して金融化が及ぼす影響について考察するにあたって，ポスト・ケインズ派は，大企業の内部における所有者と経営者のあいだの利害対立に注目する。すなわち，株主の関心が配当や株価にあるのに対して，経営者は，企業規模や市場占有率を拡大することによって，自らの権力や威信を高めることを切望している。したがって経営者は，利潤よりも成長の最大化を自らの目的とするであろう。

　しかしながら，利潤と成長という二つの目標のあいだには二律背反の関係がある。企業を効率的に運営していくための「経営資源」（経営者の知識や経験にもとづいて形成される経営能力）を蓄積するためには長い時間を要するので，経営資源の蓄積を上回る速度で企業が急速に成長すると，経営効率が悪化して，利潤率が低下するからである。このように，投資の増加とともに調整費用が逓増するという効果は，イギリスの経済学者であるエディス・ペンローズによって指摘されたことから，「ペンローズ効果」(Penrose effect) と呼ばれている。したがって投資の拡大は，当初は新技術の導入による生産費用の削減を通じて利潤率を上昇させるものの，企業の成長が加速すると，やがて費用の増加が利潤の増加を上回るようになる。このため，成長率と利潤率のあいだには逆U字型の曲線で表される関係があると考えられる。さらに，その企業が生産品目を多様化して新規市場に参入する場合には，市場占有率を拡大していくために，生産物価格を引き下げるとともに，広告などの販売費用を増やさなくてはならないであろう。これらの要因もまた，成長にともなう利潤率の低下を説明する。

　経営者資本主義の時代には，経営者が株主からの高い独立性をもっていたので，企業の目的として，利潤よりも成長が重視される傾向が強かった。しかしながら1970年代以降，株主側の力が増大したことを受けて，経営者の行動を利潤最大化という株主の目的に一致させるために二つの制度改革が行なわれた（Stockhammer [2004] pp. 726-8）。第一は，株式公開買い付けやジャンク・ボンドなど，敵対的買収の実行を可能とするような新しい金融手段の開発である。乗っ取りの脅威にさらされている経営陣は，自らの経営者としての地位を守るために株主価値の最大化に努めるようになるにちがいない。第二は，業績連動

型報酬制度やストック・オプションの導入をはじめとする経営者の報酬制度の改革である。株価上昇が経営者報酬の増加につながるので，経営者は，株主と同様に，企業の長期的な成長と存続よりも短期的収益性により大きな関心をもつようになり，その結果，企業の投資性向が低下することになった。乗っ取りの脅威がムチとして，高額の報酬がアメとしての役割を果たすことによって，経営者の行動は株主利益を重視する方向へと変化したのである[6]。こうして金融化が進むとともに，「内部留保と再投資」（retain and reinvest）というアメリカ企業の伝統的な経営方針は，「事業縮小と配当」（downsize and distribute）という株主重視の戦略に取って代わられた（Lazonick and O'Sullivan [2000] p. 18)。

以上の議論より，企業経営における株主価値重視の傾向が強くなるとともに，企業の設備投資は二つの面で影響を受けたことが分かる（Hein [2011] p. 296)。第一に，株主が配当率の引き上げを要求するので，企業が投資のために利用することのできる内部資金が減少する。第二に，敵対的買収の脅威と報酬制度の改革は，設備投資の拡大を通じて企業の成長を追求しようという経営者の意欲を低下させる。これらの要因のはたらきの結果，金融化は資本蓄積の減速を引き起こしたのである[7]。

---

6) すなわち，成長率と利潤率の関係を示す逆U字型の曲線の右下がりの部分において，株主支配企業は，経営者支配企業と比べて，より高い利潤とより低い成長の組み合わせを選好することになる。ストックハンマーは，企業のこのような経営方針の変化を，ポスト・ケインズ派の企業理論にもとづいて説明している（Stockhammer [2004] pp. 723-8)。また，金融化のもとで資本蓄積の停滞に関するストックハンマーの分析のいっそうの拡張を試みている研究に，Dallery [2009] がある。

7) 日本経済における金融化の進行とその資本蓄積への影響についての実証研究も，最近では徐々に進められている。西 [2012] は，日本の産業部門において金融化はまだ部分的な現象にとどまっており，したがって1990年以降の日本経済における資本蓄積の停滞は，利潤率や付加価値率といった実物面の悪化によるものであると主張している。これに対して嶋野 [2015] は，日本企業においても2000年代以降には「株主価値志向」が広く浸透しており，このことが大企業の資本蓄積に負の影響を及ぼしているという分析結果を導いている。ここに見られるように，金融化が日本経済に及ぼす影響については，まだ確定的な結論を得るには至っておらず，今後の研究の進展が待たれるところである。

2）家計の消費

　金融化は，消費支出に対して相反する二つの効果をもつ。一方で，金融化は所得分配の不平等を拡大させることによって消費支出に下方圧力を加える。すなわち金融化は，内部留保・配当・利払いを含む利潤所得の分け前を増加させるとともに，労働所得の分け前を減少させた。これに加えて，経営陣の報酬と労働者の賃金の格差も拡大した。このような不平等の拡大は，経済全体での消費支出を減少させる効果をもつであろう。なぜならば，利潤所得や経営者所得からの消費性向は，労働者の賃金所得からの消費性向よりも小さいからである。他方で，消費に対する正の効果として，金融化には，信用に対する家計のアクセスを容易にするという効果がある。総じて金融化は，家計が利用することのできる信用へのアクセス手段を増加させた。それらのなかには，住宅ローンのほか，消費者信用，クレジット・カード，当座貸越勘定などの多様な手段が含まれる。このような効果が資産バブルと結びつくならば，負債主導型の消費ブームを引き起こす可能性もある。(Stockhammer [2011] pp. 245-8 を参照)。

　じっさい 1990 年代以降のアメリカにおいては，企業の設備投資が停滞していた一方で，消費支出が経済成長における主要な推進力となっていた。主流派経済学者たちは，株式や不動産など，家計の保有する資産の価格の上昇が，資産の担保価値を上昇させることを通じて消費の増加を促すという「資産効果」のはたらきによって，このような消費の増加を説明しようと試みた。1990 年代末の株式ブームのさいには，金融資産からの限界消費性向が 5％であると報告されていた。2000 年の株式市場崩壊はこうした資産効果を打ち消すはずであるにもかかわらず，その後も消費の増加が衰えを見せることはなかった。今度は，株式に代わり，住宅が資産効果の主要な源泉となって，消費ブームが持続したからである。こうして，1990 年代後半の IT バブルから 2000 年代の住宅バブルにかけての時期には，家計の債務比率が急速に上昇すると同時に，それにもとづく消費支出の増加が続いた。主流派の見方によれば，自らの資産水準が上昇したときに負債比率を引き上げるという家計の合理的な行動によって，この期間の消費の拡大を説明することができる。

　これに対してストックハンマー（*ibid.*, p. 247）は，この時期の家計債務の大

部分が，持続不可能なほどの高い消費水準を家計が維持しようとしたことによって生じたものであると見ている。それは，必ずしも合理的な行動ではない。実質賃金が伸び悩む一方，マスメディアの扇動によって標準的な消費水準が上昇したので，アメリカの多くの家計は高い消費水準を維持するために債務増加へと突き進んだのである。このような事情を考慮するならば，家計債務の増加を説明するうえで，資産効果よりも「信用アクセス効果」のほうがはるかに重要であると，ストックハンマーは論じている。

3　新自由主義の危機

　2007年夏にアメリカで始まった金融危機の直接的な原因は，金融部門の機能不全にある。金融自由化の流れのなかで，信用度の低い低所得者向けの住宅抵当融資であるサブプライム・ローンが2000年代になって急増するとともに，この貸出債権は住宅ローン担保証券（Residential Mortgage-Backed Securities：RMBS）のかたちで証券化された。さらにそれは，他のさまざまな証券化商品と組み合わせて債務担保証券（Collateralized Debt Obligations：CDO）のかたちに再証券化され，金融機関や機関投資家などに向けて販売された。そして，住宅価格の下落によって生じたローンの焦げ付きは証券化商品の価格下落をもたらし，それらを大量に保有する金融機関の損失拡大が世界中で進んだ。各国の中央銀行は大量の資金供給を行ない，危機の鎮静化に努めたにもかかわらず，2008年9月にはアメリカの主要な投資銀行の一つであるリーマン・ブラザーズが倒産した。これを受けて株価暴落が世界各国に波及し，世界経済は全面的な金融危機に突入していった。各国の政府・中央銀行は，財政支出の拡大，金融緩和，金融機関への公的資金の投入など，あらゆる手段を用いてかつてないほどの大規模な介入に乗り出し，それによって世界経済の崩壊をかろうじて回避することができた。

　たしかに，自由化されたアメリカの金融市場には重大な欠陥があり，金融規制改革が避けて通ることのできない課題であることは間違いない。しかしなが

ら，金融システムの欠陥は経済危機の物語の一端にすぎない。前節で見たように，金融化が進む経済のもとでは，投資支出が停滞するとともに，所得分配の不平等化によって消費支出に対しても押し下げ圧力が加わる。こうして総需要不足の傾向をつくり出すという点に，新自由主義的な経済システムの基本的矛盾がある。1990年代以降のアメリカにおいて長期的な経済拡張が実現したのは，一連の資産バブルと家計債務の増加を通じて「負債主導型消費ブーム」が生じたからである。しかし，賃金上昇が厳しく抑制されており，家計債務の増加を通してのみ経済拡張が可能となるようなシステムが，無限に持続することはありえない。2007年に住宅バブルが崩壊すると急速な景気後退が始まり，これまでの経済成長のパターンは持続不可能となった。

こうして見ると，危機の構造的な原因は，金融支配型資本主義のもとでの投資停滞と所得不平等の拡大にあるということになる。したがって今次の危機は，株主価値志向経営を推進するとともに，それによって所得格差拡大を生み出してきた新自由主義モデルそのものの危機として理解されなくてはならない。そこで次に，アメリカをはじめとする先進資本主義諸国において1980年代以降に所得分配の不平等化が進んだ原因について，ストックハンマー（Stockhammer [2013]）の議論を参照しながら，さらに詳しく考えてみよう。

1980年代以降，ほぼすべての先進資本主義諸国において，国民所得に占める賃金の分け前が著しく低下した。先進諸国の平均では，1980年から2007年にかけて，賃金シェアが73.4％から64.0％に低下した。この間，日本では77.4％から62.2％へ，アメリカでは70.0％から64.9％へ，それぞれ賃金シェアが低下している。先進諸国のなかでも，日本における低下が際立っている一方で，アメリカではその低下の度合いがいくぶん小さくなっている。しかしながらアメリカでは，個人間の所得分配の不平等は急速に拡大しており，その結果，上位1％の富裕層の所得シェアが，2000年代半ばには約18％に達している。このような所得格差の拡大は，かなりの程度まで経営者の俸給の増加によるものである。ただし，経営者の給与とボーナスは国民所得勘定において「労働所得」として計上されているので，それらを利潤の一部として計算するならば，賃金シェアの動きは他の諸国とかなり類似したものになる（*ibid.*, pp.

40-2)。

　ストックハンマーは，多くの国々において賃金シェアの低下をもたらした要因が何であるのかを究明するために，1970年から2007年にかけての71カ国（先進国が28カ国，途上国および新興国が43カ国）のデータを用いたパネルデータ分析を行なっている。使用されているデータは，おもに国際労働機関（ILO）と国際労働科学研究所（IILS）のものである。彼は，賃金シェアの下落を引き起こした可能性をもつ要因として，(1)技術変化，(2)グローバル化，(3)金融化，(4)福祉国家の縮減，の四つを挙げ，これらの要因の寄与度を測定しようと試みる。

　主流派経済学者たちのあいだで所得分配の変化をもたらした要因として重視されているのは，技術変化とグローバル化である。彼らの見方によれば，1980年代以降の情報通信技術の発達とともに，技術進歩の性格が労働増加的なものから資本増加的なものへと変わってきたので，技術進歩は利潤の分け前を増加させる一方で，賃金の分け前を低下させた。また新古典派貿易理論の教えるところによると，資本の豊富な先進国と労働の豊富な途上国とが貿易を行なうとき，それぞれの国において豊富な生産要素の所有者が利益を得る。したがってグローバル化は，先進国の資本家および途上国の労働者に対して恩恵をもたらすことになるはずである。すなわち，先進国の労働者の賃金は低下するが，途上国の労働者の賃金は上昇することになるだろう。

　これに対して，ポスト・ケインズ派をはじめとする政治経済学のアプローチは，所得分配の分析において資本・労働間の交渉力の変化に注目する。グローバル化の進展は，資本の移動可能性を高めることによって，賃金交渉における力関係を資本側に有利に変化させるであろう。したがってグローバル化は，主流派の見解とは異なり，先進諸国の労働者だけでなく，途上国の労働者の立場をも悪化させている可能性がある。これとともに金融化もまた，労働者の交渉力を低下させる要因として働いた。第一に，金融化によって企業は実物資産とともに金融資産に投資することも可能となるし，また国内だけでなく外国で投資を行なうことも可能になる。このような投資の移動性の増加は，資本側の力を高めることにつながる。第二に金融化は，株主による高配当の要求というか

たちで企業に対して追加的な制約を加えるとともに，経営者の利害と株主の利害を一致させるような仕組みをつくり出すことによって，労働者に対する株主の力を増大させた。さらにグローバル化と金融化に加えて，福祉国家の縮減も，労働側の交渉力の低下をもたらした要因の一つであると考えられる。労働側の交渉力は福祉国家の寛大さによって大きな影響を受けることが一般に知られているが，1980年代以降にその寛大さが低下したことに疑いの余地はないからである。

　ストックハンマーの分析結果によると，1980年代以降の先進諸国については，金融化が賃金シェア下落の最大の原因であり，それは3.3％ポイントの賃金シェアの低下を説明する。またグローバル化と福祉国家の縮減も賃金シェアに対して大きな負の影響をあたえており，それぞれ1.3％ポイント，および1.9％ポイントの低下を説明する。これに対して，技術変化の影響は－0.7％ポイントにとどまっている。全体として見ると，金融化，グローバル化，福祉国家の縮減などの要因が相俟って労働側の交渉力を低下させ，賃金シェアの低下を引き起こしたことが分かる。この結果をまとめると図6-1のようになるだろう。

　これらの分析結果から，経済政策に関する重要な含意が導き出される。賃金抑制が世界金融危機の構造的原因の一つであるのだから，賃金水準の引き上げが新しい成長体制を構築するための要件となる。継続的な賃金上昇は，消費需要を支え，さらには投資を加速することによって経済成長を導くことになるだろう。このような観点にもとづき，ポスト・ケインズ派は，新自由主義政策への代案として「賃金主導型成長戦略」を提唱している[8]。この戦略の主要な構成要素には，最低賃金の引き上げや，労働組合の交渉力を高めるための様々な

---

8) カレツキの流れを汲む経済学者たちは，賃金上昇には総需要の増加と経済成長を導く効果があると，長年にわたって主張してきた。このような見解を定式化した経済成長モデルは「カレツキアン・モデル」と呼ばれ，今日に至るまで，その拡張がさかんに進められている。賃金主導型成長の概念について解説するとともに，この主題に関する数多くの理論的・実証的研究を紹介している文献として，Lavoie and Stockhammer [2013], Stockhammer and Onaran [2013] がある。またカレツキアン・モデルの特徴については，本書第11章第4節も参照されたい。

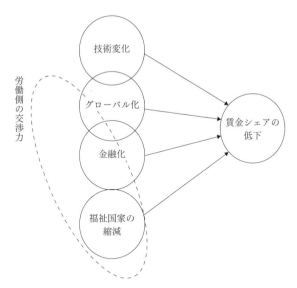

図6-1 賃金シェアの低下をもたらした要因

出所) Stockhammer [2013] p. 50 を一部修正。

措置が含まれる。またこの戦略においては，株主主権型企業をステークホルダー型企業へと改革するための方策も不可欠となる。そのような改革は，賃金シェアを引き上げると同時に，資本蓄積の停滞を克服することにもつながるからである。しかしながら他方で，成長戦略の策定にあたっては環境問題にも配慮する必要がある。経済成長を実現すると同時に，環境汚染を減らし，枯渇性資源の利用を削減するために，賃金主導型成長戦略は，労働時間短縮や環境税の拡充などの手段によって補完されなくてはならない。

4　グローバル・ケインジアン・ニューディールに向かって

　賃金主導型成長戦略は，家計債務の拡大に依存することなしに，長期にわたって消費支出が増加することを可能にするための戦略である。しかしながら，

完全雇用を達成するためには、この戦略に加えて、財政政策と金融政策をはじめとする数多くの政策手段をあわせて用いることが必要となる。最近、ポスト・ケインズ派経済学者のE. ハインらは、世界経済の安定的な回復を実現するための政策パッケージとして、賃金主導型成長戦略をその核心に据えた「グローバル・ケインジアン・ニューディール」を提唱している（Hein and Truger [2012-3], Hein and Mundt [2013]）[9]。

　グローバル・ケインジアン・ニューディールは、世界金融危機の三つの主要な原因に対処できるものでなくてはならない。すなわち、(1)金融市場の不十分な規制、(2)所得分配の不平等、(3)国際的な不均衡の拡大、の三つがそれである。したがってグローバル・ケインジアン・ニューディールの政策パッケージは、次の三つの支柱から構成される。第一は、将来の金融危機を回避するための金融部門の再規制である。第二は、国内需要を安定化するためのマクロ経済政策の方向転換である。第三は、国際的なマクロ経済政策協調の再構築と新しい国際金融秩序の形成である。以下では、この政策パッケージの具体的な内容について見ていくことにしよう。

1）金融部門の再規制

　金融部門を実体経済活動に対する融資へと導いて、投資と経済成長を促進するためには、数多くの手段が必要とされる。それらの手段は、その目的によって、以下の三つに分類することができるだろう。

　第一に、金融市場の透明性を高めるための手段が導入されなくてはならない。それによって初めて、期待と不確実性、非対称情報、モラル・ハザード、詐欺行為などの問題を軽減することが可能になるだろう。そのための手段には、すべての金融商品の標準化と監視、オフ・バランスシート活動の禁止、あらゆる業態の金融仲介機関の国内的・国際的な規制と監視、独立的で公的な格付機関

9）ハインらは、機能的所得分配と分配政策を重視している点において、彼らの政策提案はケインズよりもカレツキに近いと述べている（Hein and Mundt [2013] p. 182, n. 19）。カレツキの政策提案については、本書第12章第2節を参照のこと。

社会をつくった経済学者たち
― スウェーデン・モデルの構想から展開へ ―

藤田菜々子 著

A5判・438頁・6300円

978-4-8158-1097-9

不況・戦争など直面する危機を乗り越え、福祉先進国の礎を築いた経済学者たち。ケンブリッジ学派と双璧をなしたスウェーデン経済学の全体像を、彼らの政治・世論との深いかかわりとともに初めて解明、福祉国家への合意を導いた決定的役割と、現代におけるその変容までを描き出す。

輸出立国の時代
― 日本の軽機械工業とアメリカ市場 ―

沢井 実 著

A5判・296頁・5800円

978-4-8158-1099-3

戦後日本の復興を支え、高度成長を生み出した対米輸出への道は、いかにして切り拓かれていったのか。自動車・家電に先駆けてアメリカを席捲したカメラ、ミシンなど軽機械の動向を初めて包括的に解明、労働集約型産業の変貌を現場からとらえ、今日に及ぶ発展を鮮やかに描き出す。

国際法を編む
― 国際連盟の法典化事業と日本 ―

髙橋力也 著

A5判・546頁・9000円

978-4-8158-1111-2

大国中心の法創造プロセスに風穴をあけ、初めて幅広い主体に国際法を開いた国際連盟の法典化事業。特に積極的な貢献をみせた日本を軸に、失敗とされたハーグ会議の意義を活写し、国益の追求にとどまらない法律家の実像をふまえて、国際法の歴史を外交史的アプローチからもふまえて描き直す。

モラル・リスクと保険
― 詐欺請求をめぐる失権法理の展開 ―

王 学士 著

A5判・454頁・8800円

978-4-8158-1098-6

不実申告・過大請求から保険金殺人まで、急増するモラル・リスクをいかに抑止すべきか。日本で詐欺請求時に給付免責が可能となる法理と、その場合の判断基準について、同様の問題を抱えた英米豪での判例・学説も精査し、初めて明確に提示。二〇〇八年保険法制定による変化を踏まえ、モラル・リスクをいかに抑止すべきか。

日本淡水産動植物プランクトン図鑑[第2版]

田中正明 著

A5判・772頁・10000円

978-4-8158-1109-9

淡水産プランクトンは、環境指標生物としてその重要性をますます増している。明瞭な図や写真を多用することで、分類同定作業に必携の定評ある図鑑を、最新の分類基準に基づき、全面的にアップデート。収録種も大幅に増補して二五〇〇以上となり、説明もよりわかりやすくなった決定版。

中澤克昭著
狩猟と権力
――日本中世における野生の価値――

A5判・484頁・6800円

日本の歴史において、狩猟はいかに権力と結びついていた。なぜ「結核新治療薬」がそれほど大きな政治性を帯びたのか。天皇・公家や武士たちが実践した鷹狩・巻狩などを広範な狩猟文化を探究する中から、列島の人間と動物の関係を問い直す。

欧米で「フィーバーからスキャンダルへ」と化した「コッホのように受け止められたのか。日本社会はそれをどのように受け止めたのか。多様な医療雑誌による「情報」の伝達・切り分け・普及を軸に、近代日本の医学・医療の風土が形成される転換期の実相を描き、今日への示唆に富む労作。

月澤美代子著
ツベルクリン騒動
――明治日本の医と情報――

A5判・504頁・6300円

大塚修／赤坂恒明／髙木小苗／水上遼／渡部良子訳註
カーシャーニー オルジェイトゥ史
――イランのモンゴル政権イル・ハン国の宮廷年代記――

A5判・516頁・9000円

モンゴル帝国を構成する政権の一つ、イル・ハン国に仕えた歴史家カーシャーニー。その手になるオルジェイトゥ治世の年代記は、『集史』以降のイル・ハン朝時代を扱うとともに、ユーラシア各地の貴重な情報をも記録した第一級の史料である。詳細な解題・訳註を付した、ペルシア語史書初の日本語全訳。

森 宜人著
失業を埋めもどす
――ドイツ社会都市・社会国家の模索――

A5判・396頁・6800円

失業はいかにして発見され、社会政策の中心課題になったのか。繰り返し大量失業に悩まされたドイツにおいて、都市が国家に先駆けてセーフティネット構築をはかる姿を初めて解明。慈善団体や国家との対抗／連携の過程も鮮やかに捉えだす、労働をめぐるモダニティの大転換を描き出す。

森田勝昭著
クジラ捕りが津波に遭ったとき
――生業の人類学――

四六判・376頁・3200円

鯨びとと、鯨の町、鯨の海――。うち続く逆境のなか、命をかけてクジラと闘うのはなぜか。歴戦の解剖リーダーや老いたる船の若き船長、部下と地域の未来を背負う社長らの語りに耳を傾け、捕鯨という「仕事」が織りなす厳しくも豊かな世界を見つめる渾身の力作。「生きてあること」とは。

978-4-8158-1106 978-4-8158-1101-3 978-4-8158-1105-1 978-4-8158-1103-7 978-4-8158-1104-4

哲学者たちの天球
— スコラ自然哲学の形成と展開 —

アダム・タカハシ著

A5判・318頁・5800円

科学革命までの一千年以上にわたり支配したアリストテレスの宇宙論。アラビア哲学を介して発展させられた、天と大地をめぐる教説とはいかなるものであり、キリスト教世界でどのように受け止められたのか。言語と文明圏をまたいだ自然哲学の展開を、つぶさに解明した気鋭の力作。

978-4-8158-1107-5

イギリス思想家書簡集 アダム・スミス

篠原久/只腰親和/野原慎司訳

A5判・502頁・6300円

親密圏と公共圏のあいだで、知的コミュニケーションの場として決定的位置をしめた手紙。知られざる論点、新たなアイディアが書物とは異なるかたちで表現され、人々を動かしていく、『国富論』など主著には現れない見解からヒュームとの交友まで、精彩に富むスミス書簡初の全訳。

978-4-8158-1096-2

野蛮と宗教 II
— 市民的統治の物語 —

J・G・A・ポーコック著　田中秀夫訳

A5判・424頁・6800円

西洋史の大きな物語 —— 古典古代の崩壊にともなう「野蛮と宗教」の時代から、洗練された習俗・商業・主権国家に基づく「ヨーロッパ」へ —— はいかにして形成されたのか。聖史を脱して博学と哲学を統合する多様な「啓蒙の語り」を読み解き、ギボンの知的文脈と独自性に迫るライフワーク。

978-4-8158-1108-2

変革する文体
— もう一つの明治文学史 —

木村 洋著

A5判・358頁・6300円

新たな文体は新たな社会をつくる ——。小説中心主義を脱し、政論・史論から翻訳・哲学まで、徳富蘇峰を起点にして近代の「文」の歩みを辿りなおし、新興の洋文脈・漢文脈の交錯から、それまでにない人間・社会像や討議空間が形づくられる道程をつぶさに描いた意欲作。

978-4-8158-1110-5

共和国の美術
— フランス美術史編纂と保守/学芸員の時代 —

藤原貞朗著

A5判・454頁・6300円

王なき世俗国家で人々は芸術に何を求めたのか。戦争に向かう危機の時代に、中世宗教美術や王朝芸術から、かつての前衛までを包摂するナショナルな歴史像が、刷新された美術館を舞台に創られていく。その過程を、担い手たる学芸員＝「保守する人」とともに描き、芸術の歴史性を問い直す。

978-4-8158-1100-6

刊行案内 *2022.8 〜 2023.1* 名古屋大学出版会

哲学者たちの天球　アダム・タカハシ著
イギリス思想家書簡集　アダム・スミス　篠原久他訳
野蛮と宗教 II　ポーコック著　田中秀夫訳
変革する文体　木村洋著
共和国の美術　藤原貞朗著
狩猟と権力　中澤克昭著
ツベルクリン騒動　月澤美代子著
カーシャーニー　オルジェイトゥ史　大塚修他訳註

失業を埋めもどす　森宜人著
クジラ捕りが津波に遭ったとき　森田勝昭著
社会をつくった経済学者たち　藤田菜々子著
輸出立国の時代　沢井実著
国際法を編む　高橋力也著
モラル・リスクと保険　王学士著
日本淡水産動植物プランクトン図鑑 [第2版]　田中正明著

■お求めの小会の出版物が書店にない場合でも、その書店にご注文くだされば、お手に入ります。小会に直接ご注文の場合は、左記へ電話かメールでお問い合わせ下さい。宅配可（代引、送料300円）。小会の刊行物は、https://www.unp.or.jp でもご案内しております。
■表示価格は税別です。

◎第38回大平正芳記念賞／第12回地域研究コンソーシアム賞学会最優秀出版奨励賞（佐伯喜一賞）『大陸反攻と台湾』（五十嵐隆幸著）
◎第34回アジア・太平洋賞特別賞『東アジア国際通貨と中世日本』（井上正夫著）
◎第15回日本古典文学学術賞『詩文と経世』（山本嘉孝著）

〒464 0814　名古屋市千種区不老町一 名大内　電話〇五二（七八一）五三三二　FAX〇五二（七八一）〇六九七　e-mail: info@unp.nagoya-u.ac.jp

の創設，家計や中小企業に信用を供給する公的な協同組合銀行への支援，などが含まれる。

　第二に，金融部門と非金融部門がともに短期的な利潤よりも長期的な成長に関心をもつような誘因をつくり出す必要がある。そのための手段としては，ローンを証券化して販売する「組成・販売型」のビジネス・モデルの波及を防ぐために，証券化を制限することが考えられる。また経営者による株価の操作を防ぐために，自社株買いも制限するべきであろう。企業経営の時間的視野の短期化を防ぐためには，経営者のストック・オプション制度に制限を加えるとともに，株式保有期間の規制を強化しなくてはならない。これと併せて，従業員・取引先・消費者・地域住民など，企業を取り巻く株主以外のステークホルダーの権利を拡大することが望まれる。

　第三に，金融システムの不安定性を抑制するための方策を実行しなくてはならない。そのような方策の一つとして，好況のときには基準が厳しくなり不況のときには基準が緩やかになるという反景気循環的な性格をもつ自己資本規制を，すべての金融機関に適用することが考えられる。資産ベースの必要準備も，これと同じ効果をもつであろう。また短期金融市場における投機と不安定性を抑制するため，あらゆる金融取引を課税対象とする金融取引税を導入するべきである。

2）マクロ経済政策の方向転換

　マクロ経済政策の目標とされるのは，完全雇用，物価の安定，金融システムの安定，の三つである。これらの目標を達成するため，次のようなポリシー・ミックスを採用することが望ましい。

　第一に，金融政策の目標は金融システムの安定化にある。したがって中央銀行は，失業や物価の水準の微調整を目的として金利の頻繁な変更を行なうべきでない。金利の引き上げは，短期においてはインフレーションを抑制するうえで効果をもつ一方で，利子の支払いは企業にとっての費用であるため，長期においては金利上昇がコストプッシュ・インフレーションを誘発する恐れもある。また高金利は，企業と労働者に対して負の費用効果と分配効果をもたらす一方

で，金利生活者をよりいっそう豊かにするだろう。したがって中央銀行は，こうした好ましくない効果が生じることを避けるために，低水準の実質金利を目標とするべきである。たとえば，長期の労働生産性上昇率よりも低い正の実質金利が適切な目標となるだろう。さらに中央銀行は，金融危機の局面においては「最後の貸し手」として活動しなくてはならないし，また金融市場の規制と監督にも関与しなくてはならない。

第二に，財政政策は，完全雇用と所得分配の平等化を目的とするべきである。民間需要が不足する場合には，長期的な財政赤字によって総需要を維持するとともに，高い雇用水準を実現しなくてはならない。そのさいには，環境的に持続可能な長期成長経路に向かっての構造改革を促進するために公共投資を用いるべきであろう。また短期的な総需要ショックに対しては，自動安定化装置と裁量的な反循環的財政政策によって対処することができる。さらに所得と富の再分配を進めることも，財政政策の重要な役割である。そのための手段には，累進的な所得税，富裕税，資産税，相続税，および移転支出などがある。

第三に，物価の安定化のためには所得政策を用いることが適切である。企業の利潤マージンが一定であるとすれば，名目賃金の上昇が労働生産性上昇率を上回るときにインフレーションが発生するので，政府がインフレ目標を達成するためには，名目賃金の引き上げが，生産性上昇率に目標インフレ率を加えたものに等しくならねばならない。このようにして与えられる賃上げ目標を達成するためには，ともによく組織された労働組合と経営者団体とによる全国レベルでの集権的な賃金交渉制度が必要となるにちがいない。また最低賃金制度も，賃金格差を抑制することによって，所得分配の平等化に寄与するだろう[10]。

3）国際政策協調と新しい国際金融秩序

国際的なレベルでは，マクロ経済政策協調の再構築と，国際金融体制の改革が求められている。とくに2000年代初め以降，アメリカとイギリスによって

---

[10] ケインズおよびポスト・ケインズ派のマクロ経済政策のさらに詳細な内容については，本書第3章を参照されたい。

代表される赤字国と，ドイツ・日本・中国をはじめとする黒字国とのあいだの経常収支不均衡が長年にわたって持続しているので，経常収支についての目標設定が国際政策協調における一つの課題とされなくてはならない。

　国際金融秩序については，調整可能な固定為替相場制への復帰が望ましいとハインらは主張する[11]。さらにその制度のもとで，経常収支の不均衡を調整する義務を黒字国と赤字国が等しく負うような仕組みを導入するとともに，国際的な資本移動に対しても規制を加えることが望ましい。これによって，国際金融システムを不安定化させかねない経常収支不均衡の問題を是正することが可能となるだろう。このような制度的枠組みを構築するための青写真となるのが，第二次世界大戦後の国際経済の再建に向けて，ケインズが1940年代初めに提唱した「国際清算同盟案」である。その構想の主要な特徴の一つは，恒常的赤字国が国内需要を縮小させる（あるいは平価を切り下げる）義務を負う一方で，恒常的黒字国は国内需要を拡大させて輸入を増やす（あるいは平価を切り上げる）措置を求められるという点にある。このような制度のもとでは，赤字国が調整の負担をすべて負う必要がなくなるので，世界規模で総需要を拡大するための推進力が生み出されることになるだろう。

おわりに

　2007年夏のサブプライム市場の崩壊は「ミンスキー・モーメント」（Minsky moment）と呼ばれ，これを契機として，一般には無名の経済学者であったハイマン・ミンスキーの名が，たちまちのうちに広く世に知られるところとなった。

11）ただしポスト・ケインズ派の理論家のあいだでは，固定相場制を支持する者ばかりでなく，変動相場制を支持する者も多い。固定相場制，金融政策の自立性，自由な資本移動，の三つを同時に実現することはできないという「国際金融のトリレンマ」に照らして考えると，グローバル化の進展によって資本の自由な移動が避けられない現実となっているので，固定相場制の採用は各国の金融政策の自立性を損なうことになるというのが，変動相場制の支持者の主張である。

そして多くの人々は，投資ブームの破綻が負債デフレーションへと進展してゆく過程を透徹した論理によって解き明かしたミンスキーの功績をしきりに称賛した。しかしながら，サブプライム問題を発端として世界に広がった経済危機を純粋な金融危機として捉えるならば，その基本的性格を見誤ってしまうことになる。たしかに，今次の危機が自由化された金融市場の機能不全によって引き起こされたものであることは間違いない。しかし金融システムの欠陥は，危機の物語の一端にすぎない。

ミンスキー自身がつとに論じていたように，1980年代以降，アメリカ資本主義は「資金運用者資本主義」という新たな段階に入った。そして株主利益最大化を企業経営の基本原則とする資金運用者資本主義のもとでは，資本蓄積が停滞するとともに，多くの人々の雇用と所得が不安定化する傾向が必然的に現れざるをえないことを，ミンスキーはその鋭い眼力で逸早く察知していた。金融化によって投資停滞と所得格差拡大が引き起こされたにもかかわらず，1990年代以降のアメリカにおいて長期的な経済拡張が実現したのは，一連の資産バブルと家計債務の増加にもとづく「負債主導型消費ブーム」が生じたからである。しかし，家計債務の増加に依存した経済拡張がいつまでも続くことはありえない。2007年に住宅バブルが崩壊すると，「大後退」(Great Recession) と呼ばれる厳しい景気後退が始まり，それまでの経済成長に終止符を打った。こうして，資金運用者資本主義が本来的にはらんでいた諸矛盾が激化することによって世界的な金融・経済危機が生じたのであるから，この危機は資金運用者資本主義そのものの危機と見なくてはならない。

サブプライム危機から10年近くを経た現在，世界経済は，ゆるやかながらも回復の道をたどっているように見える。しかしながら，資金運用者資本主義それ自体がすでに限界に到達した以上，それに取って代わる新しい制度的構造が確立されないかぎり，長期的・安定的な経済成長の実現を望むことはできない。持続的な経済回復のための必要条件は，所得格差の拡大をもたらした新自由主義政策から，総需要の安定化をめざす賃金主導型成長戦略への転換である。しかし新自由主義とは，金融部門の役割の拡大を受け，その利益を増進するために推し進められてきた政策体系であるから，金融部門の政治的・経済的な影

響力が衰えることのないかぎり，経済政策の方向転換が進むことは考えにくい。

　おそらく資本主義は，株主・経営者・労働者の三者のあいだの利害が複雑にせめぎ合いながら，新たな制度的構造の構築が模索される不安定な歴史的局面に入っているのだろう。そして，これらの集団のあいだでの今後さらに10年ほどに及ぶ対立・抗争を経たのちに，資金運用者資本主義に代わる新しい形態の資本主義が現れてくるのだろう。その姿がどのようなものになるのかは，相争う諸集団のあいだの力関係いかんにかかっている。

第 III 部

ミンスキーの
金融不安定性理論の可能性

第 7 章
ミンスキーの逆説
―― 金融不安定性仮説の射程 ――

はじめに

　ハイマン・ミンスキーが『ケインズ理論とは何か』(Minsky [1975]) において，ケインズ再解釈というかたちで「金融不安定性仮説」(financial instability hypothesis) を世に問うたのが 1975 年であるから，それから約 40 年の歳月が流れたことになる。彼が 1996 年に亡くなってからも，すでに 20 年が過ぎた。しかし彼が残した知的遺産は，決して忘れ去られることなく，今日においてもなおポスト・ケインズ派の金融不安定性分析における基本的枠組みでありつづけているとともに，その枠組みの応用や拡張もさかんに進められている。わが国においても，彼の主要な三つの著作の訳書が公刊されているほか (Minsky [1975, 1982a, 1986])，彼の理論に関する詳細な検討も多くの研究者によって行なわれてきたので，その大要はすでに広く知られるところとなっている[1]。しかしながら，新古典派経済学に代わる新しい経済理論を構築してゆくさいの理論的土台をいっそう堅固に築き固めるためにも，金融不安定性仮説の今日的な意義をあらためて問うとともに，そのいっそうの展開の可能性を探ることは決して無意味ではあるまい。
　ミンスキーの金融不安定性仮説は，彼独自のケインズ解釈にもとづくもので

---

[1] ミンスキーの理論に検討を加えるとともに，その拡張を試みている最近の主な研究に，Papadimitriou and Wray (eds.) [2010]，服部 [2012]，Wray [2016] がある。

あると一般に見なされている。じっさい,彼の研究の当初の目的は,新古典派総合の理論にもとづくケインズ解釈とは異なる新しい解釈を提示することにあった。しかしミンスキーの理論はそれにとどまらず,歴史上のさまざまな経済学説と幅広いつながりをもっている。たとえば,C. P. キンドルバーガーは次のように述べている。「信用制度の不安定性を強調する点において,ミンスキーのモデルは,ジョン・スチュアート・ミル,アルフレッド・マーシャル,クヌート・ヴィクセル,アーヴィング・フィッシャーなどを含む多数の古典派経済学者がそれぞれ個々に展開したモデルを直接に継承している」(Kindleberger [1978] p. 15:邦訳 22 頁)。ミンスキー自身は,これに追加して次のように述べている。「カール・マルクスとジョン・メイナード・ケインズが,資本主義過程が内生的に不安定であると主張する偉大な経済学者のリストに含まれている」(Minsky [1982b] p. 37, n. 1)。

さらに,シカゴ大学の学生時代に経済学の手ほどきを受けた O. ランゲ,A. P. ラーナー,H. C. サイモンズ,およびハーバード大学の大学院で指導を受けた J. A. シュンペーターや A. H. ハンセンからの影響も見逃すことができない。資本主義経済は本来的に不安定なシステムであり,それは根本的な改革を必要としているというミンスキーの「ビジョン」は,彼らの影響のもとに育まれたものである。とりわけ,学部学生時代に数学を専攻していたミンスキーを経済学の研究へと導いたのはランゲであったし,また彼の金融不安定性仮説は,資本主義経済における負債デフレーションの発生,および貨幣の内生性に関するサイモンズの議論に負うところが大きい[2]。

2008 年の世界金融危機をへた今日,ミンスキーの貢献は,ポスト・ケインズ派にかぎらず,多くの異端派経済学者からの注目を集めている。その理由は,資本主義経済に内在する諸力のはたらきによって経済危機が引き起こされるのだということをミンスキーの理論が明らかにしていることに加えて,彼の分析視角が,恐慌期に生じる信用制度の崩壊に注目するマルクスの理論などとも重

---

[2] ミンスキーの学問的経歴については,Minsky [1992],Papadimitriou [1992],服部 [2012] 第 1 章を参照されたい。

なり合う部分をもっているところにあるのだろう[3]。のちに本書第9章で見ていくように，世界金融危機の原因とその性格をめぐっては，異端派経済学者のあいだでも，さまざまに見解が分かれている。そしてまた，今次の世界金融危機をミンスキーの分析枠組みでどこまで説明することができるのかについても，論者によって見方が異なっている。これらの議論について見ていく前に，まず本章では，ミンスキーの金融不安定性仮説の特質と意義について検討する。これによってミンスキーの分析射程が，資本主義経済の循環的変動のみならず，長期的な構造変化にまで及んでいることが明らかになるだろう。

1　ミンスキーの投資理論

　ミンスキーはまず，経済過程が歴史的時間の流れのなかで進行するというケインズの見解を議論の出発点とする。すなわち，「ケインズ理論においての「時間」は歴史的時間であって，将来はいつも不確実である。かくして，投資決定とそのための資金調達の意思決定は，御しがたい不確実性に直面したままでなされることになる」(Minsky [1982a] p. 62：邦訳 99 頁)。このように不確実性にみちた資本主義経済において，企業家は利潤の獲得を動機として生産活動に従事する。おそらくケインズ『一般理論』の 1933 年草稿 (Keynes [1979] pp. 81-3 を参照) に倣ったものと思われるが，ミンスキーは，しばしばマルクスの

---

3) マルクスの蓄積・恐慌論においても，信用制度は，蓄積を加速するとともに恐慌の引き金となる機能を果たすものとして位置づけられている。たとえば，『資本論』第 3 巻において，マルクスは次のように論じている。「再生産過程の攪乱と停滞は，資本の発展と同時に生じて，……支払い手段としての貨幣の機能を麻痺させ，一定期限の諸支払い義務の連鎖をいたるところで中断し，かくして，資本とともに発展した信用制度の崩壊が生ずることによって，いっそう激化され，かようにして，激烈な急性的恐慌，突然の暴力的価値減少，および再生産過程の現実の停滞と攪乱に至らしめ，それとともに，再生産の現実の減少に至らしめる」(Marx [1894] 邦訳 315 頁)。マルクスとミンスキーの危機理論の比較検討を行なっている研究としては，Crotty [1986]，Arnon [1994]，Moseley [2009]，Ivanova [2012] がある。

資本循環の範式を用いて,利潤とは $M-C-M'$ の M' であると説明している。すなわち,企業家の長期期待にもとづいて投資された M を正当化するために利用可能となる貨幣所得のフローが M' である,と論じている(たとえば,Minsky [1996b] pp. 77-8 を参照)。

次いで利潤の決定について,ミンスキーは,カレツキによる利潤の定式化にしたがっている。それは,一般的には次のように表される(Kalecki [1971] ch. 7)。

税引き後の粗利潤＝粗投資＋財政赤字＋貿易黒字＋資本家消費−労働者貯蓄

したがって利潤は,投資・財政赤字・貿易黒字・資本家消費とともに増加し,労働者貯蓄とともに減少することになる。これらの利潤決定要因のなかでも,きわめて移ろいやすく,変化してやむことのない利潤期待によって導かれる投資が,経済変動の原動力となる。すなわち,「金融不安定性仮説は,カレツキによって最も明快に述べられた利潤形成についての洞察と密接に結びついたケインズ理論の一変種である」(Minsky [1982b] p. 17)。

企業が投資活動を行なうさいには,内部資金によってであれ外部資金によってであれ,それに必要とされる資金を調達しなくてはならない。それゆえ,資本主義的な金融制度を備えた経済においては,投資に関する決意は,それと同時に債務構造に関する決意でもある。このように,投資活動の金融的側面を重視しているところに,ミンスキーの投資理論の大きな特徴がある。以下では,その理論の輪郭を見ていこう。

ミンスキーによれば,資本主義経済には二種類の異なる価格が存在する。第一は資本資産の価格であり,第二は経常生産物の価格である。これら二つの価格は,異なる市場において決定され,異なる諸変数に依存している。資本資産の価格は,その資産を保有することによって準地代のかたちで得られる所得に対する長期期待,およびその資産に体化されている流動性に依存する。これに対して,消費財と投資財の双方を含む経常生産物の価格は,短期的な利潤期待と需要の大きさ,およびそれらの生産物の生産にともなう費用によって決定される。生産費用は賃金費用・利子費用・原材料費用などから構成されるので,

結局のところ，経常生産物価格は，これらの生産費用に対するマークアップによって近似的に決定されることになる。しかしながら，ひとたび生産された投資財は資本資産となるので，これら二つの価格のあいだには相互的な関連が存在している。というのは，同一の投資財について，その資本資産としての価格と経常生産物としての価格は整合的でなくてはならないからである。このようにしてミンスキーは，ケインズの投資理論を「二つの価格水準理論」(two-price-level theory) として再定式化した。

ミンスキーの投資理論は，かかる「二つの価格」体系にもとづいて展開される（図7-1を参照）。それによれば，投資の水準は，「借り手のリスク」を考慮して資本資産価格から導出される投資財の需要価格 P_K と「貸し手のリスク」を組み込んだ経常生産物としての投資財の供給価格 P_I との関係によって決定される。借り手のリスクは，企業家の長期期待を反映する主観的な現象である。貸し手のリスクもまた，企業の保有する資本資産の生み出す所得フローに対する銀行家の予想を反映する主観的な現象である。しかし，借り手のリスクの増大が費用の上昇という観察可能なかたちで表れることがないのに対して，貸し手のリスクの増大は，貸出金利・貸付期間・担保要件の変更などによって，ある程度まで具体的なかたちで契約条件に反映される[4]。投資が実行されるための条件は，ある資本資産がもたらすと予想される収益の現在価値である P_K が，費用の現在価値である P_I に等しいか，あるいはそれを上回ることである。

まず企業は，投資をファイナンスするために内部資金を優先的に利用する。内部資金によってまかなうことのできる投資財価格とその数量の組み合わせは $Q=P_I \hat{I}$ という式によって表されるので，利用可能な内部資金の額がひとたび見積もられると，内部資金と投資との関係を定義する直角双曲線 $\hat{Q}_1\hat{Q}_1$ を得ることができる。この直角双曲線と投資財の供給価格 P_I との交点において，予

---

[4]「借り手のリスク」と「貸し手のリスク」の概念は，カレツキの論文「危険逓増の原理」(Kalecki [1937a]) の影響を受けたものと考えられる。ミンスキーは次のように述べて，自らの理論がカレツキの見解に着想を得たものであることを示唆している。「借り手のリスクおよび貸し手のリスクという用語は，ケインズの『一般理論』にもみられるが，通常はカレツキに帰せられている」(Minsky [1986] p. 190, n. 12：邦訳234頁，注12)。

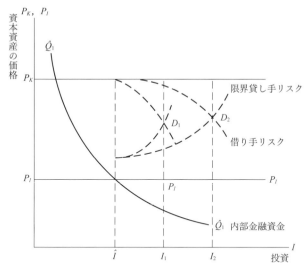

図 7-1　投資水準の決定

出所）Minsky [1982a] p. 79：邦訳 126 頁。

想内部資金によって賄うことのできる投資額があたえられる。図では，それは $\hat{I}$ で示されている。

　投資がこの水準を上回るならば，企業は外部資金を導入しなくてはならない。しかしながら，企業が自己資金の額を超えて投資を拡大するならば，「借り手のリスク」と「貸し手のリスク」はともに増加する。そのため，借り手のリスクを調整した投資財の需要価格 P_K がしだいに低下する一方で，貸し手のリスクを組み込んだ投資財の供給価格 P_I は徐々に上昇するだろう。その結果，これら二つの価格が等しくなる点 D_1 において投資の水準が決定される。このときの投資水準は I_1 となり，このうち $\hat{I}$ の部分は内部金融によって，$I_1 - \hat{I}$ の部分は外部金融によって調達されることになる。

　景気の安定的な拡大が続いている間は，債務の返済が着実に履行されるので，企業家と銀行家は，従来の「安全性のゆとり幅」(margins of safety) が過大であると考えるようになり，企業の投資活動において利用される負債の最大許容量は増大することになるだろう。このように，企業の意思決定にとっての安全性

のゆとり幅は，過去の経験とともに変化する（Minsky [1982a] pp. 65-6：邦訳105頁）。企業は将来の成功を確信しており，借り手のリスクが低く見積もられるので，投資財の需要曲線の傾きは従来よりも緩やかなものになる。それと同時に，資金を供給する銀行の側では貸し手のリスクが弱まるので，債務不履行の危険を恐れずに，低い金利で弾力的な資金の供給を行なうようになる。このことは，投資財の供給曲線の傾きをいっそう緩やかなものにする。こうして企業と銀行の期待がともに楽観的になる結果，投資は I_1 から I_2 に増加する。このような投資の増加は負債発行によって賄われることになるので，景気の拡張とともに企業の負債／自己資本比率は上昇してゆく，とミンスキーは主張する。

2　安定性が不安定性を生み出す

　ミンスキーは，楽観的期待が経済全体を覆いつくす「多幸症的ブーム」（euphoric boom）の進行過程において企業の金融状態が変化することを指摘し，これによって金融構造の脆弱化を説明する。ミンスキーは，生産活動から得られるキャッシュフローと負債に対する現金支払い契約との関係によって，企業の金融状態を次の三つの状態に分類している。

　まず「ヘッジ金融」（hedge finance）とは，ある経済主体の保有資産から得られるキャッシュフローが，すべての期間において現金支払契約額を上回るような状態である。これに対して，近い将来において資産から得られるキャッシュフローが現金支払契約額を下回るような状態にある主体は，「投機的金融」（speculative finance）に従事することになる。したがって投機的金融主体は，満期が来たときには，債務の借り換えによって現金不足に対処する必要がある。さらに「ポンツィ金融」（Ponzi finance）とは，投機的金融のなかの特殊な状態をさしている。すなわち投機的金融主体が，近い将来の予想所得から利子費用を支払うことができるのに対して，ポンツィ金融主体の場合には，近い将来の予想所得受領額が利子費用部分をも下回る。したがってポンツィ金融主体は，負債をいっそう増大させることによってしか負債を返済することができない[5]。

金融システムの安定性は，これら三つの金融主体の構成割合によって決定される。ヘッジ金融主体の割合が高いほど，金融システムの安定性は高まる。反対に，投機的金融主体およびポンツィ金融主体の割合が高くなるほど，経済全体についての安全性のゆとり幅は小さくなり，金融脆弱性が増大する。投資ブームの只中においては，借り手のリスクと貸し手のリスクは過小に評価されるので，当初はヘッジ金融が支配的な金融構造においても，負債発行によって投資資金を調達しようとする企業側での誘因が強くなる。銀行もまた，利潤の獲得を目的として活動する資本主義的企業であるので，投資ブームの時期には，利潤期待に導かれて，企業の信用需要に同調するかたちで貸出を拡大する。このため，経済全体において投機的金融主体およびポンツィ金融主体の占める割合がしだいに大きくなり，金融システムの脆弱性が増大してゆく。

　このように，頑健な金融構造から脆弱な金融構造への移行は，資本主義経済の正常なはたらきの結果として内生的に生じるものであるとミンスキーは主張する。経済システムを投機的な投資ブームへと導く傾向の存在，すなわち上方への不安定性の存在こそが資本主義経済の本来的な不安定性の根本的原因であり，かつ不況過程の開始の先行条件となる。すなわち，投機的ブームとは金融危機の前奏曲にほかならないのである。

　投資ブームから不況への転換の契機となるのは，利子率の上昇である。銀行の資金供給が非弾力的となるか，あるいはインフレーションの加速を懸念する中央銀行が金融引き締め政策をとるならば，短期利子率と長期利子率の上昇がもたらされる。このような利子率の上昇は投資ブームの拡大の結果として引き起こされたものであるから，景気の上方転換点は内生的に設定されたものである（Minsky [1982b] p. 32）。利子率の上昇は，投資財の需要価格を押し下げる一

---

5)「ポンツィ金融」とは，1920年代に国際郵便クーポンを用いたねずみ講を組織したボストンの詐欺師であるチャールズ・ポンツィ（Charles Ponzi）にちなんだ呼称である。当初ミンスキーは，このような類型の金融状態の詐欺的・バブル的な性格を強調しようとして，この呼称を用いた。しかしながら後には，ポンツィ金融の状態が資本主義的な金融構造のごく一般的な特徴であることを理解するようになった（Minsky [1982b] p. 37, n. 3）。

方で，投資財の供給価格を上昇させるだろう。このように投資財の需要と供給の条件が変化することによって，投資と利潤の累積的な下降が開始する（さらに詳しくは，本書175頁を参照）。こうして生じた深刻な不況は，全面的な負債デフレーションへと展開していく可能性をはらんでいる。完全雇用の局面とは，資本主義経済の自然的な均衡点などではなく，景気循環における一局面にすぎない[6]。

資本主義経済の不安定性は，政策当局の誤りやさまざまな外生的ショックによって引き起こされるのではなく，金融市場が正常に機能して景気が順調に拡大することの結果としてもたらされる。資本主義経済は，内生的な不安定性という本来的な欠陥を内包しているのである。すなわち，「安定性が不安定性を生み出す」(stability is destabilizing) というのがミンスキーの基本的な見解である（Minsky [1982b] p. 26）。

しばしばミンスキーの金融不安定性仮説は，経済主体の非合理的行動を仮定することによって金融危機の発生を説明するモデルであると解釈されることがある[7]。しかしながら企業が，投資ブームの進行過程において負債に依存した投資を拡大させていくことは，必ずしも非合理的な行動ではない。過去の金融危機によって経済や金融の制度変化がもたらされているときには，過去の危機に関する知識は現在の行動にとっての指針としては必ずしも役に立たないからである。以前には危険が高いと見なされていた行動が，制度変化によって安全なものと見なされるようになることもあるだろう。歴史的時間の流れのなかに

---

6) ミンスキーは金融不安定性に関する自らの見解を数学的な理論モデルのかたちで表現したことがなかったので，彼の理論的枠組みには曖昧な部分が多く残されている。したがって，ミンスキーの着想を数学的なモデルにもとづいて定式化しようとする試みも，これまで多くの経済学者によって進められてきた。そのような試みのうち，初期の代表的なものに，Taylor and O'Connell [1985] のほか，Jarsulic [1988], Delli Gatti and Gallegati [1990], Keen [1995] などがある。

7) たとえば，バーナンキ（Bernanke [1983] p. 258：邦訳42頁）がこのような解釈を示している。ミンスキーの理論は経済主体の非合理的行動を前提とするものであるという見解に対する批判としては，Fazzari [1992] p. 8, Dymski and Pollin [1992] pp. 44-5, Skott [1995] p. 269 などがある。この点については，本書第8章注5もあわせて参照されたい。

ある資本主義経済においては,企業家の投資決意は,将来利潤に関する不確実な知識的基礎にもとづいて行なわれるほかはない。したがって,経済主体が過去の経験から得た知識を利用しないことを,必ずしも非合理的な行動と見なすことはできないのである(Skott [1995] を参照)。

3 経済政策の費用と便益

　ここまで見てきたように,資本主義経済は不安定性という内在的な欠陥をもつというのがミンスキーの基本的なビジョンである。したがって,そのような欠陥を克服するためには,さまざまな政策的介入が必要となる。そこで,負債デフレーションの発生を防ぐための安定化政策としてミンスキーが提案するのが,政府の赤字支出と「最後の貸し手」としての中央銀行の介入である。カレツキの利潤方程式から直ちに理解されるように,「大きな政府」をもつ経済では,民間投資が減少したときにも財政赤字によってそれを相殺し,利潤フローを安定化することができる。また金融危機のおそれが生じた場合には,中央銀行が銀行に再融資を行なうことによって,信用秩序を維持することができる。したがって,反循環的な財政政策を採用する大きな政府と積極的な介入を行なう中央銀行を備えた第二次世界大戦後の資本主義経済においては,戦前期に比べて経済システムの安定領域が著しく拡大しているので,1930年代のような大不況がふたたび発生することはありそうにないとミンスキーは言う(Minsky [1982a] ch. 2)。

　しかしながら他方で,政府と中央銀行の介入政策は,民間の企業や銀行によるリスクの高い金融慣行を促進することによって,金融システムを脆弱化させるという副作用を併せもっている。ハイリスクな金融慣行にともなう潜在的費用が政府によって負担されるので,市場参加者にとっては,リスクの高い金融行動をとることが合理的となるからである。こうして,政策介入は経済全体の金融脆弱性を増大させるので,それにともない安定化政策の効果はしだいに小さくなってゆく。したがって,負債デフレーションや深刻な不況の発生を防ぐ

ためには，ますます頻繁で，ますます大規模な介入が必要となるだろう。すなわち，時とともに政策介入の費用が増大するのに対して，その便益は減少する。積極的な経済政策は，資本主義経済の不安定性を抑制する一方で，金融市場リスクの社会化を通じて金融システムを脆弱化させるのである。ポーリンとディムスキは，このような現象を「ミンスキーの逆説」(Minsky paradox) と名づけている (Pollin and Dymski [1994] pp. 373-4：邦訳 187-9 頁)。ここに見られるように，ミンスキーの分析枠組みは弁証法的な緊張に満ちている。経済危機を克服するために構築されたいかなる政策的・制度的枠組みも，家計や企業がそのような規制の構造を回避したり，あるいはそれに適応したりする術を覚えるようになると，その有効性は失われてしまうのである[8]。

クロッティ (Crotty [1994]) は，制度的構造は経済システムの秩序と持続性をつくり出すが，それは「暫定的安定性」(conditional stability) 以上のものではありえないと論じている。たしかに，経済が順調に成長するためには，安定的な制度的構造を欠くことができない。それらの諸制度は，不確実性に満ちた世界において，意思決定のための錨をあたえ，経済諸主体の期待形成を安定的なものとする。しかしながら経済の制度的構造は，安定性に対する古い障害を取り除くと同時に，それ自らが内包する矛盾によって新たな障害をつくり出す。それゆえ，根本的不確実性をともなう資本主義経済の動態は，暫定的安定性と不安定性との交替によって特徴づけられる。このように，制度的構造と秩序・連続性との関係は弁証法的なものである。諸制度が矛盾的・弁証法的な役割を演じるということは，国家が資本主義経済を制御・管理するための永続的に有効な政策手段などというものは存在しないということを意味している (*ibid.*, p. 136)。

---

8) ミンスキーは，中央銀行の介入政策によって誘発される金融機関のリスク選択的な行動を抑制するために，公開市場操作に代えて，銀行資産の割引によって銀行準備の供給を行なうことを提案している。割引窓口を通じて民間金融機関の活動に対する中央銀行の監視を強め，金融機関と融資先企業のバランスシートに影響を及ぼすことによって経済を「ヘッジ金融」に誘導しようというのが，ミンスキーの提案の意図である (Minsky [1986] pp. 332-8：邦訳 401-8 頁を参照)。

このような観点にもとづき，ミンスキーは，1970年代初頭に始まった資本主義経済の構造変化について考察している。前章で見たように，彼の見解によれば，第二次世界大戦後の先進資本主義諸国においては，経営者による企業支配と福祉国家とが結合した社会的・経済的枠組みである「経営者資本主義」が確立した（Minsky [1989, 1990]，Minsky and Whalen [1996-7]）。ところが「経営者資本主義」は，その成功のゆえに，それ自らの危機を引き起こすことになる。介入主義的な政府が利潤フローの維持を保証することを民間の経済主体が確信するようになったことが，その一つの理由である。すなわち，不況時の政府介入をあらかじめ織り込んだうえで企業と銀行がリスク選択を拡大した結果，企業の負債依存度が上昇し，金融脆弱性が増大した。これに加えて，持続的な経済成長による貯蓄と資産の増加が，多額の資金を運用する機関投資家の出現を促した。その結果，「経営者資本主義」の時代は終焉を迎えることとなる。

1980年代以降に新しく出現した「資金運用者資本主義」のもとでは，年金基金，ミューチュアル・ファンド，保険会社，投資信託などの機関投資家が，短期的なキャッシュフローの最大化を目的として資金の運用を行ない，企業経営者に対して株主利益を重視するように強い圧力を加えている。したがって，従来の労使間合意が崩壊するとともに，生産活動における経営者の視野が以前よりも短期的となっているところに，この段階の特徴がある。

ミンスキーは，政策介入の効果が従来と比べて低下しているという点において，1930年代と1990年代におけるアメリカの経済問題はたがいに類似していると指摘する。そのうえで彼は，1990年代のアメリカ経済に突きつけられている歴史的課題について，次のように論じている（Minsky [1994]）。1930年代の大恐慌によって危機に陥った自由放任資本主義は，ニューディール改革によって「ニューモデル資本主義」に取って代わられた。ニューモデル資本主義は，1930年代以前の資本主義とは対照的に，積極的な財政政策をとる大きな政府と弾力的な信用供給を行なう中央銀行を備えた介入主義的な資本主義であるという点に，その特徴がある。1930年代のニューモデルは，資本主義の「黄金時代」の出現に大きく寄与し，それ以来，ほぼ半世紀にわたってアメリカ経済の繁栄を支えてきた。しかしニューモデル資本主義は，1970年代以降の制度

的構造変化によって機能不全に陥った。今日の経済問題を解決するために必要とされているのは，自由放任モデルに回帰することではなく，資本主義は本来的に欠陥をもつという認識に立ち，市場機構の欠陥を補うべく政府が積極的な介入を行なう「ニュー・ニューモデル資本主義」を確立することである。

しかしミンスキーは，ひとたび「ニュー・ニューモデル資本主義」が創出されたとしても，その成功もまた一時的なものに過ぎないであろうと述べている。あらゆる資本主義のモデルは，そのモデル自体の効率を低下させるような経済諸主体の行動を誘発するからである。うまく機能する諸制度を発見し，それを確立するという問題を，最終的に解決することなどできないのである。この問題については，次章でさらに詳しく論じることにする。

おわりに

伝統的な新古典派経済学は，失業を一時的・摩擦的な現象にすぎないと見なし，その原因を賃金や価格の硬直性に求めていた。したがってその体系では，賃金や価格の伸縮的な変化が経済を完全雇用均衡に導くであろうと考えられている。これに対してマルクス経済学者たちは，資本主義経済がはらむ本来的な矛盾や不安定性の分析に力を注いできたにせよ，そのような不安定性は主として資本・労働間の利害対立に由来するものであるというのが，彼らの一般的な見方であった。このような対立の構図のなかで，ミンスキー理論の意義は，不安定性の根源が資本主義的な金融慣行にあることを指摘した点に求められるであろう。1970年代以降，金融の自由化と国際化が急速に進み，世界各国で深刻な金融危機がたびたび勃発するなか，ミンスキーの理論のもつ意義はますます大きくなっている。

ミンスキーは，資本主義経済は不安定性という本来的な欠陥をもっていると指摘し，その制度的構造の改革を主張していた。その一方で彼は，ひとたび有効に機能する制度が確立されたとしても，それは，自らが内包する矛盾によって，遅かれ早かれ，経済システムを不安定化する要因へと転化することになる

と論じていた。

> 当初の一定期間を経過したのちには，資本主義的金融の基本的な不均衡化傾向によって，ふたたび金融構造が脆弱化する瀬戸際に立たされることになる。これが起きれば，新規の改革が必要となる。たった一度だけ物事を正しく設定すれば済むということはありえないのである。不安定性は，一組の改革によって休止するとしても，時間が経過すれば，装いを新たに出現してくるのである。　　　　　　（Minsky [1986] pp. 333：邦訳 414 頁）

金融不安定性という資本主義経済に内在する欠陥を，一度かぎりの改革によって解決することはできない。われわれは，資本主義経済の矛盾や弊害を克服するために，経済安定化のための新しい政策・制度を不断に追求していかなくてはならないのである。人々の経済生活が投機的な投資ブームとその崩壊の波に絶えず翻弄されているなかで，資本主義の歴史的な構造変化を的確に見定めるとともに，遠大な視野にもとづき資本主義の改革のための指針をあたえているミンスキーの思想には，たとえ嵐の中にあろうとも常に極北を指し示す羅針盤であるかのような趣がある。

　しかしながら本章を結ぶにあたって，ミンスキーのアプローチに残された課題についても触れておきたい。彼の枠組みの問題点として多くの論者が指摘するのは，経済危機を分析するにあたって，もっぱら金融市場の諸関係に焦点を合わせており，生産と分配の問題に対しては然るべき考慮が払われていないということである。すなわち，賃金・労働時間・労働強度をめぐる階級対立や，それが消費や投資に及ぼす影響については，まったく言ってよいほど論じられていない（Crotty [1986] pp. 300-6, Dymski and Pollin [1992] pp. 50-4 を参照）。ミンスキーの分析的枠組みにおいては，経済危機はつねに「ウォール・ストリート」（すなわち金融部門）から生じるものと見なされており，実体部門から危機が発生する可能性がほとんど捨象されているのである[9]。この問題について

---

9) このことについて，キング（King [1996]）は次のように表現している。「ミンスキーのビジョンにとって重要であるのは，労働組合ではなく，金融市場である」（p. 63）。した

は，本書第9章であらためて考察を加えることにする。

　根本的な不確実性に直面する世界において，投資と金融の相互作用が景気の激しい変動を生み出すことを闡明したミンスキーの分析は，景気循環理論の研究に新たな地平を切り開いた。しかしながら彼の理論的枠組みにおいては，生産と分配の局面における階級間の利害対立が経済危機を招来するという経路は存在していない。したがって，不安定性の原因を金融的諸関係に求めるミンスキーの理論に，所得分配や生産性の変化などの実体的要因のはたらきを組み込み，資本主義経済のもとでの金融・分配・蓄積の連鎖を明らかにする理論モデルの構築に成功するならば，われわれはよりいっそう有用な分析枠組みを手にすることになるだろう。

がってミンスキーは，金融的諸関係を捨象しているスラッファの理論にはきわめて批判的な態度をとっていた。また彼は，分配と成長の問題を重視するケンブリッジのポスト・ケインズ派の伝統にもほとんど関心を示さなかったと言われている。

第8章

金融的動学と制度的動学
―― ミンスキーの資本主義経済像 ――

はじめに

　ハイマン・ミンスキーの「金融不安定性仮説」は，資本主義経済の金融構造が景気の拡張とともに頑健なものから脆弱なものへと内生的に転化してゆくことを説いている。しかしながら金融不安定性仮説は，資本主義経済に内在的な「金融的動学」（financial dynamics）を説明する理論であるにとどまらない。それはまた，さまざまな制度的要因とその進化が市場の動学に及ぼす影響について考察する「制度的動学」（institutional dynamics）の理論としての側面をも併せもっている。すなわち，投資と金融の過程を通じて内生的な不安定性を生み出す「金融的動学」と，そのような不安定性を抑制するための制度的機構や公的当局の介入によって与えられる「制度的動学」との相互作用がマクロ経済の運動を形づくるのだと主張するところに，ミンスキーの景気循環理論の特徴がある。さらに，ここで注目に値するのは，制度的な抑止的メカニズムは景気循環の発散的な振幅を抑制する一方で，それ自らがやがては不安定性を生み出す要因へと転化することをミンスキーが指摘していることである[1]。

---

1) 近年では，ミンスキーの金融不安定性仮説の「制度的動学」としての側面に注目する研究が多く生み出されている。経済システムを安定化させるための制度的機構がもつ二面的な性格に焦点を当てているナジカの著作（Nasica [1999], Nasica [2000] ch. 7）は，その嚆矢をなすものである。アリーナとレイバウト（Arena and Raybaut [2001]）は，ミンスキーの分析視角にもとづく内生的景気循環モデルに制度的動学を組み込むさいの理

ミンスキーの経済学が制度主義的な性格をもっていることは,つとに知られている。じっさいに彼は,「経済の制度的構造が進化・発展することから生じる効果を理解する必要性と,これを経済理論に統合することによって制度的構造の理解を深める必要性」(Minsky [1982a] p. vii:邦訳 ix 頁)とを強調している。すなわち彼の分析は,金融制度をはじめとする多様な諸制度が資本主義経済における蓄積の動態に及ぼす影響を明らかにすると同時に,資本主義経済の内在的な動学がどのようにして制度変化を引き起こすのかを解明しようと試みるものである。このような点において,ミンスキーの著作は,たしかにポスト・ケインズ派と制度学派とのあいだの最も重要な連鎖の一つをなしていると言ってよい(Papadimitriou and Wray [1998] p. 201)[2]。しかも彼は,社会経済諸制度が生成・発展してゆく過程の描写に終始する素朴な制度主義に陥ることなしに,制度的要因のはたらきを経済分析の枠組みに組み込み,マクロ経済の動態とその構造変化を説明することに成功している。このような特質をもつミンスキーの分析には,資本主義の長期的・歴史的動学をとらえる新しい分析的枠組みを構築してゆくうえでの数多くの有益な示唆が含まれている。

 しかしながら今日にいたるまで,金融不安定性仮説の「金融的動学」として

論的課題について考察している。ナジカとレイバウト(Nasica and Raybaut [2005])は,金融不安定性仮説の制度的次元を考慮に入れた理論モデルを構築し,それにもとづき安定化政策の効果について検証している。このほか,パパディミトレウとレイ(Papadimitriou and Wray [2001]),ヴェルチェッリ(Vercelli [2001])も,政府介入が安定化効果とともに不安定化効果をもつことを強調している。

2) ミンスキーの研究はアメリカ制度主義の流れを汲んでいると,しばしば指摘されている。たとえばメーリング(Mehrling [1999])は,ミンスキーの著作を,アメリカ進歩主義の知的源泉に深く根ざした,アメリカの制度主義的な貨幣思想の伝統を継承するものであると位置づけている(p. 129)。ウェイレン(Whalen [2001])もまた,ミンスキーの理論は,ヴェブレンとコモンズによってあたえられた歴史的分析の論理的拡張であり,彼の金融制度分析は,アメリカ経済の構造に関する制度主義的な研究を補完するものであると論じている(pp. 817-8)。さらにウェイレン(Whalen [2008])は,1920 年代にケインズがコモンズから受けた影響について検討するとともに,資本主義の歴史的発展に関するコモンズとミンスキーの見解の類似性を指摘している。ウェイレンの見るところ,ミンスキーのアプローチは,実体部門と貨幣部門の伝統的な分離を否定している点においてケインズ的であるとともに,制度的仕組みの性格と進化が経済動向の重要な決定要因であると見ている点において制度主義的である(p. 234)。

の側面が多くの人々の注目を集めてきたのに対して,その「制度的動学」としての側面については,まだ十分な考察が加えられていない。そこで本章では,資本主義経済の本来的な不安定性を抑制するうえで様々な制度的仕組みや政策介入がどのような役割を果たしているのか,さらに,それらの制度的要因がいかなる過程をへて経済体系の不安定化要因に転じ,資本主義の制度的変化を引き起こすのかという問題に焦点を当てながら,ミンスキーの「制度的動学」分析のいっそうの発展の方向を探ることとしたい。

1 資本主義経済の金融的動学

　金融不安定性仮説の「制度的動学」としての側面について考察するに先立ち,この節では,その「金融的動学」を再検討することによって,資本主義経済についてのミンスキーのビジョンがいかなるものであるのかを確認することとしたい。

　ミンスキーによれば,新古典派理論は,あたかも村の定期市で行なわれるような物々交換をまず想定し,それから生産・資本資産・貨幣を順次に導入するという理論的構成をとっている。このような「村の定期市パラダイム」(village fair paradigm)は,たしかに分権的な市場経済が最適な結果をもたらすことを示すことができる。しかしながら,その理論は,非自発的失業が経済過程の結果として内生的に発生することを説明できない。市場経済においてしばしば観察される不安定な動きを説明するためには,一般均衡理論にもとづく「村の定期市パラダイム」を廃棄し,ケインズが『一般理論』(Keynes [1936]) において展開した「ウォール・ストリート・パラダイム」(Wall Street paradigm) を採用しなくてはならない。「ここでは,経済がウォール街の投資銀行家の会議室の窓から観察されている。理論形成の作業は,発達した金融機関をもつ貨幣経済をまず前提する」(Minsky [1982a] p. 61：邦訳 98 頁)。このような経済では,企業による資本資産の取得に対して銀行が資金の融資と仲介を行なう。資本主義経済の分析において,貨幣は,物々交換の取引をおおうベールではなく,金融

的諸関係を表す貨幣契約におけるベールと見なされなくてはならないのである (Minsky [1980] p. 31)[3]。

　ミンスキーをはじめとするポスト・ケインズ派は，歴史的時間のなかで不確実性と期待が演じる役割を重視するところに，ケインズ理論の核心を求めている。すなわち，過去を変えることができず，将来は未知であるという「歴史的時間」の流れのなかでは，将来はつねに不確実である。そして，このように不確実な世界においては，移ろいやすく突然の変化にさらされる期待が，投資や金融取引に関する人々の意思決定に重大な影響を及ぼす。ケインズ理論において不確実性の概念が占める位置について，ミンスキーは次のように述べている。

　　ケインズを理解するためには，不確実性に関する彼の洗練された考え方を理解し，経済過程についての彼のビジョンにおいて不確実性がいかに重要であるかを理解する必要がある。不確実性を含まないケインズ理論は，王子の登場しない『ハムレット』のようなものである。

(Minsky [1975] p. 57：邦訳 86 頁)

　われわれは，不確実性のもとでの意思決定についてのケインズの分析とともに，「貨幣が本質的かつ独自の仕方で経済機構の中に入り込む」(Keynes [1936] p. xxii：邦訳 xxvii 頁) という彼の見方を出発点としたうえで，精巧で複雑な金融制度を備えた現代資本主義経済において，貨幣的要因のはたらきが経済シス

---

[3] 貨幣経済に関するこのような見解をケインズがはっきりと示したのは，1931 年の論文「貨幣価値の崩壊が銀行に及ぼした帰結」においてであった。そこにおいて彼は，次のように述べている。「世界には資本資産を構成する多数の実物資産が存在している。——建物，商品の在庫，仕掛品，輸送中の財などがそうである。しかし，このような資産の名目上の所有者は，それらを所有するために貨幣で借金している場合が少なくない。富の実際上の所有者は，この借金に見合う範囲までは実物資産に対してではなく，貨幣に対して請求権をもっている。この「資金調達」のかなりの部分は銀行制度をつうじて行なわれており，この銀行制度は，銀行に貨幣を貸与している預金者たちと，実物資産の購入に対して資金供給するために銀行が貨幣を貸し付けている融資先との間に，銀行の保証をあたえる制度である。実物資産と富の所有者との間にこうした貨幣のベールが存在しているという事実は，現代世界のとくに著しい特徴である」(Keynes [1931] p. 151：邦訳 179-80 頁，強調は原著者のもの)。

テムの動向に及ぼす影響を明らかにしてゆかねばならないのである。

　上述のような資本主義についてのビジョンにもとづいて，金融不安定性仮説は，投資が景気循環のおもな原因であり，また投資はさまざまな金融的条件によって制約をうけるというケインズの洞察をさらに深め，それを現代化しようと試みる。ひとことで言えば，金融不安定性仮説は，「投資を核とする景気循環理論」と「金融的な投資理論」を得るための基礎理論なのである（Minsky [1982a] p. 95：邦訳 146 頁）。このようなミンスキーのアプローチは，しばしば「金融的ケインズ主義」（financial Keynesianism）と呼ばれている。一般にミンスキーはポスト・ケインズ派を代表する経済学者の一人と位置づけられている。もちろん，このこと自体は間違いではないが，彼自身は，ポスト・ケインジアンと呼ばれることをあまり好まず，むしろ自らを「金融的ケインジアン」と規定していた。

　ミンスキーは，一般的な理論を展開するために制度の役割を背景に退けようとする，ポスト・ケインズ派にまま見られる傾向から距離をおこうとしていた。彼の見解によれば，あらゆる類型の経済システムに適用することのできる一般的な理論というものが仮に存在するとしても，それは，明らかに誤っているか，さもなければ役に立たないかのいずれかである。したがって，制度は分析の枠組みに最初から組み込まれなくてはならず，また有用な理論とは制度特定的なものでしかありえない。このような観点から，彼は，精巧な金融制度を備えるとともに，大きな政府の存在によって特徴づけられる先進資本主義経済に適用することのできるような理論的枠組みの形成を進めていった（Papadimitriou and Wray [1998] pp. 201-2, Variato [2001] pp. 96-7 を参照）。

　ミンスキーは，金融不安定性仮説の基本命題を次のように要約している（Minsky [1986] p. 173：邦訳 212 頁）。

1　資本主義市場経済は，持続的な価格安定性と完全雇用均衡をもたらすことができない。
2　深刻な景気循環は，資本主義にとって本質的な金融的属性のために生じる。

これらの命題は，資本主義経済は本来的に不安定なシステムであること，また，そのような不安定性は，資本主義的な金融慣行に由来していることを主張するものである。この主張が，上に述べたようなミンスキーのビジョンから直接に導かれるものであることは容易に理解されよう。これらの二つの命題は，市場経済は本来的に安定的なシステムであって，外部からの撹乱がないかぎり完全雇用と物価の安定性が実現されるという新古典派の見解と鋭い対照をなしている。したがって，これらの命題の理論的な基礎づけを行なうことが金融不安定性仮説にとっての課題となる。ミンスキーは，資本資産価格と経常生産物価格とが，たがいに異なる諸変数に依存し，異なる市場において決定されることを論じる「二つの価格モデル」によって投資の決定を説明し，さらに投資と金融の相互作用が内生的な景気循環を生み出すことを明らかにした。このような枠組みによって，彼は自らにあたえた課題を解決しようとしたのである[4]。

金融不安定性仮説は，景気の拡張局面を通じての頑健な金融構造から脆弱な金融構造への移行が内生的に生じると主張する。金融構造の脆弱化に引き続いて金融危機が発生する仕組みについては既に前章で説明したが，資本主義経済の不安定性についてのミンスキーの見方を正確に理解するために，ここで改めてその要点を振り返るとともに，若干の補足を加えることにしたい。

拡張期には，経済全体において楽観的な期待が支配的となるので，企業は，はじめは内部資金によって，のちには負債を増加させることによって投資を拡大しようとする。他方で貸し手の側も，この局面では楽観的な期待に導かれて低い金利で弾力的な資金の供給を行なう。その結果，景気の拡張局面を通じて企業の負債／自己資本比率が上昇するので，しだいに金融構造の脆弱化が進むことになる。しかしながら，大きなショックが発生することなしに景気の拡張が順調に進行し，諸主体の楽観的な期待が正当化されるかぎり，多幸症的な投資ブームが持続するであろう。このように，資本主義の金融構造は，時ととも

---

4) ミンスキーの投資理論とそれにもとづく金融不安定性仮説についての簡潔な解説をあたえている文献としては，Dymski and Pollin [1992]，Papadimitriou and Wray [1998]，Nasica [2000] chs. 2-3，服部 [2012] 第2章などがある。本書第7章の議論も，あわせて参照されたい。

に頑健性から脆弱性へと向かう本来的な傾向をもっている。だが，順調な経済成長が金融的な障壁によって妨げられることなく永続的につづくということはありそうにない。実は，こうした上方への不安定性こそが，金融危機の前兆にほかならないのである。

　景気下降の引き金となるのは，利子率の上昇である。好況の局面においてはインフレーションが進むので，中央銀行はそれを抑制するために，遅かれ早かれ金融引き締め政策に転じることになるだろう。それとともに，投資拡大の過程を通じて「貸し手のリスク」がしだいに増大するので，銀行をはじめとする金融機関は資金供給を抑制しようとする。投資の拡大にともない資金需要が急増する一方で，資金供給は非弾力化するので，短期利子率が急騰し，それにつづいて長期利子率も上昇する。このことは，利子費用の増大を通じて投資財の供給曲線を上方に移動させる。その一方で，資本資産によって稼得されると期待される粗利潤の現在価値の下落を通じて，投資財の需要曲線を下方に移動させる。投資財の供給曲線と需要曲線のこのような移動は，投資を減少させ，したがって現在の利潤と，近い将来の予想利潤をともに減少させる（本書第7章第1節を参照）。

　さらに，利子率の上昇があまりに急激であるならば，あらゆる投資水準において投資財の供給価格（費用の現在価値）がその需要価格（収益の現在価値）を上回る「現在価値の逆転」という現象が生じる恐れがある。このときには，投資活動が停止に追い込まれて企業の粗利潤が急落する。利潤の減少は，企業が現金返済契約を履行する能力を弱めることを意味している。利潤が減少し，それと同時に貸し手が貸出を削減しているときには，企業は自らが保有している資本資産を売却することによって債務を返済するための資金を調達しなくてはならない。だが，このような動きが一般化するならば，資産価格はさらに下落する。ひとたび資産価格の崩壊が生じると，投資の減少が利潤の減少を招き，さらに利潤の減少が資産価格の下落を招くというかたちで，負債デフレーションの過程が累積的に進行していくことになる（Minsky [1975] pp. 124-5：邦訳197-8頁，Minsky [1982a] p. 108：邦訳165頁を参照）。

　景気下降の重大な契機となる利子率の上昇は，上方への不安定性が進行する

過程において内生的に生じるものであるから,経済の拡張から縮小への局面転換もまた内生的な性格のものであると見なされる。金融不安定性仮説の要諦は,負債デフレーションにさえ進展しかねないような不安定性が,経済システムにとって外生的なショックや政策当局の誤りによって生じるのではなく,資本主義経済の正常なはたらきの自然な結果として生じるのだ,と主張するところにある。ミンスキーは,投資ブームの過程で経済全体を支配する楽観的な期待を「多幸症」(euphoria)ということばで表現していたけれども,金融不安定性の拡大が,人々の非合理的な期待や非合理的バブルの結果であるとは決して考えていなかった。すなわち資本主義経済とは,内生的な不安定性という本来的な欠陥をもつシステムであると見ているのである[5]。

2 不安定な経済を安定化する

しかしながら,資本主義経済がはらむ不安定性を完全に取り除くことはできないにせよ,経済政策によって不安定化の傾向を抑制することは可能である。ニューディール政策とそれに続く一連の改革の結果として,戦後のアメリカ経済においては政府の大規模な政策的介入が制度化され,積極的な経済政策が,

---

[5] たとえばクレーゲル(Kregel [1997])は,景気の拡張局面における「安全性のゆとり幅」の縮小が,企業家と銀行の合理的な意思決定にもとづくものであることを強調している。「したがって,金融脆弱性が拡大する過程には必ずしも,誤った情報,非対称情報,過度の楽観主義,あるいは非合理性がともなっているとは限らない。安全性のゆとり幅に関するかぎり,物事が変われば変わるほど,物事は同じ状態にとどまっているように見える。金融脆弱性は,バランスシート上の資産の質や構成の変化を見ることによって,必ずしも知覚できるとは限らない。それにもかかわらず,安全性のゆとり幅が侵食され,リスクが増大するのである」(p. 548:邦訳 21 頁)。ナジカ(Nasica [2010])もまた,ミンスキーの理論における経済主体は,非合理的でも近視眼的でもなく,標準的な合理的期待形成仮説において想定されている合理性とは異なる種類の「合理的精神」によって導かれているのだと論じている。ナジカによれば,ミンスキーは銀行の行動を,客観的な内生的諸変数と,慣行的・主観的な方法で決定される諸要因の双方にもとづくものとして描写している(とくに,pp. 101-5 を参照)。

負債デフレーションや深刻な不況の発生を防ぐことに成功してきた。ミンスキーは，大恐慌の再来を回避するうえで，二つの「天井と床」が重要な役割を演じていたと言う。すなわち，巨額の財政赤字を伴う「大きな政府」と，「最後の貸し手」としての中央銀行の介入がそれである（たとえば，Minsky [1986] chs. 2-3 を参照）。大きな政府は，不況期に政府支出を拡大することによって利潤フローを安定化させ，これを通じて投資水準を維持するという機能を果たす。他方で流動性不足に陥った銀行に対して中央銀行が再融資を行なうならば，資産価格の崩壊を防ぎ，金融市場の安定性を維持することができる。すなわち，大きな政府が産出と雇用を安定化させる一方で，最後の貸し手の行動は資産価値を下支えする。このようにして政策介入は，経済システムの運動に対して人為的に「天井と床」を設定することによって，資本主義経済それ自らがはらんでいる本来的な不安定性を抑制することができる。

実のところ，制度的にあたえられた「天井と床」が好況と不況の累積的過程に対する制約として作用するという見解は，ミンスキーの初期の景気循環モデルにおいて既に示されている。彼の 1957 年の論文「代替的な金融方式と加速度原理モデル」（Minsky [1957a]）は，ヒックス＝グッドウィン型の乗数・加速度モデルに依拠しつつ，乗数・加速度過程とさまざまな貨幣システムとの相互作用を究明しようとするものである。ミンスキーの景気循環分析においては，早い段階から金融的要因が基軸的な地位を占めていた。これらの初期の研究に見られる萌芽的な着想が，長期間にわたる思索の過程を経たのちに「金融不安定性仮説」というかたちで結実することになる。

乗数・加速度モデルの基本的構造は，以下のように定式化される。

$$Y_t = C + I \tag{1}$$

$$C_t = \alpha Y_{t-1} \tag{2}$$

$$I_t = \beta (Y_{t-1} - Y_{t-2}) \tag{3}$$

ここで，Y は所得，C は消費，I は投資，α は限界（＝平均）消費性向，β は加速度係数，t は日付をそれぞれ表す。消費関数(2)式と投資関数(3)式をマクロ均衡条件を示す(1)式に代入すると，次の二階差分方程式が得られる。

$$Y_t = (\alpha+\beta) Y_{t-1} - \beta Y_{t-2} \tag{4}$$

その一般解は，以下のかたちで与えられる。

$$Y_t = A_1 \mu_1{}^t + A_2 \mu_2{}^t \tag{5}$$

ただし，A_1 と A_2 は Y の初期値に依存し，特性方程式 $\mu^2-(\alpha+\beta)\mu+\beta=0$ の根である μ_1 と μ_2 は α と β の値によって決定される。

さて(5)式は，パラメーター α および β の値によって相異なるタイプの動学を生みだす。すなわち，(1)単調に収束する，(2)循環的に収束する，(3)単調に発散する，(4)循環的に発散する，のいずれかである。ヒックス（Hicks [1950]）は，これらのうち，(3)と(4)の場合に注目し，さらに最大の資本減価率と完全雇用という制約の存在を仮定することによって，景気循環の発生を説明しようと試みた。これらの制約要因が存在するために実現投資が誘発投資の値から乖離し，形式的には加速度係数 β の値が変化することによって所得の循環運動が生じることになる。すなわち，所得水準が非常に高いか，あるいは急速に上昇するときには，β の値が低下することによって投資が減少し，景気の下方への反転が生じることになる（逆は逆）。

しかしながら，天井と床を設定することによって与えられた新しい「初期条件」が投資と所得の動きの反転をもたらすという結果は，加速度係数 β が貨幣システムのあり方に依存すると仮定しても得ることができる。ミンスキー（Minsky [1957a]）は，(1)貨幣の流通速度も貨幣量も変化しないシステム，(2)流通速度だけが変化するシステム，(3)貨幣量だけが変化するシステム，(4)流通速度も貨幣量も変化するシステム，の四つの代替的な貨幣システムについて考察し，投資関数を支配する加速度因子パラメーターに金融的要因がどのような影響を及ぼすのかを明らかにしている[6]。

---

[6] このモデルから導かれる政策的含意は，インフレーションなき定常的成長を実現するためには，流通速度一定で貨幣量だけが変化するシステムにおいて，貨幣供給を一定の幾何級数的成長率で増加させることが必要だというものである。その理由は，あまりに急激な貨幣供給の増加は急速なインフレーションをもたらす一方で，貨幣供給の増加率が

この論文で提示されたミンスキーのモデルは、天井と床というかたちで好況と不況に対する制約を導入することによって非線形性を考慮している点において、ヒックスのモデルときわめて類似している。しかしながら、この二人がこれらの制約にあたえた意味はまったく異なっている。ヒックスは、粗投資が負になりえないことによって床の存在を、また利用可能な自然資源と労働力の制約によって天井の存在を説明した。これに対して、ミンスキーのモデルにおいては、天井と床は、貨幣量および貨幣の流通速度の動態に関係している。すなわち天井と床は、景気循環の振幅を適度な範囲内に制限するために公的当局によって設定された制度的機構をおもに反映するものであると見なされている（Nasica [2000] p. 185 を参照）。

経済システムの不安定化傾向を抑制するためのこれらの制度的仕組みを、のちにミンスキーは「抑止的システム」（thwarting system）と名づけている（Ferri and Minsky [1992]）。資本主義経済はときどき不安定性を示すが、しかし不安定性が発散的となることは滅多にない。それは、不安定性を生み出す内生的な経済過程をさまざまな制度的仕組みと政策介入が抑止しているからである。こうして制度や政策が不安定な経済を安定化しているのであるとすれば、市場経済が円滑に機能するためには適切な介入と制度的構造が不可欠であるということになる。抑止的システムのおもな目的は、新しい「初期条件」を経済システムに賦与することによって、その動態に修正を加えることである。新しい初期条件となる政策・制度が適切に設計されるならば、それらは下方への不安定性の床として機能するであろう。

経済システムへの介入やその抑制の構造は、政治過程によって形成・維持さ

あまりに低すぎると所得の下降運動がもたらされるからだ、とされている。

　ここでのミンスキーの提案は、一定の率で貨幣供給を増加させるべきであるというマネタリストの提唱する政策ルールに類似している。このほかにも、貸付資金説にもとづいて利子率の決定を説明している点など、この論文（Minsky [1957a]）には依然として新古典派的な要素が多く残されている。これ以降、ミンスキーが長期にわたる移行の過程をへて独自の理論的枠組みを確立するに至るのは、ようやく1970年代になってからのことである。「古典派的ケインジアン」からポスト・ケインジアンへ、というミンスキーの思考の変化に焦点を当てている研究に King [1996] がある。

れる。それゆえ，時間を通じた経済の経路は「政治経済学的な現象」である。さらに，不安定な経済を安定化するための制度的構造や政策介入がもつ効果は決して不変ではなく，その有効性は時とともに変化する。たとえば，ある一定の規制構造が確立されたとき，利潤を追求する経済主体にとっては，その構造の作用様式について学習することによって，規制を回避するための方法や，それをうまく利用するための方法を見つけようとする誘因が存在するだろう。したがって，当初は安定性をもたらしていた制度的仕組みが，やがては不安定性と非効率性を生み出す要因へと転化するかもしれない。そのときには，規制と介入のための新しい制度的構造が必要となる（Ferri and Minsky [1989] p. 138, Minsky [1989] pp. 401-2）。このように抑止的システムには，資本主義経済に固有の不安定性を抑制する一方で，イノベーションと制度変化を誘発して，新たな不安定性をつくり出すという二面的な性格がある。

資本主義経済の内在的な動学は，遅かれ早かれ，許容することのできないような経済状態をもたらすという命題から，ミンスキーは次の二つの定理を導いている（Ferri and Minsky [1992] pp. 87-9）。第一は「反自由放任定理」（anti-laissez faire theorem）である。すなわち，内在的な動学が不安定性をもたらすような世界においては，慣行・制約・介入などを経済的環境に導入することによって辛うじて安定性を維持することができるという考え方である。さらに，この第一の定理から「達成可能性に対する制限定理」（'limitation upon the attainable' theorem）を得ることができる。市場における個人的な利得や厚生の追求が，インフレーションやデフレーション，あるいは景気の激しい変動を引き起こすとするならば，経済システムは，資源配分あるいは安定性という観点から見て効率的である状態からときどき著しく乖離することになるだろう。しかしながら，このような問題を解決するために政策介入を行なったとしても，通常は，政策当局における観察のラグが存在したり，介入による調整が不完全なものでしかなかったりするので，経済体系を最適な資源配分の状態に導くことは決してできない。したがって，経済にとって「実際的に最善な状態」は「抽象的に最善な状態」には及ばないということになる。

これら二つの定理は，安定的な経済成長の持続が適切な制度的構造の存在に

かかっているということを示している。しかし，制度的構造も不安定性の源泉も共にたえず変化しているので，いかなる種類の政策介入であっても，その成功は一時的なものにすぎない。経済にとっての自動誘導装置というものは存在しないので，われわれは，経済環境の変化に適応するべく，つねに規制や介入のあり方を改善するよう努めなくてはならないのである。

3　抑止的システムの二面的性格

　経済を安定化させるための抑止的システムがもつ二面的な性格については，ミンスキーが1957年に公刊した論文「中央銀行業務と貨幣市場の変容」（Minsky [1957b]）において既に詳しく説明されている。この論文は，金融制度・慣行の変化が金融政策の有効性に及ぼす影響について考察したものである。ミンスキーは，1950年代半ば以降，アメリカでは短期金利が上昇する傾向にあり，そのような状況のもとで金融市場に二つの制度変化が生じたことを指摘する。(1)フェデラル・ファンド市場が発達したことと，(2)国債ディーラーの資金源が，商業銀行借入から，金利水準のより低い非金融法人の資金にシフトしたことである。このような制度変化は銀行準備の増加に等しい効果をもつので，銀行は，一定量の準備でより多くの預金残高を維持することが可能になるとともに，一定量の要求払預金から，より多くの貸出を行なうことができるようになった。すなわち，インフレ抑制のために中央銀行が金融引き締め政策をとり，利子率が上昇したとき，貨幣の流通速度の上昇を促すような金融イノベーションが誘発されたので，金融政策の効果は著しく損なわれてしまう結果となったのである。

　したがって，貨幣の流通速度と利子率との関係は，図8-1に見られるような右上がりの階段状の関数として描かれる。曲線Iによって示される安定的な制度的枠組みのもとでは，金融引き締め政策はr_0からr_1への利子率の上昇を引き起こす。利子率の上昇は家計や企業の現金残高保有を節約させるように作用するので，このとき流通速度もまた上昇するけれども，それは金融引き締め政

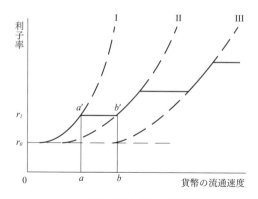

図 8-1 制度変化と貨幣の流通速度

出所) Minsky [1982a] p. 172：邦訳 255 頁。

策の効果を部分的に相殺するにすぎない。しかしながら，利子率の上昇は制度的枠組みそれ自体の変化を引き起こす。利子率の上昇とともに，企業にとっては新たな資金調達手段を見つけようとする誘因が高まり，その結果，制度的なイノベーションが誘発されて，流通速度／利子率関係は曲線Ⅰから曲線Ⅱの位置へとシフトするであろう。イノベーションが経済全体へと浸透してゆくあいだ，利子率は r_1 の水準で一定のままで，流通速度が a から b へと上昇し，これにともない商業銀行による資金供給の増加が実現することになる。

このとき，中央銀行が金融引き締め政策の効果を維持しようとするならば，流通速度上昇の効果を相殺するために準備の供給を削減しなくてはならない。というのは，貨幣量を一定に保つという消極的な引き締め政策をとりつづける場合には，流通速度の上昇によって，その効果が損なわれてしまうからである。けれども，準備供給の削減という中央銀行の積極的な行動は，ふたたび利子率を上昇させ，新たな金融イノベーションを誘発することになるだろう。こうして金融引き締め政策の効果は，商業銀行や企業の利潤追求行動によって引き起こされた制度変化によって打ち消されてしまう。それゆえ，マネーサプライを制御し，それによってインフレ圧力を抑制するという金融政策の有効性は，きわめて限られたものでしかないのである[7]。

ここに見られるように，市場の動学と制度の動学とのあいだの相互作用は，

ミンスキーの景気循環理論における基軸的な要因をなしている（Nasica [2000] p. 189)。当初は効力を発揮していた規制や政策であっても，その網をかいくぐろうとする経済主体の利潤追求行動が「制度的不安定性」を生み出して，それらの規制や政策の有効性を低減させることになる。制度と市場の相互作用によって経済システムの構造はたえず変化しているので，経済の安定化を目的として導入されたいかなる制度的仕組みも，どのみち不安定性を増幅させる要因へと変質する定めにある。制度的構造が経済システムにもたらす安定性は，決して永続的なものではなく，ごく一時的なものに過ぎないのである。

　その効果が一時的なものに過ぎないという点においては，負債デフレーションを防止するためにミンスキーが提唱した二つの政策手段も例外ではない。すなわち，「大きな政府」による赤字支出と，中央銀行の「最後の貸し手」としての介入の有効性もまた，時とともに低減する。前章でも見たように，政府の赤字支出と中央銀行による潤沢な流動性の供給によって大不況の発生を防ぐことはできるが，しかしそのような政策介入は，脆弱な金融構造を正当化し，そこから現れる諸問題をいっそう深刻化させる。政策介入が行なわれるとき，ハイリスクな金融慣行にともなう潜在的コストは，民間の経済主体によってではなく，政府によって負担されるようになるからである。すなわち，それらのコストがかなりの程度まで社会化されるので，市場参加者にとっては，リスクの高い金融行動をとることが極めて合理的な行動となる。政府の介入によって利潤の下方への不安定性が抑制されるならば，そのことは，負債によってファイ

---

7) 貨幣の流通速度の上昇は，現金資産に代わる新しい資金調達手段と資金運用手段を生み出して，経済全体の流動性水準を低下させるので，このとき経済全体にとってのリスクもまた増大するであろう。すなわち流通速度の上昇は，流動性を薄く引き延ばしてしまうことによって金融市場を不安定化するのである。ミンスキーは，好況期の制度的イノベーションを通じて誘発される不安定性と，それにつづく金融恐慌によってもたらされる損失を最小限に食い止めるためには，中央銀行が「最後の貸し手」として行動することが必要であると主張している（Minsky [1957b] pp. 174-6：邦訳 257-61 頁)。

　この論文においてもまた，ミンスキーがのちに提唱することになる「金融不安定性仮説」の中心的な主題の多くを見て取ることができる。すなわち，金融イノベーションの重要性，貨幣供給の内生性，金融不安定性，最後の貸し手としての中央銀行の役割，などがそれである。

ナンスされた投資を促進することになるだろう。

　アメリカをはじめとする第二次世界大戦後の先進諸国においては，大きな政府の資本主義が成立し，政府と中央銀行の積極的な介入が経済を安定化することによって，大不況の再来を回避することができた。しかし大きな政府は，企業と銀行のモラル・ハザードを促進するとともに，消費財に対する超過需要をつくり出すことによってインフレーションを誘発した。ミンスキーは，1966年から82年にかけてアメリカに出現した慢性的インフレーションを，負債デフレーションを回避するための政府介入の代価であると見ている（Minsky [1986] ch. 11）。

　そのことをよく弁えながらも，ミンスキーは，負債デフレーションを避けるためには大きな政府による反循環的な財政政策が必要であるし，また最後の貸し手としての連邦準備制度の介入は「よき金融社会」をつくるための不可欠の前提条件であると，生涯にわたって主張しつづけた。そのうえで彼は，人々の雇用や生活を不安定なものにしている「資金運用者資本主義」を，より人間的な資本主義に置き換えるための改革プログラムを提示した。それらのなかには，連邦・州・地方政府による雇用プログラムの策定，教育・訓練・科学技術・インフラストラクチャーへの公共投資，連邦準備制度の割引窓口を通じた質的な信用管理，コミュニティ開発銀行の全国的ネットワークの展開，連邦財政赤字を削減するための税制改革，職場における労働者の参加の拡大，などの多様な政策が含まれる（Minsky [1996a] pp. 364-7, Minsky and Whalen [1996-7] pp. 161-7 を参照）[8]。

---

8) ティモワーニュ（Tymoigne [2010]）は，大きな政府による政策介入には，二つの異なる形態が存在すると論じている。第一は，総需要管理のための微調整である。1930年代のルーズヴェルト時代や，1960年代のケネディ＝ジョンソン時代の経済政策はこれにもとづくものであったとされる。微調整による政府介入は，経済の安定化に寄与した一方で，所得不平等の拡大，インフレ圧力，長期的失業を生み出すとともに，金融部門のモラル・ハザードを促進する傾向をもっていた。しかしこの政策は，ケインズよりも，むしろアーヴィング・フィッシャーの見解と結びついたものである。これに対して第二に，労働力，価格形成メカニズム，投資プロジェクトを直接に管理し，金融市場動向をたえず監視するための構造的なマクロ経済プログラムを導入するという，ケインズとミ

おわりに

　根本的不確実性にみちた資本主義経済は，内生的な不安定性という本質的欠陥をもっている。経済諸主体の楽観的な期待に導かれて多幸症的ブームが進展するとき，負債による投資資金の調達が拡大することを通じて金融構造の脆弱化が進むので，ひとたび景気の下降が始まると，それは負債デフレーションへと進展してゆく可能性さえある。とはいうものの，現実の経済過程においては，長期にわたる大不況が生起することは極めて稀である。資本主義経済における変動の特徴について，ケインズは『一般理論』第18章「雇用の一般理論再説」で次のように述べている。

> われわれの生活している経済体系は，産出量および雇用に関して激しい変動にさらされているけれども，甚だしく不安定ではないということが，その著しい特徴である。……変動は最初は活発に始まることがあるが，著しく極端なものに進まないうちに衰えてしまうように見え，絶望的でもなく満足なものでもない中間的な状態がわれわれの正常な状態である。
>
> （Keynes [1936] pp. 249-50：邦訳 247-8 頁）

　すなわち，ケインズによれば，資本主義経済は本来的に不安定なシステムではあるものの，完全雇用に近い状態や，体系の完全な崩壊が起こることはなしに，中間的な水準の近傍で産出量と雇用量が変動しているというのが，われわれの現実の経験である。ケインズは，このような状態は必然の法則によって確立されるのではなく，それは過去と現在の世界に関する観察事実にすぎないと述べている（ibid., p. 254：邦訳 252 頁）。これに対して，ミンスキーの「制度的動学」分析は，さまざまな制度的機構や政策介入が，不安定性にとっての「天

ンスキーが提唱していたアプローチが存在する。ティモワーニュによれば，「ミンスキーは，日常の社会経済的な意思決定における政治的裁量を制限し，インフレ圧力を抑制するとともに，労働習慣と個人的創意を促進するような形態の大きな政府を提唱していた」（ibid., pp. 47-8）。

井と床」として作用することによって，産出量や雇用量の極端な変動を抑制していることを説明する。ミンスキーの分析は，資本主義経済の金融過程が不安定化要因を内生的に生み出す仕組みを明らかにすると同時に，ケインズが観察した経済体系の安定性についての理論的な基礎づけをあたえるものであると見なすことができる。

しばしば新古典派経済学者たちは，根本的不確実性の役割を重視するケインズおよびポスト・ケインズ派の分析を，極端な主観主義や理論的ニヒリズムに陥っているものであると批判する。ケインズ的な不確実性を強調する理論的枠組みにおいては，経済諸主体の意思決定や経済社会の動向をモデル化すること自体が不可能になってしまうと彼らは言う。根本的不確実性の概念にもとづくアプローチは資本主義経済の不安定的な側面だけに注目しており，そのような枠組みに拠るかぎりは，一定の秩序と連続性をもって推移する現実の市場経済の動態を説明することはできない，というのが新古典派の理論家たちの見解である。しかしながら本章で見てきたように，不確実性にみちた資本主義経済においては，その影響を緩和するための制度的構造が，あくまでも暫定的にではあれ，経済システムの秩序と安定性をつくり出す。このような「暫定的安定性」の概念を分析の枠組みに組み込むならば，根本的不確実性を分析の基軸に据えたマクロ経済学は，新古典派経済学者が言うような理論的ニヒリズムに陥る必要は決してないのである（Crotty [1994] p. 117 を参照）[9]。

その一方で，経済システムの安定性を支えている制度や政策は，それ自らがはらんでいる矛盾によって遅かれ早かれ不安定性を増幅させる要因へと転じ，資本主義の制度的進化を引き起こす。既存の制度的構造が効果的に機能しているあいだは持続的成長が実現するが，制度的構造の安定化効果が低減しはじめ

---

[9] これと同様にナジカ（Nasica [2000]）もまた，ポスト・ケインズ派の分析は，不確実性が考慮されるならば初期条件と結果についての理論的な叙述を行なうことができなくなるという見解にもとづくものではないと主張している（pp. 146-54）。彼は，ケインズの『確率論』（Keynes [1921]）についての再検討を踏まえたうえで，不確実性下の意思決定に関するケインズの分析は「合理的精神」の概念に依拠しており，その分析を諸主体の非合理的な行動の結果として解釈することはできない，と論じている。

ると，経済システムの不安定性や非効率性が増大していくことになるだろう。こうして，経済の制度的構造の形成と解体を媒介として，暫定的安定性の局面と不安定性の局面との長期的な交替が生じることになる。ミンスキーは，制度的構造の矛盾的・弁証法的な役割に焦点を当てることによって，資本主義経済の安定と危機をともに説明することのできる理論的枠組みを提示しているのである。

適切な制度的構造が存在することによって初めて経済の安定化が可能となる一方で，制度的構造それ自体が，自らの基礎を掘り崩すような諸力を生み出すというミンスキーの視点は，フランスのレギュラシオン学派やアメリカの社会的蓄積構造（SSA）学派をはじめとする多くの異端派経済学者たちのそれと軌を一にするものである[10]。安定と危機の長期的交替を繰り返すことによって資本主義は構造変化を遂げていくという見方が，今日，政治経済学の幅広い潮流において共有されている。政治経済学の伝統を受け継ぐ経済学者たちは，ミンスキーの分析を「導きの糸」とすることによって，資本主義の歴史的構造変化についての理解をさらに深めていくことができるだろう。

---

10) レギュラシオン理論と SSA 理論はともに，資本主義経済において数十年の周期で生じる長期循環の解明を主たる目的とする理論である。長期に及ぶ順調な資本蓄積の進行において社会諸制度が果たす役割を重視している点に，これらの理論の特徴がある。レギュラシオン理論の基本的枠組みと最近の展開について知るためには，山田［2008］が有益である。また SSA 理論については鍋島［2014］を参照されたい。

第9章

金融不安定性仮説の意義と限界
――アメリカ・ラディカル派の視角から――

はじめに

　2007年8月のサブプライム市場の崩壊を契機として，金融危機の展開過程を明快に解き明かしたミンスキーの「金融不安定性仮説」は，にわかに多くの人々の関心を集めるところとなった。しかしながら，資本主義経済の成長過程が本来的に不安定であると考える異端派経済学者たちのあいだでも，サブプライム問題に端を発する世界金融危機の原因をめぐっては，さまざまな見解が示されている。したがって，この危機を「ミンスキー・クライシス」であると見なす解釈も，異端派経済学者の間においてさえ，必ずしも多数を占めているわけではない。その理由の一つに，異端派経済学の諸潮流において，今日なお，いくつもの相異なる類型の景気循環と恐慌の理論が存在していることがある。
　マルクス派にかぎっても，利潤圧縮説，過少消費説，有機的構成高度化説など，実にさまざまな理論が提示されてきた。他方でポスト・ケインズ派における代表的な景気循環理論の一つであるカレツキの理論モデルでは，投資には，需要をつくり出すとともに資本設備をつくり出すという二重の効果があることが指摘され，資本設備の増加によってもたらされる収益性の低下が恐慌の引き金になるのだと主張されている（Kalecki [1939a] ch. 6）。さらにケインズはと言えば，不確実な現実世界において企業家がいだく期待の変化に注目し，資本の限界効率の急激な崩壊によって投資が著しく減少することに恐慌の原因を求めている（Keynes [1936] ch. 22）。ミンスキーの理論は，このようなケインズの分

析枠組みの継承と発展をはかるものである。こうして経済危機の理論の彫琢は，経済学の諸学派において古くから重要課題とされてきた一方で，しばしば激しい論争の主題ともなってきた[1]。

そして正にそれゆえに，ミンスキーの理論に対する異端派経済学者たちの評価も決して一様ではない。彼の理論が政治経済学の系譜における重要な貢献であることは誰しもが認めるところであるが，その一方で，ミンスキーの分析視角の一面性や限定性を指摘する者も少なからず存在する。たとえば多くのマルクス経済学者は，ミンスキーの理論が，資本主義経済の不安定性の源泉をもっぱら金融部門に見出しており，階級対立と所得分配など，実体部門の諸要因に由来する資本主義の矛盾と危機にはほとんど関心を払っていないことを，たびたび指摘している。

しかしながら，経済危機が常にただ一つの要因のみによって発生するとはかぎらない。むしろ多くの場合，さまざまな要因が複雑に絡み合って危機が生じると考えるのが妥当であろう。また危機の形態は，経済システムの制度的構造に依存し，時間と場所によって異なったものとなるに違いない。そして，その都度さまざまな形態をまとって現れる経済危機の性格を正しくとらえるためには，諸学派の分析視点を統合した包括的な理論的枠組みが必要となる。このような枠組みは，異端派経済学の諸潮流が活発な相互交流を進めていくことによって初めて構築可能となるものである。

1960年代末に登場して以来，今日にいたるまで異端派経済学の総合に向けて数多くの有益な試みを積み重ねてきたのが，アメリカのラディカル派経済学者たちである。彼らは，マルクス学派・ケインズ学派・制度学派の学問的遺産を受け継ぎ，それらの統合を通じて新古典派正統に取って代わる代替的な枠組

---

1) 異端派経済学における景気循環と恐慌の理論の諸類型については，宇仁・坂口・遠山・鍋島［2010］第11章を参照されたい。またバスとヴァスデヴァン（Basu and Vasudevan [2013]）は，2008年に始まる経済危機をめぐるマルクス派の内部における論争を概観するとともに，戦後アメリカにおける収益性問題についての実証分析を行なっている。彼らは，今次の経済危機を引き起こした要因として，情報技術革命がもたらす様々な利点が1990年代末に使い果たされたことによって生じた資本生産性の急速な低下を重視している。

みを構築しようと努めてきた。そして，競争・蓄積・分配など経済の実体的側面の分析に加えて，資本主義経済の貨幣的・金融的不安定性の分析においても，数々の実り豊かな成果を挙げてきた[2]。この章では，ミンスキーの「金融不安定性仮説」に対するアメリカ・ラディカル派経済学者たちの評価と批判を概観するとともに，今次の経済危機についての彼らの解釈に検討を加え，以って異端派経済学における危機理論の総合の可能性を展望することとしたい。

1　「ハリネズミ・モデル」の限界

　マルクスの経済学を理論的支柱の一つとするアメリカ・ラディカル派において，ミンスキーの貢献に早くから注目していた理論家の一人に，J. R. クロッティがいる。彼は，マルクス派の視角からミンスキーの理論の評価を試みている（Crotty [1986]）。まず彼は，ミンスキーを「戦後期について著述を行なった最も興味ぶかく重要なマクロ経済学者の一人」（*ibid.*, p. 297）であると称えている。1960 年代半ばに，ほとんどの主流派経済学者が景気循環の消滅と永続的な繁栄の到来を謳っていたのに対して，ミンスキーは，資本主義経済における循環的不安定性が内生的な性格をもつとともに，金融市場の制度的支柱がきわめて脆弱なものであることを主張していたからである。

　しかしながらクロッティは，資本主義の不安定性についてのミンスキーの理論には大きな欠陥があると主張する。すなわち彼のモデルでは，不安定性の原因が実体部門には存在せず，もっぱら金融部門のはたらきに照準を合わせることによって景気の変動が説明されている。そのために，「ミンスキーは，経済の実体部門における永続的な均斉成長に何の障害も見出すことができない」（*ibid.*, p. 302）。資本主義経済の循環的不安定性を説明するためには，実体部門

　2）アメリカ・ラディカル派経済学者たちの近年の主要な研究成果には，Pollin [2005], Epstein (ed.) [2005], Goldstein and Hillard (eds.) [2009], McDonough, Reich and Kotz (eds.) [2010] などがある。また金融危機に関する理論的・実証的・政策的な分析の成果は，Wolfson and Epstein (eds.) [2013] にまとめられている。

においてどのように蓄積の障害が生み出されるのかを分析する理論があわせて必要とされるのである。

このようにミンスキーは，経済危機の金融的側面を重視する一方で，実体部門における不安定性の源泉には十分な考慮を払っていない。これに対して，マルクス派の蓄積と恐慌の理論はと言えば，もっぱら経済の実体部門に注目するものであり，不安定性の金融的側面についてはほとんど何も語っていない。すなわち，ミンスキーとは逆方向の過ちを犯していることになる。ただしマルクス自身は，実体的分析と貨幣的分析とを偏りなく組み合わせた恐慌の分析枠組みを提示していたと，クロッティは主張している[3]。そのうえで彼は，マルクス派の景気循環理論には二つの一般的な特徴があると論じている (ibid., pp. 309-10)。

最初に挙げられる特徴は，資本主義の成長過程の矛盾的性格を強調していることである。マルクス派の諸理論においては，蓄積の進行それ自体が，利潤率の低下を引き起こすことによって蓄積に対する障害をつくり出すとされている。こうして経済は，好況の局面につづいて恐慌の局面へと入っていく。マルクス派の恐慌論にもさまざまな類型のものがあり，それらの理論においては，蓄積の進行に対する実体部門の障害として，それぞれに異なる要因が挙げられている。第一に，経済的拡張は「産業予備軍」を大きく減少させる。このことは，労働側の力を高めて賃金上昇をもたらし，利潤率と蓄積率の低下をもたらす。第二に，政治的・経済的・社会的な条件によって労働側の力が弱いままにとど

---

[3] クロッティの見るところ，経済危機の金融的側面についてのマルクスの論じ方は，ミンスキーの理論にかなり類似している。蓄積過程における金融部門の役割についてのマルクスの見解を，クロッティは次のように要約している。「金融仲介は重要であり，しばしば蓄積過程を加速したり不安定にしたりする支配的な要因となる。金融市場は，さもなければ達成することのできなかったような速度で蓄積過程を駆動させながら，景気上昇期にそれを推し進める。その一方で同時に金融市場は，ミンスキーが脆弱性と呼び，またマルクスが「過敏性」(oversensitivity) と呼んだ特性を成長過程にあたえる。……そして過度に拡大した過剰な金融システムは，穏やかな景気の下降に終わっていたかもしれないものを，金融恐慌と不況へと転化させる可能性をもっているのである」(Crotty [1986] p. 306)。

まるときには，利潤の分け前が大きくなることによって，商品の総供給に対して総需要が不足することがありうる。この場合には，稼働率の低下が利潤率の低下を引き起こして「過少消費恐慌」が発生する。第三に，一部のマルクス経済学者は，資本主義的な階級関係によって労働節約的な技術進歩が引き起こされるので，時とともに「資本の有機的構成」が高度化し，利潤率が低下してゆくと主張している。

マルクス派景気循環理論のもう一つの特徴として，経済諸集団のあいだの政治的・経済的な利害対立の存在を強調していることがある。社会諸集団はそれぞれに異なる経済的目的をもち，しかもそれらの目的はしばしば対立する。そして諸集団は，経済的・政治的な問題をめぐって抗争を繰り広げる。したがってマルクス派は，経済的・政治的な問題を理解するためには階級対立の概念が決定的に重要であると考える。この点，階級対立の概念を欠いているミンスキーの理論とは対照的である。

したがってクロッティは，資本主義経済の不安定性についての動学理論をさらに展開していくためには，これらの実体部門の収益性問題が金融市場の動学に埋め込まれなくてはならないと主張する。そのような理論の構築に向けて，現代のマルクス派は，不安定性の金融的側面を理解するためにミンスキーの分析を利用することができるであろうし，他方でケインズ派は，循環的不安定性の実体的な決定要因を考察するためにマルクス派の貢献から多くを学ぶことができるだろう (*ibid.*, p. 307)。このように論じて，クロッティは，ミンスキーの理論の一面性を指摘すると同時に，マルクス，ケインズ，ミンスキーの分析視角を統合した経済危機の理論の構築を展望している[4]。

クロッティと同じく，ディムスキとポーリン (Dymski and Pollin [1992] pp.

---

[4] クロッティ (Crotty [1993]) は，マルクス『資本論』第3巻 (Marx [1894]) の第15章における議論にもとづいて，「兄弟的な競争」と「兄弟争い的な競争」という二つの競争様式を区別し，それらの様式のもとでの企業の投資行動の違いについて論じている。さらに彼は，急速な資本蓄積は金融脆弱性を増大させるという「成長と安全性のトレード・オフ」の概念をケインズとミンスキーの理論から取り入れて，実体的要因と金融的要因を統合した投資理論を展開している。経済学の幅広い領域におけるクロッティの貢献の概要について知るためには，Goldstein [2009] および Wolfson [2009] が有益である。

50-4) もまた、ミンスキーの理論モデルが、もっぱら金融部門に焦点を当てたものであるがゆえに、現代資本主義経済の基本的性格についてのきわめて限定的な見方にとどまっていると指摘している。すなわちミンスキーは、金融的諸関係の分析から出発する一方で、生産と分配のメカニズムに対してはせいぜい二次的な位置づけしか与えていない。彼のアプローチにおいては、所得分配の変化が利潤期待と投資に及ぼす効果や、生産性の低下が利潤・賃金・投資・課税・財政赤字にあたえる影響など、労働市場と生産物市場の状態に関する問題が「ブラック・ボックス」の中に追いやられているのである。

ディムスキとポーリンは、古代ギリシャの詩人アルキロコスの詩にある「キツネはたくさんのことを知っているが、ハリネズミは大事なことを一つだけ知っている」という一節に触れて、ミンスキーのアプローチを次のように評している[5]。

> 狭猾なハリネズミと同じく、ミンスキーは「たくさんのことを知ろう」と真剣に試みることが決してなかった。言い換えるならば、自らの基本的立場を支えるために、一群の厳密な証拠を構築しようと努めることが決してなかった。もしそのような努力をしていたならば、それによって彼は、自らの視角を疑い、修正し、あるいは強めさえするように導かれたことであろう。
> (*ibid.*, p. 50)

---

[5] アイザイア・バーリンは、トルストイの歴史哲学を扱った著作『ハリネズミと狐』において、作家や思想家を二つのタイプに分類している。一方には、あらゆる物事を一つの首尾一貫したビジョンに関係づけ、それによって物事を理解し思考しようとする人々がいる。他方には、たがいに何の関係もない、ときには矛盾しさえする多くの目的を、何らかの心理的・生理的な理由のために追求している人々がいる。バーリンは、前者の人々をハリネズミに、後者の人々をキツネにたとえている。ディムスキとポーリンは、理論的・実証的・政策的諸問題を拡張・修正したり検証したりするという経済学における大部分の研究は、キツネの仕事であると述べている (Dymski and Pollin [1992] p. 27)。

2 新自由主義時代における経済危機の基本的性格

　ディムスキ（Dymski [2009]）はまた，資本主義経済が内生的な諸力のはたらきによって危機に陥る傾向をもつと見ている点においては全ての異端派経済学者が共通しているものの，経済の再生産メカニズムには一つの大きな欠陥があるのか，それとも多くの欠陥があるのかについては見解が分かれていると述べている。そして，さまざまな原因によって経済危機が発生する可能性を認めるとともに，多様な形態の危機をとらえることのできる包括的な枠組みを構築することによって，異端派マクロ経済学をよりいっそう頑健なものとすることができると主張している。

　さらにディムスキは，危機の原因に関するミンスキーの見解は，1980年までの実証データとはおおむね整合的であるが，それ以降の時期のデータとは整合的でないと論じている。かつてポーリンとディムスキ（Pollin and Dymski [1994]）は，ミンスキーの理論モデルにおける主要な諸変数について，1875～1989年のアメリカ経済のデータを収集・分析し，その結果，これらの変数は，第二次世界大戦前の「小さな政府」の時代においてと戦後の「大きな政府」の時代においてとでは，異なる動きを示すことを見出した。たとえば，景気の下降期におけるGDPの減少は，大きな政府の時代よりも小さな政府の時代のほうが著しく大きい。また，小さな政府の時代には下降期に失業率が大きく上昇するのに対して，大きな政府の時代にはその急速な上昇が抑制されていたし，失業水準も以前の時期よりもはるかに低かった。物価の変動について見ると，小さな政府の時代には下降期に持続的なデフレ圧力が現れていたのに対して，大きな政府の時代には下降期にもかなり強いインフレ圧力が作用していた。しかしながら，1980年代以降に自由主義経済学が台頭して，政府の経済安定化政策が放棄されたことにより，マクロ経済の循環的変動のパターンにふたたび変化が生じた。こうしてアメリカ経済は，大きな政府の時代を終えて新自由主義時代へと入った[6]。

　ディムスキ（Dymski [2009] pp.76-9）は，データの対象期間を2000年代半ば

にまで延長することによって，新自由主義時代における循環的変動のパターンの特徴を描写している。それによれば，1980年代以降には，経済成長率の変動が大きな政府の時代よりも大きくなった。失業率は，景気の悪化とともに急速に上昇し，それから徐々に低下してゆくというパターンをたどるようになった。またインフレ圧力は，大きな政府の時代に比べて弱くなるとともに，景気循環の過程を通じてほとんど変化を示さないようになった。これと同様に，実質金利も循環的な変化をほとんど示さなくなった。

さらに新自由主義時代には，労使関係や労働市場にも大きな変化が生じた。大きな政府の時代には，景気のピーク以後のすべての期間を通じて，実質賃金と俸給の支払いは一貫して上昇していた。これに対して新自由主義時代には，景気の山を迎えたのちに実質賃金と俸給の水準が急激な低下を示すようになった。利潤率についてはどうだろうか。大きな政府の時代には，景気循環の過程を通じて利潤率が大きな変動を示すことはなく，安定的に推移していた。ところが新自由主義時代には，利潤率が激しく変動するようになる。近年では，景気の山の直後には利潤率が低下するが，その後は著しく上昇するというパターンが観察されている。

したがって今日では，金融不安定性のみに関心を集中するミンスキーの「ハリネズミ・モデル」は，マクロ経済の光景のごく一部を眺めるためのレンズをあたえてくれるにすぎない。大きな政府の時代の経済システムには，企業の利潤を制約するための様々な制度的仕組みが組み込まれていた。そして正にそれゆえに，アメリカ企業の所有者たちは，1930年代以降に建設が進められてき

---

6) ポーリンとディムスキ（Pollin and Dymski [1994]）は，大きな政府の時代の初期には政府の安定化政策が効果的であったが，その効果は戦後期を通じてしだいに低下したと論じている。すなわち介入政策は，脆弱な金融構造を正当化する一方で，リスクの高い金融慣行を促進することによって金融システムの脆弱性をますます高める結果につながる。こうして，介入の費用が増大するのに対して，その便益は減少する。ポーリンとディムスキは，このような現象を「ミンスキーの逆説」と呼んでいる（詳しくは，本書第7章第3節を参照）。したがって，「大きな政府の資本主義」への回帰を主張するだけでは，新自由主義政策への対案とはならない。彼らは，生産的投資を促進するための政策として，民主的な経済計画にもとづく安定化政策を提唱している。

た福祉国家の解体を叫ぶようになった。大きな政府の時代の終焉とともに景気変動のパターンが変化したので，ミンスキーの理論モデルもまた，資本主義経済の制度的構造の変化を踏まえつつ，金融危機に対する実体部門の影響を十分に考慮することのできるよう拡張されなくてはならない。

それでは，大きな政府の時代から新自由主義時代へと資本主義経済が移行するにともない，経済危機の形態にはどのような変化が生じたのだろうか。また今日の新自由主義的な資本主義のもとでは，何が危機の主な原因となっているのだろうか。マルクス派恐慌論の枠組みにもとづいてこの問題に取り組んでいるのが，コッツの研究（Kotz [2009a]）である。彼は，ワイスコフ（Weisskopf [1979]）と類似したアプローチを用いて利潤率の要素分解を行ない，利潤率の構成要素となる諸変数の動きを見ることによって，戦後アメリカ経済における危機の諸傾向を実証的に識別しようと試みている。

ほとんどのマルクス経済学者は，投資の重要な決定要因である利潤率の低下が経済危機の主要な契機になると考えている。そして利潤率の低下の原因を分析するためには，利潤率の要素分解を行なうことが必要となる。税引き後利潤 R を企業の正味資産 NW で割った利潤率 r は，次のように四つの変数の積として表すことができる。

$$r = \frac{R}{Y} \times \frac{Y}{TA} \times \frac{TA}{A} \times \frac{A}{NW} \quad (1)$$

ここで Y は純産出量，TA は有形資産（市場価値で表示），A は総資産（市場価値で表示）を表す。したがって利潤率は，(1)利潤シェア R/Y，(2)有形資産に対する産出量の割合 Y/TA，(3)総資産に占める有形資産の割合 TA/A，(4)正味資産に対する総資産の割合 A/NW，の四つの要因から構成されることが分かる。ただし，後者二つの要因は分析において重要な役割を演じていることが確認されなかったために，以下の議論では省略される。第一の要素である R/Y は，次のように書くことができる。

$$\frac{R}{Y} = 1 - \frac{W}{Y} - \frac{T}{Y} - \frac{i}{Y} \quad (2)$$

ここで W は従業員報酬，T は利潤税と間接税の総額，i は利払いをそれぞれ表す。また実質賃金を w_R，消費者物価指数を CPI，産出物価指数を P_Y，非金融企業部門の実質産出量（P_Y でデフレートされた）を Y_R，労働者数を N とすれば，(2)式の右辺第2項の賃金シェア W/Y は，実質賃金 w_R，労働者一人あたり産出量 Y_R/N，産出物価指数に対する消費者物価指数の比率 CPI/P_Y，の三つの変数の関数として表される。

$$\frac{W}{Y} = \frac{w_R \times (CPI/P_Y)}{Y_R/N} \qquad (3)$$

それでは，資本主義における経済危機の類型にはどのようなものがあるのか。そして，それらの危機の諸類型は，利潤率を決定する諸変数の動きに照らして，どのように識別されるのか。コッツは，四つの危機の傾向を区別している。

第一に挙げられているのは「利潤圧縮」である。景気の拡張局面では資本蓄積の進行とともに産業予備軍が減少するので，労働側の交渉力が強くなり，賃金水準が上昇する。(3)式から分かるように，実質賃金 w_R の上昇が労働生産性 Y_R/N の上昇を上回るときには，賃金シェア W/Y が上昇する。このようなかたちで利潤圧縮が発生すると，利潤シェア R/Y と利潤率 r の低下につづいて投資が減少するので，景気は下降へと転じる。景気後退に先立ち，賃金シェアの上昇によって利潤率が低下しているときには，この類型の危機が発生していると考えられる。

第二は「過少消費」である。景気の拡張期に労働側の交渉力が弱く実質賃金が伸び悩む一方で労働生産性が上昇する場合には，利潤シェアが上昇して潜在的な実現問題が生じる。この場合には，増加した利潤を吸収するために，投資かまたは何らかの種類の非生産的支出（政府支出や資本家消費など）が増加しなければ，生産が需要を超過して経済は危機に陥る。(1)式から明らかなように，利潤シェア R/Y の上昇よりも設備稼働率 Y/TA の低下のほうが大きいときには，利潤率 r が低下するので過少消費危機が引き起こされる。

第三に「過剰投資」が挙げられている。新自由主義時代の企業間関係は，価格切り下げをしばしば伴う熾烈な競争によって特徴づけられる。自らの市場シ

ェアを引き上げることによって生き残りをはかる各企業は,費用削減的な投資の実行を強いられるので,その結果,過剰な生産能力が生じることになる[7]。そして遊休設備の増加は,投資を減少させて危機を引き起こす。この類型の危機においては,二つの変数の動きによって景気後退に先行する利潤率の低下が引き起こされる。一つは稼働率 Y/TA が低下することである。もう一つは,実質賃金 w_R の上昇が労働生産性 Y_R/N の上昇よりも緩やかであるにもかかわらず,二つの物価指数の比率 CPI/P_Y が上昇するために賃金シェア W/Y が上昇して,利潤シェア R/Y の低下がもたらされることである((3)式を参照)。一方における稼働率の低下は,需要不足への反応として,生産能力に比べて実質産出量が減少することを表している。他方における CPI/P_Y の比率の上昇は,需要不足が企業の価格形成力に及ぼす負の影響を表している。すなわち,需要が不足している局面では企業の価格形成力が弱くなり,利潤シェアの低下を防ぐために十分なほど生産物価格を引き上げることができないので,CPI/P_Y の比率が上昇する。このようにして,過剰投資に起因する需要不足は,利潤率に対して数量効果と価格効果の二つの効果を及ぼすことになる。

第四に,「資産バブル効果」によって危機が発生することがある。コッツの見るところ,新自由主義時代の経済的拡張は,資産バブルを生み出す傾向をもっている。それは,利潤が急速に増加すると同時に,富裕層の可処分所得もまた急速に増加するとき,収益的な生産的投資機会のために必要とされる額を上回る投資資金が生み出され,余剰な資金が土地や株式などの資産の購入へと向

---

[7] この点については,クロッティ(Crotty [1993])において詳しく論じられている。本章の注4で説明した枠組みにもとづいて,彼は,アメリカでは1980年頃を境に「互恵的な競争」から「無政府的な競争」へと競争様式の転換が生じ,それによって企業は短期的な生き残りのために費用削減的な投資の実行を強いられたのだと主張している。またクロッティ(Crotty [2005])の見るところ,新自由主義経済においては,総需要の停滞と持続的な超過供給とが互いの効果を強め合うという悪循環が存在している。すなわち,賃金・雇用の抑制や緊縮的な財政政策によって総需要が減少すると,企業間の競争圧力が強まるために,企業は費用削減投資を余儀なくされ,これによって持続的な過剰能力が生み出される。そして,このことは総需要不足の問題をいっそう悪化させる(pp. 79-84)。

かうからである。資産価格の上昇は消費と投資を刺激して,経済になおいっそうの活況をもたらす。しかしながらバブルが崩壊すると,大規模な過剰能力が現れるので持続的な投資の減少が生じることになる。この類型の危機の発生は,次の三つの事実によって確認される。すなわち,(1)拡張期に資産バブルが存在していること,(2)景気後退に先立ち,利潤率を決定する諸変数が過剰投資危機の場合と同じように動いていること,(3)バブル崩壊後に投資が長期的に減少していること,の三つである。

コッツの見解によれば,アメリカにおいては「規制された資本主義」の制度的構造が1948年頃に確立し,その構造は1973年まで持続した。その後,10年間ほどの移行期をへて1982年頃に新自由主義的な制度的構造が成立し,今日に至っている。この間,アメリカにおいては9回の景気拡張があった(1949〜53年,1954〜57年,1958〜60年,1961〜69年,1970〜73年,1975〜79年,1980〜81年,1982〜90年,1991〜2000年)。コッツは,1973年までの規制された資本主義の時代における五つの景気拡張と,新自由主義時代における二つの景気拡張(1982〜90年,1991〜2000年)について,拡張後期の利潤率低下の原因を分析している。

その結果,規制された資本主義の時代には,いずれの拡張後期においても,実質賃金が労働生産性よりも急速に上昇するなど,この時代の危機は利潤圧縮危機の特徴をもつことが明らかになった。これに対して新自由主義時代の二つの危機においては,消費者物価指数／産出価格指数の比率がそれ以前の時期に比べて上昇するとともに,実質賃金の上昇は生産性の上昇に遅れている。このように,新自由主義時代の二つの危機は過剰投資危機の傾向を示している。さらに1997〜2000年の拡張後期においては,景気の山の後に長期にわたる投資の停滞が生じており,資産バブル危機の様相も呈している。ここに見られるように,何が経済危機の主な原因となるのかは,特定の場所と時代における資本主義の制度的構造に依存している。経済の制度的構造が変化するときには,危機の性格もまた変化するのである。

3　世界金融危機をどう解釈するか

次に，2008年のリーマン・ショックによって頂点に達した世界金融危機を，アメリカのラディカル派経済学者たちがどのように解釈しているのかを見ていこう。ここでは，その代表的な見解の一つとして，D. M. コッツをはじめとする理論家たちによって展開されている「社会的蓄積構造」(social structure of accumulation: SSA) のアプローチにもとづく見解を取り上げる[8]。世界金融危機の勃発によってミンスキーの金融不安定性仮説が多くの人々の関心を呼び起こしているなかで，彼の理論が実際にどの程度までこの危機を説明することができるのかを見定めるためには，危機の原因や性格について理論的および実証的な観点から検証を進めることが不可欠となる。そのような考察を経ることによって初めて，ミンスキーの理論の今日的な意義と限界について知ることができるだろう。

コッツ (Kotz [2009b]) は，新自由主義時代のアメリカにおける長期の経済拡張と，2008年の金融・経済危機についての大まかな構図を示している。それによれば，アメリカの新自由主義的な諸制度は時とともに，(1)不平等の拡大，(2)金融部門の投機的行動，(3)一連の資産バブル，という三つの重要な動向を生み出した。第一に，規制緩和と民営化，裁量的な財政政策の放棄，政府の社会支出の削減，大企業や富裕層に対する減税，労働組合に対する攻撃など，新自由主義的な政策のいずれもが不平等の拡大につながった。第二に，金融部門の投機的活動は，金融自由化，無制限の競争，経営者市場の発達の結果である。第三に，資産バブルは，これら二つの動向の帰結である。すなわち，所得

---

[8] SSA 理論の枠組み，およびその誕生から今日に至るまでの展開については，鍋島 [2014] を参照されたい。また鍋島 [2007] では，ミンスキーの長期発展理論（たとえば Minsky [1990] pp. 65-72 を参照）と，SSA 理論やレギュラシオン理論によって代表されるネオ・マルクス派の資本主義発展論との類似性について論じている。なお SSA 学派における近年の主要な研究成果には，Lippit [2005], McDonough, Reich and Kotz (eds.) [2010], Kotz [2015] などがある。

の不平等化が進むことによって大企業と富裕層の手元に膨大な余剰資金が形成され，それらの資金が不動産や株式の購入へと向かった。そしてひとたび資産バブルが始まると，投機的な活動に傾斜していった金融部門が貸出を増加させることによって，バブルの膨張が進んだ。こうして，上に挙げた三つの動向が，新自由主義時代における長期的拡張の基礎をなしていたのである。

新自由主義時代における利潤の急速な増加は，資本蓄積の強力な誘因をつくり出した。その一方で，実質賃金の下落や社会支出の削減によって消費支出が抑制されたために，総需要不足の問題が現れた。投資と資本家消費が，それ自体で長期的拡張をもたらすのに十分な総需要を生み出すほど，急速に拡大することはありそうにないからである。この問題は，家計の借入の増加によって解決された。資産バブルによって土地や株式の担保価値が上昇したことが，家計の借入増加を可能にしたのである。こうして2000～07年の長期的な拡張は，住宅バブルと借入にもとづく消費支出によって主導されていた。

しかし，賃金上昇が厳しく抑制されており，家計債務の増加を通してのみ経済の拡張が可能となるようなシステムが，無限に持続することはありえない。時とともに家計に対する金融的圧力が増大したばかりでなく，金融部門の脆弱性もしだいに大きくなった。そして，2000年代を通じて膨張をつづけた住宅バブルが崩壊を迎えると，従来の経済拡張のパターンは持続不可能となる。バブルの崩壊は多くの家計に打撃をあたえ，住宅ローンの返済を困難にした。ますます脆弱化した金融部門は，住宅バブルの崩壊を生き延びることができなかった。それゆえ2008年の金融危機は「新自由主義的資本主義」(neoliberal capitalism) の体系的な危機と見なされるべきであると，コッツは主張している[9]。

---

9) 近年のSSA学派は，アメリカの高度経済成長を支えた戦後SSAが1960年代末に崩壊したのち，約10年に及ぶ社会的闘争をへて，1980年代初めに「新自由主義SSA」(neoliberal SSA) という新しいSSAが出現したという見解を示している。コッツ (Kotz [2013b] p. 340) は，「新自由主義SSA」の主要な特徴として，(1)資本による労働の支配, (2)経済からの国家の撤退, (3)大企業間での無制限の競争, (4)金融部門による投機的利潤の追求, (5)自由主義イデオロギーの復活, の五つを挙げている。そして，2008年の経済危機を転機として新自由主義SSAは衰退の局面に入ったというのが，SSA学派の多くの理論家たちの見方である。

さらにコッツ（Kotz [2013a, 2013b]）は，2008年の経済危機の特徴についての理論的・実証的な分析へと進む。この危機の特徴の一つとして，危機の発生に先立って利潤率の大きな下落が生じていないということがある。すなわち新自由主義時代には，1970年代の構造的危機の局面においてとは異なり，利潤率の長期低落傾向が見られないので，2008年の危機が利潤率の長期的な低下に起因しているという解釈は説得力をもたない。こうして，利潤圧縮説と有機的構成高度化説は棄却される。他方で新自由主義時代には，実質賃金が伸び悩んでいるにもかかわらず消費需要は急速な拡大を続けていたので，過少消費説も当てはまらない。それでは，今次の危機はどのような種類のものなのか。コッツは，この危機を「過剰投資危機」として理解することができると言う。なお過剰投資とは，投資の絶対的な水準が高いことを意味しているのではなく，持続可能な需要水準に比べて過大な固定資本がつくり出されていることを指している。

彼の見方によれば，新自由主義時代においては，利潤の増加と資本蓄積を長期にわたって促進するうえで一連の資産バブルが本質的な役割を演じていた。新自由主義政策のもとで賃金水準が伸び悩んでいたにもかかわらず，資産バブルが資産価格の上昇をもたらすことによって，実質賃金の低下に直面する家計が借入を行ない，消費支出を拡大することが可能になった。そして大規模な資産バブルは，二つの方法で過剰投資をもたらす。第一に，家計の借入に依存した消費需要の増加に対応するべく，企業は生産能力を増強するための投資を行なう。第二に，資産バブルは投資の将来収益性についての過大な期待を生み出すことによって，投資を拡大させる。しかしながら，ひとたびバブルが崩壊すると，資産価格の下落によって消費者の借入能力が一挙に低下し，それとともに消費支出も急減する。その結果，借入に依存した消費需要をみたすために創出された生産能力が突然に過剰なものとなるので，企業の設備投資が崩壊する。住宅バブルの崩壊につづく2008年以降の景気後退もまた，消費支出の減少によって始まり，それに続いて企業の固定投資が急速に減少するという経過をたどっている。

要するに2008年の危機は，深刻な金融危機であることに間違いはないにせ

よ，単にそれにとどまるものではない。バブルの拡大とともに経済全体が楽観的な期待に覆い尽くされ，金融構造の脆弱化が進んだという点においては，たしかに今次の危機もミンスキーが想定していたシナリオに一致している。しかし，1990年代末のITバブルや2000年代の住宅バブルなどの資産バブルが発生した背景には，新自由主義的な資本主義のもとで，所得分配の不平等化が進むとともに，金融部門の投機的な活動が拡大したことがある。とりわけ，実質賃金の下落，家計所得の不平等化，政府支出の削減などによって，新自由主義政策が強い需要押し下げ圧力を生み出していた点に，経済危機の構造的な原因がある。一連の資産バブルは家計消費を増加させることによって総需要不足の問題を一時的に解決したものの，2007年に住宅バブルが崩壊すると消費支出が減少して，急速な景気後退が始まった。そして最終的には，厳しい過剰投資危機というかたちで新自由主義的資本主義のはらむ内部矛盾が発現した。

すなわち，2008年の経済危機が純粋な金融危機であると考えるのは皮相的な見方にすぎない。その背後にある生産と分配の問題など，経済の実体的側面の動きを見落とすならば，危機の性格を見誤ることになる。経済危機の分析は，実体部門と貨幣部門の双方をあわせて視野に収めたものでなくてはならない。したがってミンスキーの理論もまた，金融的要因とあわせて，さまざまな実体的要因のはたらきを組み入れるように拡張する必要がある。

4 経済危機の理論の統合に向けて

かつてクロッティは，「ハイマン・ミンスキーは大きな獲物を仕留めている」（Crotty [1986] p. 297）と書き記した。静穏な経済拡張が投資ブームをもたらし，さらにそれが金融恐慌へと転じてゆく様を，力強く精密な論理によって描き出したミンスキーの「金融不安定性仮説」は，資本主義経済システムが内在的な諸力のはたらきによって危機に陥る傾向をもつと考える異端派経済学者たちのあいだで，危機理論の新境地を切り拓く画期的な貢献として迎えられたのである。1970年代以降，金融の自由化と国際化が進展するとともに，世界各国に

おいて金融システムの不安定性がしだいに高まるなかで，現代資本主義の矛盾と弊害を読み解くための糸口をあたえてくれる枠組みとして，ミンスキーの理論は多くの異端派経済学者たちにとっての拠り所となった。彼は次のように述べて，資本主義経済についての自らのビジョンを明示している。

> われわれの経済の主たる欠陥は，その不安定性にある。この不安定性は外的ショックに起因するものではなく，また政策担当者の無知や無能力に起因するものでもない。不安定性は，われわれの経済の内部的運行過程にもとづいている。複雑・精巧でたえず進化している金融組織をもっている動態的な資本主義経済は，制御不能なインフレーションや深刻な不況などの矛盾を引き起こすような諸条件をつくり出すのである。
>
> （Minsky [1986] pp. 9-10：邦訳 12 頁）

しかしながらその一方で，アメリカのラディカル派経済学者たちは，ミンスキーの理論が経済危機の金融的側面のみに注目する限定的な枠組みにすぎないと，つとに指摘してきた。そして2008年の経済危機についても，それは純粋な金融危機ではなく，その根本的な原因は実体経済の諸要因にあると見ている。彼らは，1980年代以降のアメリカにおいて採用されている新自由主義的政策そのものが，世界金融危機を生み出した主たる原因であると主張する。このような見方が正しいとすれば，ミンスキーの理論は，今次の危機についての部分的で不完全な説明しか与えていないということになる。

ここからも理解されるように，経済危機の理論と現状分析をめぐっては，今日なお，異端派経済学者のあいだでも様々に見解が分かれている。しかしながら近年では，経済危機の理論の統合をはかろうとする試みも徐々に進められている。その一例として，ここでは，ポスト・ケインズ派の著名な理論家の一人であるパリー（Palley [2010]）の議論を紹介することにしよう。パリーは，自らの立場を「構造的ケインジアン」(structural Keynesian) と規定している。そのアプローチは，階級間の所得分配が総需要に及ぼす効果に注目する点において，J. トービンや P. デヴィッドソンのような「オールド・ケインジアン」と区別されるのだという。そのうえで彼は，フォスターとマクチェズニー（Foster and

McChesney [2009]）らの新マルクス派，コッツをはじめとする SSA 派，および構造的ケインジアンの三者はいずれも，今次の経済危機が実体経済に根源的な原因をもつと考える点において共通していると述べている。

フォスターとマクチェズニーは，バランとスウィージー（Baran and Sweezy [1966]）によって構築された独占資本主義論の枠組みに依拠しながら，今次の危機は，経済停滞へと向かう歴史的傾向への回帰を示すものであると論じている。コッツは，危機の原因が総需要不足にあると考える点では彼らと同じであるが，前節で見たように，危機は過剰投資という形態をとって現れたのだという見解を示している。そして両者とも，約30年間に及ぶ賃金停滞と所得不平等の拡大によって深刻の度を増していった新自由主義経済モデルの諸矛盾の現れが，今次の危機にほかならないと見ている。これに加えて両者によれば，金融の拡大が，需要増加を支えるとともに，新自由主義モデルの停滞傾向を相殺するうえで重要な役割を演じていたとされる。これらの点において，構造的ケインジアンの見方は，新マルクス派および SSA 派と共通している。すなわち構造的ケインジアンもまた，新自由主義的な諸改革が総需要に対して大きな負の影響を及ぼしたと主張している。あわせて，資産バブルを通じて需要を維持するうえで，金融が大きな役割を果たしていたと見ている。

戦後アメリカ経済の歩みを振り返ってみると，1980年以前には政府の経済政策は完全雇用を目標としていた。また「資本と労働の合意」のもとで，実質賃金は労働生産性と連動して上昇していた。これによって，需要と生産性の好循環が生み出され，長期に及ぶ経済成長が可能となった。これに対して1980年以降には，政府は完全雇用の目標を撤回し，その結果として，生産性と賃金のあいだの連鎖も切断された。そして政策当局は新たに新自由主義型成長モデルを採用し，そのもとで経済成長のエンジンは，賃金上昇から家計部門の借入と資産バブルに取って代わられた。しかしながら，このような経済成長のパターンは本来的に持続不可能である。ひとたび家計のいっそうの借入が不可能になれば，そのシステムはすぐに停止する。これはまさに，住宅バブルの崩壊によって起きたことであった。

こうしてミンスキーの金融不安定性仮説は，今次の経済危機の物語の顛末を

鮮やかに描き出しているように思われる。負債に依存した消費の拡大と資産バブルは，長い間にわたって経済停滞を食い止め，新自由主義モデルの寿命を引き延ばした。しかしその過程で家計債務がふくらみレバレッジが拡大したので，ひとたび危機が起きると，それは歴史上まれに見る深刻な金融崩壊へと向かっていった。とはいえ，これは経済危機の物語の一齣にすぎない。危機の根底には，新自由主義モデルのもとでの賃金停滞と所得不平等の拡大があるからだ。したがって，新マルクス派，SSA派，構造的ケインジアンの三者は，それぞれの理論的枠組みに金融的諸力のはたらきを組み入れることによって共通の枠組みをもつことができるだろう，とパリーは論じている[10]。

マルクス以来，多くの異端派経済学者たちは，恐慌とは資本主義経済の基本的矛盾の発現であり，その暴力的調整にほかならないと考えてきた。それゆえ，景気循環と恐慌の原理的解明は経済学の重要課題と位置づけられ，この課題を解くためにこれまで数多の経済学者たちが多大な労力を注いできた。それにもかかわらず，今日においても経済危機の理論にはさまざまな類型のものが存在しており，多くの人々が認める共通の理論が形成されるには至っていない。統合的な危機理論の構築は，異端派マクロ経済学において依然として未解決の課題なのである。経済危機は，それぞれの時代と場所における制度的構造によって異なる形態をとるとともに，しばしば複数の原因が相俟って発生するので，危機の理論は，金融部門と実体部門の双方のさまざまな要因を考慮に入れた包括的な枠組みでなくてはならない。危機理論の統合という未完のプロジェクトを進めていくうえで，金融不安定性という資本主義の大きな欠陥の一つに光を当てたミンスキーの理論は，マルクス，ケインズ，カレツキらの理論とともに，欠くことのできない視点をあたえてくれることであろう。

---

10) 2008年の金融危機とそれに続く「大後退」(Great Recession) についてのパリーの詳しい分析は，Palley [2012] において展開されている。そこでは，経済危機のマクロ経済的原因の国内的要素である「新自由主義型成長モデル」と，その国際的要素である「グローバルな経済協力の誤ったモデル」についての考察が行われている。彼は，グローバリゼーションという経済モデルが，輸入の増加，製造業雇用の減少，新投資の海外移転というアメリカ経済の三重苦をもたらしたのだと主張している。

第 IV 部

カレツキと現代経済

第10章
カレツキの資本主義経済論

はじめに

　ミハウ・カレツキの学問的貢献に対する評価は，現代の経済学者のあいだで真二つに分かれている。一部の人々は，カレツキを20世紀における最も偉大な経済学者の一人と見なしている。さらには，経済学の歴史においてマルクスやケインズと並ぶほどの主要な位置づけが与えられることさえある。たとえばジョーン・ロビンソンは，*Journal of Post Keynesian Economics* 誌の創刊号に寄せた論文において，「今日われわれは，マルクス，ケインズ，カレツキの洞察を首尾一貫した形式に導き，それらを現代的な場面に応用することを可能にしてくれるような長期と短期の分析の一般的な枠組みを手にしている」(Robinson [1978] p. 18) と述べている。カレツキの知的遺産はおもにポスト・ケインズ派によって継承され，その枠組みの拡張と応用が今日でも盛んに進められている。さらに，カレツキの影響は異端派経済学の諸潮流に広く及び，アメリカ・ラディカル派やフランス・レギュラシオン学派など，「政治経済学」の旗印のもとに結集する多くの学派の理論家たちが，カレツキの著作をみずからの枠組みの源泉の一つと位置づけている。このようにカレツキの分析は政治経済学の多様なアプローチにとっての理論的支柱をなしており，それゆえカレツキの名に触れずに現代政治経済学の展開について語ることはほとんど不可能であると言っても差し支えない。

　これとは対照的に，主流派経済学者のあいだでは，今日にいたるまでカレツ

キの貢献はほぼ完全に無視されてきた。それは，カレツキが新古典派経済学とは全く異なる分析視角から研究を進めていたことや，彼が資本主義経済体制に対する断固たる批判者であったことによるところが大きい。主流派経済学者の手による著書や論文でカレツキの理論が取り上げられることは滅多にないし，またマクロ経済学の教科書をひもといても，多くの場合，カレツキの名を見つけることはできない。主流派経済学の研究においては，マークアップ価格形成理論について論じられるさいに，ごく稀に彼の名に言及されることがあるくらいのものである。このような扱いが妥当なものであるとするならば，カレツキは経済学の発展に対して独創的な貢献を行なうことはほとんど無かったということになる。

言うまでもなく，カレツキに対する好対照をなすこれら二つの反応は，新古典派経済学と政治経済学の並立という現代経済学の構図を反映している[1]。自由市場経済は効率性を実現するための諸力をそれ自らの内に備えているという前提のもとに，交換の局面に焦点を合わせることによって市場機構のはたらきを解明しようとする新古典派経済学者たちは，カレツキによって提示されたアプローチの意義を理解しようとはしない。これに対して政治経済学の伝統を受け継ぐ人々は，階級間における利害対立や権力関係の作用を明らかにしながら，資本主義経済の構造と動態を解明しようと努めたカレツキの著作のなかに，代替的な経済理論を構築するさいの糸口を見出そうとしている。

今日の経済学の世界においては，資本主義市場経済を本来的に自己調整的で安定的なシステムであると見なす新古典派経済学が支配的な潮流となっている。しかしながら新古典派理論においては，資本主義経済において多様なかたちで作用している権力と支配という政治的要因のはたらきが見落とされている。そのため，経済諸集団のあいだの力関係を反映して生じる各種の社会的・経済的

---

1) 新古典派経済学と政治経済学のアプローチの相違については，Bowles, Edwards and Roosevelt [2005] ch. 3 の解説が有益である。そこでは，新古典派経済学が「競争」という水平的次元のみを重視する一次元的なアプローチであるのに対して，政治経済学は，それに加えて，「支配」という垂直的次元，「変化」という時間的次元の三つの次元に照らして資本主義を分析する「三次元的な経済学」であると特徴づけられている。

な格差や不平等についての分析も手薄になりがちである。また新古典派経済学には，資本主義は構造変化を繰り返しながらそれ自らを再生産するという歴史的な視点が欠けている。そのような視点なしには，成長と危機の長期的交替を通じてその相貌を大きく変えていく資本主義の歴史的動態を読み解くことはできないであろう。

資本主義が歴史的転換期を迎えている現在，現代の経済社会を歴史的視点から展望するとともに，権力関係の作用という政治的要因を分析の射程に取り込みつつ，資本主義経済の運動様式を総体的にとらえることのできる理論的枠組みが強く求められている。そして，剰余の生産と分配に焦点を合わせるリカード＝マルクス的伝統の現代的な再生を推し進めたカレツキの著作には，そのような枠組みを構築していくための多くの有益な示唆が内蔵されているのである。したがって，新古典派経済学の限界を乗り越える代替的な経済学の可能性とその方向を探るさいには，現代政治経済学の源流に位置しているカレツキの理論と思想にあらためて立ち返り，その今日的な妥当性を問い直すという作業が不可欠となる。

カレツキの経済学の核心をなしているのは「有効需要の理論」である。すなわち彼は，資本主義経済における失業の発生の根本的な原因が，有効需要の不足，とりわけ投資の不足にあると見なす。彼は，ポーランド語で公刊された小冊子『景気循環理論概説』（Kalecki [1933a]）において，ケインズの『一般理論』（Keynes [1936]）に3年ほど先立って，このような見解を公にしていた。しかしケインズとカレツキの知的背景は，たがいに大きく異なっていた。ケインズは，マーシャルとピグーから経済学の手ほどきを受けたのちに，伝統的な思考の枠組みから脱却するための長期の闘いを経て『一般理論』を著すに至った。これとは対照的に，カレツキは正統派経済学を学んだことがなかったので，既成の枠組みや固定観念に束縛されることなく，マルクスの再生産表式から出発して「有効需要の理論」を発見することができたのである[2]。

---

2) マルクスとカレツキの理論・方法についての比較を試みている文献としては，Sawyer [1985] ch. 8, Sebastiani [1994] ch. 5, McFarlane [1996], Kerr [1997] がある。とくにマ

カレツキの経済学の主要な特徴として，以下の三つの点を挙げることができる。第一に，彼の理論的枠組みは，個人ではなく社会階級を基本的な単位としているということである。すなわちカレツキは，マルクスと同じく，資本主義社会を資本家と労働者という相対立する二大階級から構成される階級社会であると見ていた。そして階級対立のあり方が資本蓄積の動態に重大な影響を及ぼすというのが，彼の見方であった。第二に，資本主義経済が本質的に不完全競争ないしは寡占によって特徴づけられる，とカレツキは考えていた。また競争度の変化は，価格の変化を通じて所得分配の変化をもたらすにとどまらず，さらには所得と雇用の水準にも影響を及ぼす。このことと関連して第三に，カレツキはマクロ分析とミクロ分析を独特なかたちで統合した。すなわち，価格と分配のミクロ分析と所得決定・景気循環のマクロ分析とをたがいに分離するのではなく，両者を相互依存的なものとして理論の枠組みを構築しているのである。

カレツキの研究は，資本主義経済・社会主義経済・発展途上経済の三つの経済システムのすべてに及んでいる。彼は，資本主義経済の分析を通じて獲得することのできた分析上の概念や枠組みを，他の類型の経済システムの分析にも積極的に活用してはいるものの，彼の基本的な見解は，相異なる制度の経済に対しては，相異なる理論モデルを用いてそれぞれの動態を分析しなくてはならないというものであった（詳しくは，本書276-7頁を参照）。したがって，カレツキの経済学の全貌を正しく把握するためには，社会主義経済と発展途上経済に関する彼の研究を見逃すことができない[3]。けれども本章では，資本主義経済の分析に限定してカレツキの貢献を紹介し，その今日的な意義といっそうの発展の可能性について考察することにしよう。

ルクスの再生産表式との関係に焦点を合わせることによって，カレツキのマクロ経済学の特徴を明らかにしている研究に，Sardoni [1989]，Trigg [2002]，栗田 [2008] 第5章，がある。

[3] 社会主義経済論と開発経済学の領域においても，カレツキの貢献を再検討し，それを発展させようとする数多くの試みが存在する。前者についてはOsiatyński [1988] を，後者についてはFitzGerald [1993] を，それぞれ代表的な研究として挙げておく。

1 カレツキによる「一般理論」の発見

　カレツキとケインズは，1936年末に会うまで互いに何の接触もなく，それぞれ独立に「有効需要の理論」を発見した。しかもカレツキのほうが，3年ほど先んじてその理論に到達していたのである。それでは，カレツキが「有効需要の理論」を先取りしていたとされる『景気循環理論概説』(1933年)[4]の基本的な枠組みとはどのようなものであったのだろうか。それについて簡単に見ていくことにしよう。

　カレツキは，その著作で「趨勢をともなわない閉鎖経済体系」を考察の対象としている。そして，いくつかの仮定を設けたうえで，次のような投資関数を導いている。

$$\frac{I}{K}=f\left(\frac{P}{K}\right)$$

ここで，I は投資財注文量，K は資本設備量，P は粗利潤を表す。すなわち資本設備量に対する投資財注文量の割合は，利潤率の関数であるとされているのである。さらに，粗利潤 P が B_0+A（資本家消費の固定的部分 B_0 と粗蓄積 A の合計）に比例することを考慮するとともに，この関数が線型関数であると仮定するならば，次のように書き直すことができる。

$$\frac{I}{K}=m\frac{B_0+A}{K}-n$$

あるいは，

---

[4] このパンフレットは，第Ⅰ部「一般理論の概要」，第Ⅱ部「数学的展開」，第Ⅲ部「応用」の三部から構成されている。1966年に，このうちの第Ⅰ部だけが若干の改訂を加えられたうえで英訳された (Kalecki [1966] ch. 1)。それは Kalecki [1971] にも第1章として再録されている。この著作の全体がはじめて英訳されたのは，『カレツキ全集』第1巻 (Kalecki [1990]) においてである。

$$I = m(B_0 + A) - nK$$

ここで m と n は正の係数である。したがって投資財注文量 I は，粗蓄積 A の増加関数であるとともに，資本設備量 K の減少関数であるということになる。

これにもとづいてカレツキは，景気循環のメカニズムを次のように説明している。まず好況期には，投資財注文量の増加が投資財生産量の増加を喚起する。このことは，利潤の増加を通じて投資活動をさらに活発にする。ところが景気の拡大がつづいて投資財の生産量がその更新必要量を上回るようになると，資本設備量が増加しはじめる。上の投資関数から理解できるように，このことは投資活動が増進する速度を鈍化させ，のちには投資財注文量の減少を引き起こす。こうして経済は，好況期から不況期へと移行する。不況の局面では，経済はこれまでと逆の過程をたどることになる。投資財注文量が更新必要量を償うのに十分ではなくなり，そのために資本設備量が減少する。このことは収益性の改善につながるので，やがて投資財注文量が増加に転じて，景気は回復に向かうことになる。

J. ロビンソン（Robinson [1966]）は，ケインズ革命の本質を，(1)貯蓄率は投資率によって支配される，(2)物価の水準は貨幣賃金率の水準によって支配される，(3)利子率は貨幣の需要と供給によって支配される，という三つの命題に要約したうえで，カレツキは1933年にこれと同一の結論に到達していたと主張している。さらに彼女は，ケインズとカレツキの知的背景の相違について次のように論じている。

> カレツキが学んだことのある唯一の経済学は，マルクスについてのものであった。他方でケインズは，マルクスについては全く理解することができなかった。……ケインズがマルクスから出発していたならば，多くの苦労をせずに済ませることができただろう。われわれが1931年に『貨幣論』について議論していた「サーカス」で，カーンは，資本財産業の周囲の非常線を想定し，それから資本財産業と消費財産業のあいだの取引について熟考することによって，貯蓄と投資の問題を説明した。彼は，マルクスの表式を再発見するために苦心していたのだ。ところがカレツキは，その地

点から出発していたのだった。(ibid., p. x)

カレツキはケインズに先行していただけでなく，さらに彼の分析はいくつかの点でケインズの分析よりも優れた内容をもっていた。第一に，ケインズの理論が静学的なものであったのに対して，カレツキのモデルは最初から景気循環の分析を目的とする動学的な性格のものであった。第二に，ケインズが完全競争という伝統的経済学の仮定を固持していたのに対して，カレツキはみずからの理論的枠組みに不完全競争を導入し，価格形成の分析をマクロ動学分析と統合した。第三に，カレツキは資本家と労働者から成る2階級モデルを構築し，階級間の所得分配の変化がマクロ経済の動態に及ぼす影響について考察している。この点も，ケインズが分配の問題についてほとんど論じていなかったこととは対照的である。

カレツキがケインズ『一般理論』の公刊を知ったのは，1936年にロックフェラー財団の助成を受けてストックホルムに滞在していた時であった。当時ロンドンにいた彼のかつての同僚が，カレツキが展開しようとしていた理論と類似した内容を含む著書をケインズが刊行したことを知らせてくれたのである。カレツキは『一般理論』を読んで，自分がこれから書こうとしていた本とケインズの本との類似性に気づいて驚くとともに，先を越されたことに深く失望して気分が悪くなってしまったという (Sawyer [1985] pp. 182-4：邦訳219-20頁を参照)。しかしカレツキは，その年のうちに『一般理論』の書評論文 (Kalecki [1936]) をポーランドの雑誌に発表している。その書評は，カレツキが『一般理論』をどのように理解していたのか，そして自らの理論とケインズの理論の異同がどこにあると考えていたのかを示す資料として興味ぶかいものである。

カレツキは，その論文の冒頭で「ケインズ氏の著書『雇用・利子および貨幣の一般理論』は，何の疑いもなく経済学の歴史における一つの転換点である」(ibid., p. 223) と述べて，その意義を高く評価している。そして，その著作は，(1)所与の生産設備のもとでの短期均衡の決定，(2)投資量の決定，という二つの部分に分けることができると言う。カレツキは，第一の問題については，ケインズによって満足な解決があたえられたのに対して，第二の問題に関しては

未解決の重要な問題が残されていると見る。

　ケインズは，投資の限界効率と利子率とが等しくなる点において投資が決定されると論じていた。しかしながらカレツキは，ケインズの理論は企業家の投資決意について何も語っていないので重大な欠陥があると批判する。たとえば，投資の限界効率が利子率を上回っており投資が増加するときには，それが物価と生産の水準に及ぼす影響を考慮しなくてはならないと言う。カレツキによれば，投資の増加は物価と生産の水準を引き上げるので，それによって企業家の期待がよりいっそう楽観的となり，投資の限界効率と利子率との差がふたたび拡大する。こうして，均衡に到達することなしに投資の増加が続くだろう。カレツキによれば，ケインズの理論において投資の決定を説明することができないのは，ほんらい動学的な問題に対して，ケインズが基本的に静学的なアプローチをとっているからである，とされる。すなわち，ケインズは収益に関する期待の状態を所与と見なし，投資が期待に及ぼす影響を見逃しているのである。こうしてカレツキは，『一般理論』の分析が静学的なものにとどまっている点を厳しく批判した。

　それとともにカレツキは，『一般理論』の主要な構成要素をみずからが先取りしていたことを，この論文の三つの脚注において幾らか控えめに示唆している。まず，投資が経済全体の所得と雇用の水準を決定するという見方については，「投資が全体的な生産量を決定するという命題は，私の『景気循環理論概説』においてケインズと類似した方法で証明されていた」（*ibid*., p. 228, n. 4）と指摘している。また，貯蓄が投資を決定するのではなく，その逆に投資が貯蓄をつくり出すので，利子率の水準にかかわらず貯蓄と投資の均衡がつねに存在するという見解については，「資本の需要と供給についての類似の見解は，私の『景気循環理論概説』において提唱されていた」（*ibid*., p. 228, n. 5）と述べている。これと同様にカレツキは，貨幣賃金の変化が短期の均衡産出量に影響を及ぼさないという見解についても，みずからの先行性に言及している（*ibid*., p. 229, n. 6）[5]。

---

5) カレツキがケインズに先行していたのか否かという問題をめぐる長い論争の歴史を展望

J. ロビンソンは，1936年末に初めてカレツキに会ったときに「奇妙な訪問者」だと思ったという。その男は，パーティの作法や挨拶などはほとんど意に介さず，すぐに本題に入ってきた。驚いたことに，彼は自分たちの最新の理論を熟知しているだけでなく，その弱点を単刀直入に突いてきたのである。しかも彼は，紙幣をビンに詰めて埋め，それを掘り出すことによって好況を引き起こすというような，自分たちのあいだの内輪のジョークさえ思いついていた。カレツキと話しているとき，ロビンソンは，あたかもピランデッロの戯曲にある劇中劇の登場人物になったかのように，彼が喋っているのか，自分が喋っているのか分からなくなってしまった（Robinson [1977] p. 8）。

　ロビンソンは，それまで何の接触もなかった外国人が，自分たちと同じくらい高い水準でケインズ革命の最新の成果について理解していることに驚嘆した。のちに彼女をはじめとする英国ケインジアンたちは，カレツキの著作に多くを負いながら「一般理論の一般化」へと向かう道を歩みはじめる。こうして一異邦人の天空高く放った鏑矢は，経済学における革命の時代の到来を告げる合図となったのである。

2　価格と分配の独占度理論

　先進資本主義経済が不完全競争ないしは寡占によって特徴づけられるというのは，カレツキが一貫して保持しつづけた見解である。たとえば，彼は次のように明言している。「独占は，資本主義体制の本質に根ざしたものであるように思われる。自由競争は一つの仮定としてならば，一定の研究の初期の段階においては有用であろう。しかし，資本主義経済の通常の状態の描写としては，それは単なる神話にすぎない」（Kalecki [1939a] p. 252：邦訳27頁）。このように彼は，資本主義経済の寡占的性格をたえず強調していた。不完全競争に関する

している文献に，元木 [1989]，Chapple [1996] がある。この問題については，本書第11章においても詳しく論じている。

彼の研究は，国民所得に占める肉体労働者（manual labour）の分け前の決定要因を明らかにしたいという問題関心に導かれつつ育まれたものである。このような観点からカレツキは，今日では「独占度理論」の名で呼ばれている価格形成と所得分配のミクロ経済分析を展開した。

現代の資本主義経済において，価格形成には二種類の方式があるとカレツキは言う（たとえば，Kalecki [1971] ch. 5 を参照）。すなわち，工業製品などの価格のように「費用によって決定される価格」と，原材料品・農産物などの価格のように「需要によって決定される価格」の二つである。完成財の場合には通常は生産能力に予備があるために，その供給は弾力的である。したがって完成財に対する需要が増加するときには，主として生産量の増加というかたちで対応がなされ，価格は一定に維持される傾向にある。また工業生産物の市場は寡占によって特徴づけられるので，その価格は，生産物1単位あたりの費用に利潤を上乗せすることによって決定される。これに対して，一次産品の場合には，その供給が非弾力的であるために，それらの財の価格変化はおもに需要の変化によって引き起こされる。ただし先進資本主義経済においては，一次産品の占める割合はごく小さなものに過ぎない。そのためカレツキは，おもに「費用によって決定される価格」に焦点を当てて価格形成の分析を進めた。

まず一企業による価格設定について考えてみよう。ここで，企業は完全稼動以下の産出水準で操業し，このような産出水準の範囲内では，生産物1単位あたりの主要費用（原材料費と賃金費用）は安定的であると仮定する。企業は，価格を設定するさいに，自社の平均主要費用，ならびに類似の生産物を生産している他企業の設定する価格を考慮する。このとき企業は，他企業の設定する価格に比べて自社の生産物の価格が高くなりすぎないように注意しなくてはならない。なぜなら，自社の設定する価格が高すぎると売上が大幅に減少するからである。また他方で，価格が主要費用に比べて低すぎてもいけない。その場合には利潤マージンが縮小するからである。したがって，一企業についての価格方程式は次のように表される。

$$p = mu + n\bar{p}$$

ここで、p は当該企業の価格、u は生産物1単位あたりの主要費用、$\bar{p}$ はすべての企業によって設定された価格の加重平均値、m と n は当該企業の「独占度」を反映する正の係数である（ただし $n<1$ と仮定する）。上の式から明らかなように m と n が大きいほど、企業はより高い価格を設定することが可能となる。こうして費用に対するマークアップの大きさは、その企業の市場支配力を示す独占度によって決定される。

　一産業における価格方程式は、係数 m と n がすべての企業で等しい場合には、各企業についての価格方程式を産出量で加重平均することによって得ることができる。係数 m と n が企業ごとに異なる一般的な場合には、さらに m と n を、それぞれ各企業の総主要費用および産出量で加重平均する必要がある。このようにして次式を導出することができる。

$$\bar{p} = \frac{\bar{m}}{1-\bar{n}} \bar{u}$$

ここで、$\bar{u}$ は平均単位主要費用であり、$\bar{m}$ と $\bar{n}$ は上述の方法によって求められた m と n の加重平均値である。独占度の上昇は、$\bar{m}/(1-\bar{n})$ の上昇に反映されるので、もし独占度が所与であれば、平均価格 $\bar{p}$ は平均単位主要費用 $\bar{u}$ に比例して変化する。独占度が上昇するならば、$\bar{p}$ の $\bar{u}$ に対する比率は上昇する。

　ここまでの議論から、マークアップの大きさは独占度を反映して決まるということが理解された。それでは独占度の変化を規定する主な要因は何だろうか。カレツキは、それらの要因として次の四つを挙げている。第一は、産業内の集中過程である。巨大企業は、自己の設定する価格 p が平均価格 $\bar{p}$ に大きな影響をあたえ、また他企業がその価格に追随することを知っているので、産業内で大きな影響力をもっていない場合に比べて高い水準に価格を設定することができる。さらに、そのような状態は企業間の「暗黙の協定」によって強められるだろう。第二は、広告や販売促進活動の展開である。これによって価格競争が緩和され、企業はより高い価格を設定することが可能になる。

　このほかにも考慮しなくてはならない要因が存在する。第三の要因として、共通費（生産量にかかわらず一定の費用）の水準と主要費用とのあいだの関係の

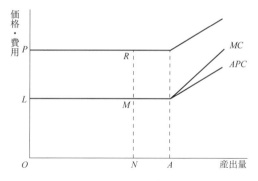

図 10-1 マークアップ価格形成

出所）Kalecki [1939a] p. 244：邦訳 14 頁の図を修正。

変化も，独占度に対して影響を及ぼす可能性がある。もし共通費の水準が主要費用に比べて著しく上昇するならば利潤の圧縮が生じるので，産業内の諸企業の利潤を維持するために，主要費用に対する価格の比率を引き上げようとして暗黙の協定が結ばれるかもしれない。第四に，労働組合の力もまた独占度に影響を及ぼす重要な要因の一つである。たとえば強力な労働組合の存在は，以下のような理由で独占度を低下させるかもしれない。もし高いマークアップをもつ企業において組合が賃上げ圧力を行使するならば，さしあたり賃金コストの上昇は生産物価格に転嫁されるであろう。しかしながら，そのような価格の上昇は新たな賃上げ要求を招くことになる。持続的な価格の上昇によって，その企業の競争上の地位が脅かされるようになると，やがてその企業はマークアップの縮小を甘受せざるをえなくなる。こうして，労働組合の活動によって独占度はいくらか低められることになるだろう。

このように「独占度」とは，たんに産業内における企業集中の度合いを指すものではなく，企業の設定するマークアップに影響を及ぼす様々な制度的・環境的要因の総体を意味する概念なのである。

ここまでの議論は，図 10-1 を用いて説明することができる（Kalecki [1939a] pp. 244-5：邦訳 14-5 頁を参照）。完全稼動のもとの産出量は OA であるとする。それ以下の産出水準の範囲においては平均主要費用 APC（および限界費用 MC）

の水準が安定的であるので，平均主要費用曲線（および限界費用曲線）は水平に描かれる。そして，独占度を反映しながら費用に対するマークアップが行なわれることによって生産物の価格 OP が設定される。先に見たように，費用に対する価格の比率は $m/(1-n)$ となる。完全稼動以下の産出水準では，費用が一定であるかぎり価格もまた一定となる。また，この範囲内では産出量が変化しても価格が変化することはない。ここで仮に産出量が ON であるとすれば，このときの売上高は $OPRN$ となる。このうち $OLMN$ の部分が賃金および原材料費の支払いに充てられるので，残りの $LPRM$ の部分が利潤および共通費となる。このように独占度理論は，価格形成と同時に所得分配をも説明するのである。

さて次に，以上の議論を踏まえつつ，所得に占める賃金の相対的分け前がどのようにして決まるのかを詳しく見ていくことにしよう（Kalecki [1971] ch. 6）。ここで，賃金を W，原材料費を M，総主要費用に対する総売上高の比率を k で表せば，付加価値，すなわち生産物価値マイナス原材料費は，賃金・共通費・利潤の合計に等しいことから，

$$共通費 + 利潤 = (k-1)(W+M)$$

という式を得る。これより，一産業における付加価値に占める賃金の相対的分け前 w は，次のように表される。

$$w = \frac{W}{W + (k-1)(W+M)}$$

さらに，賃金総額に対する原材料総額の比率（すなわち M/W）を j で表せば次式を得る。

$$w = \frac{1}{1 + (k-1)(j+1)}$$

したがって，付加価値に占める賃金の分け前は，(1) k に反映される独占度と，(2)賃金総額 W に対する原材料費 M の比率 j とによって決定されることが分か

る。上の式から明らかなように，独占度の上昇と原材料費の増加は，賃金分配率を低下させる要因として作用する（逆は逆）。

　カレツキによれば，独占度は不況期に上昇し，好況期に下落する傾向があるという。不況期には，産出量とともに総主要費用が減少する一方で，総共通費はその性質上ほとんど変化しないので，主要費用に対する共通費の割合が上昇し，利潤が圧縮されることになる。そのため，利潤を確保するために，価格を上昇させる暗黙の協定が結ばれることになりやすいからである。また不況期には原材料価格が賃金に比べて下落するのに対して，好況期にはそれが上昇する。というのは，一般に原材料価格の循環的変動は賃金率の変動よりも大きいからである。たとえば，賃金の切り下げは生産物に対する需要を減少させ，したがって原材料価格のいっそうの下落を引き起こすことになるだろう。その結果，景気循環の過程を通じて，賃金の相対的分け前を決定する二つの要因がたがいの働きを相殺しあうので，賃金分配率は際立った循環的変動を示すことはありそうにない，とカレツキは論じている[6]。

　彼の見方によれば，競争経済と寡占経済とでは，価格形成・所得分配・需要形成のあり方が全く異なってくる。カレツキは，不完全競争を20世紀資本主義のもっとも基本的な特質の一つと捉えたうえで，そのマクロ的動態を読み解く理論の構築へと向かった。そこで以下では，彼のマクロ分析に目を転じることにしよう。

---

[6] クライスラー（Kriesler [1987]）は，カレツキの分配理論の発展過程を丹念にたどるとともに，カレツキの経済学におけるミクロ分析とマクロ分析の相互関係を明らかにしている。野口 [1987-8] は，カレツキの価格・分配理論の成果と問題点を検証しながら，その理論的枠組みを現代資本主義分析に向けて動員しようとする。Reynolds [1996] と金尾 [1997] 第2章は，カレツキの価格と分配の理論を再検討するとともに，「独占度」の概念をめぐる論争を振り返っている。これらの研究に対して，カレツキは最後まで限界主義的な価格形成理論から脱却することができなかったと論じて伝統的な見解を批判しているのは Carson [1996] である。

3 利潤と国民所得の決定

　カレツキの「有効需要の理論」の特徴は，階級対立と所得分配という要因を分析の枠組みに明示的に組み込んでいる点にある。彼によれば，資本家と労働者はたがいに行動原理を異にし，また両者のあいだには本質的な利害対立が存在するとされる。すなわちカレツキのマクロ経済学においては，資本家は，貯蓄・投資・価格・雇用に関する意思決定を行なう能動的な主体であると位置づけられているのに対して，労働者はほとんど貯蓄を行なわないと見なされているなど，その経済的な役割はかなり受動的なものである。それゆえ，利潤や国民所得などの変数の動きによって表されるマクロ経済の動態は，おもに資本家階級の意思決定によって方向づけられることになる。このような意味において，カレツキは資本主義経済を「企業者主権」の経済システムであると見ていた。

　まず，政府部門の存在しない閉鎖経済における利潤の決定要因について考察しよう（Kalecki [1971] ch. 7 を参照）。ここでは，資本家と労働者という二つの階級から社会が構成され，さらに労働者は貯蓄を行なわず，所得のすべてを支出するものと仮定する。またここでは租税が存在しないので，国民所得は資本家と労働者のあいだで分割される。労働者の所得は賃金から成り，資本家の所得は利潤から成る。したがって国民所得 Y は，利潤 P と賃金 W の合計に等しくなる。

$$Y = P + W \qquad (1)$$

また国民所得を支出面から見ると，次のように表すこともできる。

$$Y = I + C_k + C_w \qquad (2)$$

ここで，I は投資，C_k は資本家消費，C_w は労働者消費である。労働者が貯蓄しないことを考慮すると（$W = C_w$），(1)式と(2)式から総利潤 P を次のように書くことができる。

$$P = I + C_k \tag{3}$$

この式は,資本家の取得する利潤が,彼ら自身の投資支出と消費支出とによって決定されることを示している。というのは,資本家はある期間にどれだけ消費したり投資したりするのかを決意することはできるが,より多くの利潤を獲得しようと決意することはできないからである。したがって,彼らの支出決意が利潤を決定するのであって,その逆ではない。のちに N. カルドアは,「資本家は自ら支出するものを稼得し,労働者は自ら稼得するものを支出する」という格言でこのことを言い表している(Kaldor [1955-6])。

以上の考察にもとづいて,国民所得の決定へと議論を進めよう(Kalecki [1971] ch. 8 を参照)。国民所得に占める賃金の分け前を α で示すと,利潤は次式によって表される。ただし,$0<\alpha<1$ である。

$$P = (1-\alpha)Y \tag{4}$$

また資本家消費は,利潤に比例する部分と固定的な部分から構成されるものと仮定する。したがって,資本家の限界消費性向を q,資本家消費の固定的部分を B_0 とすれば,資本家消費を次のように書くことができる。

$$C_k = qP + B_0 \tag{5}$$

ここで,$0<q<1$,かつ $B_0>0$ である。さらに(4)式と(5)式を(3)式に代入して整理すれば,次式を得る。

$$Y = \frac{1}{(1-\alpha)(1-q)}(B_0 + I) \tag{6}$$

この式から,投資乗数は $1/\{(1-\alpha)(1-q)\}$ であることが分かる。したがって投資乗数の値は,資本家の限界消費性向と分配関係という二つの要因によって決定されることになる。さらに乗数と B_0 が一定であるならば,次式が成立する。

$$\varDelta Y = \frac{1}{(1-\alpha)(1-q)} \varDelta I \tag{7}$$

この式から明らかなように，分配関係を所与とすれば，利潤決定の場合と同様に，もっぱら資本家の投資決意と消費決意とによって国民所得水準の変化がもたらされる。とりわけ，投資が経済変動を引き起こす原動力となる。

ここに見られるように，カレツキの所得決定理論は，その形式および内容の両面においてケインズの理論と類似している。いずれの理論も，投資の増加 $\varDelta I$ がその乗数倍の所得の増加 $\varDelta Y$ をもたらすと見ている点では同じである。また(7)式における投資乗数は，定義によって，ケインズの乗数 $1/(1-c)$ と必ず等しくなる（ここで c は社会全体の限界消費性向である）。ここでは労働者は貯蓄しないと仮定されているので，利潤分配率 $1-\alpha$ に資本家の限界貯蓄性向 $1-q$ を乗じたものは，社会全体の限界貯蓄性向 $1-c$ に等しくなるからである。ただし重要な相違は，カレツキの理論においては，乗数の大きさが，消費性向という心理的な要因だけでなく，分配関係にも依存することが明示されている点である。たとえば，労働組合が全国レベルでの賃上げを勝ち取り，賃金の相対的分け前を増加させることに成功したとするならば，それだけ乗数の値が大きくなるので，このことは国民所得を増加させる要因として働く。すなわち賃金上昇は，労働者の消費需要を増加させることを通じて経済全体の生産と雇用の水準を引き上げるのである。こうしてカレツキは，不完全稼動状態にある寡占経済を想定したうえで，そのような経済においては賃金上昇が経済成長を導くことを主張した。かかる経済成長のパターンは，今日では「賃金主導型成長」と呼ばれている[7]。

---

[7] ただし，賃金と需要，需要と成長のあいだの関係は，経済が完全稼動状態にあるか不完全稼動状態にあるかで異なってくる。カレツキが不完全稼動経済に注目したのに対して，完全稼動経済を仮定するカルドアの理論的枠組みにおいては，物価の上昇（実質賃金の下落）を通じた利潤率の上昇が，投資を拡大させて経済成長を導くとされている（たとえば，Kaldor [1978] chs. 1, 2 を参照）。ローソン（Rowthorn [1981]）は，「賃金主導型」の成長パターンを描いたカレツキのモデルと「利潤主導型」の経済成長を定式化したカルドアのモデルを相互補完的なものと見なし，両者の総合を試みている。

ここまでの議論から理解されるように，カレツキの経済学においては，ミクロ分析とマクロ分析とが厳密に切り離されることなく，それらの分析が相互依存的な関係におかれていることが大きな特徴となっている。すなわち，ミクロ分析は産出水準から独立に所得の相対的な分け前を決定する一方で，マクロ分析は価格水準から独立に総利潤の水準を決定する。そして，これら二つの分析が相俟って国民所得の水準を決定する。カレツキはミクロ分析とマクロ分析に対等な位置づけをあたえるとともに，これらを有機的に統合することによって，いずれか一方の分析のみからでは得ることのできない経済システム全体についての論理を導出しているのである。この点において，今日の新古典派経済学がミクロ的基礎に優先性をあたえ，マクロ的結果は単にその集計にすぎないと見なしていることとは好対照をなしている。ミクロ分析とマクロ分析を並列的に扱っている点において，カレツキの方法は，リカードやマルクスのような古典派経済学者の方法に類似している（Kriesler [1996]を参照）。

しかしながらこのことは，ミクロ分析とマクロ分析とが同等の重要性をもつとカレツキが考えていたことを意味するものではない。カレツキにとって，ミクロ分析は景気循環理論の展開への第一歩にすぎない。彼の主たる関心は，あくまでも資本主義経済における景気循環の機構を解明することにあった。したがって次に，カレツキの景気循環理論について見ることにしよう。

4　投資と景気循環

カレツキ自身が，「投資決意の理論に関しては，新しい解決を求めて絶えず模索が行なわれた。この点に関しては，最後の論文でさえ——良かれ悪しかれ——新しい接近法が提出されているのである」（Kalecki [1971] p. viii：邦訳 viii 頁）と述べているように，1930 年代に経済学の研究を始めて以来，投資と景気循環の理論の彫琢は，彼が生涯にわたって追求しつづけた課題であった。カレツキは，投資と利潤のあいだには二重の関係があると主張する。すなわち，「一つは投資によって生み出された有効需要の，利潤と国民所得に及ぼす影響

に基礎をおくものであり，いま一つは，投資決意が大雑把に言って，経済活動の水準とその変化率によって決定されることを示すものである」(*ibid.*, p. 165：邦訳 167 頁)。このようにカレツキの見るところによれば，景気循環とは，一方において投資から利潤へ，他方において利潤から投資へというかたちで，投資と利潤のあいだに存在する双方向的な因果関係のはたらきによって生起する。

カレツキは自らの景気循環モデルにたびたび改訂を加え，その結果，いくつかの異なるモデルを提示している。シュタインドル (Steindl [1981a]) は，カレツキの景気循環理論には三つの版があると指摘している。ここでは，『景気循環理論概説』(Kalecki [1933a]) で初めて提示され，『経済変動理論論集』(Kalecki [1939a]) などにおいて一層の洗練化がはかられた初期の景気循環モデルについて見ることにする。そのモデルの基本的枠組みについては既に本章第 1 節で紹介したので，ここでは 1939 年の著作で提示されたモデルを取り上げて，その理論の構造をさらに詳しく検討することにしよう。

上で述べたように，投資と利潤のあいだの相互作用によって景気循環が引き起こされるというのがカレツキの見解である。このうち，投資から利潤への因果関係は乗数理論によって説明される。すなわち投資財生産量の増加は，一定のタイム・ラグののちに国民所得と利潤の増加をもたらす。他方で，利潤から投資への関係は投資関数によって与えられる。第 1 節においてと同様に，ここでも投資財注文量 I は現行利潤率 P/K の関数であると考える。さしあたり資本設備量 K が一定であるとするならば，現行利潤率は現行利潤量 P によって決定される。さらに分配関係が不変であるかぎり利潤量は国民所得の水準に依存するので，結局のところ，投資財注文量は国民所得そのものの関数となる。このように利潤（あるいは国民所得）の水準によって投資の決定を説明する考え方を「利潤原理」または「速度原理」という。利潤原理にもとづく投資関数と乗数理論を結合している点に，カレツキの景気循環理論の特徴がある。

さらにカレツキは，資本ストックの変化が投資に及ぼす影響に注目する。第 1 節でも見たように，資本ストックの増加は利潤率を低下させるので，投資財注文量を減少させる要因として作用する。この要因をあわせて考慮するならば，投資財注文量は，国民所得の増加関数であるとともに，資本ストックの減少関

数であるということになる。したがって，投資は乗数効果を通じて需要と所得の増加をもたらす一方で，資本ストックを増加させることによって利潤率を低下させ，投資それ自体を抑制するという効果をもっている。このようにカレツキは，投資には矛盾した性格があると指摘する。そして恐慌とは，資本主義経済の内的矛盾の発現にほかならないと見ていた。

> われわれは，「何が周期的恐慌を引き起こすのか」という問いに対して手短に答えることができるのが分かる。投資は生産されるのみならず，また資本設備の生産を行なっているという事実がその答えである。……投資の悲劇は，それが有用であるがゆえに恐慌を引き起こすことにある。おそらく多くの人々は，この理論を逆説的だと考えるであろう。しかし逆説的であるのは理論ではなく，その主題，すなわち資本主義経済である。
>
> （Kalecki [1939a] p. 318：邦訳 128 頁）

ここに見られるように，恐慌の根本的原因は投資の二面的な性格にあるというのがカレツキの見解であった。しかしながら彼は，実体的な要因のみによって投資と景気循環の過程を説明したのではない。カレツキは，投資の金融的側面にも大きな関心を払っていた。彼が提唱した「危険逓増の原理」によれば，企業家が保有する自己資本に比べて投資が増加すればするほど，投資が失敗したときの企業家所得の減少が大きくなる（Kalecki [1937a]）。それゆえ，投資の増加につれて「借り手のリスク」と「貸し手のリスク」がともに逓増するので，貸し手は限界リスク率 σ の上昇に合わせて貸出利子率 i を引き上げるであろう。こうして借入額の増加とともに，企業家にとっての資金調達コストは増大する。そうであるとすれば，カレツキが『一般理論』の書評で指摘したような場合，すなわち投資の限界効率 m が投資の増加とともに低減しない場合でも（本書 215 頁を参照），投資の決定を説明することができる。このときには図 10-2 のように，水平な m 曲線と右上がりの i 曲線（利子率 i は，投資の量にかかわらず一定の部分 ρ と限界リスク率 σ の和である）が交差する点において投資が決定される。

ケインズは，企業家が一定の利子率で所望するだけの資金を借り入れること

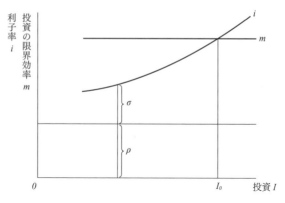

図 10-2 投資の決定

出所）Kalecki [1937b] p. 443.

ができるという仮定にもとづいて投資の決定を説明していた。すなわち，金融市場は完全競争的であると見ていたのである。これに対してカレツキは，現代資本主義経済においては，生産物市場と同様に，金融市場もまた不完全競争的であると考えた。このような状態のもとでは，借入の増加とともに資本コストが増加するので，投資は企業家の所有する自己資本によって制約を受けることになる。自己資本は，それ自体が投資資金として利用されるだけでなく，外部資金を誘引するための源泉としての機能も併せ持っているので，自己資本の増加によって企業家の借入能力もまた高くなる。このため，自己資本の額が大きくなればなるほど，企業家はそれだけ多くの投資を実行することが可能になる。自己資本の増加は，図 10-2 において i 曲線を右方にシフトにさせるので，これにともない投資が増加することが分かる。したがってカレツキの見方によれば，投資決定に影響を及ぼす金融的要因として，利子率よりも「信用の利用可能性」のほうが重要であるということになる。この点において，ケインズが利子率の役割を重視していたこととは対照的である。信用の利用可能性が果たす経済的役割について，カレツキは次のように述べている。

　企業規模が企業者資本の利用可能性によって制約されるということは資本

主義システムの核心である。多くの経済学者は，少なくとも彼らの抽象理論においては，企業者能力をもっている人なら誰でも事業を始めるための資金を入手できるというビジネス・デモクラシーの状態を仮定している。「純粋」企業者の活動のこのような描写は控えめに言っても非現実的である。企業者をして企業者たらしめる最も重要な要件は資本の所̇有̇なのである。 (Kalecki [1971] p. 109：邦訳 110 頁，強調は原著者のもの)

このようにカレツキは，投資の拡大が信用の供給によって制約を受けることを認識していた。投資と経済活動の水準に影響を及ぼす金融変数は「信用の利用可能性」であって，マネーサプライと利子率ではないという見解は，今日では，J. E. スティグリッツをはじめとするニュー・ケインジアンの「信用割当の理論」においても提示されている（たとえば，Stiglitz and Greenwald [2003] を参照）。さまざまな金融的要因によって投資が制約を受けることを説くH. P. ミンスキーの「金融不安定性仮説」もまた，カレツキの影響のもとに形成されたものである（Minsky [1986]）[8]。

さて，企業にとって調達可能な資金額は，自らが所有する自己資本，および銀行の貸出意欲によって決定される。投資の増加とともに銀行信用に対する需要が増加するとき，将来収益についての楽観的な期待を企業と銀行が共有しているならば，銀行は積極的に貸出供給を増加させるであろう。そして中央銀行は，銀行組織による信用の拡大に歩調を合わせて同調的な貨幣の供給を行なうものとカレツキは見ていた。産出量の増加にともない貨幣に対する需要が増加するならば，貨幣供給が一定であるかぎり利子率が上昇するので，景気上昇が実現するためには，中央銀行が弾力的な貨幣の供給を行なう必要がある，ということになる。この点についてカレツキは，現実には信用制度は十分に弾力的であると考えていた。すなわち，貨幣を「信用によって誘発され，需要によって決定される」（credit-driven and demand-determined）内生的な変数であると見な

---

8) ミンスキーは，借り手のリスクを調整した「投資財の需要価格」と貸し手のリスクを組み込んだ「投資財の供給価格」とが等しくなる点で投資が決定されるという投資理論を提示している（本書第 7 章第 1 節を参照）。

していたのである。このようなカレツキの見解は，現代のポスト・ケインズ派によって活発に展開されている「内生的貨幣供給理論」の先駆となっている。たとえば彼は，1935年の論文「景気上昇のメカニズム」において次のように論じている。

> 産出量が増加すれば流通している貨幣への需要が増加し，したがって中央銀行に対する信用の増加を招くであろうことは指摘しておくべきである。もし中央銀行が，新発明によって引き起こされた追加的な投資の増加と同額だけ総投資が減少する水準まで利子率を引き上げることによってこの事態に対処すれば，経済状態はまったく改善されないであろう。したがって，景気上昇のための前提条件は，現金需要の増加に反応して利子率があまり急速に上昇してはならない，ということである。
>
> （Kalecki [1935a] p. 191：邦訳29-30頁）[9]

カレツキの経済学においては貨幣部門の役割が軽視されているというのが，従来の一般的な見方であった。しかしながら，じっさいには彼の著作には，貨幣的要因のはたらきに関する多くの重要な洞察が含まれている。彼は，実体部門と貨幣部門の相互作用にたえず注意を払いながら経済変動の分析を進めていた。その結果，到達したのが，「景気循環現象と，投資を阻害するほど高くない利子率のもとで増大した通貨の需要に応じる銀行制度との間には，密接な関係が存在するのである」（Kalecki [1971] p. 14：邦訳15頁）という結論であった[10]。

---

[9] 貨幣供給の内生性は，今日ではポスト・ケインズ派の中心的な主題の一つとなっている。よく知られているように，内生貨幣論には同調的アプローチと構造的アプローチの二つの立場が存在する（本書第4章第3節を参照）。ソーヤー（Sawyer [2001]）は，構造論者の分析に埋め込まれている主要な諸見解がカレツキによっても採用されていたと論じている。

[10] カレツキの貨幣・金融理論に関する代表的な研究としては，Sawyer [1985] ch. 5, Kregel [1989], Dymski [1996], Sawyer [2001] などを挙げることができる。鍋島 [2001] 第7～9章もあわせて参照されたい。

5 完全雇用のための政策とその障害

　カレツキは，失業の存在が資本主義経済の典型的な特徴であると考えていた。資本主義経済の動態は循環的な性格をもっており，完全雇用に近い状態は，好況の頂点において例外的に達成されるにすぎない。すなわち，「不況期に大量失業が存在するばかりか，循環を通してみた平均雇用量も好況時に到達される頂点よりはかなり低くなる。資本設備の予備や失業者の予備軍は，少なくとも循環のかなりの部分を通じて，資本主義経済の典型的な特徴となっているのである」(Kalecki [1971] p. 137：邦訳138頁)。

　失業のおもな原因が有効需要の不足にあるとするならば，政府が総需要を適切に管理することによって完全雇用を達成することができるはずである。カレツキは，「完全雇用への三つの途」(Kalecki [1944a])と題する論文において，完全雇用を達成するための三つの方法について考察を加えている。彼は，そのような方法として，(1)公共投資や大衆消費の補助などの赤字支出，(2)民間投資の刺激，(3)所得再分配，を挙げている。

　カレツキは，これらのうち，民間投資の刺激という方法は不満足なものであると述べている。金利の引き下げや投資減税などの手段を通じて民間投資を刺激するならば，生産能力が産出量よりも急速に増加して資本設備の稼働率が低下するかもしれない。稼働率の低下は，利潤率を低下させることによって民間投資を抑制する。それゆえ，この方法のみによって完全雇用を達成しようとするならば，民間投資に対する刺激を累積的に強めていくことが必要となるだろう。これに対して，赤字支出と所得再分配は有効需要を創出するうえで適切な方法であるとカレツキは論じている。さらに彼は，公共投資であれ民間投資であれ，それらの投資は社会的に有益であると見なされる場合にかぎって実行されるべきであり，それによって作りだされた有効需要だけでは完全雇用を達成するために不足するならば，その不足分は，浪費的な資本設備を山積みすることによってではなく，消費の増加によって満たされるべきであると主張している（さらに詳しくは，本書第12章第2節を参照されたい）。

このようにカレツキは,「大衆の生活水準の向上」こそが「すべての経済活動の目的」であるという信条にもとづき (Kalecki [1943a] p. 356), 失業問題を解決するための方策をたえず模索しつづけた。しかしその一方で彼は, 資本主義体制の枠内で持続的な完全雇用を実現することの可能性については些か懐疑的な見方をとっていた。たしかに, 政府支出を通じて完全雇用を達成することは技術的には可能であるかもしれない。しかしながら, そのような政策を実行に移すことには大きな政治的・社会的な困難がともなうであろう, とカレツキは見ていた。

政府支出による完全雇用の維持が困難であるのは,「産業の主導者」がそのような試みに対して強く反対するからである, とカレツキは言う。それでは, なぜ実業家たちは政府がつくりだす「人造」ブームを嬉々として受け容れようとしないのだろうか。このように問題を設定したうえで, 資本主義経済における失業の経済的機能について考察した論文が「完全雇用の政治的側面」(Kalecki [1943a]) である。この論文でカレツキは, 持続的な完全雇用が大きな政治的・社会的変化を生み出すことを強調する。すなわち, 完全雇用経済のもとでは経営者が解雇の脅しを用いて労働者を規律づけることが困難となるので, 労働者の階級的力量が高まり, それによって資本主義体制の政治的安定性が揺らぐようになる。

　　完全雇用の維持が原因となって, 社会的・政治的な変化が生じ, この変化は産業の主導者の反対に新たな弾みをつけることになるであろう。実際,「馘首」は永続的な完全雇用体制下にあっては, 懲戒手段としての役割を果たさなくなってしまうであろう。経営者の社会的地位は損傷を受け, 労働者階級の自信と階級意識は高まるであろう。賃上げと労働条件の改善を求めるストライキは政治的緊張を生み出すであろう。なるほど確かに完全雇用体制下にあっては, 利潤は自由放任下の平均よりは大きいし, 労働者の交渉力が強くなって賃金率が上昇したとしても, それが利潤を減少させる可能性はそれが物価を上昇させる可能性よりも小さく, したがってそれはひとり金利生活者の利益に悪影響を及ぼすにすぎない。しかしながら,

実業の主導者がいっそう重く見るのは利潤よりはむしろ「工場内の規律」であり，「政治的安定性」である。永続する完全雇用というものは彼らから見ると不健全であり，失業こそ正常な資本主義システムの要である，とこのように彼らの階級本能は語るのである。

(*ibid.*, p. 351：邦訳 143-4 頁，強調は原著者のもの)

このように持続的な完全雇用のもとでは，労働者は「手に余る」ようになり，資本家は「好況にうんざり」してしまうので，彼らは緊縮的な経済政策への後戻りを政府に強く要求するであろう。不況がこれに続き，政府支出の拡大を求める声がふたたび強くなる。こうしてカレツキは，第二次大戦後の資本主義世界に「政治的景気循環」の体制が出現することを予言した。彼自身は政治的景気循環を 4〜5 年周期の短期的変動と見なしていたけれども，彼の理論を長期波動論として再解釈することも可能である。そうすると，多くの先進資本主義諸国において 1970 年代以降に押し進められたケインズ政策から新自由主義政策への転換は，カレツキが想定していた変動パターンとみごとに符合することになる（鍋島［2001］第 10 章を参照）。

カレツキは，資本主義経済のもとで永続的な完全雇用を実現するためには，労働者階級の力の増大を反映するような新しい社会的・政治的諸制度を発展させていく必要があると主張していた（Kalecki［1943a］p. 356）。そうした「根本的な改革」（fundamental reform）を進めていくことなしには，完全雇用を達成することができないばかりか，資本主義体制それ自体の存続さえ危うくなるであろう。これが，論文「完全雇用の政治的側面」に込められたカレツキのメッセージであった。しかし，労働者の参加を拡大するとともに持続的な完全雇用を保証するような制度的仕組みを，資本主義の枠のなかで構築することが可能であるのか。また資本主義の長期的な発展の可能性について否定的な見方をとっていたカレツキは，長期に及ぶ高度経済成長を謳歌した戦後資本主義をどのように見ていたのか。

カレツキが亡くなった翌年の 1971 年に発表された T. コヴァリクとの共同論文「「重大な改革」に関する観察」（Kalecki and Kowalik［1971］）では，戦後資本

主義において実現された改革についての所見が示されている。カレツキらによれば，資本主義体制の土台を揺るがした1929～33年の危機を転換点として，とくにアメリカとドイツにおいて資本主義の「重大な改革」(crucial reform) の時代が始まったとされる。当初は大ブルジョワジーの強い反対に遭いながらも，これ以降，大量失業の脅威から体制の基盤を守るために，一連の政府介入が実行されるようになった。さらに第二次世界大戦中のヨーロッパ諸国の経済は，戦争の総力戦的な性格のために中央統制的資本主義という形態をとらざるをえなくなり，ここから，戦後資本主義の基本的枠組み，すなわち政府購入（とりわけ軍備）によって保証された補完的市場をともなう大企業支配の資本主義体制が結晶した。

ここでカレツキのいう「重大な改革」とは，資本主義体制の枠を超えるものではなく，また1943年論文で触れた「根本的な改革」ほどには劇的なものでないが，単なる部分的改良にとどまらない本格的な社会・経済諸制度の改革のことを指している。政府支出の顕著な増大，産業の国有化，および差別課税・補助金・信用政策を通じた生産の部門的・地域的構造に対する政府介入などが，その構成要素であるとされる。これらの多様な政府介入によって失業問題が緩和されるとともに，社会保障の範囲が著しく拡大されたために，労働者の反資本主義的な態度はかなり弱まり，彼らは総じて改良主義へと転向した。こうして戦後の資本主義は，「重大な改革」を経ることによって相対的安定を享受することができたのである。

そして，将来においても体制の安定性を維持しうるか否かは，高度の社会的協調のいかんにかかっている，とカレツキは展望している。この見通しについて，カレツキは必ずしも楽観してはいなかった。彼は次のように述べて，資本主義体制のゆくえに警鐘を鳴らしている。

> 最近の学生運動は，歴史の舞台に登場しつつある新しい世代を操るためのブルジョワ権力機構の力が衰退する前兆であるように思われる，という意見を用心ぶかく述べることができよう。科学と技術における急速な進歩とともに，知識人が社会集団としていっそう重要な役割を演じはじめている

ので，この現象はますますもって深刻である。　　　　　　　(*ibid*., p. 476)

　時あたかも 1968 年のフランスにおける五月革命やアメリカにおけるベトナム反戦運動に端を発する急進的な学生運動が，世界的な規模での高まりを見せていた。ほどなく繁栄をきわめた「資本主義の黄金時代」は終焉を迎え，先進各国の経済は構造的危機の局面へと入っていく。カレツキは，1970 年代半ば以降における資本主義経済の長期停滞を見ることなく世を去った。

6　カレツキ経済学の可能性

　古典派の生産と分配の理論に起源をもつ「政治経済学」の諸伝統は，資本主義経済を，多様なかたちで権力関係が介在している政治的な場であると見なす。したがって，社会的剰余の生産，富と権力の分配，資本蓄積の長期的動態などといった主題が，その分析的枠組みの基軸に位置している。古典派的な政治経済学の伝統を受け継ぎ，徹頭徹尾，経済システムの制度的・社会的・政治的構造を凝視しながら資本主義の動態分析を進めていったカレツキは，紛れもなく 20 世紀を代表する「政治経済学者」の一人であった。政治経済学者としての彼の技量は，とりわけ，経済政策形成に対する政治的・社会的な制約の存在を鋭く指摘した「政治的景気循環」の理論において遺憾なく発揮されている。20 世紀の初頭から中葉にかけての経済社会の現実に直面していた彼は，資本・労働間の利害対立に基本的視点を定めることによって資本主義の構造と動態に切り込もうとした。

　言うまでもなく，カレツキの時代と今日とでは，経済社会はその相貌を大きく異にしている。彼の生きた時代には，労働者階級がみずからの経済的・社会的地位の向上を求めて資本家階級と正面から対決していた。またそのような階級対立を反映するかたちで，世界が資本主義と社会主義という二大陣営に分かれ，両陣営が鋭く対峙していた。その時代においては社会主義の挑戦が華々しく展開され，多くの人々が，20 世紀とは資本主義から社会主義への移行の

世紀にほかならないと見ていた。ところが，そのような予想を裏切るかたちで，世紀末に旧ソ連・東欧の社会主義体制が崩壊することによって，東西冷戦が幕を閉じた。また多くの先進資本主義諸国においても，戦後期を通じて労働者の生活水準が著しく向上した結果，古典的な階級社会の構図はおおよそ解消したと言ってよい。したがって今日では，旧来の階級社会論の枠組みにもとづいて資本主義経済の仕組みを理解することが必ずしも適切ではなくなっている。

しかしながら，資本・労働間の対立が社会の動因である時代が過去のものとなったにせよ，資本主義経済が利害を異にする社会諸集団から構成されているという事実は，今日においても変わっていないし，これからも変わることはないだろう。また使用者と労働者，所有者と経営者，産業と金融という利害を異にする諸集団のあいだには非対称な権力関係が介在していることも間違いない。資本主義経済における権力の作用に分析の光を当てたカレツキの理論は，今日の経済社会を理解するうえでも多くの示唆をあたえてくれるのである。

カレツキが1970年に亡くなったのちに変化したのは，階級関係や階級構成だけではない。そのほかにも多くのことが変化した。したがって，カレツキの知的遺産を継承し，それをさらに発展させていこうとする際には，カレツキの没後に生じた資本主義経済の制度的・構造的変化に鑑みて，彼の分析的枠組みにさまざまな修正を加えていく必要がある。カレツキ生誕100年を迎えるとともに，21世紀の到来が間近にせまっていた時点で，M. C. ソーヤーは，カレツキ没後の30年間に生じた大きな変化として，グローバル化，金融市場の役割の増大，労使関係の変化，の三つを挙げている（Sawyer [1999]）。

生産活動のグローバル化は，1970年代以降に急速に進展したものと一般に見なされている。したがってカレツキの独占度理論は，多国籍企業の成長とグローバル化が，独占度に対してどのような影響を及ぼしているのかを考慮に入れて修正されねばならない。グローバル化は，各国レベルでは外国企業の活発な参入によって企業間競争を激化させる一方，国際的なレベルでは，資本の移動性の増大を通じて労働側および各国政府に相対する企業側の力を高めるという二面的な効果をもつ。それゆえ，全体的な独占度の変化について分析するにあたっては，これらの相反する効果をあわせて検討する必要がある。分析の結

果がどのようなものであれ，マクロ経済的な視角から賃金と利潤のあいだの分配とその変化を考察していくうえで，独占度理論が有用であることに変わりはない。

　グローバル化は，金融市場においても急速に進んでいる。国際的な資本移動の顕著な増大は，各国のマクロ経済政策の有効性を低下させるとともに，為替相場の浮動性を高めて，国際貿易や海外直接投資などの実体経済活動を不安定化させる要因となっている。これと同様に，株価の浮動性の増大もまた，実体経済に対して深刻な影響をあたえる要因として働いている。株価をはじめとする資産価格の急激な変動は，資産効果のはたらきを通じて消費と投資を大きく変化させるので，景気の変動を増幅して経済を不安定化するからである。1980年代後半の日本におけるバブルの膨張と崩壊の過程は，その典型的な事例である。カレツキは経済変動の研究において金融部門の演じる役割に注意を払ってはいたものの，近年の先進資本主義経済における金融部門の拡大，金融市場のグローバル化，金融システムの不安定化をとらえるためには，その枠組みのいっそうの拡張が求められよう。

　さらにカレツキ没後に起きた資本主義の重大な変化の一つに，上述の階級構造の問題ともかかわって，労使関係の変化がある。戦後資本主義においては，団体交渉制度の確立を背景として，労働側は名目賃金の水準を引き上げるために集団的な力を行使することが可能となった。このような状況のもとでインフレなき完全雇用を実現するためには，完全雇用経済において過度の賃金上昇を抑制すると同時に，労働生産性の低下を防ぐための制度的仕組みが必要となる。したがって，雇用水準・労働生産性・賃金のあいだの関係を明らかにすること，またそれらの関係が相異なる制度的仕組みのもとでどのように異なっているのかを識別することが，カレツキの分析を拡張してゆく一つの方向となる。しかしながら他方で，近年では多くの先進資本主義諸国において，労働組合組織率の低下とともに賃金形成における組合の役割が縮小する傾向にある。よって，組合の弱体化という要因が賃金や需要にいかなる影響を及ぼしているのかについて，カレツキ的な視点から考察することもまた重要な課題となるだろう。

　このように1970年代以降における資本主義の発展と変容を分析の射程に収

めることによって，われわれは，現代資本主義を読み解くための理論的武器としてカレツキの知的枠組みをさらに洗練していくことができるだろう。カレツキの経済学は，今日なお，多様で実りゆたかな発展の可能性を宿しているのである。資本主義の変容がカレツキの経済学に数多くの課題を突きつけているということは，一面では，そのアプローチが歴史的な限界に逢着したことを意味している。しかしながらそのことはまた，カレツキの経済理論が時空を超えて，現代資本主義の諸問題に立ち向かうための潜勢力を内包していることの証左でもある。カレツキの思想は，今日なお，政治経済学の地平に一条の強い光を放ちつづけている。

補論　カレツキの生涯[11]

　ポーランドは，18世紀末に周辺諸国によって国土を分割されて以来，第一次世界大戦後に独立を回復するまで123年もの長きにわたって地図の上から姿を消していた。ミハウ・カレツキは，1899年6月22日，現在のポーランドのほぼ中央に位置し，当時は帝政ロシアの支配下におかれていた繊維工業都市ウッジで，ユダヤ人の家庭に生まれた。ウッジは，ポーランド随一の工業都市として19世紀に急速に発展するとともに，労働運動の中心地ともなっていた。彼の父はウッジの町で小さな紡績工場を経営していたが，カレツキがまだ中学生のときの1913年に工場が倒産した。そのためカレツキは，苦しい家計に負担をかけないようにとアルバイトをしながら生活費を稼ぎ，1917年に高等学校を卒業した。その後，ワルシャワのポリテクニック，ワルシャワ大学，グダ

---

11) カレツキの伝記的事実に関する多くの情報をあたえている文献として，Kowalik [1964], Feiwel [1975], Osiatyński [1997], López and Assous [2010] ch. 1, Toporowski [2013] がある。カレツキの生涯と業績について紹介している日本語の評伝には，都留 [1985] 第3話「ミハル・カレツキー」，根井 [1995] 第5章「孤高の探究者——M・カレツキの生涯」，山本 [2009] 第1章第1節「カレツキの生涯」がある。この補論の記述も，これらの文献に負うところが大きい。

ニスクのポリテクニックで土木工学と数学を学ぶ。

　カレツキは経済学の正式な教育を受けたことはなかったものの，グダニスクのポリテクニック在学中に経済学に強い関心をもつようになった。とくに彼は，R. ルクセンブルクや M. ツガン＝バラノフスキーの著作を通じてマルクスの再生産表式分析から多くを学んだ。このように，カレツキが独学で習得した経済学はマルクス経済学であり，新古典派の伝統とは全く無縁であった。彼にとって経済学研究の出発点となったマルクス経済学の思考法は，その後の彼の理論形成に大きな影響を及ぼすことになる。しかし，その一方で彼は，マルクスの見解のすべてを受け容れなくてはならないとは考えていなかった。たとえば，労働価値説をすでに古くさくなった理論であると見なし，それについて論じようとはしなかった。要するにカレツキは，マルクスの経済学説のとてつもない意義を認めながらも，マルクス以後における資本主義の歴史的変容と経済学の進歩に照らしつつ，自分自身の考えを発展させようとしていたのである。

　しかしながら，カレツキは経済学者への道をまっすぐに進んだのではなかった。父親の失業のために学業を続けることができなくなり1925年にポリテクニックを退学すると，その後は，企業の信用調査，強化コンクリート建築物の設計計算，経済ジャーナリストなど，さまざまな職を転々とすることによって生計を立てた。経済ジャーナリストとしての彼は，アルミ・錫・鉛・綿・ゴムなどの商品の市況に関する多くの論稿を経済雑誌に発表している。これらの業績が認められて，カレツキは1929年末にワルシャワの景気循環・物価研究所に職を得ることができた。こうして経済学者としての彼の生活が始まった。研究所では，ポーランドの国民所得の推計についての先駆的な研究を行なっている。その研究は，階級間での国民所得の分配を明らかにしようと試みる点で独創的なものであった。また1930年代初めには，左翼知識人たちによって創刊された雑誌『社会主義評論』（*Przegląd Socjalistyczny*）に，ヘンリク・ブラウン（Henryk Braun）のペンネームで国際経済問題などに関する論文を積極的に寄稿している。

　この時期におけるカレツキの重要な理論的著作に，1933年にポーランド語で発表されたパンフレット『景気循環理論概説』（Kalecki [1933a]）がある。こ

の著作において彼は，景気循環が発生する根本的な原因が投資の変動にあるという見解を示した。それは，ケインズ革命の基本的な内容を先取りするものであった。カレツキの理論の基本的な枠組みは，1933年にオランダのライデンで開催されたエコノメトリック・ソサエティで報告されたのちに，1935年に *Econometrica* 誌に掲載された論文（Kalecki [1935b]）においても紹介されている。しかし彼の研究は，当時は経済理論上の革命として認識されなかった。

1936年にカレツキは，ロックフェラー財団の助成金を受けて，スウェーデンに2カ月ほど滞在したのちにイギリスに渡った。ケンブリッジ大学では，ケインズと対面した。ジョーン・ロビンソン，リチャード・カーン，ピエロ・スラッファらとの生涯にわたる交流が始まったのも，この時からである。カレツキのイギリス滞在中に，ワルシャワの研究所における二人の親しい同僚が政府の圧力を受けて研究所を追放されるという事件が起きた。彼は，これに抗議して自らも1936年末に研究所を辞職する。1937年には彼はロンドンで研究をつづけた。またこの年には，ブルム人民戦線政府の経済政策を研究するために2カ月のあいだフランスを訪問している。1938年からしばらくケンブリッジで研究生活を送ったのち，1940年にオックスフォード大学統計研究所に特別研究員として採用された。

約9年に及んだイギリス滞在中には，価格と分配，利子，利潤，景気循環などに関する理論的分析を精力的に進め，その成果は『経済変動理論論集』(Kalecki [1939a]) などの著作に結実している。カレツキの資本主義分析の体系は，この時期にほぼ確立したと言ってよい。また彼は，イギリスの戦時経済の政策問題にも積極的に取り組んだ。とくに，財政政策，配給制度，インフレーションなどの問題について多くの論稿を発表している。そのほか，戦後の完全雇用維持や国際貿易体制の問題についても考察を行ない，すぐれた業績を残した。しかしオックスフォードの研究所内での彼自身の地位は恵まれず，また将来のイギリス国内での待遇についても悲観的な見通ししか持てなかったため，1945年初めに研究所を辞めた。

イギリスを離れてから，カレツキはまずパリへ行き，フランス政府のために「包括的配給制度」と戦後経済運営のための報告書を作成した。その後，彼は

カナダに渡ってモントリオールの国際労働機関（ILO）事務局に15カ月ほど勤務したのち，1946年7月にポーランドの復興省，財務省および中央計画局の顧問に就任した。そして，同年末から約8年間，ポーランド政府の同意を得て，ニューヨークの国連事務局で経済局経済安定開発部の副部長の任にあたった。そこでの彼のおもな仕事は，毎年の『世界経済報告』の作成を統括することであった。国連では政治的問題から距離をおこうと堅く決意していたのではあったが，決して原則を曲げることのないカレツキの非妥協的な態度は，しばしば国連本部との衝突を招いた。

カレツキと当局との関係は，1950年代初めにマッカーシー旋風がアメリカ国内を吹き荒れるようになると決定的に悪化した。マッカーシズムの波は国連本部にも及び，多くのカレツキの同僚が解雇されるとともに，『世界経済報告』の内容や論調を変更せよとの強い圧力が上層部から加えられた。しかしながら彼は，政治的に中立な立場から世界経済の分析を行なうことが国際公務員としての自らの責務であるとの信念にもとづき，そのような要請をかたくなに拒みつづけた。ついには報告書に対するカレツキの影響を弱めるための組織再編が行なわれるに至って，彼は抗議の辞職に踏み切った。そして1955年にポーランドに帰国した。しかし彼は，このような苦難にもかかわらず，国連在職中に，主著の一つである『経済変動の理論』（Kalecki [1954]）を公刊している。

カレツキは，それ以後の生涯を祖国ポーランドで送ることになる。人々の生活を豊かなものとするうえで社会主義はより良い体制であるにちがいないと考えていた彼は，帰国後ただちに経済計画の実践に取り組んだ。しかしながら彼は，社会主義があらゆる理想を実現してくれるという幻想をいだくことはなかった。とりわけ，ソ連型の国家社会主義に対しては常に不信の目を向けていた。悲観主義に傾きがちであった自らの批判的・懐疑的な精神に導かれて，カレツキは，資本主義の生み出す弊害を鋭く告発したばかりでなく，既存の社会主義の矛盾に対しても絶えず厳しい警告を発していたのである。このことについて，カレツキの弟子の一人であるW. ブルスは次のように述べている。

その時代の党指導者たちの「権威ある」解釈にしばられて，彼らの政策が

急変するごとにその擬似理論的な正当化を見つけることだけを事とするような御用マルクス主義者ではカレツキはなかった。それと同時に彼は，社会主義をマルクス主義的な矛盾の弁証法による点検の対象とすることを拒否することもなかった。カレツキにとって社会主義とは，資本主義といかに異なっていようとも，無葛藤のユートピアでは決してなかったのである。

（Brus [1977] p. 59：邦訳 136 頁）

　カレツキは，帰国直後から 1960 年頃までの数年間，経済審議会の副議長，展望計画中央委員会の委員長などの要職に就いて，政府による経済計画の策定に携わった。社会主義経済における中央計画の役割を重視する一方で，経済成長率を高めるための手段としてインセンティブ・システムに過大な信頼をおくことは避けるというのが，彼の基本的な立場であった。しかし過度の楽観主義に覆われていた国内の指導層は，計画の達成に対する障害や制約には目もくれず，彼の計画案を悲観的にすぎるという理由で批判した。その後，政策形成に対するカレツキの影響力がしだいに低下したこともあり，彼は 1960 年以後には政府関係の仕事からほとんど退いて，教育と研究に専念するようになる。1961 年からは，ワルシャワの計画・統計中央学校において，現代資本主義論，社会主義経済の成長理論，発展途上経済の諸問題に関する講義や演習を担当した。ポーランド帰国後の彼の著作の大半は，社会主義経済と発展途上経済の諸問題に関するものとなっている。

　第三世界の経済発展に対するカレツキの関心は，国連に勤めていた時期にまで遡ることができる。彼は，1950 年代半ば以降，経済発展に関する多くの論文を発表しただけでなく，帰国後は，発展途上経済に関するセミナーや研究センターの運営において中心的な役割を果たした。さらに 1959 年末から翌年にかけては，インド政府の招きで現地に約 3 カ月のあいだ滞在し，経済計画の作成についての助言をあたえている。1960〜61 年には経済顧問としてキューバを 3 カ月ほど訪問し，5 カ年計画の作成にあたった。

　1968 年春は，ポーランドにとって，またカレツキ自身にとって危機的な時点であった。経済の不調を背景に，政府に対する労働者や知識人の批判が高ま

るなかで，ゴムウカ政権は，批判の矛先をかわすべく「修正主義者」と「シオニスト」に対する弾圧を開始したのである。これによって，反政府的であると見なされた教授たちや，多くのユダヤ人学生が大学から追放された。カレツキの研究グループを解体しようとする当局側の組織的な運動も開始され，彼の同僚や弟子の多くが，この政治的迫害の犠牲となった。カレツキ自身は，その世界的な名声によってパージの対象となることを免れたものの，この迫害によって深く心を痛められた。ポーランド政府の圧制と迫害に抗議して，彼は，教職をはじめとする一切の公職から身を退いた。さらに，ポーランドの経済学雑誌に寄稿することを拒否するとともに，国際会議にポーランド代表として出席することも断った。

愛する祖国における社会主義への希望は裏切られ，多くの同僚や友人はポーランドを去った。こうしてカレツキは，人生最後の2年間を失意と孤独のなかで過ごした。この間，彼は個人的な研究と著述以外には何の活動も行なわなかった。1970年にローマ大学の客員教授としてカレツキを迎えるという案が提示され，また同年6月にはソ連のノヴォシビルスクで開催される「国民経済モデル」に関する会議に出席する予定もあったが，4月17日にカレツキが亡くなったために，いずれも実現しないままに終わった。ノヴォシビルスク会議のプログラムにはカレツキの名が黒枠で囲まれ，セッションの開始にあたり参加者一同がカレツキのために黙禱をささげた。ソ連の学者たちは，カレツキが変節したという噂が国内で流れていたところ，彼が最後まで社会主義者としての信念を貫き通したことを知り，深く敬意を表したのだったという。

カレツキは，その晩年，自らの苦難の歳月を振り返りながら，悲しげにこう語ったと伝えられている。「私の生涯の物語は，圧制・偏見・迫害に対する抗議の辞職の連続であった」と。

第11章

カレツキのマクロ経済学の核心
——「有効需要の理論」の意義と可能性——

はじめに

　四半世紀にわたって急速な経済成長をもたらした資本主義の「黄金時代」が1970年代半ばに終焉を迎えて以降，マクロ経済学の世界の風景も一変した。ケインズ経済学と新古典派経済学を折衷した「新古典派総合」が破綻したのち，自己調整的な市場機構のはたらきに信頼を寄せる新古典派経済学の諸潮流が台頭するなかで，経済の安定化における政府の役割を重視するケインズ経済学は退潮を余儀なくされた。こうして今日では，マクロ経済の現象をミクロの合計と見る考え方が支配的となっている。

　このような状況にあってポスト・ケインズ派は，1970年代以降，未完に終わったケインズ革命を推進するべく，代替的なマクロ経済学の枠組みを構築しようとする知的努力をたゆまず積み重ねてきた。ポスト・ケインズ派の内部には幾つかの異なるアプローチが存在しているものの，「有効需要の原理」がそれらのアプローチに共通する理論的支柱としての役割を果たしている。すなわち，主流派マクロ経済学が供給側の要因によって経済活動水準の決定を説明しようとするのに対して，ポスト・ケインズ派は，短期においても長期においても，総需要が生産と雇用の水準を決定するのだと主張している[1]。

---

[1]「ファンダメンタリスト・ケインジアン」の代表的な理論家であるP.デヴィッドソンは，次のように述べて，ケインズ経済学の核心が「有効需要の原理」にあると主張している。

代替的な経済理論の構築を進めるにあたって,「有効需要の理論」の同時発見者であるとされているカレツキとケインズの著作に立ち返り,その理論の原像を探ることには大きな意味があるのではないだろうか。まず何よりも,革新的理論の構築をめざした二人の知的格闘の一端に触れることによって,しごく単純ではあるが深遠な内容をもつ「有効需要の理論」の含意を,より正確に汲み取ることが可能になるはずだ。さらには,マクロ経済学という広大な沃野を開拓した先駆者たちの意想に対する深い理解を踏まえ,自らの理論的・政策的な研究課題をより広い視野から再設定して,研究の枠組みを拡充してゆくことができるだろう。

本章の目的は,カレツキのマクロ経済学の核心を究明することにある。そのためにまず,「一般理論」の発見においてカレツキがケインズに先行していたのか否かをめぐる論争を振り返る。さらに論争を通じて浮かび上がった論点を,カレツキの著作に立ち返りつつ検証することにより,彼の有効需要理論の特質を明らかにしようと試みる。またこれと併せて,ポスト・ケインズ派経済学者のあいだで今日さかんに展開されている成長と分配の「カレツキアン・モデル」の枠組みに照らしながら,カレツキのマクロ経済学の特徴と意義について考察する。これらの一連の作業を通じて,「有効需要の理論」の今日における意義と可能性を明らかにしてゆきたい。

1 カレツキの先行性に関する問題

前章でも述べたように,カレツキの名は,今日では,ケインズとは独立に

「一時的なものであろうとなかろうと,賃金および/あるいは価格の非伸縮性を生み出すいかなる供給の失敗も,ケインズの失業分析の核心ではない。ケインズがつねに主張していたのは,貨幣経済における失業の根本原因は需要の基礎をなす諸条件であって,供給のそれではないということであった」(Davidson [1994] p. 10:邦訳11頁)。これと同様に,「カレツキアン」の代表的論者の一人である M. ラヴォアも,ポスト・ケインズ派の二つの本質的特徴として,有効需要と歴史的時間の概念を挙げている (Lavoie [2006a] ch. 1)。

「有効需要の理論」を発見した経済学者として広く知られている。じっさいにカレツキ自身，いくぶん控え目ながら，多くの機会に「一般理論」の発見において自らがケインズに先行していたことを主張している。そのような主張は，ケインズの『雇用・利子および貨幣の一般理論』(Keynes [1936]) に対する書評 (Kalecki [1936] pp. 228-9)，『経済動学の研究』(Kalecki [1943b] p. 154, n. 30)，『資本主義経済の動態理論』(Kalecki [1971]) の序文などに見られる。たとえばカレツキ (Kalecki [1971]) は，次のように述べて自らの先行性を主張している。「第Ⅰ部には，ケインズの『一般理論』が出現する以前の 1933 年，1934 年，1935 年にそれぞれポーランド語で発表され，しかも『一般理論』の本質的な部分を含んでいる——と私自身が信じている——三編の論文が含まれている」(p. vii：邦訳 vii 頁)[2]。また『一般理論』の書評におけるカレツキの主張については，すでに前章で見たとおりである（本書 215 頁を参照）。

しかしながら彼の貢献は，長いあいだ経済理論における革命として認識されることがなかった。「有効需要の理論」を初めて提示したとされるパンフレット『景気循環理論概説』(Kalecki [1933a]) や，その枠組みにもとづいた 1930 年代前半の論文のほとんどがポーランド語で発表されていたため，英語圏の経済学者の間ではそれらの存在が知られていなかったことが，その理由の一つである。1935 年に *Econometrica* 誌に掲載された「景気循環のマクロ動学理論」(Kalecki [1935b]) は英語論文であるが，景気循環モデルの数学的展開に力点をおいたものであったため，カレツキ自身を含めて，それが経済理論上の革命であることに気がついた者は誰もいなかった[3]。カレツキは，『一般理論』を読むことによって初めて，自らの貢献が，ケインズによって達成された革命に匹

---

2) ここで 1933 年の論文とは Kalecki [1933a] を，1934 年の論文とは Kalecki [1933b] を，1935 年の論文とは Kalecki [1935a] をそれぞれ指している。同書第 2 章として収められている論文 Kalecki [1933b] の初出が，1934 年と記されているのは誤りである。

3) この論文は，1933 年 9 月 30 日から 10 月 2 日にかけてオランダのライデンで開催されたエコノメトリック・ソサエティでの自らの報告論文をもとに執筆されたものである。この大会の状況については，元木 [1989] が詳しく紹介している（203-6 頁）。それによれば，カレツキの報告は大会参加者の関心を集めたものの，報告をめぐる議論はもっぱら分析技術的な側面に集中したという。

敵するものであることを理解したようである。

　カレツキ自身は『一般理論』の刊行直後から自らがケインズに先立って新しい理論を展開していたことを主張していたにもかかわらず，彼ら二人による「一般理論」の同時発見が多くの経済学者たちによって指摘されるようになったのは，第二次世界大戦後のことである。そのような指摘を逸早く行なった人物の一人に，オースティン・ロビンソンがいる。彼は，1947年に発表したケインズの追悼論文において，「ミハウ・カレツキも，独立に同じ目標に近づいていた」（E. A. G. Robinson [1947] p. 42：邦訳71頁）と述べて，二人の理論の類似性を指摘している。

　これと同様にL. R. クラインも，1951年に公刊されたハロッド『ケインズ伝』の書評（Klein [1951]）において，「最近，カレツキの景気循環理論を再検討したのちに，他の貢献に加えて，彼がじっさいにケインズ体系のあらゆる重要な要素を含む体系をつくり出していたことを，私は確信した」（p. 447）と述べている。さらに彼は，カレツキの理論の特徴として，明確に動学的であること，所得分配の問題を考慮していること，投資注文と投資支出の区別を行なっていることを挙げ，カレツキの理論はケインズの理論よりもいくつかの点において優れているとさえ論じている。

　その生涯にわたってカレツキの経済学の意義を熱心に説きつづけ，彼の理論的枠組みの拡張に力を注いだ有力な経済学者の一人が，前章でも触れたジョーン・ロビンソンである。彼女は，1952年に次のように述べて，カレツキが「一般理論」の独立の発見者であるとともに，彼の理論が動学的な性格をもつものであることを指摘している。

　　カレツキ氏がケインズとは独立に「一般理論」を発見したことは，科学の暗合の古典的な一例であった。彼の分析の形式は景気循環のモデルを直接に導いた（ケインズのものはそうではなかった）。彼の理論は短期均衡という同じ概念にもとづいていたから，おのずとケインズ体系に当てはまり，そうして「一般理論」のその後の発展においてケインズ体系に吸収されるに至った。現在では，人がいずれから何を学んだかを区別することは不可

能である。　　　　　　　　　　（Robinson [1952] p. 159：邦訳 194-5 頁）

　カレツキがケインズに先行して「一般理論」を発見したのか否かを判断する際には，まずもって「一般理論」の基本的な構成要素が何であるのかを確定する必要がある。J. ロビンソンは，ケインズ経済学の核心が，「貯蓄率は投資率によって支配され，物価水準は貨幣賃金率の水準によって支配され，利子率の水準は貨幣の需給によって支配される」という三つの命題に要約されるであろうと述べている（Robinson [1966] pp. viii-ix）。そのうえで彼女は，『一般理論』の公刊にいたるまでの間に，「たがいに何の接触もなしに，ミハウ・カレツキは同じ解決法を発見していた」（ibid., p. ix）と結論している。

　さらに彼女は，次のように述べてカレツキの先行性を認めている。「カレツキがケインズに対して公刊上の先行性をもつのは，ポーランド語の著作だけではない。彼は，1933 年 10 月に「景気循環のマクロ動学理論」に関する論文をエコノメトリック・ソサエティで報告した。その論文は，貯蓄・投資・雇用の理論の基本的要素を含んでいる」（Robinson [1977] p. 9）。そのうえで，「いくつかの面においては，カレツキの見解のほうがケインズのそれよりも頑健である」（ibid., p. 10）として，たんに公刊の先行性においてのみならず，その内容においてもカレツキの理論のほうが優れていると主張している。

2　パティンキンの異議をめぐって

1) ケインズの中心的主張は何か

　J. ロビンソンによるカレツキ経済学普及のための精力的な活動が実を結んだこともあり，戦後期には，カレツキがケインズとは独立に「一般理論」を発見したという見解が，しだいに多くの人々のあいだで共有されるようになった。しかしながら，このような見解に対して正面から異議を唱えたのが，『「一般理論」の先取りか』と題するドン・パティンキンの著作である（Patinkin [1982]）。ストックホルム学派やカレツキの中心的主張はケインズのそれとは根本的に異

なっているとして，パティンキンは，ストックホルム学派やカレツキがケインズの革新的な貢献を先取りしていたという見解を否定している。

> カレツキは，ストックホルム学派よりも「一般理論」にはるかに近づいていた。そしてこのことは，彼の半ば一般向けの 1935 年の論文「景気上昇のメカニズム」について特にあてはまる。それと同時に私は，1936 年以前のカレツキの著作が「ケインズ体系のあらゆる重要な要素を含む体系をつくり出していた」……とか，「ケインズの「一般理論」の完全な先取り」……についてカレツキの功績が認められるべきであるとかの，クラインが行なっていたような主張を受け容れることはできない。　(*ibid.*, p. 77)

パティンキンによれば，ケインズの主要な貢献は『一般理論』第 3 章において示された「有効需要の原理」にある。それは，資本主義経済における「不完全雇用均衡」の状態を説明するものである。彼の見るところ，その理論の本質は 45 度線モデルによって表され，(1)総需要曲線と 45 度線の交点が均衡実質産出量を決定する，(2)総需要と総供給のあいだの不均衡は産出量の変化を引き起こす，(3)産出量の変化それ自体が均衡化の力として作用する，という三点に要約される (*ibid.*, p. 9)。このことは，より形式的には次のように表現することができる。

> 有効需要の理論は，均衡方程式 $F(Y)=Y$ の数学的解にかかわるのみならず，動学的調整方程式 $dY/dt = \Phi[F(Y)-Y]$ によって決定されるこの均衡の安定性を示すことにもかかわっている。なおここで $\Phi'>0$ である。
> 　(*ibid.*, p. 10)

ここで Y は産出量を表し，$F(Y)$ は総需要関数である。このようにパティンキンは，産出量の変化によって総需要と総供給（それゆえ投資と貯蓄）の均衡が実現するという主張こそが，ケインズの中心的主張であるとの解釈を示す。そしてこのような観点にもとづきカレツキの理論に検討を加えた結果，カレツキが「一般理論」を独立に発見したという見解は成立しないと結論している (*ibid.*, pp. 68-70)。パティンキンの見るところ，カレツキの中心的主張は，産出

量の分析ではなく，投資の分析に関係している。また，カレツキによる独立の発見の主な根拠とされている『景気循環理論概説』(Kalecki [1933a]) の中心的課題は，持続的な低水準の雇用ではなく，投資の循環的変動を分析することにある。すなわち，カレツキはその著作で「不完全雇用均衡」の存在を説明しようと試みてはいない，とパティンキンは断定している。

ただしパティンキンは，1935年の論文「景気上昇のメカニズム」(Kalecki [1935a]) においては，ケインズ的な均衡化のメカニズムが論じられていることを認めている。その論文においてカレツキは，賃金の全般的な切り下げによって企業家が得る利益は，物価水準の下落によって相殺されてしまうので，競争的な経済における賃金切り下げは生産の増加にはつながらないと論じている。この議論は『一般理論』におけるケインズの議論にきわめて類似していると，パティンキンは指摘する (Patinkin [1982] pp. 71-2)。しかし不完全雇用均衡という主題は，『一般理論』以前の時期にはカレツキの非学術的な著作においてしか見られないという理由で，ケインズの主要な貢献をカレツキが先取りしていたという見解を退けている[4]。

経済学研究の制度的環境が今日とは大きく異なっていた1930年代のポーランドにおいては，経済学者たちが自らの見解を発表する場所を選ぶさいの基準もまた，現代の経済学者たちのあいだで共有されている基準とは多分に異なるものであったにちがいない。しかもカレツキは経済学を独学で習得したのであったし，当時の彼は大学に籍をおくアカデミックな経済学者でもなかった。これらの歴史的事情を考慮することなしに，専門学術誌で発表された論文以外は先行性の根拠として取り上げないというパティンキンの判断が妥当なものであるか否かについては，疑問の余地が残されている (Chapple [1996] pp. 41-4 を参照)。

---

[4] この論文 (Kalecki [1935a]) が掲載された雑誌 *Polska Gospodarcza* [Economic Poland] は，大蔵省をはじめとする政府のいくつかの省庁の支援によって発行されていた半官の週刊経済誌である (Patinkin [1982] p. 71 を参照)。

2）カレツキは「一般理論」を先取りしていたのか

しかしながら，そのことを措くとしても，ケインズに対するカレツキの先行性を否定するうえでのパティンキンの論証手続きには，一つの重大な見落としがある。すなわち彼は，その当時のポーランドにおける唯一の経済学専門誌であった *Ekonomista* 誌に 1933 年に発表された論文「外国貿易と「国内輸出」について」（Kalecki [1933b]）の内容を詳しく検討していないのである[5]。

カレツキのこの論文は，輸出増加や財政赤字が利潤・総生産・貿易収支に及ぼす影響を明らかにしようと試みるものである。まず彼は，政府部門の存在しない開放経済について考察している。そこにおいて彼は，利潤＝資本家消費＋投資＋貿易黒字，という利潤の公式にもとづいて議論を進める。この公式から，外国貿易によって景気上昇を促進するためには，貿易黒字が増加しなくてはならないということが分かる。すなわち，輸出の絶対額ではなく，輸入に対する輸出の超過が拡大しなくてはならないのである。これについて，彼は次のように述べている。

> この貿易黒字は，投資活動の拡大と同様に，生産量の増加，および産出量1単位あたりの利潤の全般的な増加をもたらすので，貿易黒字の増加と同額だけ総利潤は増加するのである。このことから生じる既存生産設備のより高い収益性は，投資活動に対する刺激剤としての役割を果たす。かくして，新たな外国貿易黒字によって生じる景気上昇は，「正常な好況」をもたらすのである。　　　　　　　　　　　　　　　　（*ibid*., pp. 165-6：邦訳 17 頁）

---

[5] パティンキンは，その論文について脚注で次のように簡単に触れているにすぎない。「カレツキは，国民所得における利潤の分け前が一定であるという更に恣意的な仮定によって産出量を決定している」（Patinkin [1982] p. 69, n. 18）。

チャップル（Chapple [1991]）は，利潤の分け前が一定であるという「恣意的な仮定」が設けられていることを理由として，パティンキンがこの論文を無視していることには自己矛盾があると指摘する。なぜならば，ケインズの「有効需要の理論」の本質を要約するためにパティンキンが用いている 45 度線モデルは，一般に，限界生産力一定のもとでの固定的賃金・価格モデルとして提示されているからである。すなわち，そのモデルは利潤の分け前が一定であることを仮定していることになる（p. 250）。

しかしながら生産水準の上昇は，原材料をはじめとする外国商品に対する需要を増加させ，したがって輸入を増加させることになる。ここで，貿易黒字の増加を s，それに対応する輸入と輸出の増加をそれぞれ i および e で表すと，次式を得ることができる。

$$e = i + s \tag{1}$$

これに続いてカレツキは，増分 i と s のあいだの関係を明らかにしようとする。総生産額に占める利潤の分け前を α によって表すと，貿易黒字の増加による生産額の増加は s/α となる。さらに総生産額に対する輸入の割合を β とすると，輸入の増加は $i = (s/\alpha)\beta$ となる。したがって次式を得ることができる。

$$s/i = (e-i)/i = \alpha/\beta \tag{2}$$

このようにしてカレツキは，輸出の増加はそれと同額の利潤の増加をもたらすことによって投資を増加させ，それを通じて産出水準が上昇すること，しかしそれに次いで輸入もまた増加するので，その分だけ輸出増加による景気刺激効果が減殺されることを明らかにしている。

次にカレツキは，政府が国債を発行して国内の資本家から資金を借り入れ，その国債収入を軍備・失業手当・公共事業などに支出する場合，総生産と貿易収支にどのような影響が及ぶのかについて考察する。その結果は貿易黒字の場合ときわめて類似していることから，彼は政府の赤字支出を「国内輸出」と呼んでいる。これらの政府支出は，貿易黒字と同様に利潤を増加させるので，利潤の公式は，次のように修正されることになる。

利潤＝資本家消費＋投資＋貿易黒字＋国内輸出

こうして貿易黒字の場合と同様に，「国内輸出」の始動は，それと同額だけの利潤の増加をもたらし，さらにそれが投資活動を刺激して，景気の上昇を引き起こすであろう。しかし，「国内輸出」によって促進された景気上昇の結果，外国商品に対する需要が増加するので，「国内輸出」には貿易収支の悪化がともなうことになる。したがって外国貿易に及ぼす影響を考慮すれば，利潤の増

加額は,「国内輸出」e_1 と輸入増加 i の差額である e_1-i になるだろう。こうして総生産額の増加は $(e_1-i)/\alpha$ となる。さらに総生産額の増加に対応する輸入の増加は $i=[(e_1-i)/\alpha]\beta$ となることから,次式が導かれる。

$$(e_1-i)/i=\alpha/\beta \tag{3}$$

この式は,輸出の増加 e が「国内輸出」e_1 の増加に置き換えられている以外は,(2)式と同じである。結局のところ,「外国への輸出」も「国内輸出」も同じだけの利潤の増加と総生産額の増加をもたらすことになる一方で,「国内輸出」は貿易収支を悪化させるということになる。

　ここまで見てきたように,カレツキの論文(Kalecki [1933b])は,資本家消費・投資・貿易黒字・財政支出の増加が,それと同量の利潤の増加を生み出すように産出水準を上昇させることを明らかにしている。これは,産出量の変化を通じて投資と貯蓄の均等がもたらされるという均衡化のメカニズムを,政府部門を含む開放経済に拡張したものにほかならない。この論文でカレツキが用いている理論的枠組みは,パティンキンによる「有効需要の理論」の定義を満たしているのである[6]。

　先に挙げた J. ロビンソンによる「有効需要の理論」の定義に比べると,不完全雇用均衡の存在とその安定性に焦点を合わせたパティンキンの定義が,『一般理論』の意義と特質をかなり限定的に捉えていることは否めない。これとは反対に,最初から景気循環の分析を目的としていたカレツキの動学的な分析枠組みのほうが,ケインズの静学的な枠組みよりも優れていたと言うことも可能であろう[7]。しかしながら,仮に比較静学分析の枠組みを参照基準とする

---

[6] パティンキンが定義する「有効需要の理論」をカレツキが先取りしていた根拠として Kalecki [1933b] に注目している研究に,元木 [1989],Chapple [1991] がある。このほか,パティンキンの見解に対する反論としては,Osiatyński [1985],Sawyer [1985] ch. 9,Feiwel [1989],Sardoni [1995],Chapple [1996] などがある。

[7] パティンキン自身も,ケインズの『一般理論』の中心的主張に関する自らの定義について,次のように述べている。「私の定義は狭すぎると,ときどき批判されてきたことを認めなくてはならない。このことは事実かもしれない」(Patinkin [1982] p. 81)。
　またパティンキンは,カレツキが「一般理論」を先取りしていたという主張を否定し

パティンキンの狭く一面的な定義に照らしてみた場合にも，カレツキ (Kalecki [1933b]) は『一般理論』の主要な特徴を先取りしていたことが確認されるのである。しかも，ケインズが『一般理論』において閉鎖経済を想定していたのに対して，カレツキの分析は外国貿易が国内経済に及ぼす影響をすでに考慮していた。

その一方でカレツキのこの論文が，ケインズ的な貯蓄・投資の均衡化のメカニズムをとらえているとはいえ，均衡産出水準の決定そのものを中心的課題としていないこともまた事実である。しかしながらカレツキは，ケインズの『一般理論』が刊行される以前に，マクロ経済の均衡の問題を扱った論文も執筆していた。上記論文と同じく *Ekonomista* 誌に発表された「三つの体系」と題する 1934 年のポーランド語の論文がそれである。次節では，その論文の内容について見ていくことにしよう。

3 カレツキの「擬似均衡」モデル

1934 年に発表された論文「三つの体系」(Kalecki [1934]) の主要な課題は，所与の資本ストックのもとで，どのようにしてマクロ経済の均衡が達成されるのかという問題を扱うことにある。カレツキは，分析に先立ち三つの仮定を設けている。第一に，経済においては労働者と資本家という二つの階級が存在する。労働者は貯蓄を行なわず，その所得のすべてを消費に充てる。他方で資本家消費は，その所得にも利子率にも依存せず，一定である。第二に，既存の資本設備を用いての生産には限界費用逓増がともなう。このような条件のもとで

てはいるものの，経済学に対するカレツキの貢献そのものまでも否定しているわけではない。ケインズとカレツキの中心的主張の相違について述べたあと，パティンキンは次のように付け加えている。「このことは，ケインズの理論に対する一定の改善をわれわれが行なうことを，カレツキの理論が可能にしてくれるということを否定するものではない（そして，このかぎりにおいて，私はクラインとロビンソンに同意する）。……カレツキの理論は，景気循環の理論をあたえるようにケインズ体系を拡張してゆく方法の一つを示しているのである」(*ibid.*, p. 78)。

は，生産物の価格は限界費用に等しくなる。第三に，消費財生産部門と投資財生産部門の二つの部門から経済が構成される。在庫の変化は捨象されているので，消費財部門の生産物はつねに全てが消費されることになる。さらに，この論文においては完全競争経済が暗黙裡に想定されている。

　カレツキは，基本的性格を異にする三つの経済体系を区別している。体系 I は，購買力維持の原則が貫徹するような経済である。すなわち，すべての所得が直ちに消費財かまたは投資財に支出される。これは，セイ法則にもとづく古典派のモデルにほかならない。体系 II は，貨幣が流通し，またその流通速度が可変的であるような経済のモデルである。このような経済においては，厳密な意味での信用膨張（credit inflation）が存在していなくても，購買力の「創造」と「破壊」が生じる。しかしながら購買力の創造と破壊は，体系 I では生じない撹乱過程を引き起こすにすぎない。最終的に到達する状態は，購買力維持の原則にしたがう体系 I と同じである。体系 II に産業予備軍（reserve army of the unemployed）の存在を加えたのが，体系 III である。この体系においては，経済が完全雇用均衡に向かう傾向はもはや存在しない。体系 II とは異なり，購買力の創造と破壊は，撹乱過程に対してばかりでなく，最終的な均衡状態に対しても影響を及ぼすことになる。以下，これら三つの体系のそれぞれにおいて労働の超過供給が生じたときに，それが経済にどのような影響を及ぼすのかについて見ていこう。

　体系 I は，「購買力維持の原則が例外なく支配するような体系」（*ibid.*, p. 203）である。すなわち，消費財の購入に対してであれ，投資財の購入に対してであれ，すべての所得が直ちに支出される。またここでは，仮定により資本家消費は一定である。この体系において，労働供給の外生的な増加のために労働の超過供給が生じたとしよう。このとき，名目賃金が下落するが，それと同時に，購買力維持の原則にしたがい，資本家は投資財に対する追加的な支出を直ちに行なう。賃金が切り下げられると，それに比例した消費財価格の下落が生じるので，労働者の購買力は不変にとどまり，当面のあいだ消費財生産量も一定の水準にとどまる。しかしながら投資財需要の増加のために，賃金に対する投資財価格の比率は上昇するであろう。これによって生じた投資財部門での雇用の

増加は,消費財部門に向けられる購買力を増加させる。そのことは次いで消費財価格の上昇をもたらし,それゆえ賃金に対する消費財価格の比率を上昇させるので,その結果,消費財産業における雇用も増加する。このようにして二つの部門における雇用の増加が,労働の超過供給を吸収することになる。したがって新しい均衡においては,消費財部門と投資財部門の双方において雇用と生産の水準は以前よりも高くなる。

体系IIは,中央銀行によって発行された貨幣が流通している体系である。ここで中央銀行は,景気循環の過程を通じて流通貨幣量を一定に維持すると仮定する。また体系Iにおいてとは異なり,個々の経済主体は現金準備を保有する。その量は,企業の売上高が大きくなるにつれて増加し,利子率が上昇するにつれて減少する。それゆえ,流通貨幣量が一定で売上高が増加するとき,すなわち貨幣の流通速度が上昇するときには,利子率が上昇することになる。なぜならば,売上高の増加にともなう準備の増加は,利子率の上昇によって相殺されなくてはならないからである。こうして体系IIにおける利子率は,貨幣の流通速度によって決定される。

さて,この体系において余剰労働力が生じた場合にも,体系Iにおいてと同じく名目賃金が下落する。しかし体系Iにおいては資本家によって取得された購買力が直ちに投資財に支出されたのに対して,体系IIにおいては,資本家による貨幣準備の一時的な保蔵のために購買力の破壊が生じる。このとき,消費財価格と賃金とが同じ割合で低下するので,消費財産業における雇用は一定にとどまる。これに対して投資財産業においては,賃金が下落する一方で,投資財の価格は当面のあいだ一定にとどまるので,企業は新規に労働者を雇用しはじめる。

しかしながら,このようにして増産した生産物は市場で売却することができない。購買力維持の原則が成立している体系Iとは異なり,投資財に対する需要の増加が生じていないからである。それゆえ,投資財の価格が下落して,新規に雇用した労働者は解雇されるに至る。このことは,いっそうの賃金切り下げ,消費財価格の下落,投資財産業での再度の雇用,投資財価格の下落,といった事態の連鎖をつくり出す。したがって,「売上高の貨幣価値の低下が原因

となって，貨幣の流通速度が低下し，それとともに貨幣利子率もまた低下して，そのことによって企業家の行なう投資が促されないならば，このような価格と賃金の累積的な下落が無限に進むことがありうる」(*ibid*., p. 212)。利子率の下落によって新たに創出される投資目的のための購買力が労働者の購買力の「喪失」に等しくなるとき，体系Ⅱは，体系Ⅰにおいて達成された均衡と同じ状態に到達する。このようにして余剰労働力は完全に吸収される。すなわち，

> 貯蓄の増加や賃金の切り下げによって購買力の破壊が生じた場合には，貨幣利子率の低下が企業家の投資を促して，以前に「喪失した」額だけの購買力をつくり出す。このようにして，購買力は最終的には消費から投資に移転する。 　　　　　　　　　　　　　　　　　　(*ibid*., p. 213) [8]

ここまで見てきたように，労働の超過供給が生じた直後に，体系Ⅰにおいては購買力が消費から投資に移転するのに対して，体系Ⅱでは購買力の破壊が生じる。そして体系Ⅱは体系Ⅰよりも複雑な撹乱過程をともなうにせよ，いずれの体系も，最終的には同一の均衡に到達するのである。体系Ⅰと体系Ⅱにおいて最終的に実現される均衡は，次の二つの式を満たさなくてはならない（記号は，より一般に用いられるものに変更している）。

$$I = f(N_S, C_k) \quad (4)$$

$$\Psi(N_S, C_k, r) = I \quad (5)$$

ここで I は投資財生産量を表す。(4)式における関数 f は，労働供給 N_S の増加関数であり，資本家消費 C_k の減少関数である。また関数 f は，既存資本設備の量と構成に依存している。他方で正の収益性を持つ投資プロジェクトの数は，その時点での消費財価格・投資財価格・賃金のあいだの相互関係，および利子

---

[8] 賃金と物価の下落が利子率の低下を引き起こして完全雇用を回復させるという，ここでカレツキが示している調整メカニズムは，今日では「ケインズ効果」と呼ばれているものである。ここでのカレツキの議論に注目して，ロペスとアスー（López and Assous [2010] pp. 50-1）は，ケインズ効果の発見はカレツキの功績に帰することができると主張している。この点については，Assous [2007] p. 104 も参照されたい。

率に依存する。上で見たように，物価と賃金の関係は N_S と C_k によって完全に決定されるので，投資プロジェクトの量（すなわち投資財に対する需要）は(5)式の関数 Ψ によって表すことができる。そして投資プロジェクトの量と投資財生産量とを等しくする(5)式によって，利子率 r を決定することが可能になる。当然のこととして，関数 Ψ は r の減少関数である。

カレツキが最後に検討を加える体系 III は，体系 II に「産業予備軍」の存在を付け加えたものである。ここでは，「既存の失業は，それが不変にとどまるかぎり〔労働〕市場に対して「圧力」を加えない」(*ibid.*, p. 215, 〔 〕内は引用者のもの）という仮定が設けられている。すなわち，失業水準が一定であるかぎり，貨幣賃金の低下は生じないものと仮定されている。これまでと同じく利用可能な労働供給を N_S，また現実の雇用量を N で表すと，一定不変の N_S-N は労働市場に圧力を加えることのない失業であるということになる。現実の雇用水準が N であるとともに，体系 II における均衡と同一の状態を，カレツキは「擬似均衡」(quasi-equilibrium) と呼んでいる。したがって擬似均衡においては，以下の式が満たされている。

$$I = f(N, \ C_k) \tag{4a}$$

$$\Psi(N, \ C_k, \ r) = I \tag{5a}$$

擬似均衡は，現実の雇用量 N があたえられるときにのみ決定される。それゆえ体系 III においては，あらゆる所与の N_S のもとで無数の擬似均衡が存在する。しかしこのような未決定性は，現実に適合した追加的な仮定を導入することによって取り除くことができる。すなわちここで，既存の失業が労働市場に圧力を加えないのに対して，失業水準の変化は，その変化の方向と大きさに応じて，貨幣賃金の変化を引き起こすと仮定する。この仮定により，所与の N_S のもとで，それぞれの現実雇用水準 N に厳密に対応する貨幣賃金の水準が存在することになる。そして，N, C_k の値についてのあらゆる所与の組み合わせが，消費財価格と投資財価格のそれぞれの賃金に対する関係，および投資財と消費財の産出量を決定するので，売上高の貨幣価値は N_S, N, C_k の関数であるということになる。また流通貨幣量を一定に維持するという中央銀行の政

策があたえられているので，貨幣利子率 r はここでも売上高の貨幣価値の関数となる。それゆえ，次の式を得ることができる。

$$r = \eta\,(N_S,\ N,\ C_k) \quad (6)$$

ここで η は，雇用水準 N の増加関数である。なぜなら N の上昇とともに，貨幣賃金の水準，賃金に対する物価の関係，売上高の貨幣価値のすべてが同時に上昇するからである。N_S と C_k が既知であるならば，(6)式は，(4a)式および(5a)式とともに，雇用量 N，資本財の生産量 I，利子率 r を決定する。このようにして，擬似均衡が厳密に決定されることになる[9]。

以上のカレツキの議論から明らかなように，擬似均衡とは，完全雇用に及ばない水準で総需要と総供給が等しくなる状態を指している。すなわちそれは，ケインズの「不完全雇用均衡」にきわめて類似した概念である。カレツキは1934年の時点で，資本主義経済において不完全雇用均衡が成立する可能性があることを明確に指摘していたのである。したがって仮に，「有効需要の理論」とは不完全雇用均衡の存在とその安定性を説明している理論のことであるというパティンキンの狭い定義を採用するとしても，カレツキはケインズに先んじて「有効需要の理論」を展開していたことになる。

しかしながら，不完全雇用均衡の存在を論証していることを以って「有効需要の理論」の確立と見なすことが妥当であるのか否かは，また別の問題である。じっさいカレツキは，1934年に論文「三つの体系」を発表して以降，擬似均衡の理論的枠組みをふたたび用いることがなかった。彼の主たる関心は景気循

---

9) チャップル（Chapple [1995]）は，論文「三つの体系」の内容を紹介するとともに，その形式的なモデル化を試みている。それにもとづき彼は，財市場と貨幣市場の統合的な分析枠組みを限界主義的な価格形成理論と結合している点において，カレツキは，*IS-LM/AS-AD* モデルによって表される初期の主流派ケインジアンのモデルを先取りしていたと主張している。これに対してアスー（Assous [2007]）は，カレツキの1934年のモデルを，ヒックス（Hicks [1937]）およびモディリアーニ（Modigliani [1944]）の *IS-LM* モデルと比較検討し，これら三つのモデルの異同を明らかにしている。ロペスとアスー（López and Assous [2010] ch. 3）もまた，カレツキ（Kalecki [1934]）の失業モデルとヒックスの *IS-LM* モデルの相違について論じている。

環のメカニズムを解明することにあったので，資本設備一定という仮定のもとでの均衡の実現について検討するという静学的な分析枠組みに不満を覚えていたことが，その大きな理由であろう。カレツキ自身が次のように述べていることからも，そのことは明らかである。「一連の連続的な擬似均衡を通じての運動は循環的であり，またそれゆえに最終的な均衡の状態に到達することは決してないということもまた，明らかとなるであろう。私の見解では，これらは厳密な意味での景気循環である」(*ibid.*, p. 219)。

本節で見たように，カレツキは「三つの体系」(1934年) において，完全雇用に満たない水準でマクロ経済の均衡が成立する可能性があることを指摘していた。不完全雇用均衡の論証という狭い定義に照らしてみても，われわれは，「一般理論」の発見におけるカレツキの先行性を認めることができる。しかもカレツキは1933年の時点ですでに，景気循環を説明するための動学的な理論モデルを展開していた (Kalecki [1933a])。ケインズに先んじて「一般理論」を発見したばかりでなく，それと同時に「一般理論」の動学化という新たな理論的地平を開示していたのである。

4　経済成長の源泉はどこにあるのか

1) 所得分配と経済成長

カレツキのマクロ経済学の特徴として，それが景気循環の機構を説明する動学的な枠組みであることに加えて，階級間の所得分配の変化が生産と雇用の水準に及ぼす影響について明示的に考察していることが，しばしば指摘される。この点に注目して，今日では多くの理論家たちによってカレツキの理論モデルの拡張がさかんに進められている。ローソン (Rowthorn [1981]) およびダット (Dutt [1984]) の研究を嚆矢として展開されているそれらのモデルは，一般に「カレツキアン・モデル」と呼ばれている。賃金からの消費性向は利潤からの消費性向よりも大きいので，賃金の分け前の増大は消費を増加させることを通じてマクロ経済に対する拡張的効果をもつというのが，その基本的な見解であ

る。これに対して、グッドウィンの貢献（Goodwin [1967]）を主要な着想源の一つとする「マルクシアン・モデル」では、利潤の分け前の増加が投資を増加させて経済成長を刺激するというパターンが想定されている。すなわちカレツキアン・モデルにおいては、所得分配の変化が消費に対して及ぼす効果は、それが投資に対して及ぼす効果を上回るとされている。これに対してマルクシアン・モデルでは、分配変化の投資に対する効果が消費に対する効果をしのぐと見なされている。言い換えるならば、カレツキアンが「賃金主導型」の成長レジームを定式化している一方で、マルクシアンは「利潤主導型」の成長レジームを描写しているのである[10]。

じっさいにカレツキは、所得分配の変化が経済活動水準に対して大きな影響を及ぼすことを、早い時期から指摘していた。1932年に彼は、「恐慌期における賃金の切り下げ」（Kalecki [1932]）と題する小さな論文を発表している。その論文の冒頭で、彼は次のように述べている。「ますます深刻となっている経済危機に直面して、資本主義の「医師たち」が望みを失っている一方で、その体制の重い病にもかかわらず「やぶ医者たち」は万能薬を処方しつづけている。すなわち、労働者の賃金の切り下げという処方箋がそれである」（*ibid.*, p. 41）。

---

10) ストックハンマーとステーラー（Stockhammer and Stehrer [2011]）は、カレツキアン・モデルとマルクシアン・モデルの理論的背景について説明するとともに、それぞれの理論的伝統の内部におけるこれまでの主要な実証研究を網羅的に紹介している。さらに彼らは、1970年1月から2007年2月までのOECD12カ国についての四半期間データを用いて、賃金の分け前の変化が国内の民間総需要に及ぼす影響について測定し、全体的に見ると、分析結果はカレツキアンの理論と整合的である一方で、マルクシアンの理論はほとんど支持されないという結論を得ている。

このほかにも近年では、カレツキアンとマルクシアンの理論的枠組みの比較検討を試みる多くの研究が生み出されている。たとえばラヴォア、ロドリゲス、セカレッキア（Lavoie, Rodriguez and Seccareccia [2004]）は、カレツキアンとマルクシアンの投資関数についての実証的検討を行ない、正常稼働率と予想長期成長率とが過去の実現値に反応するという意味において履歴現象（hysteresis）をともなうカレツキアン投資方程式が、望ましい統計的性質をもつことを示している。これに対してスコット（Skott [2012]）は、ハロッド型の投資関数を参照基準としつつ、カレツキアンの投資関数の理論的および実証的な根拠はきわめて薄弱なものでしかないと批判している。カレツキアン・モデルとその展開についての基本的な知識を得るためには、池田［2006］（とくに第1・2章）、佐々木［2011］、Dutt [2011a] が有益である。

この論文では，貨幣賃金の切り下げは物価の下落をもたらすものの，物価の下落は賃金の下落に遅れるので，その間，労働者階級の生活水準，および国民所得に占める労働者階級の分け前が低下し，その結果，生産がいっそう縮小して経済危機が深まることになる，と論じられている[11]。

理論的な著作においても，所得分配の問題には早くから大きな関心が払われていた。カレツキは『景気循環理論概説』（Kalecki [1933a]）において，寡占経済における賃金切り下げが国民所得の水準に及ぼす影響について考察している（pp. 106-8）。それによれば，自由競争システムにおいてと同様に，「完全にカルテル化されたシステム」においても，貨幣賃金の切り下げによって総利潤の増加がもたらされることはない。なぜなら利潤の大きさは，それ以前の期間に行なわれた投資注文の量によって決定されるからである。賃金の切り下げによって消費財価格と賃金率との差が大きくなるので，たしかに，総生産 Y に占める実質粗利潤 P の分け前は大きくなるだろう。しかし実質粗利潤の額は変わらないので，このことは労働者の実質所得 $Y-P$ が減少することを意味するにすぎない。資本家が賃金切り下げによって実質粗利潤を増加させることができないのは，自由競争システムにおいてもカルテル化されたシステムにおいても同じであるが，後者の場合には，総生産と労働者所得の水準が低下するのである。

ここに見られるように，不完全稼動状態にある寡占経済においては賃金の切り下げが総需要を減少させて経済活動水準を低下させるという現象，あるいは同じことであるが，賃金上昇が総需要を増加させて経済成長を促進するという現象は，ローソン（Rowthorn [1981]）によって「費用の逆説」と名づけられている。このような見解は，1930年代前半に経済学の研究を開始して以来，カレツキが生涯にわたって維持したものであった。そしてこれによって初めて，硬直的な賃金が失業の原因であるという当時の正統派経済学者たちの主張に対

---

11) 山本［2012］では，この論文（Kalecki [1932]）の内容について詳しい紹介と検討が行なわれている。山本が指摘しているように，この論文には，論理的に不整合な記述があったり，数値例が不適切であったりするなど，不備な点が多く見られる。

して，理論的な反駁を加えることが可能となった。

　自らが新たに構築した「価格と分配の独占度理論」にもとづき，賃金変化が生産と雇用に及ぼす影響についてカレツキが詳細な考察を加えているのが，1939 年にポーランド語で発表されたパンフレット『貨幣賃金と実質賃金』(Kalecki [1939b]) である。カレツキはまず，限界費用逓増と完全競争という仮定のもとでの賃金切り下げの効果について検討する。ここで彼は，経済体系が，投資財生産部門（第 I 部門），資本家向け消費財生産部門（第 II 部門），労働者向け消費財生産部門（第 III 部門）の三つの部門から構成されると考える。完全競争状態のもとでの貨幣賃金の切り下げは，それと同じ割合で企業の限界費用を低下させ，それゆえ物価水準の下落を引き起こす。こうして実質賃金は不変にとどまるので，賃金財需要に変化はなく，第 III 部門の生産と雇用の水準もまた変化しない。他方で資本家たちは，利潤の増加が現実に生じるまでは投資と消費に対する支出を増やさないので，賃金切り下げの直後に投資と資本家消費が増加することはありそうにない。投資と資本家消費が増加しなければ，利潤の増加も生じないので，これらの需要項目はのちの時点においても増加することがない。したがって，第 III 部門においてと同様に，第 I 部門と第 II 部門の生産と雇用も不変にとどまる。貨幣賃金の切り下げによって，最終的には，一般物価水準が下落する一方で，経済全体での生産と雇用は不変にとどまることになる。

　これに次いでカレツキは，限界費用逓増と完全競争の仮定を取り去り，不完全競争経済における賃金切り下げが生産と雇用に及ぼす影響へと分析を進めてゆく。その分析に先立ち彼は，工業部門においては完全稼動点までは限界費用曲線が水平であり，その点に到達すると急速に費用が上昇すると仮定するのが現実的であると述べ，逆 L 字型の費用曲線を想定する。さらに彼は，完全稼動の状態はきわめて例外的なものであると付け加えている。そして，限界費用に対する価格の比率は完全競争からの乖離の度合いを示しており，したがってその比率は「独占度」を測定するために役立つものであると見なしている (*ibid.*, pp. 31-3)。

　これを踏まえてカレツキは，不完全競争の状態のもとでの賃金切り下げが，

雇用に対していかなる影響を及ぼすのかについて検討する。不完全競争のもとでは価格が硬直的となりがちであるため，貨幣賃金の切り下げは実質賃金の下落を引き起こす。これによって賃金財需要が減少して，第 III 部門の生産と雇用は減少する。その一方で，完全競争のもとでと同じく，賃金切り下げの直後に投資と資本家消費が変化することはありそうにない。この分析枠組みにおいては，賃金の切り下げによって第 III 部門から第 I 部門と第 II 部門への利潤の移転が生じるものの，総利潤は不変にとどまる。こうして第 III 部門では雇用が減少するのに対して，第 I 部門と第 II 部門においては雇用が不変にとどまる。結局のところ，不完全競争経済のもとでの貨幣賃金の切り下げは，資本家の実質所得を変化させない一方で，実質賃金が下落すると同時に雇用が減少することによって，労働者の実質所得を減少させることになる。以上の分析にもとづき，カレツキは次のように結論している。

> 独占あるいは不完全競争という現存の状態のもとでは，貨幣賃金の切り下げは，雇用の減少と結びついた実質賃金の下落を引き起こすことにつながる。さらに，そのようなシステムにおいては，実質賃金の上昇には生産の減少がともなう（あるいは，生産の減少には実質賃金の上昇がともなう）という理由は，一般には存在しないように思われる。これとは反対の信念が広く普及しているにもかかわらず，そうなのである。 (*ibid.*, p. 38)[12]

[12) ここで見たカレツキの著作『貨幣賃金と実質賃金』(Kalecki [1939b]) は，ワテツキ (J. Wątecki) をはじめとする当時のポーランドの正統派経済学者たちの見解に対して反論を加えることを一つの目的として著されたものである。ワテツキは，フランスの自由主義経済学者ジャック・リュエフ (Jacques Reuff) の影響のもとに，『失業の原因としての硬直的賃金』というパンフレットを 1938 年に発表し，労働問題への政府の介入に対して反対の論陣を張っていた。カレツキは次のように述べて，ワテツキらの見解を厳しく批判している。「「失業の原因としての硬直的賃金」――このような書名で，ワテツキによる一つの書物が最近ポーランドで公刊された――という標語がまったく根拠のないものであることが，上述の分析に照らしてみると判明する。そして，これと同様に絶望的であるのは，団体交渉は賃金を「硬直的」にすることによって労働者階級の失業と貧困を引き起こすと教えを垂れる，この標語の支持者たちの主張である」(*ibid.*, pp. 38-9)。

2）イノベーションと経済成長

ここまで見てきたように，カレツキは，賃金切り下げが総需要を減少させて生産と雇用の水準を低下させるという見解を早くから提示していた。したがって，カレツキのこのような見解を受け継ぐ人々が自らを「カレツキアン」と称することには相応の理由が存在するのである。しかしながら，カレツキがこのような議論を展開していたのは，あくまでも短期の比較静学的な枠組みにおいてのことであった。彼は，そのような枠組みから導かれた結果を，資本主義の長期発展の分析にそのまま当てはめることはなかった。

カレツキの見るところ，資本主義経済の発展を促進する基軸的な要因は投資の長期的水準である。彼は，『経済変動の理論』（Kalecki [1954]）の第15章「発展要因」において，投資の長期水準に影響を及ぼす要因として，イノベーション，金利生活者の貯蓄，人口の増加，の三つを挙げている。これらの要因のうち，彼が「もっとも重要な発展の起動因」（ibid., p. 337：邦訳198頁）と位置づけているのがイノベーションである。

> 一定期間中に起こった発明が，新しい投資計画をいっそう魅力的にすることは確かである。この要因の影響は，一定期間中に総利潤が増加してその期首におけるよりも投資計画が一般的に魅力的になった事態に類似している。新しい発明はそれぞれ，利潤の増加と同じように，ある種の追加的な投資決意を引き起こす。絶え間のない発明の流れが投資に及ぼす効果は，利潤の着実な増加率がもつ効果に匹敵する。したがって，このような発明の流れは，それがなかった場合に実現されたような単位時間あたりの投資水準に増大をもたらすものである。
> ……絶え間のない発明の流れが，投資を基本的な決定要因にもとづく水準以上に増加させるということは，いまや明らかである。こうして発明は，静態的システムを上昇的傾向の支配に服するようなシステムに変えるのである。
> （ibid., p. 334：邦訳194頁）

カレツキの定義によれば，イノベーションには，技術進歩のみならず，新製品の導入，新しい原料資源の開発なども含まれる。これらはいずれも，生産設

備や輸送施設に対する新投資を誘発する。これに対して，カレツキが「金利生活者の貯蓄」と呼ぶ企業外の貯蓄の増加は，企業の「内部」貯蓄を減少させることによって，投資を抑制する要因としてはたらく。また人口の増加が生産物の市場を拡大することによって企業の投資を促進するという議論については，重要であるのは人口の増加ではなく購買力の増加であり，貧乏人の数が増加しても市場は拡大されないのだと述べて，人口の増加が経済成長にとっての刺激になるかどうかは明らかでないとの見解を示している。そして彼は，「資本主義経済の発展の後期段階」における成長の減速は，イノベーションの強さの低下によって少なくとも部分的には説明されるのだと結論している。

これと同様の議論は，彼の 1962 年の論文「成長理論に関する所見」(Kalecki [1962a]) においても展開されている。そこにおいて彼は，「イノベーションのような半外生的な要因は，資本主義経済が定常状態という袋小路を打ち破り，これらの要因の重要性に応じた割合で，すなわちイノベーションの強度に応じた割合で，拡張することを可能とするのである」(*ibid*., p. 430) と論じて，イノベーションこそが経済成長の主要な源泉であるとの見方を示している。さらに彼は，資本設備の稼働率の決定においては半外生的な要因が重要な役割を演じるのであり，イノベーションの強度が低下したことが，「正常な」資本主義経済において，程度の違いはあれ長期的な過剰能力が発生していることの説明をあたえるのだと主張している (*ibid*., p. 434)。

ここに見られるように，イノベーションは，労働生産性を高めることによって供給側から経済を刺激するのではなく，投資の水準を引き上げることによって需要側から経済を刺激するのだというのが，カレツキの見解である。経済成長の経路が需要側の要因によって決定されるという「需要主導型成長」を描写している点においては，カレツキ自身のモデルも「カレツキアン」のモデルも変わるところがない。また両者はともに，長期においても，需要不足のために失業と過剰能力が発生することがありうると主張している。しかしながらカレツキは，資本主義経済の長期的動学において分配関係の変化が中心的な役割を演じるとは考えていなかった。彼は，イノベーションこそが資本主義の長期的動態を左右する決定的な要因であると見ていた。ただし彼は，厳密な長期均衡

モデルを定式化するには至らなかった。カレツキアン・モデルが，賃金主導型成長というカレツキの着想をごく自然に長期均衡モデルへと拡張したものであることは間違いないにせよ，カレツキとカレツキアンのあいだには，資本主義の長期発展をめぐるビジョンの相違が存在していることもまた事実なのである[13]。

おわりに

　カレツキが経済学の研究を開始した1930年代に，資本主義経済は未曾有の大不況に見舞われ，文字どおり存亡の淵に立たされていた。このような危機を前にして，当時の多くの経済学者たちは賃金切り下げという昔ながらの「万能薬」を処方するばかりで，何ら効果的な解決策を打ち出すことができなかった。大量失業の発生を説明するとともに，その解決のための方策を指し示すことが，当時の経済学にとって差し迫った課題となっていた。数式や統計を多用しながら，素っ気ないほどに理路整然と議論を進めてゆくカレツキの著作において，それと明言されてはいないものの，彼もまた，ケインズと同じく，失業問題の解決こそ経済学が取り組むべき最重要課題であると考えていた。このような問題関心に導かれつつ，カレツキは，その生涯にわたって投資と景気循環の理論モデルの改善を重ねていったのである。

---

[13] ダット（Dutt [2011b]）は，成長と分配に関するカレツキとカレツキアンの見解を紹介するとともに，両者の理論の異同について考察している。たとえば，投資が稼働率に依存すると仮定している点において，カレツキアンの分析はカレツキ自身のそれとは異なっているという批判に対して，稼働率というかたちで需要要因を投資関数に直接に導入することは適切であると反論している。そのうえで彼は，カレツキアンとカレツキの関係について次のように述べている。「カレツキアンは，カレツキに文字どおりには従っていない。そうすることは実際には，ファンダメンタリストの偶像崇拝へと退化しかねない。けれども彼らは，カレツキの著作から彼の中心的な見解を引き出そうと努めてきたのである」（*ibid*., p.149）。カレツキのマクロ経済学の長期的側面については，Trigg [1994], Mott [2002], 鍋島 [2001] 第11章もあわせて参照されたい。

カレツキの見るところ，資本主義経済においては失業の存在が常態であり，そして失業の原因は総需要の不足にある。この点に関しては，ケインズの見解も同じである。しかしながら，ケインズの理論が不完全雇用均衡の存在を説明する静学的な枠組みにとどまっていたのに対して，カレツキの理論は当初から景気循環の機構分析を目的としており，動学的な性格をもっていた。たしかにカレツキは，1933年と1934年の論文 (Kalecki [1933b, 1934]) において，ケインズに先駆けて不完全雇用均衡の存在を説明するための理論的枠組みを提示していたし，このことを根拠に，カレツキが「一般理論」を先取りしていたと主張することも可能であろう。しかし，この点にカレツキの主要な貢献を見出すのは，カレツキの経済学の意義と本質をかえって矮小化することになりかねない。「有効需要の理論」を不完全雇用均衡の枠組みに限定するのは狭く一面的な理解であって，われわれは，ケインズとカレツキの理論の共通点に注目しながら，その理論をもっと幅広く解釈してよいのではないだろうか。ケインズとカレツキのどちらが「一般理論」の発見において先行していたのかということよりも，彼らの理論の拡張と発展をどのように進めてゆくのかということのほうが，はるかに重要である。

他方で，所得分配の変化が経済活動水準に対して大きな影響を及ぼすと見ている点も，カレツキの経済学の重要な特徴の一つである。彼は，賃金切り下げが総需要を減少させて経済の停滞をもたらすという見解を一再ならず表明していた。このようなカレツキの着想を受け継ぎ，それを長期均衡モデルへと拡張しているのが，今日の「カレツキアン」である。しかしカレツキ自身は，資本主義の長期発展の経路において所得分配の変化が基軸的な役割を演じるとは考えていなかった。彼が発展の起動因として重視していたのは，広い意味でのイノベーションである。したがって「賃金主導型」の成長レジームを定式化しているカレツキアン・モデルも，カレツキの経済学の実り豊かな発展の一方向ではあるにせよ，その本質をとらえたものであるとは言えない。カレツキのマクロ経済学を賃金主導型成長モデルの原型として位置づけることもまた，一面的な理解なのである。

結局のところ，月並みな結論となるが，経済活動水準は短期においても長期

においても総需要によって決定されるという見解を提示したところに，カレツキのマクロ経済学の歴史的意義を見出すことができるのではないだろうか。資本主義経済には，十分な総需要をつくり出して完全雇用を保証する機構が備わっていない。これが，カレツキの「有効需要の理論」の核心である。ケインズの中心的な主張もまた，これと同じである。カレツキとケインズの見るところでは，失業の原因は，賃金や価格の硬直性ではなく総需要の不足にある。不況の局面での賃金の切り下げは，失業を解消するどころか，消費需要と投資需要を減少させることによって不況を悪化させ，かえって失業を増加させる可能性が大きい。このように論じて，カレツキとケインズは，大量失業の原因が硬直的な賃金にあるという，大不況当時の経済学者たちのあいだで支配的であった見解に異議を唱えた[14]。

今日のマクロ経済学においても，価格や賃金の硬直性によって失業の発生を説明しようとする試みは跡を絶たない。経済主体の合理的な行動の結果として価格や賃金の硬直性を導き出そうとするニュー・ケインジアンの経済学が，その典型的な例である。これに対してポスト・ケインズ派は，カレツキとケインズの知的遺産を受け継ぎ，「有効需要の理論」にもとづいて持続的失業の存在を説明する。その基本的な考えは，総需要の大きさが総産出量と総雇用量を決定する，と手短に表現することができる。ありきたりな考えのように見えても，そこにはなお，代替的なマクロ経済学を展開していくための重要な鍵が隠されているのである。

---

14) ケインズは，『一般理論』の第19章「貨幣賃金の変動」において，貨幣賃金の変化が雇用に及ぼす影響について検討したのち，次のように結論している。「伸縮的な賃金政策が持続的な完全雇用の状態を維持できるという信念には根拠がない。——それは，公開市場政策が他の助けなしにこの結果を達成できるという信念に根拠がないのと同じである。経済体系をこれらの線に沿って自動調整的なものにすることはできない」(Keynes [1936] p. 267：邦訳264頁)。

第12章

カレツキの経済政策論
――完全雇用の政治経済学――

はじめに

　1970年代半ば以降の世界的な長期経済停滞のなかで，国家による理性的な計画と介入を通じて経済の安定をはかろうとするケインズ主義に対する信認は失われ，それに代わり，「小さな政府」の実現を唱え，経済問題の解決を市場のはたらきに委ねる新自由主義の路線が，先進各国における経済政策運営の基調とされるようになった。1930年代の大不況以来，自由市場経済の生み出すさまざまな弊害を緩和するべく，国家の経済的介入が徐々に拡大されてきた歴史的経緯を知る者たちの目には，市場原理に回帰することによって経済危機を克服しようと目論む保守派政府の企ては，歴史の歯車を逆転させて，一度は葬り去られた自由放任資本主義の復活をはかるものと映った。しかしながら，当初，新自由主義がその内奥にどれほど時代錯誤的な意図を宿していたとしても，登場以来40年が過ぎ，それがすでに歴史の一局面を刻んだことは否定すべくもない事実である。そして2008年の世界金融危機をへて，新自由主義政策への疑念と反省が広く共有されるようになったものの，ポスト新自由主義時代の資本主義がどこへ向かってゆくのかは，いまだ定かでない。
　新自由主義政策によって格差と貧困の問題が深刻化し，働く人々の生活に厳しい圧力が加えられている今日，資本主義市場経済が本来的にはらんでいる不安定性を直視したケインズとカレツキの思想は，経済社会の進むべき方向を探っていくうえで，なお多くの有益な示唆をあたえてくれるはずである。その一

方で，資本主義の将来について二人がたがいに異なる展望をもっていたこともまた事実である。ケインズは，自らの新しい思想が普及することによって失業問題は解決されるにちがいないと確信していた。彼は『雇用・利子および貨幣の一般理論』を，「遅かれ早かれ，良かれ悪しかれ危険なものは，既得権益ではなくて思想である」(Keynes [1936] p. 384：邦訳 386 頁) という文章で結んでいる。これに対してカレツキは，経済政策の形成に対して思想が及ぼす力はごく限られたものでしかないと考えていた。彼は，資本主義のもとで持続的な完全雇用を実現することには重大な政治的・社会的制約が存在すると主張し，ケインズよりもいっそう根底的な自由市場経済への批判を展開した。さらにカレツキは，資本主義経済の発展可能性そのものについても，ケインズよりも悲観的な見方をとっていた。この章では，カレツキが資本主義経済の矛盾と限界をどう捉えていたのかを念頭におきつつ，彼の経済政策論の基本的性格とその今日的な意義を究明することとしたい。

1 カレツキと社会主義

カレツキの経済学が，マルクスの大きな影響のもとに形成されたことは良く知られている。彼は，R. ルクセンブルクと M. ツガン゠バラノフスキーの著作を通じてマルクスの再生産表式分析を学び，その枠組みから出発することによって「有効需要の理論」に到達したのだった[1]。しかし彼の活動は経済学の研究にかぎられるのではなく，彼は，生涯の各時点において様々なかたちで社会主義の運動と実践に関与した[2]。

---

[1] カレツキは，1929 年から数年のあいだワルシャワの景気循環・物価研究所に研究員として勤務していた。その当時の所長であった E. リピンスキは，次のように証言している。「カレツキは，最初の理論的研究書を著す以前に，1～2 冊の経済学の著作を読んでいた。ツガン゠バラノフスキーのよく知られている恐慌史論，およびホブソンとレーニンの独占資本主義の研究がそれである」(Lipinski [1977] p. 69)。
[2] 社会主義者としてのカレツキの思想と行動について知るためには，山本 [2009] 第 7・8 章が有益である。そこでは特に，カレツキの活動の歴史的背景について詳しい説明が

『カレツキ全集』の編者である J. オシャティンスキによれば，カレツキは，1920年代後半には極めて急進的な政治的見解をもち，左翼運動とかかわるようになっていたという。しかし彼は，ポーランド共産党の共鳴者であったものの，自らの知的独立を保つため，党に加わることはなかった (Kalecki [1990] p. 428 を参照)。その一方で彼は，一部のマルクス主義者からは批判の的とされていた。ルクセンブルク主義的な傾向をもつあらゆるものを抑圧しようとする，当時のマルクス主義者のあいだで支配的となっていた風潮が，その理由であったのかもしれないと言われている (Kowalik [1964] p. 3)。

第10章補論でも触れたように，カレツキは1930年代初めには，ポーランドの左翼知識人たちによって創刊された雑誌『社会主義評論』に，ヘンリク・ブラウンのペンネームで国際経済問題などに関する論文を積極的に寄稿している。この雑誌は，ポーランド共産党の機関誌ではなく，ケア・ハーディによって1893年に創設されたイギリスの独立労働党の綱領を範とするものであった。その創刊号の序言は，次のように宣言している。「われわれの雑誌は，われわれが最も効果的であると信ずる方法で社会主義の大義に奉仕するであろう。社会主義はまず第一に大胆な行動を必要とするが，しかしそれはまた勇気ある思考を必要とする，とわれわれは考える」(Kalecki [1990] p. 427 からの引用)。1931年に創刊されたこの雑誌は，15号まで発行されたのち，翌1932年には官憲によって発行を停止され短命に終わった。この間，カレツキは10本を超える数の小さな論文をこの雑誌に発表している。

1936年から約9年に及ぶイギリス滞在中には，彼はイギリス労働党とも接触をもっていた。オックスフォード大学統計研究所に特別研究員として在職していた1942年秋には，労働党の「社会主義解明グループ」の招きで「民主主義的計画化の最小限の本質的要素」と題する講演を行なっている。そのグループは，社会主義思想の明確化を目的とする労働党内の少人数の集団であった。講演の記録は，同年，グループの雑誌 *Labour Discussion Notes* に同じ題目の無署名論文として収められている。その論文は，計画化には，社会主義的計画化

あたえられている。

と独占資本主義的計画化の二つの類型があり，それらを明確に区別することが重要であると論じている．

> 一部の労働党知識人を含む，中産階級のおもに知識人の諸集団には，計画化というものを抽象的観念において考える傾向がある．彼らは概して，相異なる目的のために役立つ相異なる種類の計画化を明確に区別することができないでいる．そして彼らは，計画化を本質的に技術的な操作であり，それは知的説得と，信用創造および投資についての国家指令のようなある種の単純な基本的統制によって達成されるはずであると見なしている．しかしながら，最終的な帰結においては，計画化の目的と方法の双方は政治的・社会的諸力の性格——それらによって計画化が方向づけられる——によって決まるであろうということ，および真の選択は社会主義的計画化と独占資本主義的計画化のあいだにあるということ，を理解することが重要なのである．　　　　　　　　　（Kalecki [1992] pp. 269-70 からの引用）

そして，この論文は，独占資本主義的計画化の目的が産業の所有者の長期的収益を最大化することにあるのに対して，民主主義的・社会主義的計画化の目的は社会全体の必要を長期的かつ最大限に充足することであると主張する．また計画化の方法に関しては，前者が，所有者の支配的地位を守り，彼らの個人的な力を高めることによって経済的・社会的な独裁につながるのに対して，後者は，労働者・技術者・経営者などの生産者の権限を高めて産業民主主義を促進するという点にその特徴があるとされる．それゆえ労働党が民主主義的計画化を自らの旗印とすることは第一義的な重要性をもつとその論文は訴え，さらに次のように議論を進める．

民主主義的計画化は独占資本家の集団からの猛烈な抵抗に遭うだろうということを，労働党はあらかじめ覚悟しておかなくてはならない．そのような計画化によって危うくされるのは，資本家集団の利潤というよりも，むしろ彼らの個人的・社会的な権力であるからだ．そして，彼らのそのような力を打ち砕くことなしに，民主主義的計画化を推し進めることはできないであろう．彼らの政治的な影響力のみならず，その経済的な力をも打ち砕き，資本家集団が生産

活動において行使している巨大な力を排除するためには，銀行・金融・投資・外国貿易についての集権的な公的規制や，さらには産業の国有化などの手段が必要とされる。またそれと同時に，それらの政策を実行するためには社会主義政府に対する大衆の支持が不可欠であるが，幸いにも，そのための社会的基礎はほぼ確実に存在している。というのも，社会主義政府によって持続的な完全雇用のための方策がとられるならば，資本家と労働者のあいだの力関係は根本的に変化し，ここから，資本家集団との闘いを進めている社会主義政府を支持する社会的圧力が生まれると予想されるからである。しかしこの場合，賃上げや労働条件の改善を要求する労働者による下からの圧力もますます強くなるにちがいない。「こうして，上からの行政手段と下からの労働者の圧力は，累積的な効果をともないつつ相互に作用し，全体の計画化の進展に推進力をあたえるとともに，実際に継続的な社会革命をもたらすであろう」(*ibid.*, p. 273 からの引用)。

ただし，論文は無署名のものであるため，カレツキ自身がこの論文を執筆したのかどうかは明らかでない。しかしながらその論文は，翌 1943 年に発表されることになる論文「完全雇用の政治的側面」(Kalecki [1943a]) と重なる議論をいくらか含んでいるので，その論文がカレツキの手によるものでなかったとしても，そこに彼の見解がかなりの程度まで反映されていることは間違いないと見てよい[3]。

その後カレツキは，ニューヨークの国連事務局での勤務などを経たのち，1955 年 2 月にポーランドに帰国した。「自らのマルクス主義がいくらか特殊な刻印を帯びていることを自覚」(Brus [1977] p. 59：邦訳 136 頁) していた彼は，帰国当初，依然として神学的教条に囚われていた社会主義経済学には近づくま

---

3) たとえば次の文章に見られる見解や表現は，Kalecki [1943a] におけるものと極めて類似している。「完全雇用の創出と経済的安定の感覚は，……産業内部での内的な力関係を根本的に変化させるであろう。もはや解雇の脅しは効かなくなり，労働者はいっそう圧迫的な経済的不安から解放されているので，雇用主にとって状況は「厄介」なものとなるだろう」(Kalecki [1992] p. 273 からの引用)。なお Kalecki [1943a] での議論については，以下の第 4 節でふたたび取り上げる。

いと固く決意していた。また彼は，つねに現実政治から距離をおき，その生涯において政党に属したこともなかった。それにもかかわらず彼は，1956年から1960年頃までの数年間，社会主義計画経済の実践に深くかかわることになる（本書242頁を参照）。そしてこれ以降，社会主義経済の諸問題に関する多くの著作を発表している[4]。中央計画にもとづく資源の配分こそが，社会主義経済における基本的要素であるというのがカレツキの持論であった。

> 彼にとって社会主義を擁護する根拠は，分配および他の社会的な考慮を別にすれば，中央計画化にあったが，その理由は，それが完全な市場類似の資源配分装置であるからではなく，事後的にではなく事前的に適用される，非市場的な，長期のマクロ的基準による資源配分が，それによって可能となるからにほかならなかった。 (*ibid.*, p. 60：邦訳139頁)

彼は，社会主義経済における市場機構の利用には反対しなかったものの，それはあくまで中央計画に対する補助的な要素にすぎないと考えていた。したがって，いわゆる「市場社会主義」のモデルに対しては否定的な態度を示していた。その一方で彼は，中央計画経済における官僚主義の弊害を避けるためには，労働者による「下からの」圧力を強化することが必要であるとの見解にもとづき，労働者の民主的組織である「労働者評議会」の創設を提唱した（Kalecki [1956]）。すなわち彼は，中央計画化と労働者自主管理を結合することが社会主義的民主主義を発展させるための必要条件であると考えていた。すでに見たように，中央計画化と労働者参加を結合するという課題は，早くも1920年代に，イギリス労働党員たちとの議論のなかで提起されていたものである。ただし彼自身，このようなシステムが矛盾や欠点のないものであるという幻想をいだくことは決してなかった。

カレツキとポーランド政府当局との関係は，つねに緊張をはらんだものであ

---

[4] カレツキの社会主義経済論についての代表的な研究には，Brus [1977]，Sawyer [1985] ch. 11，Osiatyński [1988]，Toporowski [1996] などがある。本節の以下の記述も，これらの文献に負うところが大きい。

った。1950年代末にカレツキの監督下で作成された1961～75年展望計画案は，経済成長の可能性についてあまりに悲観的な見方をとっているという理由で強い非難を浴びた。また政府の仕事からほとんど退き，研究と教育に専念していた1960年代には，彼はたびたび，当時のソ連・東欧諸国において正統的学説と見なされていた「第I部門の優先的発展の法則」にもとづく急速な重工業化に異議を唱えた。投資財部門の過度に急速な拡大は，現在時点での消費を犠牲にして国民の生活水準を引き下げることになるというのが，その理由である。カレツキは，スターリン主義的な計画化に対して終始きびしい反対論を唱えたばかりでなく，のちには社会主義計画経済それ自体の内包する欠点にも批判のまなざしを向けるようになった。しかし，経済体制としての社会主義の優位性を最後まで固く信じていた。

2　完全雇用の実現のために

資本主義経済，社会主義経済，発展途上経済といった異なる類型の経済はたがいに異なる制度と構造をもつので，それぞれに異なるモデルを用いて，それらの経済が直面している諸問題に接近しなくてはならないというのがカレツキの持説であった。すなわち，「社会体制の制度的枠組みが，その経済動態の基本的要素であり，したがってその体制に適する成長理論の基本的要素である」(Kalecki [1970] p.111)。カレツキの見解によれば，自由放任資本主義における中心的問題は有効需要の問題である。すなわち，有効需要の大きさが経済成長を左右する根本的な要因となる。これに対して，社会主義経済においては，将来時点の消費を増加させるためには現在の消費を犠牲にして投資財部門を拡張する必要があるという短期と長期における消費の矛盾，および長期的な生産のボトルネックが成長理論の中心的な問題となる。また発展途上経済においては，労働力が豊富であるにもかかわらず資本設備は少なく，他方できわめて低い生産能力に比べて政府投資は大きいので，有効需要不足の問題が生じることはない。その結果，必需品の供給が稀少であることによってインフレ圧力がもたら

されるというのが，途上国経済の特徴となる[5]。

このように，資本主義経済における失業のおもな原因は，短期においてであれ長期においてであれ，有効需要の不足にあるという見解にもとづいて，カレツキは失業問題を解決するための方策を探り当てようとした。彼は，その生涯を通じて資本主義体制への手厳しい批判者でありつづけたが，失業・貧困・不平等など，資本主義経済が生み出すさまざまな矛盾を緩和することにも大きな関心をもっていた。したがって彼は，資本主義の枠内で大衆の生活水準の向上をはかる「改良政策」の提案にも力を注いだ[6]。

カレツキは，1944年に発表した論文「完全雇用への三つの途」（Kalecki [1944a]）において，完全雇用を維持するための十分な有効需要を生み出す方法について検討している。ここで彼は，三つの方法を挙げている。すなわち，(1)公共投資や大衆消費への補助に対する政府支出，(2)民間投資の刺激，(3)高所得階級から低所得階級への所得再分配，がそれである。これらのうち，第二の方法は不十分な方法であるのに対して，第一と第三の方法は完全雇用を維持するために適切な方法であると彼は主張する。その議論の概略については既に紹介したが（本書231頁），ここではさらに詳しく見ていこう。

公共投資（学校・高速道路・病院の建設など）や大衆消費への補助（家族手当の支給，間接税の引き下げ，必需品価格を抑制するための補助金の支給など）にと

---

5) 相異なる制度や構造の経済に対しては，相異なるモデルを用いてマクロ経済動態の分析を進める必要があるというカレツキの視点は，現代政治経済学の一潮流である「構造主義マクロ経済学」によって継承されている。その潮流は，マルクス，カレツキ，カルドアの理論的枠組みの総合をはかりつつ，制度的構造の差異がマクロ経済動態にどのような影響を及ぼすのかについての解明を進めている。そのアプローチは，ラテン・アメリカをはじめとする低開発経済の研究に端を発するものであるけれども，今日では先進資本主義経済の分析へと枠組みの拡張が進められている。この潮流における体系的な著作に，Taylor [2004] がある。

6) このことについて，J. シュタインドルは次のように述べている。「カレツキの仕事を根っ子のところで鼓舞したものは，彼の社会主義の信念であった。すなわち，現存の資本主義社会の不平等と野蛮に対する彼の生来の嫌悪と，よりよい体制への希望である。彼の心の中では，そのような希望は，完全雇用のような改良のための仕事と矛盾することはなかった。もしそれらが労働者の日常生活を改善し，それと同時に彼らの気骨を強めるのであるならば」(Steindl [1981b] p. 595)。

もなう赤字支出は借入によってファイナンスされるので，適切な金融政策によって利子率が一定に維持されるかぎり，それによって民間投資，および補助を受けていない消費が抑制されることはない。したがって，この方法により追加的な有効需要を創出することができる。そのうえ，所得の増加は一定の時間を経たのちに税収の増加をもたらすので，最終的な財政赤字は，政府支出の増加分よりも小さくなる。

　それではなぜ民間投資の刺激は，完全雇用を達成するための方法として不十分なのだろうか。民間投資の刺激は，有効需要の創出という目的のためにではなく，完全雇用産出量の長期的な増加に歩調を合わせて生産能力を拡張させるために必要とされるのである，とカレツキは言う（*ibid.*, p. 369）。すなわち民間投資の水準は，労働人口の増加および労働生産性の上昇に比例して生産能力を拡大させるようなものでなくてはならない。しかしながら，このような長期「均衡」投資率が，完全雇用をもたらすのに十分な有効需要を創出するために必要とされる投資率にちょうど等しくなるという理由はどこにも存在しない。もし完全雇用の実現のために求められる投資率が生産能力の適切な拡大のために必要とされる投資率を上回る場合に，完全雇用を達成するために必要とされるだけの有効需要が生み出されるまで民間投資が進められるならば，生産設備の稼働率が継続的に下落して，過剰能力が増加しつづけるだろう。さらに稼働率の下落は，利潤率の低下をもたらして民間投資を抑制する。投資率の下落を防ぐためには，利子率の引き下げや法人所得税の軽減など，投資に対するいっそうの刺激が必要となるだろう。けれども，いずれ同じ問題がふたたび生じることになる。このように，民間投資の刺激だけに頼って完全雇用を達成するには，累積的な刺激が必要とされることになるかもしれないのである[7]。

---

7) この問題については，「民間投資の刺激による完全雇用は可能か」と題する論文において，さらに詳しい検討が行なわれている（Kalecki [1945]）。そこにおいてカレツキは，アメリカとイギリスの統計データを用いて，一般に先進資本主義諸国においては，完全雇用を維持するために必要とされる民間投資が，人口の増加と労働生産性の上昇に比例して資本設備を拡張するために十分な民間投資よりも大きくなることを示したのちに，完全雇用を達成するためには，民間投資の刺激に加えて，公共投資と消費補助という手段が併せて用いられるべきであるという結論を導いている。

カレツキの見解によれば，「民間投資の役割は，消費財を生産するための手段を提供することであって，すべての就業可能な労働者を雇用するために十分な仕事をあたえることではない」(*ibid.*, p. 371)。これと同じことは，政府の支出計画における公共投資と消費補助のあいだの選択についても言うことができる。

> 公共投資と民間投資はともに，それらが有益であると見なされる限りにおいてのみ実行されるべきである。こうして生み出された有効需要で完全雇用をあたえることができないならば，その不足分は，望ましくない公的資本設備や民間資本設備を積み増すことによってではなく，消費を増加させることによって埋められるべきである。　　　　　　(*ibid.*, p. 371)

完全雇用を達成するための第三の方法は，所得の再分配である。貧困層の消費性向は富裕層のそれよりも高いので，たとえば富裕層に対する所得税を増税すると同時に，必需品に対する間接税をそれと同額だけ軽減したり，あるいはそれと同額の家族手当を支給したりすることによって高所得層から低所得層に所得を移転させると，総消費を増加させることができる。ただし，このように所得税制度を用いる方法は，他の条件が同じであるかぎり，赤字支出を用いる方法と比べて，完全雇用を達成するためにより大きな政府支出が必要とされるだろう。なぜなら所得税の増税は，富裕層の消費を減少させるという効果をもっているからである。しかしながら所得税制度を用いた方法は，完全雇用を保証することに加えて，所得分配をいっそう平等化するという利点をもっている。そして正にそれゆえに，この方法は赤字財政政策以上に強い反対に遭いそうで

さらに彼は分析の枠組みに技術進歩を導入し，それによって生産の資本集約度が上昇する場合について考察している。この場合には，完全雇用を実現するために必要とされるだけの民間投資が実行されたとしても，過剰能力は発生しないことがありうる。しかしながら他方で，民間投資の増加は資本ストックを増加させることによって，利潤率の低下をもたらすように作用する。こうして，有効需要不足という資本主義経済の矛盾の一つが解決されたとしても，「マルクスが利潤率低下の法則において定式化した資本主義体制のもう一つの矛盾が問題となる」(*ibid.*, p. 385)。そして，この問題に対する論理的な解決策は，民間企業の機能の一部を国有企業が引き受けることであると，カレツキは主張している。

ある（*ibid.*, p. 373）。

したがって政府は，政治的に可能なかぎり所得税によって調達された支出を拡大するべきであり，それだけでは完全雇用を確保するのに不十分であるならば，完全雇用の実現に必要とされるだけの支出を借入によって行なわなくてはならない，とカレツキは主張する[8]。

3　ケインズ主義との交錯

1）イギリスの経済政策をめぐって

ここまでの議論から理解できるように，カレツキの政策提言は「有効需要の理論」を踏まえて展開されている。消費と投資から成る有効需要の大きさが雇用量を決定すると見ている点で，分析の理論的枠組みに関しては，ケインズ『一般理論』の枠組みとほとんど異なるところがない。その結果，政策提言の内容もまた，相続税の重課による所得分配の平等化，および「投資のやや広範な社会化」[9]を唱えるケインズの提案といくぶん類似したものとなっている（Keynes [1936] ch. 24 を参照）。ただしカレツキの提案は，よりいっそう明確に平等主義を志向しているとともに，有効需要をつくり出すという理由だけで社会的観点から見て望ましくない投資を行なうべきではないという点を強調しており，ロビンソン（Robinson [1972]）の表現を用いるならば，雇用の「水準」

8）このようなカレツキの政策的枠組みは，彼の経済理論とともに，現代のポスト・ケインズ派経済学者たちにとっての参照軸とされ，その今日的な展開のあり方が追求されている。ポスト・ケインズ派の経済政策論の概要を紹介している文献には，Arestis and Glickman [1998], Arestis and Sawyer [1998], Harcourt [2006] ch. 8, Arestis and Sawyer [2010b] などがある。拡張的な財政・金融政策による完全雇用の達成，インフレを抑制するための所得政策に加えて，産業政策の必要性や，労働者参加の拡大などを主張しているところにその特色がある。ポスト・ケインズ派の政策論については，本書の第 3 章第 2 節および第 6 章第 4 節もあわせて参照されたい。

9）ケインズが提唱した「投資のやや広範な社会化」とは，産業の国有化を意図するものではなく，完全雇用に近い状態を維持するために国家が長期的な視野から経済全体の投資量を管理する政策のことである。詳しくは，本書第 3 章第 1 節を参照されたい。

第 12 章 カレツキの経済政策論

だけでなく，その「内容」をも問うものとなっている。このような観点からカレツキは，1940 年代のイギリスにおいて議論の的となっていた様々な政策問題についても積極的に発言している[10]。

1944 年 5 月に，イギリス政府は『雇用政策白書』を発表した。ケインズの影響のもとに作成され，高くて安定的な雇用水準を維持することが政府の目標および責務であることを宣言した『白書』は，政策の優先課題における重大な変更を明らかにしたものと一般に見なされている[11]。カレツキは，同年に『白書』に対する論評を行なっている（Kalecki [1944b]）。彼は，『白書』を「経済政策の発展における重要な一段階を刻するものである」(ibid., p. 238) と評価しながらも，それは完全雇用のための十全なプログラムとはなっていないとの見解を示している。

カレツキが『白書』の問題点として挙げているのは，失業（摩擦的失業を除く）がなくなるまで公債支出を拡大することが提唱されていない点である。『白書』は，単年度においては財政赤字が許容されるけれども，より長い期間においては予算が均衡しなくてはならないと述べているのである。その執筆者たちは，国民所得の増加を上回る割合で債務が増加する場合には，国債の利払い費を調達するための課税が「事業における個々人の努力」に対する障害にな

---

10) カレツキは，かなり早い時期から「有効需要の理論」にもとづいて経済政策の効果を分析することに関心をもっていた。たとえば 1938 年に発表した論文「ブルムの実験の教訓」(Kalecki [1938b]) では，1936 年にレオン・ブルムを首班として成立したフランスの人民戦線政府の経済政策についての検証を行なっている。カレツキは，自らの研究の意義について，「孤立した体系における賃金の上昇は，同じ割合で物価を上昇させて，産出量には影響を及ぼさないことになりがちだというケインズ理論の実証的な検証と見なすことができるだろう」(ibid., p. 340) と述べている。カレツキの研究では，1936 年 4 月からの 1 年間のうちに生じた貨幣賃金の 60％の上昇が，工業製品の卸売価格の約 60％の上昇を引き起こした一方で，この間の工業生産の増加はわずかな規模にとどまったことが明らかにされている。

11) 『雇用政策白書』の成立過程についての詳細な検討を行なっている研究に，平井 [2003] 補章 2 がある。それによれば，ケインズ的政策思考の浸透に対して最も強硬に抵抗したのは大蔵省の官僚たちであった。ケインズ，ミードら政府による総需要の管理を主張する人々と，それに反対する大蔵省との対立をへて完成した『白書』を，平井は「明白なるケインズ的政策思考の勝利」（同上，735 頁）と位置づけている。

るであろうと論じて，長期における均衡予算の原則に固執している。これに対してカレツキは，そのような障害を引き起こすことのないような種類の租税によって利払い費が調達されるのであれば，国民所得の増加を上回る割合で債務を増加させることが可能であると反論する。そして，そのような性格をもつ租税の一つとして，年次資本税を挙げている。さらに彼は，恒常的な財政赤字以外に，高所得層から低所得層への所得再分配という方法によっても持続的な完全雇用を保証することが可能であるにもかかわらず，『白書』にはこの方法を支持する記述が見られないことを指摘している。

年次資本税によって国債の利払い費を調達するという提案は，「完全雇用への三つの途」(Kalecki [1944a]) においてもなされている (pp. 362-4)。年次資本税とは，いかなる形の所有資本に対しても年あたり一定率の税が課されるという租税である。それは個人と企業の双方に課されるけれども，企業資本に対する課税との二重課税を避けるために，個人が保有する株式と社債は資産評価の対象外とされる。このような制度のもとでは，資本家階級は資本税を支払うと同時に国債の利払いを受けるので，資本家階級全体の総所得は不変にとどまり，彼らの総消費が大きく変化することはありそうにない。さらに資本税は，現金・国債・資本設備など，あらゆる形の資産に課せられるので，それによって諸資産の相対的な魅力に変化が生じることはない。また企業借入の増加は資本の増加を意味しないので，投資が借入によってファイナンスされているならば，資本税の導入によって投資の収益性が低下することもないだろう。したがって，年次資本税によって国債の利払い費が調達される場合，政府の負債が増加するとしても，それによって企業の投資活動が影響を受けることはないのである。またカレツキは，資本税に対する一つの代案として修正所得税を考案することも可能であると述べている[12]。

---

12) この論文 (Kalecki [1944a]) が収められている書物の献呈をうけたケインズは，カレツキに宛てて次のように書いている。「あなた自身の寄稿論文は，もっとも印象的で独創的であるように私には思われます。とくに 44-6 [362-4] 頁がそうです。またもっとも手際よく要約されています。これほど簡にして要を得たものを読むことは，大きな楽しみです。私は，あなたの修正所得税の議論にたいへん興味をもちました」(Kalecki

すべての国民に最低限度の生活を保障することを謳った『ベヴァリッジ報告』(1942年)は，『雇用政策白書』とならび，戦後福祉国家の出発点をなすものである[13]。カレツキは，1943年の論文「ベヴァリッジ・プランの経済的含意」(Kalecki [1943c]) において『ベヴァリッジ報告』の内容に検討を加えている。カレツキの論評は，おおむね好意的なものである。そのプランでは，社会保障支出の増加のかなりの部分が被保険者によって負担される一方で，使用者負担も増加することになっている。使用者負担は企業にとっての主要費用であるので，生産物価格が費用に対するマークアップによって決定されるとすれば，使用者負担が増加するときにはその分だけ価格が上昇することになる。それゆえベヴァリッジ・プランはイギリスの輸出競争力を著しく損なう恐れがある，という批判が存在する。しかしカレツキは，このような批判には根拠がないと主張する。使用者負担の増加は約2％にすぎず，それは競争力に深刻な影響を及ぼすものではない。また，そのようにわずかな輸出財価格の上昇でさえ避けることが望ましいのであれば，その問題は為替レートの切り下げによって解決することができるだろう，と彼は言う。さらに労働の誘因に関する議論についても，工業と農業における現在の通常の収入はベヴァリッジ・プランのもとでの失業手当を25％も上回っているので，プランによって労働の誘因が低下することはないはずだと彼は論じている。

　　　[1990] p.579からの引用，〔　〕内の頁番号は『カレツキ全集』のもの)。
　　　　カレツキが資本税の構想を初めて示したのは，「商品税，所得税および資本税の理論」(Kalecki [1937b]) においてである。その論文では，商品税・所得税・資本税のそれぞれが，雇用と国民所得，および国民所得の分配に及ぼす影響について考察している。そのうえで彼は，資本税は景気を刺激し失業を減らすうえで最良の方法であると結論している。しかし彼は，このような租税は「私有財産の原則」を侵害するものであるとして強い反対に遭うので，実際に導入されることはありそうにないと付け加えている。なおレラミーとメア (Laramie and Mair [2000]) は，Kalecki [1937b] において提示された理論的枠組みにもとづき，カレツキアンの視角から課税の効果と帰着についての分析を展開している。
13) ケインズとベヴァリッジの協働については，小峯 [2007] 第11章が詳しい。そこでは，ケインズが『ベヴァリッジ報告』の理念に賛同していただけでなく，その作成に積極的に関与したと論じられている。

2) 新しい国際経済秩序の構築に向けて

さらにカレツキは，第二次世界大戦後の新しい国際経済体制のもとでいかにして世界各国で完全雇用を実現するのかという問題にも考察を広げていた。彼は，1943年にE. F. シューマッハーと共同で「国際清算と長期貸付」(Kalecki and Schumacher [1943]) と題する論文を発表し，国際通貨体制の改革に関するイギリス案とアメリカ案に検討を加えるとともに，それらのもつ問題点を克服するための修正案を提示している。カレツキとシューマッハーは，イギリス案とアメリカ案に共通する欠点として，すべての国における経常収支の均衡が目的とされている点を挙げている。各国は異なる発展段階にあり，先進諸国から発展途上諸国への投資の規則的な流れはすべての国々の利益につながるのであるから，そのような目的を達成することには何の利点もないのである。したがって均衡の概念が，全面的にではなくとも，部分的には放棄されなくてはならない。すなわち，どれほど経常黒字が累積したにせよ，どの先進国も黒字の累積を妨げられないことが望ましい。世界経済の発展の現段階においては，先進諸国の黒字を抑制することは低開発諸国の発展を減速させることにつながるからである。そしてこの論文では，赤字諸国に対して供与する長期貸出の額を決定する「国際投資委員会」(International Investment Board) を国際清算同盟の下部機関として設置することを提唱している。委員会は，工業化・復興・再建の過程にある赤字国に購買力をあたえるために，たとえば年利3%で，新しい国際通貨であるバンコールの長期貸出を行なうことができるだろう。

1946年のカレツキの論文「多角主義と完全雇用」(Kalecki [1946]) は，多角的貿易体制が円滑に機能するための条件について考察したものである。彼は，「世界的な多角主義が，双務主義や地域ブロックよりも，世界資源のより良い利用を保証することができるということには何の疑いもない」(ibid., p. 409) と明言する。そのうえで，貿易収支が黒字の「不完全雇用諸国」と貿易赤字に直面している「完全雇用諸国」が存在し，長期の国際借款が存在しないという状況を想定して分析を進める。上で見た1943年の共同論文での議論を踏まえると，それぞれ先進資本主義諸国と発展途上諸国を指しているものと考えてよいだろう。さて，この場合，黒字国が関税の引き下げや平価切り上げによって調

整を行なうことはありそうにない。そのような措置は，自国の失業を増加させることにつながるからである。したがって赤字国が調整を引き受けることになるけれども，保護主義的な手段による輸入制限は多角主義の理念に反するものであるし，また赤字国の平価切り下げが貿易収支の均衡をもたらすかどうかは不確実であるとカレツキは言う。

　しかしながら，赤字諸国が黒字諸国から長期借款を受けるならば，黒字諸国からの輸入を拡大することによって，世界全体で完全雇用を達成することが可能となる。さらに不完全雇用にある黒字諸国において所得と雇用が増加すると，赤字諸国からの輸入が増加するので，このかぎりにおいて貿易収支の不均衡も緩和されることになる。したがってカレツキは，「各国は，国内支出，および国際的な長期貸付によって調達された海外純支出にもとづいて完全雇用を維持するべきである」(*ibid.*, p. 416) と主張する。ただし彼は，国際的な完全雇用の達成に必要とされる水準まで長期貸付を拡大することは，数多くの制約要因のために実行不可能であるかもしれないとの懸念を表明している。何にもまして，長期貸付の規模は，将来における返済の困難度に関する貸し手と借り手の双方の予想によって制約される。しかしながら，国際収支不均衡の調整という問題が長期貸付の拡大によって解決されない場合には，「純粋な多角主義は崩壊し，それが別の国際貿易体制に取って代わられることが避けられない」(*ibid.*, p. 416)。

　戦後の国際経済体制に関するカレツキの提案は，有効需要の拡大を可能ならしめるような制度的枠組みを，各国国内においてのみならず，国際的な規模で構築することによって世界経済を再建し，その新たな繁栄をもたらすことを意図している。この点において彼の見解は，戦後世界の形成に関するケインズの構想の底流にある理念と強く響き合うものである。その一方でカレツキの提案は，低開発諸国の経済発展をも目的の一つとする遥かに野心的なものであったし，また彼は，途上国の発展なくして世界的な完全雇用の実現は不可能であると考えていた。しかしそれと同時に彼は，各国の利害が激しく衝突している時代にあって，世界全体での完全雇用を保証するような国際体制を確立することが途轍もない難題であることも熟知していた。そして彼の慧眼は，多角主義を

基本原理とする国際貿易体制の基盤がきわめて脆弱なものにすぎないことを逸早く見抜いていた。

4 資本主義のもとでの永続的な完全雇用は可能か

1）完全雇用の達成に対する政治的障壁

ケインズとカレツキがそれぞれ独立に展開した「有効需要の理論」は，政府の経済的介入によって完全雇用を達成することが可能であることを論証した。その理論は，伝統的な自由放任政策を葬り去るとともに，政府の景気安定化政策に理論的な根拠を提供したという点において経済学の歴史を画する意義をもつ。しかしケインズが「投資の社会化」という自らの構想を実行に移すことによって完全雇用に近い状態を長期にわたって確保することができると確信していたのに対して，カレツキは，資本主義経済のもとで持続的な完全雇用を実現することには大きな困難がともなうであろうと考えていた。彼の考察は，完全雇用を達成するための方法だけでなく，それに対する政治的・社会的な障壁にまで及んでいる。彼は，次のように述べて問題の所在を明らかにしている。

> 公債で賄われた政府支出を通じて完全雇用を維持することについて，近年さかんに議論がたたかわされている。けれども議論は問題の純経済的な側面に集中しており，政治的現実には然るべき考慮が払われていない。資本主義ではもし政府がそのやり方さえ知っていれば完全雇用を維持しようとするはずだ，という仮定は誤っている。(Kalecki [1971] p. 138：邦訳 141 頁)

この主題に正面から切り込んだのが，1943 年の論文「完全雇用の政治的側面」(Kalecki [1943a]）である[14]。カレツキは，1930 年代の大不況のさいに，ナ

---

14) この論文（Kalecki [1943a]）は，その視点の独自性のゆえに，カレツキの著作のなかでも最も引用されることの多い論文の一つである。近年においても，この論文で提示された視角を現代資本主義の分析に適用しようとする試みがさかんに進められている。
　たとえばハレヴィとクライスラー（Halevi and Kriesler [2000]）は，軍事支出によっ

チス・ドイツを除くあらゆる国々で，政府支出による雇用創出の試みに大企業が執拗に反対したことを指摘する。生産と雇用の拡大は利潤を増加させることによって，労働者のみならず，企業にも恩恵をもたらすはずである。それにもかかわらず，なぜ企業家たちは，政府によって作り出される「人造」ブームを喜んで受け容れようとしないのだろうか。カレツキは，完全雇用政策に対する反対には政治的な背景があると直観していた。この点については本書第 10 章第 5 節でも説明したが，カレツキの議論をさらに綿密に追ってみよう。

　彼の見るところ，政府支出によって達成される完全雇用に「産業の主導者」が反対する理由には，(1)政府が雇用問題に介入することそれ自体に対する嫌悪，(2)政府支出の使途（公共投資や消費補助）に対する嫌悪，(3)完全雇用の維持によって生じる社会的・政治的変化に対する嫌悪，の三つがある。とりわけ彼が重視するのは，第三の「社会的・政治的変化に対する嫌悪」である。すなわち，永続的な完全雇用は労働者の階級的力量を高めて資本主義の「政治的安定性」を揺るがすので，資本家たちは完全雇用政策に強く反対するにちがいない，と彼は言う。完全雇用経済においては，解雇の脅しが懲戒手段として機能しなくなり「工場内の規律」が低下するばかりでなく，労働者階級の自信と階級意識の高まりが政治的緊張を生み出す恐れさえあるからである。

　不況になると，大衆の圧力のもとで，あるいはそれがなくても，いずれに

て支えられていた高度成長が終焉した 1970 年代以降に，資本主義と完全雇用のあいだの矛盾がふたたび出現したと指摘している。アレスティスとスキューズ（Arestis and Skuse [2004]）は，近年の先進資本主義諸国において金融部門の果たす役割が増大しているなかで，インフレを嫌う金融界の圧力が完全雇用の実現に対する新たな政治的制約として現れていると主張する。

　さらに，カレツキの分析視角をマンサー・オルソンの視角と統合しようとする研究も存在する。メアとレラミー（Mair and Laramie [2002]）は，カレツキの貢献を，自らの分け前を維持しようとする企業家のレント・シーキング行動についての分析と解釈したうえで，その分析をオルソンの集合行為論と接合しようと試みている。ハイゼ（Heise [2008]）は，オルソンとカレツキの分析枠組みの統合と拡張を志向しつつ，賃金交渉制度の相違と不平等の許容に関する文化の相違に焦点を当てながら，先進資本主義諸国のあいだで失業率や所得不平等度にかなりの相違が存在する理由について，理論的および実証的な分析を行なっている。

せよ大規模な失業を防止するために借入によって調達された公共投資が企てられるだろう。しかしこの方法をその後の好況のさいに達成された高雇用水準を維持するためにまで適用しようとすると，「実業の主導者」の強い反対に遭いそうである。すでに論じたように，永続する完全雇用というものは全く彼らの好むところではない。労働者は「手に余る」だろうし，「産業の統率者」はしきりに「彼らに訓戒を垂れ」ようとするだろう。さらに上向運動時の物価上昇は大小いずれの金利生活者にとっても不利になり，ために彼らは「好況にうんざり」してしまう。

(*ibid.*, pp. 354-5：邦訳 147 頁)[15]

　このような状態においては，大企業と金利生活者のあいだに強力な同盟が形成され，とりわけ大企業の圧力によって政府は緊縮的な財政政策へと後戻りすることになるだろう。これによって経済が不況の局面に入ると，ふたたび政府支出の拡大を求める声が各方面から上がるようになる。こうして人造的につくり出される「政治的景気循環」の体制のもとでは，不況はかなり穏やかなものとなり，その期間も短くなるけれども，従来と同じく，完全雇用は好況の頂点で一時的に達成されるにすぎないであろう。たしかに経済的に見るかぎりでは，「有効需要の理論」が教えるように，政府支出の調整によって完全雇用を維持することが可能であるかもしれない。しかしながら，資本家階級と労働者階級の利害が相対立する資本制民主主義のもとで，そのような政策を実行に移すとなると重大な政治的障壁に直面するのである。

　カレツキは，資本主義経済のもとで持続的な完全雇用を実現するためには，そしてさらに資本主義そのものが存続するためには，その「根本的な改革」(fundamental reform) が必要となるだろうと考えていた。

---

15) 持続的完全雇用は，資本・労働間の力関係を変化させることによって，資本主義経済を不安定化させるような諸要因を生み出すという認識は，当時，J. ロビンソンによっても示されていた。彼女は，1943 年に発表した論文において，完全雇用経済のもとでは貨幣賃金と物価に対する不断の上昇圧力が発生するだろうと論じている。詳しくは，鍋島 [2001] 224-5 頁，Kerr [2007] pp. 500-1 を参照されたい。

「完全雇用資本主義」は，もちろん，労働者階級の増大した力を反映する新しい社会的・政治的諸制度へと発展してゆかねばならない。もし資本主義がそれ自らを完全雇用に調節することができるとすれば，根本的な改革がその内に組み込まれることになるであろう。もしそうでないとすれば，資本主義は，それ自らが廃棄されるべき時代遅れの体制であることを示すであろう。 (ibid., p. 356)[16]

このように述べてカレツキは，社会的・経済的な意思決定における労働者の参加を拡大することが「完全雇用資本主義」の実現にとっての制度的要件であることを示唆している。ここで彼の念頭にあったのが具体的にどのような制度であるのかは明らかでない。ただし本章第1節でも見たように，カレツキは早い時期から，政府による「上からの」管理と労働者による「下からの」圧力の双方が，経済の計画化にとって欠くことのできない要素であると考えていた。またポーランドに帰国したのちの1950年代後半には，企業経営に労働者の意向を反映させるための組織である「労働者評議会」の創設を提唱していた。このようにカレツキは，労働者参加を推し進めることの重要性を折にふれて訴えていた。しかし彼は，資本主義経済においてこうした「根本的な改革」が容易に実現するとは考えていなかった。さらに言えば，資本主義経済それ自体の発展可能性についてもかなり懐疑的な見解をもっていた。

2）資本主義経済の将来展望

たとえば彼は，1955年にポーランド統一労働者党中央委員会の社会科学研究所で行なった講演「第二次世界大戦後の景気循環に対する軍備の影響」（Kalecki [1955]）において，資本主義のゆくえを展望して次のように述べてい

---

[16] Kalecki [1943a] が Kalecki [1971] ch. 12 として再録されるにあたっては，この文章を含めて，「進歩主義者は「政治的景気循環」の体制に満足するべきか」という問いで始まる第V節が削除されている。この問いに対してカレツキは，(1)その体制は持続的な完全雇用を保証しない，(2)政府支出は公共投資にかぎられ消費補助を含んでいない，という理由で「否」と答えている。

る。

> 独占資本主義の現在の経済政策を考慮すると，これは，ひとりでに崩壊することはなく，破局に直面することのない体制であるように思われる。しかしまたこの体制は発展することもなく，軍備の助けだけを借りながら，恐慌時の弥縫策に自らの存在の基礎をおくような体制でありつづけるだろう。すなわちそれは，きわめて緩やかな速度でしか発展することのできない体制である。 (*ibid*., p. 362)

たしかに戦後の資本主義諸国においては，政府による反循環的な財政政策がとられるようになっているものの，恐慌の発生を完全に防ぐような首尾一貫性のある介入が行なわれることはありそうにない，とカレツキは言う。経済政策のあり方は，政府の政策形成に影響力をもつ資本家陣営内部のさまざまな利益集団のあいだの対立の結果として決まるからである。政府介入の方法や規模をめぐっては産業間や大企業・中小企業間で利害の対立があるため，計画的な介入が行なわれることは決してなく，介入は，恐慌が現実に起きたときに，その厳しさをいくらか緩和する程度のものにしかならないだろう。

カレツキが資本主義経済の停滞を予想する根拠は，支出の大きな部分が軍備をはじめとする非生産的な目的に充てられているという事実にある。彼は，「明らかに，このような体制は，社会主義体制との競争に勝つことができない」(*ibid*., p. 362) と断言している。社会主義体制は，継続的な生産力の発展と生活水準の向上をその目的としているからである。このようにカレツキは，体制間競争における社会主義の優位性を信じて疑わなかった。ただし戦後長らく社会主義諸国は，資本主義諸国をしのぐほどの高い経済成長を達成していたという経緯もあり，彼の時代にあっては，そのような見解は多くの人々のあいだで共有されていたものであった[17]。

---

17) カレツキが戦後資本主義の相対的安定についての説明をあたえている論文に，彼が亡くなった翌年の1971年に発表されたT. コヴァリクとの共同論文「重大な改革」に関する観察」(Kalecki and Kowalik [1971]) がある。彼らによれば，1930年代大不況を契機として資本主義の「重大な改革」の時代が始まり，それによって戦後の資本主義は安定

ここに示された観点にもとづき，この論文（Kalecki [1955]）の後半部にあたる第 II 節では，1950～55 年のアメリカ経済の分析が行なわれている。また「アメリカの経済状態，1956～1961 年」（Kalecki [1962b]）と題する論文は，それに続く時期のアメリカ経済の動向について分析している。いずれの論文においても，アメリカ経済の停滞的な性格が強調されている。たとえば，年平均 2.5％の経済成長を記録した 1956～61 年の経済状態について，カレツキは，「短期間のあまり厳しくない恐慌と結びついた長期停滞」（*ibid.*, p. 387）と総括している。そして，アメリカ資本主義の今後の展望について次のように述べている。「景気後退に陥る傾向をもちながらも，破局的な危機は回避する。しかし高率の長期的経済成長は示さない」（*ibid.*, p. 400）。

またカレツキは，これらの論文において，アメリカをはじめとする資本主義諸国では軍事支出が景気の動向を左右する重要な一因となっていることを指摘している。さらに 1967 年に発表した論文「ベトナムとアメリカ大企業」（Kalecki [1967]）においては，ベトナム戦争への大規模な介入にともない軍事支出が急増した 1966 年後半を境として，アメリカ経済に根本的な変化が生じたと論じている。1950 年代以来，アメリカ政府は巨額の軍事支出を行なってきたけれども，1966 年半ばまではその増加はかなり穏やかなものであったとカレツキは言う。しかしそれ以後は，軍事支出の増加が国民所得の増加の半分を占めるようになり，民間投資に代わって軍事支出が景気上昇の主な動因となった。それとともに，軍需産業への国民所得の再分配が生じる傾向も観察されるようになった。

経済活動において軍事支出の占める割合が大きくなればなるほど，恐慌を引き起こすことなしに，以前の水準にまで軍備を縮小することが難しくなる。カレツキの見るところ，ベトナム戦争から撤退して和平を実現することができるか否かは，アメリカ大資本内部の二つの集団のあいだで演じられている抗争の

的なものになったのだとされる（詳しくは，本書 233-4 頁を参照）。また共著者のコヴァリク（Kowalik [2004]）は，この論文が発表された 1970 年代初め以降に生じた資本主義経済の長期的下降をも考慮に入れつつ，20 世紀資本主義の展開に関するカレツキの見解の今日的な意義について再考している。

帰趨にかかっている。軍事支出の増加は，石油産業や軍需産業などの西部と南部の「新しい」大企業を潤し，支配階級内における彼らの経済的・政治的地位を高めるので，彼らは戦争を継続することに大きな利益をもつ。しかしながら，これによって東海岸にある「古い」大企業の相対的地位は低下するので，これらの企業は戦争を続けることに格別の熱意を示さないであろう。多くの労働組合が結束して反戦の声を上げることは予想しがたく，また知識人たちの異議申し立ては政治的な影響力をもたないというアメリカ社会の状況にあって，悲しいことに，「古い」大企業の集団の戦争撤退に向けた動きだけが和平への唯一の道であるように思われる，とカレツキは述べている。ここにも見られるように，諸階級および階級諸分派のあいだの対立・抗争の結果として国家政策の方向が決まるのだというのが，彼の一貫した見解であった。

5　カレツキの教訓

　カレツキが世を去ってからすでに40年以上の歳月が過ぎ，その間，資本主義経済を取り巻く様相は大きく変化した。東西両陣営が激しく切り結んだ冷戦は，ソ連・東欧圏の社会主義計画経済が崩壊することによって幕を閉じた。そして，資本家階級と労働者階級が正面から対峙するという旧来の階級社会の構図も，20世紀末にはほとんど崩れ去った。したがって今日では，階級対立を視軸とする理論的枠組みにもとづいて資本主義経済の構造と動態を読み解いていくことが困難になっている。しかしながら現代の資本主義経済においても，使用者と労働者，株主と経営者，金融界と産業界，大企業と中小企業など，社会諸集団のあいだに多様で重層的な利害対立が存在し，そのような社会的コンフリクトの態様が経済動態を方向づけていることには変わりがない。カレツキは，諸集団のあいだの政治的・経済的な力関係を反映しながら政策や制度が形成されるのだという事実を鋭く剔抉していた。今日なお，カレツキの経済学が多くの異端派経済学者の関心を惹きつけているのは，そこに，資本主義経済の内部における多様な社会的コンフリクトの作用についての深い洞察が込められ

ているからである。

　1980年代以降の先進資本主義諸国においては，市場主義の大合唱のもとに金融市場と労働市場の規制緩和が推し進められ，その結果，たびたびにわたって金融危機が発生するとともに，所得と富の不平等が拡大し，人々の雇用と生活の不安定化が進んだ。このような状況にあって，今日では経済安定化のための政府の積極的な介入を求める声がふたたび大きくなっており，遠からず各国において経済政策の大きな方向転換がなされる可能性がある。そのときには，積極的な経済政策による完全雇用の達成，および所得再分配による総需要の拡大などの政策を通じて経済的効率と社会的公正の両立をめざしたケインズとカレツキの経済学が，代替的な経済戦略を構築していくうえでの参照枠組みとなるであろう。とりわけ，経済格差と貧困の問題が深刻の度を増している今日，所得分配と経済成長との関係に焦点を合わせたカレツキの貢献は，あらためて注目されてよい[18]。

　近年の経済政策論議は，経済を活性化させるためには「市場」の力を十二分に活用しなくてはならないと主張する側と，これとは反対に，市場経済がはらむ本来的な不安定性を抑制するためには「国家」の介入が必要不可欠であると論じる側との応酬によって紛われてきた。しかしながら，「市場か国家か」という対立図式では物事の一面をとらえることができるに過ぎない。おそらく今

---

[18] 経済のグローバル化が進む近年においては，異端派経済学者のあいだでも，賃金上昇や所得再分配政策が総需要を増加させる効果は低減しているという指摘が多く見られる。グローバル資本主義のもとで国際的な価格競争が激化すると，賃金上昇が需要の増加と経済成長を導くという「賃金主導型」の経済成長パターンが成立しにくくなることを，マクロ経済モデルにもとづき明らかにした先駆的研究に，Bhaduri and Marglin [1990] と Bowles and Boyer [1995] がある。ただし，このような見解に対しては異論も存在している。たとえばハインとフォーゲル（Hein and Vogel [2008]）は，1960年から2005年までの期間の先進6カ国における所得分配と経済成長の関係について分析し，フランス・ドイツ・イギリス・アメリカという大国で開放度の低い経済においては賃金主導型の成長パターンが成立していた一方で，利潤主導型成長が見られたのはオーストリアとオランダという小国開放経済においてのみであったと主張している。オナランとガラニス（Onaran and Galanis [2013]）もまた，G20諸国の多くが賃金主導型の需要レジームのもとにあるとともに，世界経済全体では総需要が賃金主導型であることを明らかにしている。

後の世界各国においては，新自由主義政策が生み出した種々の経済的・社会的な歪みを是正するために，政府の役割が拡大されていくことになるだろう。だが，たとえそうであるとしても，いかなる目的のもとに，いかなる方法で政府の介入が行なわれるのかが新たな問題となる。どのような政策が採られるかで，マクロ経済の動向が異なってくるだけでなく，社会を構成する各集団が受ける利益と損失も異なったものとなるからである。そして正にそれゆえに，カレツキがたびたび指摘したように，政府の介入がどのような形をとるのかは，社会諸集団の利害対立の結果として決まることになるだろう。新自由主義の時代に黄昏の兆しが漂うなか，これからの資本主義はどこへ向かうのか。それは相争う社会諸集団のあいだの力関係いかんにかかっている，というのがカレツキの教訓である。

終　章
ポスト・ケインズ派経済学の課題と展望

1　ケインズ主義から新自由主義へ

　ケインズの経済学は，第二次世界大戦後，30年に及ぶ資本主義の「黄金時代」を領導する理論的枠組みとして確固たる地歩を築いた。しかしながら，1970年代半ば以降の世界的な長期経済停滞のなかで，国家による理性的な計画と介入を通じて経済の安定をはかろうとするケインズ主義に対する信認は失われ，それに代わり，「小さな政府」を旗印に掲げて経済問題の解決を市場のはたらきに委ねる新自由主義が，先進各国における経済政策運営の基調とされるようになった。

　このような政策基調の転換は，カレツキの「政治的景気循環理論」にもとづいて説明することができる。本書第12章で見たように，カレツキは，資本家と労働者という相対立する二つの階級の政治的圧力の相互作用によって，一定の周期をもつ人造的な景気循環が生み出されると論じていた。そして，「このような状態はおそらくは将来の資本制民主主義の経済体制の前兆である」(Kalecki [1943a] p.355：邦訳147頁) と述べて，第二次世界大戦後の資本主義諸国において「政治的景気循環の体制」が出現するであろうと予測していた。彼は，1937年後半から1938年にかけてのアメリカの景気後退をその一つの事例として挙げている。

　しかしながら，こうした政治的景気循環が生じる主な原因が，完全雇用の持続によって引き起こされる「政治的・社会的変化」であるとするならば，それ

を4〜5年周期の短期的な循環として理解することは難しい。じっさい，拡張政策によって完全雇用が実現するとすぐに労働者の階級的力量が高まって資本主義体制の「政治的安定性」が脅かされ，またそれに続いて緊縮的な経済政策が採られると，たちまちのうちに，そうした「政治的・社会的変化」が消え失せるとは考えにくい。完全雇用の持続による階級的力関係の変化とは，もっと長い周期で生じるものと考えるのが妥当ではないだろうか。

このような観点からわれわれは，カレツキの政治的景気循環理論を，数年周期の短期的な循環ではなく，数十年周期で生じる経済の長期波動を説明する理論として再解釈することができる。そうすると，高度経済成長から労資対抗の激化をへて，マネタリズムを政策的教義とする強力な金融引き締め政策によって1970年代半ば以降に長期不況へと突入していった戦後資本主義の歴史的動態を，カレツキの分析枠組みに沿ってうまく説明することができる。

戦後期に先進各国で採用されたケインズ主義的な経済政策は，総需要の管理によって高度経済成長を支える一方で，経済成長を通じて持続的な高雇用状態を生み出し，労働者の交渉力を強めることにつながった。そして労働側の戦闘性の高まりを背景として賃上げ圧力が増大した結果，インフレーションと利潤圧縮がしだいに深刻な問題となっていった。資本側は，失業を増加させて労働側の力を弱体化させるべく，金融引き締めと緊縮財政への転換を強く求めるようになる。それに呼応するかたちで1970年代以降にはマネタリズムをはじめとする様々なかたちの保守派経済学が登場し，各国政府は，これら保守派経済学の説くところに従い，ケインズ主義から新自由主義へと政策路線の転換を進めていった。先進資本主義経済は，これを転機として長期停滞の局面に入ることになる。こうしてケインズ主義は，その成功のゆえに自らの危機を招いたのである。カレツキの次の叙述は，戦後の資本主義がたどった軌跡をみごとに言い当てていたことになる。

　このような状態〔永続的な完全雇用の状態〕においては，大企業と金利生活者の利害とのあいだに強力な同盟が形成されそうであり，またそのような状態は不健全であると言明する経済学者をおそらく一人ならず彼らは見出

すことであろう。これらすべての圧力によって,とりわけ大企業――一般に政府部門において影響力をもつ――の圧力によって,政府は,十中八九,財政赤字の削減という伝統的な政策に後戻りしようとするだろう。不況がそれに続き,政府の支出政策はふたたび自らの権利を回復することになる。　　　　　　　(ibid., p. 355：邦訳147頁,〔　〕内は引用者のもの)[1]

1970年代半ばを境とする政策基調の変化は,高度成長から長期停滞への移行のすべてを説明するのではないとしても,少なくともその一端を説明していることは確かである。そして,このような政策スタンスの転換の背景には,かつてカルドアが指摘したように,社会的な力関係の変化があった。すなわち,「ケインズ的な思考に対する反感の理由は――公然と認められてはいないが――,ケインズ政策の追求によってもたらされた社会の権力構造の変化であった」(Kaldor [1983] p. 4)[2]。

ケインズは,資本主義社会が,企業者階級・労働者階級・金利生活者階級の三階級から構成されると考え,さらに企業者階級と労働者階級を「活動階級」,金利生活者階級を「非活動階級」と位置づけた(詳しくは,鍋島[2001]第3章を参照)。ケインズの見るところ,企業者階級と労働者階級の違いは能力の違いにすぎず,両者のあいだに本来的な利害の対立は存在しない。これに対して,貨幣愛にもとづく金利生活者階級の投機的活動は,生産活動に有害な影響を及

---

1) グリン(Glyn [2006])は,カレツキの予測に言及しつつ,1970年代以後に生じた金融引き締め政策への転換を,政府が意図的に失業水準を引き上げることによって,労資対立・インフレ・利潤圧縮などの経済問題に対応するための試みであると主張している(pp. 30-1：邦訳38-40頁)。
2) カレツキは,経済政策の転換が権力関係の変化によって引き起こされることを早くから理解していた。たとえば彼は,1930年代初めのイギリスにおける経済政策の方向転換の背景に社会的力関係の変化があることを鋭く察知していた。このことについて,J. シュタインドルは次のように回想している。「カレツキは,1931～32年頃のイギリスでの出来事を,シティから産業への権力の移動という観点から解釈していた。金本位制の放棄,変動相場制の採用,為替平衡勘定の創設によって,シティの権益は破棄された。産業はふたたび保護されるようになり,イギリスの経済政策の大きな方向転換のなかで自由貿易は否定された。このような変化は,世界の金融センターとしてのシティの国際的地位の低下と結びついていた」(Bhaduri and Steindl [1983] p. 2)。

ぼし，活動階級の利益に反するものである。長期にわたって着実に利子率を引き下げることによって，金利生活者を安楽死に至らしめると同時に，投資の喚起を通じてイギリスに経済的繁栄をもたらすことができるというのが，ケインズの思い描いていた構想であった。

　ケインズ的な有効需要政策は，産業資本家階級と労働者階級に所得や雇用の増加という恩恵をもたらす一方で，ひとり金利生活者階級のみが利子収入の減少というかたちで損失を被るにすぎない。ケインズ政策の実践を可能ならしめたもの，それは，経済成長の果実を共有するために産業資本家階級と労働者階級のあいだで形成された社会的妥協であった。第二次世界大戦後，長らく隆盛を誇ったケインズ主義は，拡張的な経済政策の実行を求める活動階級の連合をその政治的基盤としていたのである。

　しかしながら，ケインズ政策によって経済成長が加速され，持続的な完全雇用状態が実現すると，労働者階級の賃上げ圧力が強まった。これを承けて所得分配をめぐる労資間の対抗が激化し，「ケインズ派連合」は解体を余儀なくされる。資本側は緊縮的なマクロ経済政策への転換を政府に迫り，またインフレーションを嫌う金融界も金利の引き上げによる物価の安定化を求めるようになる。こうして，ともに緊縮的な経済政策を求める産業界と金融界とによって新たな権力ブロックが形成され，これを背景として新自由主義政策が推し進められていった。カレツキが述べていたように，「大企業と金利生活者」のあいだに「強力な同盟」が形成されたのである。この結果，先進諸国において支配的な社会秩序は，産業と労働のあいだの「ケインズ的妥協」から，金融と産業のあいだの「新自由主義的妥協」へと転換した。

　1980年代以降の資本主義においては，とりわけ金融部門の政治的・経済的な力が著しく増大した（たとえば，Duménil and Lévy [2003] ch. 8, Duménil and Lévy [2011] ch. 4 を参照）。この間，内外の金融取引，金融業の収益，および各種の金融資産所得の著しい増加に見られるように，経済活動において金融部門の果たす役割が急速に拡大した。そして金融部門の政治的な影響力が高まったことにより，各国の経済政策はその利益に沿う方向へと変化していった。思いつくままに挙げてみただけでも，金融市場の規制緩和，福祉国家に対する攻撃，

富裕層向けの減税，労働組合の弱体化政策，株主価値重視の企業統治の導入など，その例は枚挙に暇がない。これら一連の政策によって金融部門が大きな利益を手にした一方で，経済成長は緩慢なものにとどまり，雇用が不安定化するとともに，所得格差も拡大した。新自由主義とは，金融のもつ権力の政策的な表現にほかならないのである[3]。

2 ケインズとカレツキを超えて

新自由主義政策が生み出した種々の経済的・社会的な歪みが深刻の度を増しているなか，近年では，経済安定化のために政府が積極的な行動に乗り出すことを求める声がしだいに大きくなっている。このような状況にあって，経済問題の解決をはかるうえで政府の役割が重要であることを説くケインズの経済学が，ふたたび人々の注目を集めている。ケインズは，自らの政治的信条について述べたさいに，「ニュー・リベラリズム」(new liberalism) という 20 世紀初頭のイギリス思想における一潮流に言及している。古典的自由主義はもはやその歴史的任務を全うしたのであり，失業・貧困・恐慌などの自由放任資本主義が生み出す諸問題を克服するために国家は経済に積極的に介入していかなくてはならないというのが，その潮流の基本的立場である。この思想の提唱者たちにとって，もはや経済的自由主義とは疑う余地のない自明の原理ではなかった。

---

3) デュメニルとレヴィは，資本家階級（capitalist classes），経営者階級（managerial classes），大衆階級（popular classes）という三つの階級のあいだの相互関係によって幾つかの異なる社会秩序を分類することができると論じている。それによれば，戦後期には経営者階級と大衆階級とによる支配的な連合が経営者階級の主導権のもとに成立していたのに対し，新自由主義の社会的基盤は資本家階級主導のもとでの資本家階級と経営者階級の連合であったとされる。さらにデュメニルとレヴィは，新自由主義の構造的危機ののちのアメリカにおいては，経営者階級の主導による資本家階級と経営者階級のあいだの妥協が形成される可能性が大きいと予想している。そのもとでは，資本家階級の利益があるていど抑制されるとともに，福祉支出も限定的なものにとどまるだろう。このような新しい社会秩序を，彼らは「新経営者資本主義」(neomanagerial capitalism) と呼んでいる（Duménil and Lévy [2011] chs. 1, 6, 25 を参照）。

したがってニュー・リベラリズムとは，今日において「新自由主義(ネオ・リベラリズム)」として知られている思想の対極に位置している立場である（詳しくは，Dostaler [2007] pp. 96-8：邦訳 226-30 頁を参照）。ケインズは次のように述べて，自由放任の資本主義から脱却し，新しい体制へ移行することを呼びかけている。

> 経済的無政府状態から，社会的公正と社会的安定のために経済力を制御し指導することを計画的にめざすような体制への移行は，技術的にも政治的にも，はかり知れない困難を伴うことであろう。それにもかかわらず，〈ニュー・リベラリズム〉の真の使命は，それらの困難の解決に立ち向かうことにあると，私は主張したい。　　（Keynes [1925] p. 305：邦訳 366 頁）

　ケインズの生涯における多彩な活動は，「ハーヴェイ・ロードの前提」と呼ばれる独特の思考様式にもとづいていた。彼は，思慮分別に富む少数の知的エリートが，指導的な立場から経済社会の進むべき方向を指し示していかなくてはならないと考えていた。しかしながら現実世界の国家は，舞台の上に舞い降りてきて困難な状況を力ずくで解決してくれる「急場の救いの神(デウス・エクス・マキナ)」でもなければ，社会のなかの多様な利害を中立的な立場から調整する英知あふれる調停者でもない[4]。カレツキがたびたび指摘していたように，資本主義国家における経済政策は，社会諸集団の力関係を反映しながら形成される。使用者と労働者，株主と経営者，金融界と産業界，大企業と中小企業など，社会諸集団のあいだに多様で重層的な利害対立が存在することは，いつの時代においても変わりが

---

4) マルクス主義の立場から，ケインズの国家観が視野の狭いものであると逸早く指摘したのは，P. M. スウィージーである。彼は，次のように述べてケインズを批判している。「しかしおそらくそのなかで最も目立つのは，ケインズが国家をいつも「急場の救いの神」として扱うやり方であろう。資本主義のゲームのルールにしたがって行動している人間という役者たちがどう見ても逃れようのない窮地に陥るたびに，この神が舞台に引っ張り出されるのである。もちろんのこと，オリンピア劇におけるこの仲裁者は，作者とおそらくは見物人にも満足のゆくようなやり方で万事を解決してしまう。ただ，たった一つ困ったことには——マルクス主義者なら誰でも知っているように——，国家は神ではなくて，他のすべての役者たちにささかも異なるところなく一役を演ずべき，役者仲間の一人にすぎないのである」（Sweezy [1946] p. 404：邦訳 164-5 頁）。

ない。経済政策のあり方は，これら多様な集団のあいだの対立・抗争を通して決まるのである。

　したがって，国家の適切な介入によって資本主義経済の諸矛盾を緩和しなくてはならないというケインズの見解が正しいものであるとしても，たんに問題の解決を国家に委ねるだけでは，それらの矛盾を解消することができない。誰のために，どのような介入が行なわれるのかが問題であるからだ。かつてロビンソン（Robinson [1972]）が反省を促したように，第二次世界大戦後の先進資本主義諸国の政府は，有効需要の「水準」に大きな関心を払う一方で，東西冷戦のもとで各国の軍事支出が肥大化するなど，有効需要の「内容」を問う姿勢には概して乏しい面があった。

　しかしながら，深刻な金融危機の発生や所得格差の拡大などに見られるように，新自由主義経済モデルがはらんでいる矛盾と歪みが明らかとなり，代替的な経済政策のあり方が探られている今日，あらためて，政府が創出するべき有効需要の大きさとともに，その内容が厳しく問われている。すなわち，一部の金融機関や大企業を救済したり，特定産業を潤したりすることを主な目的とする介入か，それとも働く人々の生活を守り，それをさらに向上させていくための介入かが問われているのである。しかしまた，民衆の生活水準の向上という目的を達成するために，計画経済体制のもとで中央計画当局は合理的な資源配分を行なうことができるはずだというカレツキの信念も，その後の歴史によって裏切られる結果となった。より民主主義的で平等な経済社会の実現に向けて，われわれはケインズとカレツキの限界を乗り越え，さらに新たな一歩を踏み出さなくてはならない。

3　ポスト・ケインズ派経済学の到達点

　本書で見てきたように，ポスト・ケインズ派経済学の最大の特徴は，「有効需要の理論」を分析枠組みの基軸に据えている点にある。すなわち，短期においても長期においても，生産と雇用の水準を決定するのは総需要であると考え

る。この点において，マクロ経済の均衡が供給側の制約によって決定されると見ている主流派マクロ経済学とは著しい対照をなしている。ポスト・ケインズ派の見方によれば，資本主義経済における失業の原因は，賃金や価格の硬直性ではなく総需要の不足にある。したがって不況時の賃金切り下げは，完全雇用を回復させるどころか，消費需要と投資需要の減少を通じてますます不況を深刻なものにしかねない。資本主義経済には，十分な総需要をもたらして完全雇用を保証する機構が備わっていないというのが，彼らの基本的な見解である。さらに，「有効需要の理論」を軸とするケインズ経済学を長期化・動学化しようとする試みも，今日にいたるまで盛んに進められてきた。そのさいには，所得分配と経済成長との関係を解明するという問題関心に導かれ，主としてカレツキの理論的枠組みが利用されている。

　ポスト・ケインズ派経済学のもう一つの大きな特徴は，発達した貨幣経済に内在的な不安定性を直視していることである。主流派マクロ経済学が長期においては貨幣が中立的であると考えているのに対して，ポスト・ケインズ派は，貨幣と金融政策は短期においても長期においても非中立的であると主張する。デヴィッドソンの見るところ，企業家の長期期待の低下にともなう貨幣需要の増加は，生産可能財への需要を減少させ，したがって雇用を減少させる。市場経済において非自発的失業が発生するのは，流動的価値保蔵手段として機能する貨幣が，生産の弾力性がゼロであるとともに，代替の弾力性がゼロであるという二つの基本的性質をもっているからである。貨幣経済に関するケインズの分析を景気循環理論の枠組みへと拡張したのは，ミンスキーの「金融不安定性仮説」である。深刻な景気循環は資本主義経済にとって本質的な金融的属性によって生じると，ミンスキーは主張している。さらに彼は，生産と金融の両面における「新結合」こそが経済発展の過程の本質をなすという見解にもとづき，資本主義の歴史的進化の過程を説明しようと試みた。

　ここからも理解できるように，ポスト・ケインズ派の経済学は，大まかに見ると，成長と分配のマクロ経済動学をおもな分析課題とする「カレツキアン」と，不確実性と貨幣に関するケインズの洞察を受け継ぐ「ファンダメンタリスト・ケインジアン」の二つの流れに分類することができる。しかし，これら二

つの流れはたがいに矛盾するものではない。有効需要理論はすべてのポスト・ケインズ派経済学者にとって共通の基礎理論とされている一方で，貨幣が中立的であるとする「古典派の二分法」は誤りであるという見解も，やはりポスト・ケインズ派経済学者のあいだで等しく共有されている。実のところカレツキの分析には，「危険逓増の原理」などに見られるように，資本主義経済における貨幣的・金融的要因のはたらきについての犀利な考察が数多く含まれていた。さらに投資と金融に関する彼の分析は，ポスト・ケインズ派経済学において共通の枠組みとなっている内生的貨幣供給理論を先取りするものであった。

内生的貨幣供給理論を拠り所としてポスト・ケインズ派が厳しい攻撃を加えたマネタリズムが凋落してのち，2000年代になると，金利は外生的であり貨幣は内生的であるという見解が，主流派経済学者のあいだでも支配的となった。しかしながら，このようなマクロ経済学の「ニュー・コンセンサス」とポスト・ケインズ派経済学との類似性は，表面上のものにすぎない。ニュー・コンセンサスの枠組みにおいては，有効需要の増加が産出水準を引き上げるのは短期においてのみであり，マクロ経済の長期均衡はもっぱら供給側の要因によって決定されると考えられているからである。これに対して，ファンダメンタリスト・ケインジアンとカレツキアンのそれぞれの流れを汲む多くの経済学者たちは一体となって，ニュー・コンセンサスを批判的に検証するとともに，それに代替する理論的枠組みの構築を進めている。したがって今日では，ファンダメンタリスト・ケインジアンとカレツキアンを区別すること自体に，あまり意味がなくなっている。

ポスト・ケインズ派は，その生誕以来40年のあいだに，さまざまな方向への分析枠組みの拡張と発展をさかんに進めるとともに，それによって首尾一貫した枠組みへと緩やかに進化を遂げてきた。今日では，ポスト・ケインズ派の二つの流れの分析視角と枠組みは，たがいに重なり合う部分がますます大きくなっており，両者の統合が着実に進んでいる。こうした理論上の成果を踏まえてポスト・ケインズ派は，主流派とは異なる独自の分析的枠組みにもとづき，現代資本主義が直面している様々な課題に取り組んでいる。それらのなかでも，今日における最大の分析課題となっているのが，株主価値重視の企業統治を基

本原則とする「金融支配型資本主義」の矛盾と危機をどう捉えるのかという問題である。それはまた同時に，2008年の世界金融危機の原因と性格をどう理解するのかという問題でもある。

4 現在の危機にどう立ち向かうか

　ポスト・ケインズ派経済学者の見るところ，1980年代以降の資本主義経済においては，新自由主義と金融化という二つの流れが相俟って経済の不安定性を増大させてきた。すなわち，金融規制の緩和が金融部門の政治的・経済的な力を増大させる一方で，金融部門は，自らの収益拡大のために，新自由主義的な諸政策を推進するよう政府に対して圧力を加えてきた。そして，そのような圧力のもとで企業統治における株主価値重視の流れが強まった結果，資本蓄積は停滞に陥った。それと同時に，所得格差拡大によって消費需要にも押し下げ圧力が加わった。2008年の世界金融危機の構造的原因は，金融支配型資本主義のもとで生み出された総需要不足の傾向にある。したがってこの危機は，株主価値志向経営を推進するとともに，それによって所得格差拡大を引き起こした新自由主義モデルそのものの危機と見なくてはならない。

　世界金融危機についてのこのような見方は，他の多くの異端派経済学の潮流によっても共有されている。たとえば「社会的蓄積構造理論」（SSA 理論）の枠組みにもとづいてアメリカ資本主義の長期的動態の解明に取り組むアメリカ・ラディカル派の経済学者たちもまた，労働者の実質賃金の下落，家計所得の不平等化，政府支出の削減などによって総需要不足の問題をつくり出すところに新自由主義モデルの基本的矛盾があると見ている。そして 2008年の経済危機は，この矛盾が激化したことによって生じたものであり，それゆえ「新自由主義的な資本主義」の体系的な危機にほかならないと主張している。コッツ（Kotz [2013b]）によれば，1970年代初頭にいたるまでの高度経済成長を支えていた制度的枠組みである「戦後 SSA」の危機は，高雇用利潤圧縮によって引き起こされた「剰余価値の生産の危機」であるとされる。これに対して 1980

年代以降に確立し，その後およそ 20 年にわたってアメリカ経済に長期的な安定をもたらした「新自由主義 SSA」の危機は，総需要不足を原因とする「剰余価値の実現の危機」であるという。

　フランスのレギュラシオン学派も同様に，2008 年の金融危機を「金融主導型資本主義」の構造的危機であると解釈している。かつてボワイエ（Boyer [2000]）は，1990 年代以降のアメリカの成長体制を，株主主権型の企業統治のもとで，株価と総需要のあいだに累積的因果関係が成立している「金融主導型成長体制」として定式化した。すなわち，株価の上昇は株主の金融収益の増加を通じて消費を刺激し，総需要の拡大をもたらす。他方で総需要の拡大は企業の利潤を増加させ，高利潤は利潤期待を高めて株価を上昇させる。このようなかたちで株価と総需要とのあいだに好循環が存在していた。ところが金融主導型資本主義は，2008 年に構造的危機の局面に突入する。リーマン・ショックによる株価暴落をきっかけとして，好循環の構図が悪循環の構図へと転じたのである。すなわち，株価の下落は金融収益を激減させ，それによって消費と需要が収縮する。需要収縮は利潤と利潤期待を低下させ，いっそうの株価の下落を引き起こす。こうして，資産バブルによって牽引された消費ブームを支えていた成長体制は崩壊した（山田 [2011] を参照）。

　ここに見られるように，異端派経済学の多くの潮流は，新自由主義的な経済モデルの核心が，金融部門の政治的・経済的な影響力の増大を背景として導入された株主利益重視の企業統治にあると見ている。そして，このような経済モデルには総需要不足に陥る傾向があり，2008 年の世界金融危機はこの矛盾が激化することによって生じたのであるから，その危機は新自由主義そのものの危機であるというのが，彼らに共通する見方である。すなわち多くの異端派経済学者は，新自由主義の構造的危機の基本的性格を需要危機であると見ているのである。

　この点において現在は，1970 年代の構造的危機の際とは大きく状況が異なっている。資本主義の「黄金時代」の終焉をもたらした構造的危機をどう理解するかについては，異端派経済学者のあいだでも様々に見解が分かれていた。SSA 学派やレギュラシオン学派をはじめとする欧米マルクス学派の多くの理

論家たちは，経済危機の性格について，収益性危機と生産性危機の複合によって生じた供給サイドの危機であるとの診断を下していた。そのうえで，供給サイドの危機である以上，需要サイドの政策では対応することができないと述べて，ケインズ政策の限界を鋭く突いた。そして，職場の民主化や労働者参加の拡大など，供給サイドの改革を進めて生産性の上昇を実現することが，経済危機を克服するための必須の戦略であると主張した。

これに対して，新古典派総合ケインジアンであれポスト・ケインジアンであれ，ケインズ経済学の流れを汲む人々は，危機についての適切な分析と処方箋を提示することができなかった。新古典派総合の枠組みにもとづくアメリカ・ケインジアンは，スタグフレーションという未曾有の事態を前に何も語ることができなかった。他方で多くのポスト・ケインズ派経済学者は，軍備拡張や減税による財政赤字の拡大がスタグフレーションの原因であると見ていた。経済危機を招いたのはあくまでも「似非ケインズ主義」なのであって，ケインズ主義それ自体ではないというのが彼らの見解である。さらに一部のポスト・ケインズ派経済学者は，本章第1節でも見たように，ケインズ政策から新自由主義政策への政策基調の転換によって需要不足が拡大し，経済停滞が発生したのだと主張した[5]。しかしながら，これらの要因によって経済危機の一部を説明することは可能であるものの，それだけで危機の全体像を説明することには些か無理がある。

このような状況とは対照的に，今日では，新自由主義の構造的危機は需要危機であるという見解が，大部分の異端派経済学者によって共有されている。したがって，危機の解決のために取るべき方策もまた明らかである。経済危機の根本的な解決のためには，継続的な賃金水準の引き上げによって消費需要を支えることが，まず何よりも必要とされる。あわせて，拡張的なマクロ経済政策によって総需要を拡大するとともに，所得と富の再分配を進めていくことが求

---

5) たとえばシュタインドル（Steindl [1979]）は，1970年代以降の長期停滞を先進資本主義諸国の政策スタンスの変化によって説明している。経済成長の終結に向けた「停滞化政策」は，労働者の経済的地位の向上と労働組合勢力の伸長をもたらした完全雇用に反対する企業側の意向を反映するものであると，彼は論じている。

められる。それに加えて，従業員・取引先・消費者・地域住民など，企業を取り巻くさまざまな利害関係者の権利を拡大することにより，株主主権型企業をステークホルダー型企業へと変えてゆく企業統治改革も不可欠である。なぜなら，投資と消費の双方を抑制し，総需要不足を生み出している最大の原因は株主価値志向経営にあるのだから，企業統治のあり方を改めることなしに賃金主導型の経済成長を実現することはできないからである。こうして今，新自由主義の危機を乗り越え，新しい成長体制を構築していくため，賃金主導型成長戦略によって効率と公正の両立をはかるとともに，ステークホルダー重視の企業統治改革を通じて経済的民主主義を拡大することが求められている[6]。

　ここまで見てきたように，1970年代の危機のさいとは異なり，現在の経済危機の原因と性格に関する異端の諸学派の見解はたがいに類似したものとなっている。現在の危機が需要危機であるとの認識のもとに，諸学派がともに連携を深めながら危機についての分析を進め，その解決のための方策を探っていくことを可能とするような社会的・経済的状況が存在しているのである。したがってこの危機は，諸学派のあいだでの活発な相互交流を通じて，それぞれの学派が自らのアプローチを鍛え上げていくための好機でもある。危機の解決には大きな困難をともなうであろうが，学派を超えた協力を進めていくことによって，働く人々の雇用と生活を安定させるための新しい制度的枠組みを構想することが可能になるにちがいない。

　しかし現在の危機に関する見方が異端派経済学の諸潮流のあいだで一致しているのは，それぞれの理論的枠組みが収斂した結果ではなく，現代の資本主義が需要危機のもとにあるという独特の歴史的条件によるものであることには改めて留意しておきたい。したがってポスト・ケインズ派が他の諸学派との協力を進めていく際には，多くの共通点を列挙することで事足れりとするのではなく，他の学派の枠組みに照らしながら，自らの枠組みに内在する理論的課題を

6）ドーア［2011］は，経営者資本主義から投資家資本主義への移行などに伴う「経済の金融化」が，社会・政治・教育などの幅広い領域にわたって深刻な弊害をもたらしていると論じている。彼は，金融化の憂うべき結果として，所得と富の格差拡大，生活の不安定性の増大，優秀な人材の金融業への集中，信用と人間関係の歪み，などを挙げている。

あらためて見つめ直す必要がある。とりわけ供給サイドの問題やミクロ経済学的な問題など，これまで分析が手薄であった領域においては，他の学派の研究成果から多くを学ぶことができるだろう。こうして，さまざまな領域において諸学派との討論を重ねることにより，ポスト・ケインズ派は，自らの視野を広げるとともに，資本主義経済の構造と動態についての理解をさらに深めていくことができるに違いない。

参考文献

1) 参考文献からの引用を行なうにあたって，邦訳のある場合にはそれを参照した。ただし，用語や文体を統一するために，必要に応じて訳文に変更を加えている。
2) ケインズの著作からの引用のページ番号（英文）は，とくに断りがないかぎり『ケインズ全集』(*Collected Writings of John Maynard Keynes*, Vols. 1-30, London : Macmillan, 1971-89) のものである。
3) カレツキの著作からの引用のページ番号（英文）は，『カレツキ全集』(*Collected Works of Michal Kalecki*, Vols. 1-7, Oxford : Clarendon Press, 1990-97) に収められている著作については，そのページを記している。『全集』に収められていない著作については，初出のページを記している。

Aglietta, M. [1976], *Régulation et crises du capitalisme : L'expérience des Etats-Unis*, Paris : Calmann-Lévy (若森章孝・山田鋭夫・大田一廣・海老塚明（訳）『資本主義のレギュラシオン理論——政治経済学の革新［増補新版］』大村書店，2000 年).
青木達彦 [1986], 「現代ポスト・ケインジアンの理論」, 早坂忠（編著）『ケインズ主義の再検討』多賀出版, 所収。
Arena, R. and Raybaut, A. [2001], "On the Foundations of Minsky's Business Cycle Theory : An Interpretation", in Bellofiore and Ferri (eds.) [2001b].
Arestis, P. [1992], *The Post-Keynesian Approach to Economics : An Alternative Analysis of Economic Theory and Policy*, Aldershot : Edward Elgar.
Arestis, P. [1996], "Post-Keynesian Economics : Towards Coherence", *Cambridge Journal of Economics*, Vol. 20, No. 1.
Arestis, P. [1997], *Money, Pricing, Distribution and Economic Integration*, London : Macmillan.
Arestis, P. [2009a], "New Consensus Macroeconomics and Keynesian Critique", in Hein, Niechoj and Stockhammer (eds.) [2009].
Arestis, P. [2009b], "The New Consensus in Macroeconomics : A Critical Appraisal", in Fontana and Setterfield (eds.) [2009].
Arestis, P., Dunn, S. P. and Sawyer, M. C. [1999], "Post Keynesian Economics and Its Critics", *Journal of Post Keynesian Economics*, Vol. 21, No. 4.
Arestis, P. and Glickman, M. [1998], "The Modern Relevance of Post-Keynesian Economic Policies", in Soumitra, M. (ed.), *John Maynard Keynes : Keynesianism in the Twenty-first Century*, Cheltenham : Edward Elgar.
Arestis, P. and Sawyer, M. C. [1998], "Keynesian Economic Policies for the New Millennium", *Economic Journal*, Vol. 108, January.
Arestis, P. and Sawyer, M. C. [2004], "On the Effectiveness of Monetary Policy and of Fiscal Policy", *Review of Social Economy*, Vol. 62, No. 4.

Arestis, P. and Sawyer, M. C. [2006a], "The Nature and Role of Monetary Policy When Money is Endogenous", *Cambridge Journal of Economics*, Vol. 30, No. 6.

Arestis, P. and Sawyer, M. C. [2006b], "Interest Rates and the Real Economy", in Gnos and Rochon (eds.) [2006].

Arestis, P. and Sawyer, M. C. [2008], "A Critical Reconsideration of the Foundations of Monetary Policy in the New Consensus Macroeconomics Framework", *Cambridge Journal of Economics*, Vol. 32, No. 5.

Arestis, P. and Sawyer, M. C. [2010a], "The Return of Fiscal Policy", *Journal of Post Keynesian Economics*, Vol. 32, No. 3.

Arestis, P. and Sawyer, M. C. [2010b], "21st Century Keynesian Economic Policies", in Arestis, P. and Sawyer, M. C. (eds.), *21st Century Keynesian Economics*, Basingstoke: Palgrave Macmillan.

Arestis, P. and Skuse, F. [2004], "The Relevance of Kalecki's 'Political Aspects of Full Employment' to the Twenty-first Century", in Sadwski and Szeworski (eds.) [2004].

Arnon, A. [1994], "Marx, Minsky and Monetary Economics", in Dymski and Pollin (eds.) [1994].

浅野栄一 [1987], 『ケインズ「一般理論」形成史』日本評論社。

Aspromourgos, T. [2014], "Keynes, Lerner, and the Question of Public Debt", *History of Political Economy*, Vol. 46, No. 3.

Assous, M. [2007], "Kalecki's 1934 Model VS. the IS-LM Model of Hicks (1937) and Modigliani (1944)", *European Journal of the History of Economic Thought*, Vol. 14, No. 1.

Backhouse, R. E. [2004], "A Suggestion for Clarifying the Study of Dissent in Economics", *Journal of the History of Economic Thought*, Vol. 26, No. 2.

Baran, P. and Sweezy, P. M. [1966], *Monopoly Capital : An Essay on the American Economic and Social Order*, New York : Monthly Review Press (小原敬士（訳）『独占資本』岩波書店, 1967年).

Basu, D. and Vasudevan, R. [2013], "Technology, Distribution and the Rate of Profit in the US Economy : Understanding the Current Crisis", *Cambridge Journal of Economics*, Vol. 37, No. 1.

Bateman, B. W. [1994], "Rethinking the Keynesian Revolution", in Davis, J. B. (ed.), *The State of Interpretation of Keynes*, Norwell, MA : Kluwer Academic Publishers.

Bellofiore, R. and Ferri, P. (eds.) [2001a], *Financial Keynesianism and Market Instability : The Economic Legacy of Hyman Minsky*, Vol. 1, Cheltenham : Edward Elgar.

Bellofiore, R. and Ferri, P. (eds.) [2001b], *Financial Fragility and Investment in the Capitalist Economy : The Economic Legacy of Hyman Minsky*, Vol. 2, Cheltenham : Edward Elgar.

Bernanke, B. S. [1983], "Non-Monetary Effects of Financial Crisis in the Propagation of the Great Depression", *American Economic Review*, Vol. 73, No. 3, reprinted in Bernanke, B. S. [2000], *Essays on the Great Depression*, Princeton, NJ : Princeton University Press (「大恐慌の波及メカニズム——金融危機の非貨幣的効果」, 栗原潤・中村亨・三宅敦史（訳）『大恐慌論』日本経済新聞出版社, 2013年, 所収).

Bhaduri, A. and Marglin, S. [1990], "Unemployment and the Real Wage : The Economic Basis for Contesting Political Ideologies", *Cambridge Journal of Economics*, Vol. 14, No. 4.

Bhaduri, A. and Steindl, J. [1983], "The Rise of Monetarism as a Social Doctrine", *Thames Papers in Political Economy*, Autumn.
Blanchard, O. J. [2009], "The State of Macro", *Annual Review of Economics*, Vol. 1.
Boianovsky, M. and Trautwein, H. -M. [2010], "The New Neoclassical Synthesis and the Wicksell-Keynes Connection", in Bateman, B. W., Hirai, H. and Marcuzzo, M. C. (eds.), *The Return to Keynes*, Cambridge, MA : Belknap Press of Harvard University Press (伊藤宣広 (訳)「新しい新古典派総合とヴィクセル-ケインズ・コネクション」, 平井俊顕 (監訳)『リターン・トゥ・ケインズ』東京大学出版会, 2014年, 所収).
Bowles, S. and Boyer, R. [1995], "Wage, Aggregate Demand and Employment in an Open Economy : An Empirical Investigation", in Epstein and Gintis (eds.) [1995].
Bowles, S., Edwards, R. and Roosevelt, F. [2005], *Understanding Capitalism : Competition, Command, and Change*, 3rd edn., Oxford : Oxford University Press.
Bowles, S., Gordon, D. M. and Weisskopf, T. E. [1983], *Beyond the Waste Land : A Democratic Alternative to Economic Decline*, Garden City, New York : Anchor Press/Doubleday (都留康・磯谷明徳 (訳)『アメリカ衰退の経済学——スタグフレーションの解剖と克服』東洋経済新報社, 1986年).
Boyer, R. [1986], *La théorie de la régulation : Une analyse critique*, Paris : La Découverte (山田鋭夫 (訳)『レギュラシオン理論——危機に挑む経済学〔新版〕』藤原書店, 1990年). ボワイエ, ロベール [1990], 『入門・レギュラシオン——経済学／歴史／社会主義／日本』山田鋭夫・井上泰夫 (編訳), 藤原書店。
Boyer, R. [2000], "Is a Financial-led Growth Regime a Viable Alternative to Fordism ? A Preliminary Analysis", *Economy and Society*, Vol. 29, No. 1.
Brus, W. [1977], "Kalecki's Economics of Socialism", *Oxford Bulletin of Economics and Statistics*, Vol. 39, No. 1 (「カレツキの社会主義経済学」, 佐藤経明 (訳)『社会主義における政治と経済』岩波書店, 1978年, 所収).
Carson, J. D. [1996], "Kalecki's Pricing Theory : Marginalist to the End ?", *History of Political Economy*, Vol. 28, No. 4.
Chapple, S. [1991], "Did Kalecki Get There First ? The Race for the General Theory", *History of Political Economy*, Vol. 23, No. 2.
Chapple, S. [1995], "The Kaleckian Origins of the Keynesian Model", *Oxford Economic Papers*, Vol. 47, No. 3.
Chapple, S. [1996], "Kalecki and Keynes", in King (ed.) [1996].
Chick, V. [1995], "Is There a Case for Post Keynesian Economics ?", *Scottish Journal of Political Economy*, Vol. 42, No. 1.
Cowling, K. [1982], *Monopoly Capitalism*, London : Macmillan (安喜博彦・元木久 (訳)『寡占下の資本主義』多賀出版, 1988年).
Crotty, J. R. [1986], "Marx, Keynes and Minsky on the Instability of the Capitalist Growth Process and the Nature of Government Economic Policy", in Helburn, S. W. and Bramhall, D. F. (eds.), *Marx, Schumpeter & Keynes : A Centenary Celebration of Dissent*, Armonk, New York : M. E. Sharpe.

Crotty, J. R. [1993], "Rethinking Marxian Investment Theory : Keynes-Minsky Instability, Competitive Regime Shift and Coerced Investment", *Review of Radical Political Economics*, Vol. 25, No. 1.

Crotty, J. R. [1994], "Are Keynesian Uncertainty and Macrotheory Compatible ? Conventional Decision Making, Institutional Structures, and Conditional Stability in Keynesian Macromodels", in Dymski and Pollin (eds.) [1994].

Crotty, J. R. [2005], "The Neoliberal Paradox : The Impact of Destructive Product Market Competition and 'Modern' Financial Markets on Nonfinancial Corporation Performance in the Neoliberal Era", in Epstein (ed.) [2005].

Dallery, T. [2009], "Post-Keynesian Theories of the Firm under Fiancialization", *Review of Radical Political Economics*, Vol. 41, No. 4.

Davidson, P. [1978], *Money and the Real World*, 2nd edn., London : Macmillan (原正彦(監訳)『貨幣的経済理論』日本経済評論社, 1980 年).

Davidson, P. [1994], *Post Keynesian Macroeconomic Theory : A Foundation for Successful Economic Policies for the Twenty-first Century*, Aldershot : Edward Elgar (渡辺良夫・小山庄三 (訳)『ポスト・ケインズ派のマクロ経済学――21 世紀の経済政策の基礎を求めて』多賀出版, 1997 年).

Davidson, P. [2000], "There are Major Differences between Kalecki's Theory of Employment and Keynes's General Theory of Employment, Interest and Money", *Journal of Post Keynesian Economics*, Vol. 23, No. 1.

Davidson, P. [2003-4], "Setting the Record Straight on *A History of Post Keynesian Economics*", *Journal of Post Keynesian Economics*, Vol. 26, No. 2.

Davidson, P. [2007], *John Maynard Keynes*, Basingstoke : Palgrave Macmillan (小谷野俊夫(訳)『ケインズ』一灯舎, 2014 年).

Delli Gatti, D. and Gallegati, M. [1990], "Financial Instability, Income Distribution, and the Stock Market", *Journal of Post Keynesian Economics*, Vol. 12, No. 3.

ドーア, ロナルド [2011],『金融が乗っ取る世界経済――21 世紀の憂鬱』中公新書。

Dornbusch. R. and Fischer, S. [1990], *Macroeconomics*, 5th edn., New York : McGraw-Hill.

Dostaler, G. [2007], *Keynes and His Battles*, Cheltenham : Edward Elgar (鍋島直樹・小峯敦(監訳)『ケインズの闘い――哲学・政治・経済学・芸術』藤原書店, 2008 年).

Dow, S. C. [1985], *Macroeconomic Thought : A Methodological Approach*, Oxford : Basil Blackwell (鴻池俊憲・矢根真二(訳)『マクロ経済学の構図――方法論的アプローチ』日本経済評論社, 1991 年).

Dow, S. C. [1997], "Endogenous Money", in Harcourt, G. C. and Riach, P. A. (eds.), *A 'Second Edition' of the General Theory*, Vol. 2, London : Routledge (「内生的貨幣」, 小山庄三(訳)『一般理論――第二版』多賀出版, 2005 年, 所収).

Duménil, G. and Lévy, D. [2003], *Économie marxiste du capitalisme*, Paris : La Découverte (竹永進(訳)『マルクス経済学と現代資本主義』こぶし書房, 2006 年).

Duménil, G. and Lévy, D. [2011], *The Crisis of Neoliberalism*, Cambridge, MA : Harvard University Press.

Dunn, S. P. [2000], "Wither Post Keynesianism ?", *Journal of Post Keynesian Economics*, Vol. 22, No. 3.
Dutt, A. K. [1984], "Stagnation, Income Distribution and Monopoly Power", *Cambridge Journal of Economics*, Vol. 8, No. 1.
Dutt, A. K. [2011a], "Growth and Income Distribution : A Post-Keynesian Perspective", in Hein and Stockhammer (eds.) [2011].
Dutt, A. K. [2011b], "Economic Growth and Income Distribution : Kalecki, the Kaleckians and Their Critics", in Arestis, P. (ed.), *Microeconomics, Macroeconomics and Economic Policy : Essays in Honour of Malcolm Sawyer*, Basingstoke : Palgrave Macmillan.
Dymski, G. A. [1996], "Kalecki's Monetary Economics", in King (ed.) [1996].
Dymski, G. A. [2009], "Does Heterodox Economics Need a Unified Crisis Theory ? From Profit-Squeeze to the Global Liquidity Meltdown", in Goldstein and Hillard (eds.) [2009].
Dymski, G. A. and Pollin, R. [1992], "Hyman Minsky as Hedgehog : The Power of the Wall Street Paradigm", in Fazzari and Papadimitriou (eds.) [1992].
Dymski, G. A. and Pollin, R. (eds.) [1994], *New Perspectives in Monetary Macroeconomics : Explorations in the Tradition of Hyman P. Minsky*, Ann Arbor : University of Michigan Press（藤井宏史・高屋定美・植田宏文（抄訳）『現代マクロ金融論——ポスト・ケインジアンの視角から』晃洋書房, 2004年).
Eichner, A. S. [1976], *The Megacorp and Oligopoly : Micro Foundations of Macro Dynamics*, Cambridge : Cambridge University Press（川口弘（監訳）『巨大企業と寡占——マクロ動学のミクロ的基礎』日本経済評論社, 1983年).
Eichner, A. S. and Kregel, J. A. [1975], "An Essay on Post-Keynesian Theory : A New Paradigm in Economics", *Journal of Economic Literature*, Vol. 13, No. 4.
Epstein, G. A. (ed.) [2005], *Financialization and the World Economy*, Cheltenham : Edward Elgar.
Epstein G. A. and Gintis, H. M. (eds.) [1995], *Macroeconomic Policy after the Conservative Era : Studies in Investment, Saving and Finance*, Cambridge : Cambridge University Press.
Fazzari, S. M. [1992], "Introduction : Conversations with Hyman Minsky", in Fazzari and Papadimitriou (eds.) [1992].
Fazzari, S. M. and Papadimitriou, D. B. (eds.) [1992], *Financial Conditions and Macroeconomic Performance : Essays in Honor of Hyman P. Minsky*, Armonk, New York : M. E. Sharpe.
Feiwel, G. R. [1975], *The Intellectual Capital of Michał Kalecki : A Study in Economic Theory and Policy*, Knoxville : University of Tennessee Press.
Feiwel, G. R. [1989], "The Legacies of Kalecki and Keynes", in Sebastiani (ed.) [1989].
Ferri, P. and Minsky, H. P. [1989], "The Breakdown of the IS-LM Synthesis : Implications for Post-Keynesian Economic Theory", *Review of Political Economy*, Vol. 1, No. 2.
Ferri, P. and Minsky, H. P. [1992], "Market Processes and Thwarting Systems", *Structural Change and Economic Dynamics*, Vol. 3, No. 1.
FitzGerald, E. V. K. [1993], *The Macroeconomics of Development Finance : A Kaleckian Analysis of the Semi-Industrialized Economy*, London : Macmillan.
Fontana, G. [2003], "Post-Keynesian Approaches to Endogenous Money : A Time Framework

Explanation", *Review of Political Economy*, Vol. 15, No. 3.

Fontana, G. [2004], "Rethinking Endogenous Money : A Constructive Interpretation of the Debate between Horizontalists and Structuralists", *Metroeconomica*, Vol. 55, No. 4.

Fontana, G. [2007], "Why Money Matters : Wicksell, Keynes, and the New Consensus View on Monetary Policy", *Journal of Post Keynesian Economics*, Vol. 30, No. 1.

Fontana, G. [2009a], *Money, Uncertainty and Time*, Abingdon : Routledge.

Fontana, G. [2009b], "Whither New Consensus Macroeconomics ? The Role of Government and Fiscal Policy in Modern Macroeconomics", in Hein, Niechoj, and Stockhammer (eds.) [2009].

Fontana, G. and Gerrard, B. [2006], "The Future of Post Keynesian Economics", *Banca Nazionale del Lavoro Quarterly Review*, Vol. 59, March.

Fontana, G. and Palacio-Vera, A. [2003], "Is There an Active Role for Monetary Policy in the Endogenous Money Approach ?", *Journal of Economic Issues*, Vol. 37, No. 2.

Fontana, G. and Setterfield, M. (eds.) [2009], *Macroeconomic Theory and Macroeconomic Pedagogy*, Basingstoke : Palgrave Macmillan.

Fontana, G. and Setterfield, M. [2009], "A Simple (and Teachable) Macroeconomic Model with Endogenous Money", in Fontana and Setterfield (eds.) [2009].

Foster, J. B. and McChesney, R. W. [2009], "Monopoly-Finance Capital and the Paradox of Accumulation", *Monthly Review*, Vol. 61, No. 5.

藤田菜々子 [2010],『ミュルダールの経済学――福祉国家から福祉世界へ』NTT 出版。

Glyn, A. [2006], *Capitalism Unleashed : Finance, Globalization and Welfare*, Oxford : Oxford University Press (横川信治・伊藤誠 (訳)『狂奔する資本主義――格差社会から新たな福祉社会へ』ダイヤモンド社, 2007 年).

Gnos, C. and Rochon, L. -P. (eds.) [2006], *Post-Keynesian Principles of Economic Policy*, Cheltenham : Edward Elgar.

Goldstein, J. P. [2009], "An Introduction to a Unified Heterodox Macroeconomic Theory", in Goldstein and Hillard (eds.) [2009].

Goldstein, J. P. and Hillard, M. G. (eds.) [2009], *Heterodox Macroeconomics : Keynes, Marx and Globalization*, Abingdon : Routledge.

Goodwin, R. M. [1967], "A Growth Cycle", in Feinstein, C. H. (ed.), *Socialism, Capitalism and Economic Growth*, Cambridge : Cambridge University Press (末永隆甫 (訳)「成長循環」, 水田洋ほか (訳)『社会主義・資本主義と経済成長』筑摩書房, 1969 年, 所収).

Gordon, D. M., Edwards, R. and Reich. M. [1982], *Segmented Work, Divided Workers : The Historical Transformation of Labor in the United States*, Cambridge : Cambridge University Press (河村哲二・伊藤誠 (訳)『アメリカ資本主義と労働――蓄積の社会的構造』東洋経済新報社, 1990 年).

Halevi, J. and Kriesler, P. [2000], "On the Limitations of Fiscal Policy : A Radical Kaleckian View", in Bougrine, H. (ed.), *The Economics of Public Spending : Debts, Deficits and Economic Performance*, Cheltenham : Edward Elgar.

Hamouda, O. F. and Harcourt, G. C. [1989], "Post-Keynesianism : From Criticism to Coherence ?", in Pheby, J. (ed.), *New Directions in Post-Keynesian Economics*, Aldershot : Edward Elgar.

原正彦（編）[2012],『グローバル・クライシス』青山社。
Harcourt, G. C. [2006], *The Structure of Post-Keynesian Economics : The Core Contributions of the Pioneers*, Cambridge : Cambridge University Press.
Harcourt, G. C. and Kenyon, P. [1976], "Pricing and the Investment Decision", *Kyklos*, Vol. 29, No. 3.
Harcourt, G. C., Roncaglia, A. and Rowley, R. (eds.) [1995], *Income and Employment in Theory and Practice : Essays in Memory of Athanasios Asimakopulos*, London : Macmillan.
Harris, S. E. (ed.) [1947], *The New Economics : Keynes's Influence on Theory and Public Policy*, New York : Alfred A. Knopf (日本銀行調査局（訳）『新しい経済学』全3冊，東洋経済新報社，1949-50年).
Harrod, R. F. [1939], "An Essay in Dynamic Theory", *Economic Journal*, Vol. 49, March.
服部茂幸[2012],『危機・不安定性・資本主義——ハイマン・ミンスキーの経済学』ミネルヴァ書房。
Hein, E. [2008], *Money, Distribution Conflict and Capital Accumulation : Contributions to 'Monetary Analysis'*, Basingstoke : Palgrave Macmillan.
Hein, E. [2011], "'Financialisation', Distribution and Growth", in Hein and Stockhammer (eds.) [2011].
Hein, E., Dodig, N. and Budyldina, N. [2015], "The Transition towards Finance-dominated Capitalism : French Regulation School, Social Structures of Accumulation and Post-Keynesian Approaches Compared", in Hein, E., Detzer D. and Dodig, N. (eds.), *The Demise of Finance-dominated Capitalism : Explaining the Financial and Economic Crises*, Cheltenham : Edward Elgar.
Hein, E. and Mundt, M. [2013], "Financialization, the Financial and Economic Crisis, and the Requirements and Potentials for Wage-led Recovery", in Lavoie and Stockhammer (eds.) [2013].
Hein, E., Niechoj, T. and Stockhammer, E. (eds.) [2009], *Macroeconomic Policies on Shaky Foundations : Whither Mainstream Economics ?*, Marburg : Metropolis-Verlag.
Hein, E. and Stockhammer, E. [2009], "A Post Keynesian Alternative to the New Consensus Model", in Fontana and Setterfield (eds.) [2009].
Hein, E. and Stockhammer, E. [2010], "Macroeconomic Policy Mix, Employment and Inflation in a Post-Keynesian Alternative to the New Consensus Model", *Review of Political Economy*, Vol. 22, No. 3.
Hein, E. and Stockhammer, E. (eds.) [2011], *A Modern Guide to Keynesian Macroeconomics and Economic Policies*, Cheltenham : Edward Elgar.
Hein, E. and Truger, A. [2012-3], "Finance-dominated Capitalism in Crisis——The Case for a Global Keynesian New Deal", *Journal of Post Keynesian Economics*, Vol. 35, No. 2.
Hein, E. and Vogel, L. [2008], "Distribution and Growth Reconsidered : Empirical Results for Six OECD Countries", *Cambridge Journal of Economics*, Vol. 32, No. 3.
Heise, A. [2008], "The Political Economy of Meritocracy : A Post-Kaleckian, Post-Olsonian Approach to Employment and Income Inequality in Modern Varieties of Capitalism", *Review of*

Radical Political Economics, Vol. 40, No. 1.
Hicks, J. R. [1937], "Mr. Keynes and the 'Classics': A Suggested Interpretation", *Econometrica*, Vol. 5, No. 2, reprinted in Hicks, J. R. [1967], *Critical Essays in Monetary Theory*, Oxford: Oxford University Press (「ケインズと「古典派」」,江沢太一・鬼木甫（訳）『貨幣理論』東洋経済新報社, 1972 年, 所収).
Hicks, J. R. [1950], A *Contribution to the Theory of the Trade Cycle*, Oxford: Oxford University Press (古谷弘（訳）『景気循環論』岩波書店, 1951 年).
Hicks, J. R. [1956], "Methods of Dynamic Analysis", in *25 Economic Essays in Honour of Erik Lindahl*, Stockholm: Ekonomisk Tidskrift, reprinted in Hicks, J. [1982], *Money, Interest and Wages: Collected Essays on Economic Theory of John Hicks*, Vol. 2, Oxford: Clarendon Press.
Hilferding, R. [1910], *Das Finanzkapital: Eine Studie über die jüngste Entwicklung des Kapitalismus*, Wien: Verlag der Wiener Volksbuchhandlung Ignaz Brand & Co. (岡崎次郎（訳）『金融資本論』全 2 冊, 岩波文庫, 1982 年).
平井俊顕 [2003],『ケインズの理論──複合的視座からの研究』東京大学出版会。
Holt, R. P. F. and Pressman, S. (eds.) [2001], *A New Guide to Post Keynesian Economics*, London: Routledge.
池田毅 [2006],『経済成長と所得分配』日本経済評論社。
石倉雅男 [2012],『貨幣経済と資本蓄積の理論』大月書店。
Ivanova, M. N. [2012], "Marx, Minsky, and the Great Recession", *Review of Radical Political Economics*, Vol. 45, No. 1.
Jarsulic, M. [1988], "Financial Instability and Income Distribution", *Journal of Economic Issues*, Vol. 22, No. 2.
Kaldor, N. [1955-6], "Alternative Theories of Distribution", *Review of Economic Studies*, Vol. 23, No. 2 (「代替的な分配諸理論」, 富田重夫（編訳）『マクロ分配理論』学文社, 1973 年, 所収).
Kaldor, N. [1966], *Causes of the Slow Rate of Economic Growth in the United Kingdom*, Cambridge: Cambridge University Press, reprinted in Kaldor [1978].
Kaldor, N. [1970], "The New Monetarism", *Lloyds Bank Review*, July (「ニュー・マネタリズム批判」, 新飯田宏（訳）『インフレーションと金融政策』日本経済新聞社, 1972 年, 所収).
Kaldor, N. [1976], "Inflation and Recession in the World Economy", *Economic Journal*, Vol. 86, December, reprinted in Kaldor [1978].
Kaldor, N. [1978], *Further Essays on Economic Theory*, London: Duckworth (笹原昭五・高木邦彦（訳）『経済成長と分配理論──理論経済学続論』日本経済評論社, 1989 年).
Kaldor, N. [1982], *The Scourge of Monetarism*, Oxford: Oxford University Press (原正彦・高川清明（訳）『マネタリズム──その罪過』日本経済評論社, 1984 年).
Kaldor, N. [1983], "Keynesian Economics after Fifty Years", in Worswick, D. and Trevithick, J. (eds.), *Keynes and the Modern World*, Cambridge: Cambridge University Press.
Kalecki, M. [1932], "Obniżka płac w czasie kryzysu" (Reduction of Wages during Crisis), *Przegląd Socjalistyczny*, Vol. 2, No. 2, reprinted in Kalecki [1990].
Kalecki, M. [1933a], *Próba teorii koniunktury* (*Essays on the Business Cycle Theory*), Warsaw:

Institute of Research on Business Cycles and Prices, partially reprinted in Kalecki [1966] and Kalecki [1971] ; integrally reprinted in Kalecki [1990].

Kalecki, M. [1933b], "O Handlu zagranicznym i 'eksporcie wewnętrznym'" (On Foreign Trade and 'Domestic Exports'), *Ekonomista*, No. 3, reprinted in Kalecki [1971] and Kalecki [1990].

Kalecki, M. [1934], "Trzy układy" (Three Systems), *Ekonomista*, No. 3, reprinted in Kalecki [1990].

Kalecki, M. [1935a], "Istota poprawy koniunkturalnej" (The Essence of the Business Upswing), *Polska Gospodarcza*, Vol. 16, No. 43, reprinted in Kalecki [1971] and Kalecki [1990].

Kalecki, M. [1935b], "A Macrodynamic Theory of Business Cycles", *Econometrica*, Vol. 1, No. 3, reprinted in Kalecki [1990].

Kalecki, M. [1936], "Parę uwag o teorii Keynesa" (Some Remarks on Keynes's Theory), *Ekonomista*, No. 3, reprinted in Kalecki [1990].

Kalecki, M. [1937a], "The Principle of Increasing Risk", *Economica*, Vol. 4, Issue 16, revised version is Kalecki [1954] ch. 8 and Kalecki [1971] ch. 9.

Kalecki, M. [1937b], "A Theory of Commodity, Income and Capital Taxation", *Economic Journal*, Vol. 47, September, reprinted in Kalecki [1971] and Kalecki [1990].

Kalecki, M. [1938a], "The Determinants of the Distribution of National Income", *Econometrica*, Vol. 6, No. 2, reprinted in Kalecki [1991].

Kalecki, M. [1938b], "The Lesson of Blum Experiment", *Economic Journal*, Vol. 48, March. reprinted in Kalecki [1990].

Kalecki, M. [1939a], *Essays in the Theory of Economic Fluctuations*, London : Allen & Unwin (増田操（訳）『ケインズ雇傭と賃銀理論の研究』戦争文化研究所, 1944 年), reprinted in Kalecki [1990].

Kalecki, M. [1939b], *Płace nominalne i realne* (*Money and Real Wages*), Warsaw : Institute for Social Problems, reprinted in Kalecki [1991].

Kalecki, M. [1943a], "Political Aspects of Full Employment", *Political Quarterly*, Vol. 14, No. 4, reprinted in Kalecki [1971] and Kalecki [1990].

Kalecki, M. [1943b], *Studies in Economic Dynamics*, London : Allen & Unwin, reprinted in Kalecki [1991].

Kalecki, M. [1943c], "Economic Implications of the Beveridge Plan", *Bulletin of the Oxford University Institute of Statistics*, Vol. 5, Supplement. 4, reprinted in Kalecki [1997].

Kalecki, M. [1944a], "Three Ways to Full Employment", in Oxford University Institute of Statistics, *The Economics of Full Employment*, Oxford : Basil Blackwell, reprinted in Kalecki [1990].

Kalecki, M. [1944b], "The White Paper on Employment Policy", *Bulletin of the Oxford University Institute of Statistics*, Vol. 6, No. 8, reprinted in Kalecki [1997].

Kalecki, M. [1945], "Full Employment by Stimulating Private Investment ?", *Oxford Economic Papers*, No. 7, reprinted in Kalecki [1990].

Kalecki, M. [1946], "Multilateralism and Full Employment", *Canadian Journal of Economics and Political Science*, Vol. 12, No. 2, reprinted in Kalecki [1990].

Kalecki, M. [1954], *Theory of Economic Dynamics*, London : Allen & Unwin (宮崎義一・伊東光

晴（訳）『経済変動の理論』新評論, 1958年), reprinted in Kalecki [1991].
Kalecki, M. [1955], "Wpływ militaryzacji na cykl koniunkturalny w okresie po II wojnie światowej" (The Impact of Armaments on the Business Cycle after the Second World War), Warsaw : Institute of Social Sciences at the Central Committee of Polish United Workers' Party, Lecture Notes, Nos. 370 and 377, reprinted in Kalecki [1991].
Kalecki, M. [1956], "Rady robtnicze a centralne planowanie" (Workers' Councils and Central Planning), *Nowe Drogi*, No. 10, 11-12, reprinted in Kalecki [1992].
Kalecki, M. [1962a], "Observations on the Theory of Growth", *Economic Journal*, Vol. 72, March, reprinted in Kalecki [1991].
Kalecki, M. [1962b], "Koniunktura gospodarcza w Stanach Zjednoczonych w okresie 1956-61" (The Economic Situation in the USA, 1956-61), in Kalecki, M., *Szkice o funkcjonowaniu współczesnego kapitalizmu* (*Sketches on the Functioning of Modern Capitalism*), Warsaw : Panstwowe Wydawnictwo Naukowe, reprinted in Kalecki [1991].
Kalecki, M. [1966], *Studies in the Theory of Business Cycle : 1933-39*, Oxford : Basil Blackwell.
Kalecki, M. [1967], "Wietnam and przez pryzmat USA" (Vietnam and US Big Business), *Polityka*, Vol. 10, No. 3, reprinted in Kalecki [1997].
Kalecki, M. [1970], "Theories of Growth in Different Social Systems", *Scientia*, No. 105, reprinted in Kalecki [1993].
Kalecki, M. [1971], *Selected Essays on the Dynamics of the Capitalist Economy*, Cambridge : Cambridge University Press (浅田統一郎・間宮陽介（訳）『資本主義経済の動態理論』日本経済評論社, 1984年).
Kalecki, M. [1990], *Collected Works of Michał Kalecki, Vol. 1, Capitalism : Business Cycles and Full Employment*, ed. by Osiatyński, J., Oxford : Clarendon Press.
Kalecki, M. [1991], *Collected Works of Michał Kalecki, Vol. 2, Capitalism : Economic Dynamics*, ed. by Osiatyński, J., Oxford : Clarendon Press.
Kalecki, M. [1992], *Collected Works of Michał Kalecki, Vol. 3, Socialism : Functioning and Long-run Planning*, ed. by Osiatyński, J., Oxford : Clarendon Press.
Kalecki, M. [1993], *Collected Works of Michał Kalecki, Vol. 4, Socialism : Economic Growth and Efficiency of Investment*, ed. by Osiatyński, J., Oxford : Clarendon Press.
Kalecki, M. [1997], *Collected Works of Michał Kalecki, Vol. 7, Studies in Applied Economics, 1940-67, Miscellanea*, ed. by Osiatyński, J., Oxford : Clarendon Press.
Kalecki, M. and Kowalik, T. [1971], "Osservazioni sulla 'riforma cruciale'" (Observations on the 'Crucial Reform'), *Politica ed Economia*, No. 2-3, reprinted in Kalecki [1991].
Kalecki, M. and Schumacher, E. F. [1943], "International Clearing and Long-term Lending", *Bulletin of the Oxford University Institute of Statistics*, Vol. 5, Supplement. 5, reprinted in Kalecki [1997].
金尾敏寛 [1997], 『価格・資金調達と分配の理論――代替モデルと日本経済』日本経済評論社。
Keen, S. [1995], "Finance and Economic Breakdown : Modeling Minsky's 'Financial Instability Hypothesis'", *Journal of Post Keynesian Economics*, Vol. 17, No. 4.

Kerr, P. [1997], "Marx and Kalecki", *Contributions to Political Economy*, Vol. 16.
Kerr, P. [2007], "Joan Robinson and Socialist Planning in the Years of High Theory", *Cambridge Journal of Economics*, Vol. 31, No. 4.
Keynes, J. M. [1921], *A Treatise on Probability*, reprinted as *Collected Writings of John Maynard Keynes*, Vol. 8, London : Macmillan, 1973 (佐藤隆三（訳）『確率論』東洋経済新報社, 2010 年).
Keynes, J. M. [1924], "Does Unemployment Need a Drastic Remedy ?", *Nation and Athenaeum*, 24, May, reprinted in Keynes [1981].
Keynes, J. M. [1925], "Am I a Liberal ?", *Nation and Athenaeum*, 8-15, August, reprinted in Keynes [1972].
Keynes, J. M. [1926a], *The End of the Laissez-faire*, London : Hogarth Press, reprinted in Keynes [1972].
Keynes, J. M. [1926b], "Liberalism and Labour", *Nation and Athenaeum*, 20, February, reprinted in Keynes [1972].
Keynes, J. M. [1930a], *A Treatise on Money, Vol. 1 : The Pure Theory of Money*, reprinted as *Collected Writings of John Maynard Keynes*, Vol. 5, London : Macmillan, 1971 (小泉明・長澤惟恭（訳）『貨幣論 I——貨幣の純粋理論』東洋経済新報社, 1979 年).
Keynes, J. M. [1930b], *A Treatise on Money, Vol. 2 : The Applied Theory of Money*, reprinted as *Collected Writings of John Maynard Keynes*, Vol. 6, London : Macmillan, 1971 (長澤惟恭（訳）『貨幣論 II——貨幣の応用理論』東洋経済新報社, 1980 年).
Keynes, J. M. [1931], "The Consequences to the Banks of the Collapse of Money Values", in Keynes [1972].
Keynes, J. M. [1933a], "National Self-sufficiency", *New Statesman and Nation*, 8-15, July, reprinted in Keynes [1982].
Keynes, J. M. [1933b], "A Monetary Theory of Production", in *Der Stand und die nächste Zukunft der Konjunkturforschung : Festschrift für Arthur Spiethoff*, reprinted in Keynes [1973a].
Keynes, J. M. [1934], "Poverty in Plenty : Is the Economic System Self-adjusting ?", *Listener*, 21, November, reprinted in Keynes [1973a].
Keynes, J. M. [1936], *The General Theory of Employment, Interest and Money*, reprinted as *Collected Writings of John Maynard Keynes*, Vol. 7, London : Macmillan, 1973 (塩野谷祐一（訳）『雇用・利子および貨幣の一般理論』東洋経済新報社, 1983 年).
Keynes, J. M. [1937a], "The General Theory of Employment", *Quarterly Journal of Economics*, Vol. 51, February, reprinted in Harris (ed.) [1947] and Keynes [1973b].
Keynes, J. M. [1937b], "How to Avoid a Slump ?", *The Times*, 12-14, January, reprinted in Keynes [1982].
Keynes, J. M. [1937c], "The Theory of the Rate of Interest", in Gayer, A. D. (ed.), *The Lessons of Monetary Experience : Essays in Honour of Irving Fisher*, London : George Allen & Unwin, reprinted in Keynes [1973b].
Keynes, J. M. [1972], *Essays in Persuasion, Collected Writings of John Maynard Keynes*, Vol. 9, London : Macmillan (宮崎義一（訳）『説得論集』東洋経済新報社, 1981 年).

Keynes, J. M. [1973a], *The General Theory and After : Part I, Preparation, Collected Writings of John Maynard Keynes*, Vol. 13, London : Macmillan.

Keynes, J. M. [1973b], *The General Theory and After : Part II, Defence and Development, Collected Writings of John Maynard Keynes*, Vol. 14, London : Macmillan.

Keynes, J. M. [1979], *The General Theory and After : A Supplement, Collected Writings of John Maynard Keynes*, Vol. 29, London : Macmillan.

Keynes, J. M. [1980], *Activities 1940-1946 : Shaping the Post-war World, Employment and Commodities, Collected Writings of John Maynard Keynes*, Vol. 27, London : Macmillan（平井俊顕・立脇和夫（訳）『戦後世界の形成：雇用と商品——1940〜46年の諸活動』東洋経済新報社，1996年）．

Keynes, J. M. [1981], *Activities 1922-1929 : The Return to Gold and Industrial Policy, Collected Writings of John Maynard Keynes*, Vol. 19, London : Macmillan（西村閑也（訳）『金本位復帰と産業政策——1922〜29年の諸活動』東洋経済新報社，1998年）．

Keynes, J. M. [1982], *Activities 1931-1939 : World Crisis and Policies in Britain and America, Collected Writings of John Maynard Keynes*, Vol. 21, London : Macmillan（舘野敏・北原徹・黒木龍三・小谷野俊夫（訳）『世界恐慌と英米における諸政策——1931〜39年の諸活動』東洋経済新報社，2015年）．

Kindleberger, C. P. [1978], *Manias, Panics, and Crashes : A History of Financial Crises*, New York : Basic Books（吉野俊彦・八木甫（訳）『金融恐慌は再来するか』日本経済新聞社，1980年）．

King, J. E. [1996], "Hyman Minsky : The Making of a Post Keynesian", in Pressman, S. (ed.), *Interactions in Political Economy : Malvern after Ten Years*, London : Routledge.

King, J. E. (ed.) [1996], *An Alternative Macroeconomic Theory : The Kaleckian Model and Post-Keynesian Economics*, Norwell, MA : Kluwer Academic Publishers.

King, J. E. [2002], *A History of Post Keynesian Economics Since 1936*, Cheltenham : Edward Elgar.

King, J. E. [2013], "Post Keynesians and Others", in Lee and Lavoie (eds.) [2013].

King, J. E. [2015], *Advanced Introduction to Post Keynesian Economics*, Cheltenham : Edward Elgar.

Klein, L. R. [1951], "The Life of John Maynard Keynes", *Journal of Political Economy*, Vol. 59, No. 5.

小峯敦［2007］，『ベヴァリッジの経済思想——ケインズたちとの交流』昭和堂．

Kotz, D. M. [2009a], "Economic Crisis and Institutional Structures : A Comparison of Regulated and Neoliberal Capitalism in the USA", in Goldstein and Hillard (eds.) [2009].

Kotz, D. M. [2009b], "The Financial and Economic Crisis of 2008 : A Systemic Crisis of Neoliberal Capitalism", *Review of Radical Political Economics*, Vol. 41, No. 3.

Kotz, D. M. [2013a], "The Current Economic Crisis in the United States : A Crisis of Over-investment", *Review of Radical Political Economics*, Vol. 45, No. 3.

Kotz, D. M. [2013b], "Social Structures of Accumulation, the Rate of Profit and Economic Crises", in Wicks-Lim, J. and Pollin, R. (eds.), *Capitalism on Trial : Explorations in the Tradition of Thomas E. Weisskopf*, Cheltenham : Edward Elgar.

Kotz, D. M. [2015], *The Rise and Fall of Neoliberal Capitalism*, Cambridge, MA : Harvard

University Press.
Kowalik, T. [1964], "Biography of Michał Kalecki", in *Problems of Economic Dynamics and Planning : Essays in Honour of Michał Kalecki*, Warsaw : PWN-Polish Scientific Publishers.
Kowalik, T. [2004], "Kaleckian Crucial Reform of Capitalism and After", in Sadwski and Szeworski (eds.) [2004].
Kregel, J. A. [1976], "Economic Methodology in the Face of Uncertainty : The Modelling Methods of Keynes and Post-Keynesians", *Economic Journal*, Vol. 86, June.
Kregel, J. A. [1989], "Saving, Investment and Finance in Kalecki's Theory", in Sebastiani (ed.) [1989].
Kregel, J. A. [1997], "Margins of Safety and Weight of Argument in Generating Financial Fragility", *Journal of Economic Issues*, Vol. 31, No. 2 (鍋島直樹(訳)「金融脆弱性の生成における安全性のゆとり幅と推論の重み」, 横川信治(監訳)『金融危機の理論と現実――ミンスキー・クライシスの解明』日本経済評論社, 2013 年, 所収).
Kriesler, P. [1987], *Kalecki's Microanalysis : The Development of Kalecki's Analysis of Pricing and Distribution*, Cambridge : Cambridge University Press (金尾敏寛・松谷泰樹(訳)『カレツキと現代経済――価格設定と分配の分析』日本経済評論社, 2000 年).
Kriesler, P. [1996], "Microfoundations : A Kaleckian Perspective", in King (ed.) [1996] (「ミクロ的基礎――カレツキアンの見解」, 金尾敏寛・松谷泰樹(訳)『カレツキと現代経済――価格設定と分配の分析』日本経済評論社, 2000 年, 所収).
Kriesler, P. [2002], "Was Kalecki an 'Imperfectionist' ? Davidson on Kalecki", *Journal of Post Keynesian Economics*, Vol. 24, No. 4.
Kuhn, T. S. [1962], *The Structure of Scientific Revolutions*, Chicago : University of Chicago Press (中山茂(訳)『科学革命の構造』みすず書房, 1971 年).
栗田康之 [2008], 『資本主義経済の動態――原理的展開と日本経済の現状分析』御茶の水書房。
Laramie, A. J. and Mair, D. [2000], *A Dynamic Theory of Taxation : Integrating Kalecki into Modern Public Finance*, Cheltenham : Edward Elgar.
Lavoie, M. [1992], *Foundations of Post Keynesian Economic Analysis*, Aldershot : Edward Elgar.
Lavoie, M. [1995], "The Kaleckian Model of Growth and Distribution and Its Neo-Ricardian and Neo-Marxian Critiques", *Cambridge Journal of Economics*, Vol. 19, No. 6.
Lavoie, M. [1996], "Horizontalism, Structuralism, Liquidity Preference and the Principle of Increasing Risk", *Scottish Journal of Political Economy*, Vol. 43, No. 3.
Lavoie, M. [2006a], *Introduction to Post-Keynesian Economics*, Basingstoke : Palgrave Macmillan (宇仁宏幸・大野隆(訳)『ポストケインズ派経済学入門』ナカニシヤ出版, 2008 年).
Lavoie, M. [2006b], "A Post-Keynesian Amendment to the New Consensus on Monetary Policy", *Metroeconomica*, Vol. 57, No. 2.
Lavoie, M. [2009], "Taming the New Consensus : Hysteresis and Some Other Post Keynesian Amendments", in Fontana and Setterfield (eds.) [2009].
Lavoie, M. [2011a], "History and Methods of Post-Keynesian Economics", in Hein and Stockhammer (eds.) [2011].

Lavoie, M. [2011b], "Money, Credit and Central Banks in Post-Keynesian Economics", in Hein and Stockhammer (eds.) [2011].
Lavoie, M. [2013], "After the Crisis : Perspectives for Post-Keynesian Economics", in Lee and Lavoie (eds.) [2013].
Lavoie, M. [2014], *Post-Keynesian Economics : New Foundations*, Cheltenham : Edward Elgar.
Lavoie, M., Rodriguez, G. and Seccareccia, M. [2004], "Similitudes and Discrepancies in Post-Keynesian and Marxist Theories of Investment : A Theoretical and Empirical Investigation", *International Review of Applied Economics*, Vol. 18, No. 2.
Lavoie, M. and Stockhammer, E. [2013], "Wage-led Growth : Concept, Theories and Policies", in Lavoie and Stockhammer (eds.) [2013].
Lavoie, M. and Stockhammer, E. (eds.) [2013], *Wage-led Growth : An Equitable Strategy for Economic Recovery*, Basingstoke : Palgrave Macmillan.
Lawson, T. [1994], "The Nature of Post Keynesian Economics and Its Links to Other Traditions : A Realist Perspective", *Journal of Post Keynesian Economics*, Vol. 16, No. 4.
Lawson, T. [1997], *Economics and Reality*, London : Routledge (八木紀一郎（監訳）『経済学と実在』日本評論社, 2003 年).
Lawson, T. [2003], *Reorienting Economics*, London : Routledge.
Lazonick, W. and O'Sullivan, M. [2000], "Maximising Shareholder Value : A New Ideology for Corporate Governance", *Economy and Society*, Vol. 29, No. 1.
Lee, F. S. [1998], *Post Keynesian Price Theory*, Cambridge : Cambridge University Press.
Lee, F. S. [2000], "The Organizational History of Post Keynesian in America, 1971-1995", *Journal of Post Keynesian Economics*, Vol. 23, No. 1.
Lee, F. S. [2002], "Mutual Aid and Making of Heterodox Economics in Postwar America : A Post Keynesian View", *History of Economics Review*, No. 35.
Lee, F. S. [2009], *A History of Heterodox Economics : Challenging the Mainstream in the Twenties Century*, Abingdon : Routledge.
Lee, F. S. [2011], "The Pluralism Debate in Heterodox Economics", *Review of Radical Political Economics*, Vol. 43, No. 4.
Lee, F. S. [2013], "Heterodox Economics and Its Critics", in Lee and Lavoie (eds.) [2013].
Lee, F. S. and Lavoie, M. (eds.) [2013], *In Defense of Post-Keynesian and Heterodox Economics : Response to Their Critics*, Abingdon : Routledge.
Leijonhufvud, A. [1976], "Schools, Revolutions and Research Programmes in Economic Theory and Its Critics", in Latsis, S. (ed.), *Method and Appraisal in Economics*, Cambridge : Cambridge University Press, reprinted in Leijonhufvud, A. [1981], *Information and Coordination : Essays in Macroeconomic Theory*, New York : Oxford University Press (北村宏隆（訳）「経済理論の学派,「革命」および科学的研究計画」, 中山靖夫（監訳）『ケインズ経済学を超えて――情報とマクロ経済』東洋経済新報社, 1984 年, 所収).
Lerner, A. [1943], "Functional Finance and the Federal Debt", *Social Research*, Vol. 10, No. 1.
Lipinski, E. [1977], "Michal Kalecki", *Oxford Bulletin of Economics and Statistics*, Vol. 39, No. 1.
Lippit, V. D. [2005], *Capitalism*, Abingdon : Routledge.

López, G. J. and Assous, M. [2010], *Michal Kalecki*, Basingstoke : Palgrave Macmillan.
Mair, D. and Laramie, A. J. [2002], "Full Employment : Gift Horse or Trojan Horse ?", *Review of Social Economy*, Vol. 60, No. 4.
Marglin, S. A. and Schor, J. B. (eds.) [1990], *The Golden Age of Capitalism : Reinterpreting the Postwar Experience*, Oxford : Clarendon Press (磯谷明徳・植村博恭・海老塚明（監訳）『資本主義の黄金時代――マルクスとケインズを超えて』東洋経済新報社, 1993 年).
Marx, K. [1867, 1885, 1894], *Das Kapital*, Bd. I-III, reprinted as *Marx-Engels Werke*, Bd. 23-5, 1962-64, Berlin : Dietz Verlag (向坂逸郎（訳）『資本論』第 1～3 巻, 岩波書店, 1967 年).
馬渡尚憲 [1990],『経済学のメソドロジー――スミスからフリードマンまで』日本評論社.
McDonough, T., Reich. M. and Kotz, D. M. (eds.) [2010], *Contemporary Capitalism and Its Crises : Social Structure of Accumulation Theory for the 21st Century*, Cambridge : Cambridge University Press.
McFarlane, B. [1996], "Kalecki and Marx", *Research in Political Economy*, Vol. 15.
Mehrling, P. [1999], "The Vision of Hyman P. Minsky", *Journal of Economic Behavior and Organization*, Vol. 39, No. 2.
Meltzer, A. H. [1988], *Keynes's Monetary Theory : A Different Interpretation*, Cambridge : Cambridge University Press (金子邦彦・秋葉弘哉（訳）『ケインズ貨幣経済論――マネタリストの異なる解釈』同文舘, 1997 年).
Meyer, L. H. [2001], "Does Money Matter ?", *Federal Reserve Bank of St. Louis Review*, Vol. 83, No. 4.
Minsky, H. P. [1957a], "Monetary Systems and Accelerater Models", *American Economic Review*, Vol. 47, No. 6, reprinted in Minsky [1982a].
Minsky, H. P. [1957b], "Central Banking and Money Market Changes", *Quarterly Journal of Economics*, Vol. 71, No. 2, reprinted in Minsky [1982a].
Minsky, H. P. [1975], *John Maynard Keynes*, New York : Columbia University Press (堀内昭義（訳）『ケインズ理論とは何か――市場経済の金融的不安定性』岩波書店, 1988 年).
Minsky, H. P. [1980], "Money, Financial Markets, and the Coherence of a Market Economy", *Journal of Post Keynesian Economics*, Vol. 3, No. 1.
Minsky, H. P. [1982a], *Can "It" Happen Again ? Essays on Instability and Finance*, Armonk, New York : M. E. Sharpe (岩佐代市（訳）『投資と金融――資本主義経済の不安定性』日本経済評論社, 1988 年).
Minsky, H. P. [1982b], "The Financial-Instability Hypothesis : Capitalist Processes and the Behavior of the Economy", in Kindleberger, C. P. and Laffergue, J. (eds.), *Financial Crisis : Theory, History and Policy*, Cambridge : Cambridge University Press.
Minsky, H. P. [1986], *Stabilizing an Unstable Economy*, New Haven : Yale University Press (吉野紀・浅田統一郎・内田和男（訳）『金融不安定性の経済学――歴史・理論・政策』多賀出版, 1989 年).
Minsky, H. P. [1989], "Financial Crises and the Evolution of Capitalism : The Crash of '87――What Does It Mean ?", in Gottdiener, M. and Komninos, N. (eds.), *Capitalist Development and Crisis*

Theory : Accumulation, Regulation and Spatial Restructuring, London : Macmillan.
Minsky, H. P. [1990], "Schumpeter : Finance and Evolution", in Heertje, A. and Perlman, M. (eds.), *Evolving Technology and Market Structures : Studies in Schumpeterian Economics*, Ann Arbor : University of Michigan Press.
Minsky, H. P. [1992], "Hyman P. MINSKY (born 1919)", in Arestis, P. and Sawyer, M. C. (eds.), *A Biographical Dictionary of Dissenting Economists*, Aldershot : Edward Elgar.
Minsky, H. P. [1994], "Full Employment and Economic Growth as an Objective of Economic Policy : Some Thoughts on the Limits of Capitalism", in Davidson, P. and Kregel, J. A. (eds.), *Employment, Growth and Finance : Economic Reality and Economic Growth*, Aldershot : Edward Elgar.
Minsky, H. P. [1996a], "Uncertainty and the Structure of Capitalist Economies", *Journal of Economic Issues*, Vol. 30, No. 2.
Minsky, H. P. [1996b], "The Essential Characteristics of Post Keynesian Economics", in Deleplace, G. and Nell, E. J. (eds.), *Money in Motion : The Post Keynesian and Circulation Approaches*, London : Macmillan.
Minsky, H. P. and Whalen, C. J. [1996-7], "Economic Insecurity and the Institutional Prerequisites for Successful Capitalism", *Journal of Post Keynesian Economics*, Vol. 19, No. 2.
三土修平 [1993]，『経済学史』新世社。
Modigliani, F. [1944], "Liquidity Preference and the Theory of Interest and Money", *Econometrica*, Vol. 12, No. 1.
Monvoisin, V. and Rochon, L. -P. [2006], "The Post-Keynesian Consensus, the New Consensus and Endogenous Money", in Gnos and Rochon (eds.) [2006].
Moore, B. J. [1988], *Horizontalists and Verticalists : The Macroeconomics of Credit Money*, Cambridge : Cambridge University Press.
Moore, B. J. [2001], "Some Reflections on Endogenous Money", in Rochon and Vernengo (eds.) [2001].
Moseley, F. [2009], "Marx, Minsky and Crotty on Crises in Capitalism", in Goldstein and Hillard (eds.) [2009].
元木久 [1989]，「カレツキとケインズ革命――『一般理論』の発見」，橋本昭一（編）『近代経済学の形成と展開』昭和堂，所収。
Mott, T. [2002], "Long-run Aspects of Kaleckian Macroeconomics", in Setterfield, M. (ed.), *The Economics of Demand-led Growth : Challenging the Supply-side Vision of the Long Run*, Cheltenham : Edward Elgar.
鍋島直樹 [2001]，『ケインズとカレツキ――ポスト・ケインズ派経済学の源泉』名古屋大学出版会。
鍋島直樹 [2007]，「資本主義経済の不安定性と構造変化――現代政治経済学の視点」，山田鋭夫・宇仁宏幸・鍋島直樹（編）『現代資本主義への新視角――多様性と構造変化の分析』昭和堂，所収。
鍋島直樹 [2014]，「資本主義――なぜ安定と危機の交替を繰り返すのか」，橋本努（編）『現代の経済思想』勁草書房，所収。

内藤敦之［2011］,『内生的貨幣供給理論の再構築——ポスト・ケインズ派の貨幣・信用アプローチ』日本経済評論社。
Nasica, E. [1999], "Thwarting Systems and Institutional Dynamics : Or How to Stabilize an Unstable Economy", in Davidson, P. and Kregel, J. (eds.), *Full Employment and Price Stability in a Global Economy*, Cheltenham : Edward Elgar.
Nasica, E. [2000], *Finance, Investment and Economic Fluctuations : An Analysis in the Tradition of Hyman P. Minsky*, Cheltenham : Edward Elgar.
Nasica, E. [2010], "Rational and Innovative Behaviors at the Core of Financial Crises : Banking in Minsky's Theory", in Papadimitriou and Wray (eds.) [2010].
Nasica, E. and Raybaut, A. [2005], "Profits, Confidence, and Public Deficits : Modeling Minsky's Institutional Dynamics", *Journal of Post Keynesian Economics*, Vol. 28, No. 1.
根岸隆［1997］,『経済学の歴史〔第2版〕』東洋経済新報社。
根井雅弘［1995］,『現代イギリス経済学の群像——正統から異端へ〔新版〕』岩波書店。
二宮健史郎［2006］,『金融恐慌のマクロ経済学』中央経済社。
西洋［2012］,「金融化と日本経済の資本蓄積パターンの決定要因——産業レベルに注目した実証分析」『季刊経済理論』第49巻第3号。
西洋［2014］,『所得分配・金融・経済成長——資本主義経済の理論と実証』日本経済評論社。
野口真［1987-8］,「ミハウ・カレツキにおける現代資本主義分析の方法と理論(1)(2)」『秋田経済法科大学経済学部紀要』第7号, 第8号。
緒方俊雄［1981］,「アメリカにおけるポスト・ケインズ派経済学研究の動向」『中央大学経済研究所年報』第12号。
Onaran, Ö. and Galanis, G. [2013], "Is Aggregate Demand Wage-led or Profit-led ? A Global Model", in Lavoie and Stockhammer (eds.) [2013].
Osiatyński, J. [1985], "Don Patinkin on Kalecki and Keynes", *Oeconomica Polona*, No. 1.
Osiatyński, J. [1988], *Michał Kalecki on a Socialist Economy*, London : Macmillan（岩田裕ほか（訳）『ポーランド改革の経済理論——カレツキの社会主義モデル』大月書店, 1990年）.
Osiatyński, J. [1997], "Main Dates and Facts in Kalecki's Life", in Kalecki [1997].
Palley, T. I. [1996], *Post Keynesian Economics : Debt, Distribution and the Macro Economy*, London : Macmillan.
Palley, T. I. [1999], "Conflict, Distribution, and Finance in Alternative Macroeconomic Traditions", *Review of Radical Political Economics*, Vol. 31, No. 4.
Palley, T. I. [2002], "Endogenous Money : What It is and Why It Matters", *Metroeconomica*, Vol. 53, No. 2.
Palley, T. I. [2007], "Macroeconomics and Monetary Policy : Competing Theoretical Frameworks", *Journal of Post Keynesian Economics*, Vol. 30, No. 1.
Palley, T. I. [2010], "The Limits of Minsky's Financial Instability Hypothesis as an Explanation of the Crisis", *Monthly Review*, Vol. 64, No. 11.
Palley, T. I. [2012], *From Financial Crisis to Stagnation : The Destruction of Shared Prosperity and*

the Role of Economics, Cambridge : Cambridge University Press.
Papadimitriou, D. B. [1992], "Minsky on Himself", in Fazzari and Papadimitriou (eds.) [1992].
Papadimitriou, D. B. and Wray, L. R. [1998], "The Economic Contributions of Hyman Minsky : Varieties of Capitalism and Institutional Reform", *Review of Political Economy*, Vol. 10, No. 2.
Papadimitriou, D. B. and Wray, L. R. [2001], "Minsky's Analysis of Financial Capitalism", in Bellofiore and Ferri (eds.) [2001a].
Papadimitriou, D. B. and Wray, L R. (eds.) [2010], *The Elgar Companion to Hyman Minsky*, Cheltenham : Edward Elgar.
Pasinetti, L. L. [1981], *Structural Change and Economic Growth : A Theoretical Essay on the Dynamics of the Wealth of Nations*, Cambridge : Cambridge University Press (大塚勇一郎・渡会勝義（訳）『構造変化と経済成長――諸国民の富の動学に関する理論的エッセイ』日本評論社，1983年).
Pasinetti, L. L. [2007], *Keynes and the Cambridge Keynesians : A 'Revolution in Economics' to be Accomplished*, Cambridge : Cambridge University Press.
Patinkin, D. [1982], *Anticipations of the General Theory ? and Other Essays on Keynes*, Chicago : University of Chicago Press.
Pollin, R. [1991], "Two Theories of Money Supply Endogeneity : Some Empirical Evidence", *Journal of Post Keynesian Economics*, Vol. 13, No. 3.
Pollin, R. [2005], *Contours of Descent : U. S. Economic Fractures and the Landscape of Global Austerity*, London : Verso (佐藤良一・芳賀健一（訳）『失墜するアメリカ経済――ネオリベラル政策とその代替策』日本経済評論社，2008年).
Pollin, R. and Dymski, G. A. [1994], "The Costs and Benefits of Financial Instability : Big Government Capitalism and the Minsky Paradox", in Dymski and Pollin (eds.) [1994].
Reynolds, P. J. [1987], *Political Economy : A Synthesis of Kaleckian and Post Keynesian Economics*, Brighton : Wheatsheaf Books.
Reynolds, P. J. [1996], "Kalecki's Theory of Prices and Distribution", in King (ed.) [1996].
Robinson, E. A. G. [1947], "John Maynard Keynes, 1883-1946", *Economic Journal*, Vol. 57, March. reprinted in Lekachman, R. (ed.) [1964], *Keynes' General Theory : Reports of Three Decades*, New York : St. Martin's Press (「ジョン・メイナード・ケインズ 1883-1946」，中内恒夫（訳）『ケインズ経済学の発展――「一般理論」後の三〇年の歩み』東洋経済新報社，1967年，所収).
Robinson, J. [1952], *The Rate of Interest and Other Essays*, London : Macmillan (大川一司・梅村又司（訳）『利子率その他諸研究』東洋経済新報社，1955年).
Robinson, J. [1956], *The Accumulation of Capital*, London : Macmillan (杉山清（訳）『資本蓄積論』みすず書房，1957年).
Robinson, J. [1966], Introduction to Kalecki [1966].
Robinson, J. [1972], "The Second Crisis in Economic Theory", *American Economic Review*, Vol. 61, No. 2 (「経済学の第2の危機」，山田克巳（訳）『資本理論とケインズ経済学』日本経済評論社，1988年，所収).
Robinson, J. [1974], "History versus Equilibrium", *Thames Papers in Political Economy*, Autumn

(季刊現代経済編集室（訳）「新古典派均衡理論の非現実性」『季刊現代経済』第 18 号，1975 年）.
Robinson, J. [1977], "Michal Kalecki on the Economics of Capitalism", *Oxford Bulletin of Economics and Statistics*, Vol. 39, No. 1.
Robinson, J. [1978], "Keynes and Ricardo", *Journal of Post Keynesian Economics*, Vol. 1, No. 1.
Rochon, L. -P. [1999], *Credit, Money and Production : An Alternative Post-Keynesian Approach*, Cheltenham : Edward Elgar.
Rochon, L. -P. [2001], "Horizontalism : Setting the Record Straight", in Rochon and Vernengo (eds.) [2001].
Rochon, L. -P. [2003], "On Money and Endogenous Money : Post Keynesian and Circulation Approaches", in Rochon, L. -P. and Rossi, S. (eds.), *Modern Theories of Money : The Nature and Role of Money in Capitalist Economies*, Cheltenham : Edward Elgar.
Rochon, L. -P. [2009], "Central Bank Governance, the Euthanasia of the Rentier and Interest Rate Policy : A Note on Post-Keynesian Monetary Policy after Taylor", in Gnos, C. and Rochon, L. -P. (eds.), *Monetary Policy and Financial Stability : A Post-Keynesian Agenda*, Cheltenham : Edward Elgar.
Rochon, L. -P. and Docherty, P. [2013], "The Global Financial Crisis and the Role of Engagement with the Mainstream in the Future of Post Keynesian Economics", in Lee and Lavoie (eds.) [2013].
Rochon, L. -P. and Rossi, S. [2006], "Inflation Targeting, Economic Performance, and Income Distribution : A Monetary Macroeconomics Analysis", *Journal of Post Keynesian Economics*, Vol. 28, No. 4.
Rochon, L. -P. and Rossi, S. [2013], "Endogenous Money : The Evolutionary versus Revolutionary Views", *Review of Keynesian Economics*, Vol. 1, No. 2.
Rochon, L. -P. and Setterfield, M. [2007], "Interest Rates, Income Distribution, and Monetary Policy Dominance : Post Keynesians and the 'Fair Rate' of Interest", *Journal of Post Keynesian Economics*, Vol. 30, No. 1.
Rochon, L. -P. and Vernengo, M. (eds.) [2001], *Credit, Interest Rates and the Open Economy : Essays on Horizontalism*, Cheltenham : Edward Elgar.
Rogers, C. [1989], *Money, Interest and Capital : A Study in the Foundations of Monetary Theory*, Cambridge : Cambridge University Press（貨幣的経済理論研究会（訳）『貨幣・利子および資本――貨幣的経済理論入門』日本経済評論社，2004 年）.
Romer, D. [2000], "Keynesian Macroeconomics without the LM Curve", *Journal of Economic Perspectives*, Vol. 14, No. 2.
Roncaglia, A. [1995], "On the Compatibility between Keynes's and Sraffa's Viewpoints on Output Levels", in Harcourt, Roncaglia and Rowley (eds.) [1995].
Rotheim, R. J. [1999], "Post Keynesian Economics and Realist Philosophy", *Journal of Post Keynesian Economics*, Vol. 22, No. 1.
Rowthorn, R. E. [1981], "Demand, Real Wages and Economic Growth", *Thames Papers in Political Economy*, Autumn（「需要，実質賃金，経済成長」，横川信治・野口真・植村博恭（訳）

『構造変化と資本主義経済の調整』学文社, 1994 年, 所収).
Rymes, T. K. [1989], *Keynes's Lectures, 1932-35 : Notes of a Representative Student*, Ann Arbor : University of Michigan Press (平井俊顕（訳）『ケインズの講義, 1932-35 年――代表的学生のノート』東洋経済新報社, 1993 年).
Sadwski, Z. L. and Szeworski, A. (eds.) [2004], *Kalecki's Economics Today*, London : Routledge.
Sardoni, C. [1989], "Some Aspects of Kalecki's Theory of Profits : Its Relationship to Marx's Schemes of Reproduction", in Sebastiani (ed.) [1989].
Sardoni, C. [1995], "Interpretations of Kalecki", in Harcourt, Roncaglia and Rowley (eds.) [1995].
佐々木啓明 [2011],「カレツキアン・モデルにおける短期・中期・長期」『季刊経済理論』第 47 巻第 4 号。
Sasaki, H. [2014], *Growth, Cycles, and Distribution : A Kaleckian Approach*, Kyoto : Kyoto University Press.
Sawyer, M. C. [1985], *The Economics of Michał Kalecki*, London : Macmillan (緒方俊雄（監訳）『市場と計画の社会システム――カレツキ経済学入門』日本経済評論社, 1994 年).
Sawyer, M. C. [1989], *The Challenge of Radical Political Economy : An Introduction to the Alternatives to Neo-Classical Economics*, Hertfordshire : Harvester Wheatsheaf.
Sawyer, M. C. [1995], *Unemployment, Imperfect Competition and Macroeconomics : Essays in the Post Keynesian Tradition*, Aldershot : Edward Elgar.
Sawyer, M. C. [1996], "Money, Finance and Interest Rates : Some Post Keynesian Reflections", in Arestis, P. (ed.), *Keynes, Mooney and the Open Economy : Essays in Honour of Paul Davidson*, Vol. 1, Cheltenham : Edward Elgar.
Sawyer, M. C. [1999], "The Kaleckian Analysis and the New Millennium", *Review of Political Economy*, Vol. 11, No. 3.
Sawyer, M. C. [2001], "Kalecki on Money and Finance", *European Journal of the History of Economic Thought*, Vol. 8, No. 4.
Sawyer, M. C. [2009a], "The Central Core of Heterodox Macroeconomics", in Goldstein and Hillard (eds.) [2009].
Sawyer, M. C. [2009b], "Fiscal and Interest Rate Policies in the 'New Consensus' Framework : A Different Perspective", *Journal of Post Keynesian Economics*, Vol. 31, No. 4.
Schumpeter, J. A. [1954], *History of Economic Analysis*, New York : Oxford University Press (東畑精一・福岡正夫（訳）『経済分析の歴史』全 2 冊, 岩波書店, 2005-6 年).
Sebastiani, M. (ed.) [1989], *Kalecki's Relevance Today*, London : Macmillan.
Sebastiani, M. [1994], *Kalecki and Unemployment Equilibrium*, London : Macmillan.
Setterfield, M. [2004], "Central Banking, Stability and Macroeconomic Outcomes : A Comparison of New Consensus and Post-Keynesian Monetary Macroeconomics", in Lavoie, M. and Seccareccia, M. (eds.), *Central Banking in the Modern World : Alternative Perspectives*, Cheltenham : Edward Elgar.
Setterfield, M. [2007], "The Rise, Decline and Rise of Incomes Policies in the US during the Postwar Era : An Institutional-Analytical Explanation of Inflation and the Functional Distribution of Income", *Journal of Institutional Economics*, Vol. 3, No. 2.

Setterfield, M. [2009], "Macroeconomics without the LM curve : An Alternative View", *Cambridge Journal of Economics*, Vol. 33, No. 2.
嶋野智仁［2015］,「金融化が日本経済の資本蓄積に与える影響に関する実証分析——日本企業における「株主価値志向」浸透の観点から」『季刊経済理論』第51巻第4号.
Skidelsky, R. [2009], *Keynes : The Return of the Master*, London : Allen Lane（山岡洋一（訳）『なにがケインズを復活させたのか？——ポスト市場原理主義の経済学』日本経済新聞出版社，2010年).
Skidelsky, R. [2011], "The Relevance of Keynes", *Cambridge Journal of Economics*, Vol. 35, No. 1.
Skott, P. [1995], "Financial Innovation, Deregulation, and Minsky Cycles", in Epstein and Gintis (eds.) [1995].
Skott, P. [2012], "Theoretical and Empirical Shortcomings of the Kaleckian Investment Function", *Metroeconomica*, Vol. 63, No. 1.
Solow, R. M. [1956], "A Contribution to the Theory of Economic Growth", *Quarterly Journal of Economics*, Vol. 70, No. 1（「経済成長理論への一寄与」, 福岡正夫・神谷傳造・川又邦雄（訳）『資本・成長・技術進歩』竹内書店, 1970年, 所収).
Sraffa, P. [1960], *Production of Commodities by Means of Commodities : Prelude to a Critique of Economic Theory*, Cambridge : Cambridge University Press（菱山泉・山下博（訳）『商品による商品の生産——経済理論批判序説』有斐閣, 1962年).
Steindl, J. [1952], *Maturity and Stagnation in American Capitalism*, Oxford : Basil Blackwell（宮崎義一・笹原昭五・鮎沢成男（訳）『アメリカ資本主義の成熟と停滞』日本評論社, 1962年).
Steindl, J. [1979], "Stagnation Theory and Stagnation Policy", *Cambridge Journal of Economics*, Vol. 3, No. 1（白銀久紀（訳）「戦後における成長と停滞」『経済評論』1981年4月号).
Steindl, J. [1981a], "Some Comments on the Three Versions of Kalecki's Theory of the Trade Cycle", in Assorodobraj-Kula, N. *et al.* (eds.), *Studies in Economic Theory and Practice, Essays in Honor of Edward Lipinski*, Amsterdam : North-Holland, reprinted in Kalecki [1991].
Steindl, J. [1981b], "A Personal Portrait of Michal Kalecki", *Journal of Post Keynesian Economics*, Vol. 3, No. 4.
Stiglitz, J. E. and Greenwald, B. [2003], *Towards a New Paradigm in Monetary Economics*, Cambridge : Cambridge University Press（内藤純一・家森信善（訳）『新しい金融論——信用と情報の経済学』東京大学出版会, 2003年).
Stockhammer, E. [2004], "Fiancialisation and the Slowdown of Accumulation", *Cambridge Journal of Economics*, Vol. 28, No. 5.
Stockhammer, E. [2011], "Neoliberalism, Income Distribution and Causes of the Crisis", in Arestis, P., Sobreira, R. and Oreiro, J. L. (eds.), *Financial Crisis : Origins and Implications*, Basingstoke : Palgrave Macmillan.
Stockhammer, E. [2013], "Why Have Wage Shares Fallen ? An Analysis of the Determinants of Functional Income Distribution", in Lavoie and Stockhammer (eds.) [2013].
Stockhammer, E. and Onaran, O. [2013], "Wage-led Growth : Theory, Evidence, Policy", *Review of Keynesian Economics*, Vol. 1, No. 1.

Stockhammer, E. and Ramskogler, P. [2013], "Post Keynesian Economics──How to Move Forward", in Lee and Lavoie (eds.) [2013].

Stockhammer, E. and Stehrer, R. [2011], "Goodwin or Kalecki in Demand? Functional Income Distribution and Aggregate Demand in the Short Run", *Review of Radical Political Economics*, Vol. 43, No. 4.

Sweezy, P. M. [1946], "John Maynard Keynes", *Science and Society*, Vol. 10, No. 4, reprinted in Harris (ed.) [1947].

Sweezy, P. M. [1953], *The Present as History : Essays and Reviews on Capitalism and Socialism*, New York : Monthly Review Press (都留重人（監訳）『歴史としての現代──資本主義・社会主義に関する論攷』岩波書店, 1954年).

Taylor, J. B. [1993], "Discretion versus Policy Rules in Practice", *Carnegie-Rochester Conference Series on Public Policy*, Vol. 39.

Taylor, L. [2004], *Reconstructing Macroeconomics : Structuralist Proposals and Critiques of the Mainstream*, Cambridge, MA : Harvard University Press.

Taylor, L. and O'Connell, S. A. [1985], "A Minsky Crisis", *Quarterly Journal of Economics*, Vol. 100, Supplement, reprinted in Semmler, W. (ed.) [1989], *Financial Dynamics and Business Cycles : New Perspectives*, Armonk, New York : M. E. Sharpe (「ミンスキー恐慌」, 浅田統一郎（訳）『金融不安定性と景気循環』日本経済評論社, 2007年, 所収).

Thirlwall, A. P. [1993], "The Renaissance of Keynesian Economics", *Banca Nazionale del Lavoro Quarterly Review*, Vol. 46, September.

Toporowski, J. [1996], "Kalecki, Marx and the Economics of Socialism", in King (ed.) [1996].

Toporowski, J. [2013], *Michał Kalecki : An Intellectual Biography, Vol. 1, Rendezvous in Cambridge 1899-1939*, Basingstoke : Palgrave Macmillan.

Trigg, A. B. [1994], "On the Relationship between Kalecki and Kaleckians", *Journal of Post Keynesian Economics*, Vol. 17, No. 1.

Trigg, A. B. [2002], "Surplus Value and the Kalecki Principle in Marx's Reproduction Schema", *History of Economics Review*, No. 35.

都留重人 [1985], 『現代経済学の群像』岩波書店.

Tymoigne, E. [2010], "Minsky and Economic Policy : 'Keynesianism' All Over Again?", in Papadimitriou and Wray (eds.) [2010].

Tymoigne, E. and Wray, L. R. [2014], *The Rise and Fall of Money Manager Capitalism : Minsky's Half Century from World War Two to the Great Recession*, Abingdon : Routledge.

内田義彦 [1971], 『社会認識の歩み』岩波新書.

植村博恭・磯谷明徳・海老塚明 [2007], 『〔新版〕社会経済システムの制度分析──マルクスとケインズを超えて』名古屋大学出版会.

宇仁宏幸 [2009], 『制度と調整の経済学』ナカニシヤ出版.

宇仁宏幸・坂口明義・遠山弘徳・鍋島直樹 [2010], 『入門社会経済学──資本主義を理解する〔第2版〕』ナカニシヤ出版.

Variato, A. M. [2001], "Hyman Minsky : What Kind of (Post-) Keynesian?", in Bellofiore and Ferri (eds.) [2001a].

Vercelli, A. [2001], "Minsky, Keynes and the Structural Instability of a Sophisticated Monetary Economy", in Bellofiore and Ferri (eds.) [2001b].
Walters, B. and Young, D. [1997], "On the Coherence of Post-Keynesian Economics", *Scottish Journal of Political Economy*, Vol. 44, No. 3.
Walters, B. and Young, D. [1999], "Is Critical Realism the Appropriate Basis for Post Keynesian Economics?", *Journal of Post Keynesian Economics*, Vol. 22, No. 1.
渡辺和則(編)[2011],『金融と所得分配』日本経済評論社。
渡辺良夫 [1998],『内生的貨幣供給理論——ポスト・ケインズ派アプローチ』多賀出版。
Weber, A. A., Lemke, W. and Worms, A. [2008], "How Useful is the Concept of the Natural Real Rate of Interest for Monetary Policy?", *Cambridge Journal of Economics*, Vol. 32, No. 1.
Weintraub, S. [1958], *An Approach to the Theory of Income Distribution*, Philadelphia : Chilton (増沢俊彦(訳)『所得分配の理論への接近』文雅堂銀行研究社, 1976年).
Weisskopf, T. E. [1979], "Marxian Crisis Theory and the Rate of Profit in the Postwar U.S. Economy", *Cambridge Journal of Economics*, Vol. 3, No. 4.
Whalen, C. J. [2001], "Integrating Schumpeter and Keynes : Hyman Minsky's Theory of Capitalist Development", *Journal of Economic Issues*, Vol. 35, No. 4.
Whalen, C. J. [2008], "John R. Commons and John Maynard Keynes on Economic History and Policy : The 1920s and Today", *Journal of Economic Issues*, Vol. 42, No. 1.
Wicksell, K. [1898], *Geldzins und Güterprise : Eine Studie über die den Taushwert des Geldes bestimmenden Ursachen*, Jena : Gustav Fischer (北野熊喜男(改訳)『利子と物価』日本経済評論社, 1984年).
Wolfson, M. H. [2009], "Methodology and Heterodox Economics", in Goldstein and Hillard (eds.) [2009].
Wolfson, M. H. and Epstein, G. A. (eds.) [2013], *The Handbook of the Political Economy of Financial Crises*, Oxford : Oxford University Press.
Wood, A. [1975], *A Theory of Profits*, Cambridge : Cambridge University Press (瀬地山敏・野田隆夫・山下清(訳)『利潤の理論——ミクロとマクロの統合』ミネルヴァ書房, 1979年).
Woodford, M. [2003], *Interest and Prices : Foundations of a Theory of Monetary Policy*, Princeton, NJ : Princeton University Press.
Wray, L. R. [1990], *Money and Credit in Capitalist Economies : The Endogenous Money Approach*, Aldershot : Edward Elgar.
Wray, L. R. [2009], "The Rise and Fall of Money Manager Capitalism : A Minskian Approach", *Cambridge Journal of Economics*, Vol. 33, No. 4.
Wray, L. R. [2012], *Modern Money Theory : A Primer on Macroeconomics for Sovereign Monetary Systems*, Basingstoke : Palgrave Macmillan.
Wray, L. R. [2016], *Why Minsky Matters : An Introduction to the Work of a Maverick Economist*, Princeton, NJ : Princeton University Press.
山田鋭夫 [1994],『レギュラシオン・アプローチ——21世紀の経済学〔増補新版〕』藤原書店。

山田鋭夫［2008］,『さまざまな資本主義——比較資本主義分析』藤原書店.
山田鋭夫［2011］,「世界金融危機の構図と歴史的位相」,宇仁宏幸・山田鋭夫・磯谷明徳・植村博恭『金融危機のレギュラシオン理論——日本経済の課題』昭和堂,所収.
山本英司［2009］,『カレツキの政治経済学』千倉書房.
山本英司［2012］,「カレツキと階級闘争」『社会科学雑誌』(奈良産業大学)第5巻.
横川信治［2004］,「ヘテロドクス経済学者の横断的コミュニティ——ICAPE と AHE」『季刊経済理論』第41巻第2号.
吉田博之［2003］,『景気循環の理論——非線型動学アプローチ』名古屋大学出版会.

あとがき

　読者のみなさんは，現代史における「もうひとつの 9.11」をご存じだろうか。1973 年 9 月 11 日，チリのピノチェト将軍が，アジェンデ大統領率いる人民連合政府を転覆させた軍事クーデターのことである。アジェンデ政権は，南米史上初めて自由選挙によって成立した社会主義政権であった。冬季を除いてほとんど雨が降らないチリの首都サンチャゴは，クーデターの日もよく晴れていた。その早朝，ラジオのニュースは，クーデターの危機が迫っていることを市民に暗に伝えるため，次のように報じたという。「今朝は少し変わった天気です。春も近いというのにサンチャゴでは，そう，驚いたことに雨が降っています」。アメリカ政府の支援を受けた軍部が，数千人に及ぶ市民を虐殺し，さらに数万人を投獄・拷問するなど，残虐非道のかぎりを尽くして反対勢力を圧殺していったチリの悲劇は，1975 年の映画『サンチャゴに雨が降る』においてありありと再現されている。

　クーデターののちピノチェト軍事政権は，シカゴ大学に留学してミルトン・フリードマンらのもとで訓練を受けた「シカゴ・ボーイズ」と呼ばれる経済学者たちを顧問として迎え入れ，公企業の民営化，労働市場の規制緩和，財政支出の削減，貿易の自由化，外資の積極的な導入など，彼らの提唱する経済政策を実行に移していった。社会主義の実験から一転して，チリは新自由主義の実験場と化したのである。それによってフリードマンが「チリの奇跡」と称賛した経済的活況が一時的には実現したものの，やがて貧富の格差が拡大するとともに経済成長も鈍化した。それにもかかわらず 1980 年代以降，チリの実験を模範例として，新自由主義の経済モデルが先進資本主義諸国に瞬く間に広まっていった。このような経済政策の方向転換に呼応するかたちで，経済学の世界においても，理性的な社会改革によって経済問題の解決をめざすマルクス経済学やケインズ経済学が退潮の憂き目にあう一方で，新自由主義政策に理論的な基礎を提供する保守派経済学の諸潮流がにわかに跳梁するところとなった。

しかしながら，左派の政治経済学にとって厳しい冬の時代にあっても，資本主義の限界を乗り超えて人間の自由と尊厳を実現するべく，代替的な経済戦略とその理論的基礎を構築しようとする知的営為が，世界中の多くの経済学者たちによって倦むことなく積み重ねられてきた。もちろんわが国でも，政治経済学の新たな発展の方向を探るさまざまな試みが，多数の研究者によって粘り強く続けられてきた。これまで私は，そのような問題関心に導かれて研究に取り組んでいるたくさんの方々と出会うことができたが，その多くは，古今の学説に通じ，深い学問的信念をもつと同時に，まことに人間味あふれる方々であった。私もまた，このような素晴らしい先達や仲間たちの後に続きたいと思い，今日にいたるまで彼らの背中を懸命に追いかけてきた。これらの方々からさまざまな機会を通じてご教示を頂くことができたのは，私にとってきわめて幸いなことであった。大学の教室や研究室で，あるいは研究会や学会の会場で，また時には居酒屋の片隅で，彼らの言葉に耳を傾けることによって，実に多くのことを学ぶとともに，研究者としての心構えを養うことができた。

また近年，政治経済学の伝統につらなる若手研究者たちの活躍が目立つのは大変うれしいことである。若手といっても，研究のレベルでは私をとうに追い抜いていった人たちであり，これらの方々からも日頃より多くの学問的刺激を受けている。社会的弱者に対する温かい共感をもつとともに，豊かな天分に恵まれた多くの若手研究者が優れた研究成果を次々と発表していることは，ラディカル政治経済学をとりまく制度的環境が厳しい中にあって，その将来に明るい希望を抱かせるものである。

その一方で，わが国における経済学研究，さらには学術研究の将来は決して楽観を許すことのできない状況にある。短期のうちに目に見えるかたちで産業競争力の強化に寄与するような研究と教育が政府・財界によって求められているなか，大学は「知の共同体」から「知の企業体」へと変質を余儀なくされており，全国の大学に激しい雨が降り注いでいる。今日の日本の大学が置かれている状況は，厳しい思想統制が敷かれた軍政下のチリの過酷な状況などとは到底くらべることのできないものであるにせよ，近年ますます困難を増していることは紛れもない事実である。しかし，われわれにはまだ為しうる多くのこと

が残されている。学問に携わる者の一人ひとりが，それぞれの置かれている場所で，学問と社会の自由で多様な発展のために何をなしうるのかを考え，行動していかなくてはならない。現代を歴史として把握するとは，そのような心の持ち方のことを意味しているのではないかと思う。

　本書をまとめるにあたっては，名古屋大学出版会編集部の方々に大変お世話になった。橘宗吾氏には，構想段階から刊行にいたるまで折に触れて助言と励ましを頂いた。同氏とは本書の内容と構成について数度に及ぶ意見交換を行ない，それによって質量ともに大幅な拡充をはかることができた。三原大地氏は，校正段階で原稿を綿密に点検してくださった。その際に氏からは，文章の意味が分かりにくい箇所や，説明が冗長な箇所などについての指摘をいただくとともに，多くの有益な改善意見をあたえられた。本書がそれなりにまとまりのある書物に仕上がっているとすれば，それは両氏の導きによるところが大きい。なお本書の刊行にあたっては，公益財団法人日本証券奨学財団の研究出版助成を受けた。ここに記して感謝申し上げる。

　2017 年 1 月

鍋　島　直　樹

初出一覧

各章の素材となっている既発表論文などは、以下のとおりである。ただし各章とも、既発表論文における議論の拡充をはかったほか、各章間の関連が明らかになるように説明を追加したり、議論の重複を避けるために内容を整理したりするなど、本書をまとめるにあたって大幅な加筆・修正を加えている。

序　章　書き下ろし。
第 1 章　「ポスト・ケインズ派経済学の史的展開――ケインズとカレツキの統合に向かって」『経済科学』（名古屋大学）第 52 巻第 4 号，2005 年 3 月。
第 2 章　書き下ろし。
第 3 章　「ケインズの経済政策論――「投資の社会化」論の今日的意義」，原正彦（編）『グローバル・クライシス』青山社，2012 年 11 月。
第 4 章　「ポスト・ケインズ派貨幣経済論の回顧と展望」『季刊経済理論』第 46 巻第 4 号，2010 年 1 月。
第 5 章　「現代主流派マクロ経済学批判の一視角――ポスト・ケインズ派の挑戦」『季刊経済理論』第 48 巻第 4 号，2012 年 1 月。
第 6 章　「金融化と現代資本主義――ポスト・ケインズ派のアプローチ」，諸富徹（編）『岩波講座現代第 3 巻　資本主義経済システムの展望』岩波書店，2016 年 2 月。
第 7 章　「ミンスキーの逆説――金融不安定性仮説の射程」『経済理論学会年報』第 34 集，1997 年 10 月。
第 8 章　「金融不安定性と制度的動学――ミンスキーの資本主義経済像」『富大経済論集』第 49 巻第 1 号，2003 年 7 月。
第 9 章　「金融不安定性仮説の意義と限界――アメリカ・ラディカル派のミンスキー論」『季刊経済理論』第 52 巻第 3 号，2015 年 10 月。
第 10 章　「M. カレツキ――現代政治経済学の源流」，橋本努（編）『経済思想第 8 巻　20 世紀の経済学の諸潮流』日本経済評論社，2006 年 5 月。
第 11 章　「カレツキ研究の展望――「有効需要の理論」をめぐって」『経済学史研究』第 56 巻第 2 号，2015 年 1 月。
第 12 章　「カレツキの経済政策論――完全雇用の政治経済学」『経済科学』（名古屋大学）第 57 巻第 1 号，2009 年 6 月。
終　章　「ケインズ主義の可能性と限界――カレツキ経済学の視点から」『現代思想』第 37 巻第 6 号，2009 年 5 月。

人名索引

ア 行

アイクナー（Eichner, A. S.） 25, 35, 44
青木達彦 32
アカロフ（Akerlof, G. A.） 50
浅野栄一 72
アスー（Assous, M.） 257, 259
アリーナ（Arena, R.） 169
アレスティス（Arestis, P.） 27, 29-30, 32, 36, 40-1, 83-5, 89, 101, 117, 120-2, 287
アンドリューズ（Andrews, P. W. S.） 59
池田毅 68, 72
石倉雅男 72
伊東光晴 72
ヴァスデヴァン（Vasudevan, R.） 189
ヴァリアート（Variato, A. M.） 173
ヴィクセル（Wicksell, K.） 106-7, 113, 123-9, 155
ヴィックリー（Vickrey, W. S.） 50
ウィリアムソン（Williamson, O. E.） 50
ウェイレン（Whalen, C. J.） 136-7, 165, 170, 184
ウェーバー（Weber, A. A.） 107
ヴェブレン（Veblen, T. B.） 7, 30, 134, 170
ウォームズ（Worms, A.） 107
ウォルターズ（Walters, B.） 28-9
内田義彦 4
ウッド（Wood, A.） 35
ウッドフォード（Woodford, M.） 105, 125
エドワーズ（Edwards, R.） 209
エプシュタイン（Epstein, G. A.） 132
緒方俊雄 25
オサリヴァン（O'Sullivan, M.） 139
オシャティンスキ（Osiatyński, J.） 272
オナラン（Onaran, Ö） 293
オルソン（Olson, M.） 287

カ 行

カウリング（Cowling, K.） 36
カーソン（Carson, J. D.） 221
金尾敏寛 221
ガラニス（Galanis, G.） 293
カルドア（Kaldor, N.） 5, 11-2, 16, 18, 27, 34-5, 41, 44, 61-2, 64-5, 67-8, 72, 99-100, 118, 223-4, 277, 297
ガルブレイス（Galbraith, J. K.） 4, 31
カレツキ（Kalecki, M.） 2, 10, 12, 35, 59-60, 64-5, 72, 144, 146, 157-8, 188, 206, 295-8, 301
川口弘 72
カーン（Kahn, R. F.） 27, 213, 240
キャメラー（Camerer, C. F.） 50
キング（King, J. E.） 2-3, 27, 30-2, 45, 48, 69, 167
キンドルバーガー（Kindleberger, C. P.） 155
グッドウィン（Goodwin, R. M.） 261
クライスラー（Kreisler, P.） 40-1, 221, 225, 286
クライン（Klein, L. R.） 247, 249, 254
グリン（Glyn, A.） 297
グリーンワルド（Greenwald, B.） 229
クルーグマン（Krugman, P. R.） 50
クルツ（Kurz, H. D.） 31
クレーゲル（Kregel, J. A.） 25, 44, 105, 176
クロッティ（Crotty, J. R.） 164, 167, 186, 190-2, 198, 203
クーン（Kuhn, T. S.） 24
ケインズ（Keynes, J. M.） 2, 7, 9-10, 22, 50, 61, 66, 73-4, 84-5, 89-90, 92-3, 98, 105, 107, 125-8, 146, 149, 155-6, 158, 170-3, 184-6, 188, 192, 206, 208, 210, 213-5, 224, 227, 240, 245-54, 259-60, 267-71, 280-3, 285-6, 293, 295, 297-301
ケニヨン（Kenyon, P.） 35
コヴァリク（Kowalik, T.） 233, 272, 290-1
コース（Coase, R. H.） 50
コッツ（Kotz, D. M.） 196-202, 205, 304
ゴッドリー（Godley, W.） 31
小峯敦 283
コモンズ（Commons, J. R.） 7, 134, 170

サ 行

サイモン (Simon, H. A.) 50
サイモンズ (Simons, H. C.) 155
佐々木啓明 72
サミュエルソン (Samuelson, P. A.) 11, 97
サルヴァドーリ (Salvadori, N.) 31
サールウォール (Thirlwall, A. P.) 31, 48
ジェラード (Gerrard, B.) 69
嶋野智仁 139
シュタインドル (Steindl, J.) 36, 72, 226, 277, 297, 306
シューマッハー (Schumacher, E. F.) 284
シュンペーター (Schumpeter, J. A.) 128, 133, 155
シラー (Shiller, R. J.) 50
スウィージー (Sweezy, P. M.) 1, 9, 36, 205, 300
スキデルスキー (Skidelsky, R.) 73
スキューズ (Skuse, F.) 287
スコット (Skott, P.) 163, 261
スティグリッツ (Stiglitz, J. E.) 50, 229
ステーラー (Stehrer, R.) 261
ストックハンマー (Stockhammer, E.) 36, 51, 69-70, 117, 119, 121, 137-44, 261
スミス (Smith, A.) 27
スラッファ (Sraffa, P.) 25, 27-8, 30, 168, 240
セイラー (Thaler, R. H.) 50
セカレッキア (Seccareccia, M.) 261
セッターフィールド (Setterfield, M.) 89, 117, 121-2, 129
セン (Sen, A.) 50
ソーヤー (Sawyer, M. C.) 29, 32, 36, 40-1, 83-5, 89, 101, 112, 117, 120, 122, 214, 230, 236
ソロー (Solow, R. M.) 66

タ 行

ダウ (Dow, S. C.) 28-9, 98, 101
ダット (Dutt, A. K.) 36, 260, 267
ダン (Dunn, S. P.) 29, 31, 40
チック (Chick, V.) 30
チャップル (Chapple, S.) 250-1, 259
ツガン＝バラノフスキー (Tugan-Baranovsky, M. I.) 239, 271
ディムスキ (Dymski, G. A.) 164, 167, 192-5
ティモワーニュ (Tymoigne, E.) 135, 184-5
テイラー (Taylor, J. B.) 105, 113
デヴィッドソン (Davidson, P.) 5, 11, 16, 28-9, 36-8, 40-1, 44, 61, 64, 73, 98, 204, 244, 302
デュメニル (Duménil, G.) 298-9
ドーア (Dore, R. P.) 307
ドカティ (Docherty, P.) 69
トービン (Tobin, J.) 41, 97, 204
トラウトヴァイン (Trautwein, H.-M.) 125
ドーンブッシュ (Dornbusch, R.) 26

ナ 行

内藤敦之 72
ナジカ (Nasica, E.) 169-70, 176, 179, 183, 186
鍋島直樹 15, 36, 98, 109, 200, 233, 297
西洋 72, 139
二宮健郎 72
野口真 221

ハ 行

ハイエク (Hayek, F. A. von) 4, 6, 8, 56, 126
ハイゼ (Heise, A.) 287
ハイン (Hein, E.) 36, 41, 117, 119, 121, 137, 139, 146, 149, 293
ハーコート (Harcourt, G. C.) 28, 35
パシネッティ (Pasinetti, L. L.) 122
バス (Basu, D.) 189
バックハウス (Backhouse, R. E.) 50
ハーディ (Hardie, J. K.) 272
パティンキン (Patinkin, D.) 248-51, 253-4, 259
バドゥリ (Bhaduri, A.) 66
バーナンキ (Bernanke, B. S.) 162
パパディミトレウ (Papadimitriou, D. B.) 170, 173
ハモウダ (Hamouda, O. F.) 28
原正彦 72
バラン (Baran, P.) 36, 205
パリー (Palley, T. I.) 41-3, 101, 117, 119, 204, 206
バーリン (Berlin, I.) 193
ハレヴィ (Halevi, J.) 286
ハロッド (Harrod, R. F.) 11, 27, 34, 66, 72, 247
ハンセン (Hansen, A. H.) 155

人名索引　339

ピグー（Pigou, A. C.）　16, 61, 93, 97, 210
ヒックス（Hicks, J. R.）　104, 178-9, 259
ヒッチ（Hitch, C. J.）　59
平井俊顕　126, 281
ヒルファディング（Hilferding, R.）　134
フィッシャー（Fisher, I.）　155, 184
フィッシャー（Fischer, S.）　26
フェッリ（Ferri, P.）　179-80
フォーゲル（Vogel, L.）　293
フォスター（Foster, J. B.）　204-5
フォード（Ford, H.）　13
フォンタナ（Fontana, G.）　69, 101-4, 107, 112, 119, 122, 125, 129
ブラウン（Braun, H.）　239, 272
ブランチャード（Blanchard, O. J.）　110
フリードマン（Freedman, M.）　4, 50, 53
ブルス（Brus, W.）　241-2, 274
ブルム（Blum, L.）　281
ベイトマン（Bateman, B. W.）　81
ベヴァリッジ（Beveridge, W. H.）　13, 283
ベナシー（Benassy, J.-P.）　50
ヘンダーソン（Henderson, H. D.）　80
ペンローズ（Penrose, E. T.）　138
ボイアノフスキー（Boianovsky, M.）　125
ボウルズ（Bowles, S.）　209
ホートレー（Hawtrey, R. G.）　126
ホブソン（Hobson, J. A.）　271
ポーリン（Pollin, R.）　101, 164, 167, 192-5
ホール（Hall, R. L.）　59
ボワイエ（Boyer, R.）　13, 305
ポンツィ（Ponzi, C.）　161

マ　行

マクチェズニー（McChesney, R. W.）　204-5
マーグリン（Marglin, S.）　66
マーシャル（Marshall, A.）　30, 61, 93, 155, 210
マッハルプ（Machlup, F.）　85
マランヴォー（Malinvaud, E. C.）　50
マルクス（Marx, K.）　7, 10, 27, 33, 43, 95, 155-6, 190-2, 206, 208, 210-1, 213, 225, 239, 271, 277, 279
マンキュー（Mankiw, N. G.）　97
ミーゼス（Mises, L. E. von）　56, 126
ミッチェル（Mitchell, W. C.）　7
ミード（Meade, J. E.）　79, 85, 281
宮崎義一　72

ミュルダール（Myrdal, G.）　67, 126
ミル（Mill, J. S.）　155
ミーンズ（Means, G. C.）　59
ミンスキー（Minsky, H. P.）　2, 5, 11, 16, 19-20, 36-38, 41, 63, 98, 131-2, 149-50, 229, 302
ムーア（Moore, B. J.）　36, 38, 100-1, 127
メア（Mair, D.）　283, 287
メイヤー（Meyer, L. H.）　110
メーリング（Mehrling, P.）　170
メルツァー（Meltzer, A. H.）　81
モディリアーニ（Modigliani, F.）　259
元木久　246
モンヴォワザン（Monvoisin, V.）　112, 117

ヤ　行

山田鋭夫　305
山本英司　262, 271
ヤング（Young, D.）　28-9
横川信治　70
吉田博之　72

ラ　行

ライベンシュタイン（Leibenstein, H.）　50
ラヴォア（Lavoie, M.）　31-2, 36, 41, 49, 52-3, 56, 58, 66-7, 69, 100, 112, 114, 117, 119, 245, 261
ラゾニック（Lazonick, W.）　139
ラーナー（Lerner, A. P.）　85, 155
ラムズコグラー（Ramskogler, P.）　51, 69-70
ランゲ（Lange, O.）　155
リー（Lee, F. S.）　25, 45-6, 50, 59-60, 69
リカード（Ricardo, D.）　27, 225
リピンスキ（Lipinski, E.）　271
リュエフ（Reuff, J.）　264
リンダール（Lindahl, E. R.）　125-6
ルクセンブルク（Luxemburg, R.）　239, 271
ルーズベルト（Roosevelt, F.）　209
レイ（Wray, L. R.）　37, 101, 134-5, 170, 173
レイノルズ（Reynolds, P. J.）　32, 41, 221
レイバウト（Raybaut, A.）　169-70
レイヨンフーヴッド（Leijonhufvud, A.）　52
レヴィ（Lévy, D.）　298-9
レオンチェフ（Leontief, W. W.）　50
レーニン（Lenin, V. I.）　271
レムケ（Lemke, W.）　107
レラミー（Laramie, A. J.）　283, 287
ロイド＝ジョージ（Lloyd George, D.）　77

ロジャーズ（Rogers, C.）　127
ローション（Rochon, L.-P.）　69, 84, 100-1, 112, 117, 121
ローソン（Lawson, T.）　28-30, 58
ローソン（Rowthorn, R. E.）　35, 66, 224, 260, 262
ロッシ（Rossi, S.）　84, 100
ロートハイム（Rotheim, R. J.）　29
ロドリゲス（Rodriguez, G.）　261
ロドリック（Rodrick, D.）　50
ロバートソン（Robertson, D. H.）　126
ロビンズ（Robbins, L. C.）　55
ロビンソン（Robinson, E. A. G.）　247
ロビンソン（Robinson, J.）　5, 10-1, 15, 25, 27, 30, 33-4, 44, 67-8, 72, 118, 208, 213, 216, 240, 247-8, 253-4, 280, 288, 301
ロペス（López, G. J.）　257, 259
ローマー（Romer, D.）　97, 116
ロンカッリア（Roncaglia, A.）　32

ワ 行

ワイスコフ（Weisskopf, T. E.）　196
ワイントロープ（Weintraub, S.）　11, 36-7, 41, 98
渡辺和則　72
ワテツキ（Wątecki, J.）　264

事項索引

ア 行

新しい古典派　42, 80, 93, 109, 128
新しい新古典派総合　105, 110, 125
アメリカ経済
　——についてのカレツキの分析　291
　——の歴史的進化　133-7
　戦後——における危機の諸傾向　196-9
アメリカ・ラディカル派　20, 189-90, 200, 204, 208, 304
安全性のゆとり幅　159
『イギリス産業の将来』　77
異端派（経済学）　18, 41, 44-6, 49, 70-1, 155-6, 187-9, 194, 203-4, 206, 208, 292, 304-7
　——の連携　46, 70-1
一般化アプローチ　28-9
『一般理論』　7, 10, 75, 96, 98, 107, 126, 210, 214, 246-8, 250, 253-4, 271, 280
　——に対するカレツキの書評　214-5
一般理論の一般化　33, 216
移動的均衡の理論　105
イノベーション　265-6, 268
インフレーション　63, 88, 107, 120-1
　コストプッシュ・——　63, 107, 120-1
　政府介入の代価としての——　184
　ディマンドプル・——　120
インフレ目標政策　18, 82-4, 88, 90
SSA理論　→社会的蓄積構造理論
似非ケインズ主義　11, 306
大きな政府　163, 177, 183-4
オールド・ケインジアン　97, 204

カ 行

開放系　29-30, 58
価格
　需要によって決定される——　217
　費用によって決定される——　217
科学革命　24, 45
貸し手のリスク　158-61, 175, 227
過少消費（危機）　192, 197
過剰投資（危機）　197-9, 202

寡占　39, 211, 216
株主価値志向経営　139, 142, 165, 304-5, 307
株主主権型企業　22, 145, 307
貨幣
　——の基本的性格　37, 61, 96
　——の非中立性　37, 61, 94, 96, 302
　価値保蔵手段としての——　37, 57, 61, 97, 302
貨幣経済　57, 61, 94
　中立——　61
貨幣的分析　128, 130
『貨幣論』　125
借り手のリスク　158-61, 227
カレツキアン（カレツキ派）　2, 17, 21, 28-9, 31-3, 39-40, 245, 265-8, 302-3
　——・モデル　36, 67-8, 144, 260, 267-8
緩衝在庫　60
完全雇用　22, 231, 237, 277, 286
　——に対する資本家の反対　232-3, 287-8
　——を達成するための三つの方法　231, 277-80
管理価格理論　59
機関投資家　134-7, 165
企業家経済　95
企業家主権　222
危険遁増の原理　227, 303
擬似均衡　258-9
基礎的財政収支　86
機能的財政　85
ギブソンの逆説　84
業績連動型報酬制度　138
共同体経済　95
金融化　36, 132, 304
　日本経済における——　139
金融主導型成長体制　137, 305
金融的ケインズ主義　173
金融的動学　169
金融不安定性仮説　19-20, 37, 63, 131, 154-6, 169, 173-4, 176-7, 183, 188, 190, 203, 229, 302
　——の基本命題　173

グローバル化　143-4, 236, 293
グローバル・ケインジアン・ニューディール　146
軍事支出　291-2
計画化
　　社会主義的——　273
　　独占資本主義的——　273
『景気循環理論概説』　210, 212, 215, 239, 246, 250, 262
経済学史　3
経済学の第二の危機　15, 25
経済理論学会　70-1
経路依存性　31, 58, 67, 119
ケインジアンのヒエラルキー　129
ケインズ革命　7, 11, 16, 240
ケインズ効果　257
ケインズ主義的福祉国家　12
ケインズ的妥協　22, 298
ケインズ反革命　8
限界生産力説　64
研究プログラム　52
　　稀少性の世界の——　55
　　豊富の世界の——　55
現在価値の逆転　175
現実主義　53
ケンブリッジ資本論争　26
合成の誤謬　54
構造主義マクロ経済学　35, 42, 277
構造的ケインジアン　204-6
構造論アプローチ　39, 100-5
行動経済学　51-2
高度経済成長　12-4, 24
国際政策協調　149
国際清算同盟　149, 284
国際投資委員会　284
国内輸出　252-3
コスト・プラス価格形成　59
国家（公共）投資委員会　77-8
古典派の二分法　129, 303
古典派のヒエラルキー　129
『雇用政策白書』　281
根本的な改革　233, 288-9

サ 行

最後の貸し手　99, 148, 163, 177, 183
再生産表式　10, 210, 239, 271
最適化原理　54

サーキット・アプローチ　100
サブプライム・ローン　141
三階級区分（ケインズの）　297-8
産業予備軍　191, 197, 255, 258
暫定的安定性　164, 186-7
自己資本比率規制　88, 147
資産効果　140
資産バブル（危機）　198-9
市場主義　6-8
自然失業率　118-9
自然成長率　34, 66-7, 118-9
自然利子率　19, 106-7, 113, 123-7, 129
　　重心としての——　127, 129
実験経済学　51-2
実物的分析　128, 130
資本主義
　　——経済の本来的不安定性　162, 166-7, 174, 176, 185
　　——の黄金時代　12, 165, 235, 244, 295, 305
　　金融——　134
　　金融支配型——　137, 142, 304
　　経営者——　134-5, 138, 165
　　個人主義的——　10
　　産業——　134
　　資金運用者——　19, 135-6, 150, 165, 184
　　修正——　10
　　商業——　133
資本循環の範式　95, 157
資本税　282-3
資本の有機的構成　192
資本予算　78-9
社会主義
　　——計画経済へのカレツキの関与　242, 275-6
　　——に対するカレツキの見解　21, 241-2, 271, 277, 290
社会主義解明グループ　272
社会的蓄積構造学派（理論）　15, 137, 187, 200-1, 205-6, 304-5
収益性危機　14, 306
重大な改革　234, 290
主流派（経済学）　42, 44-6, 49-52, 68-9, 110-1, 128-30, 302
　　——との対話　46, 69
乗数　223-4, 226
乗数・加速度モデル　177

事項索引　343

所得格差（不平等）拡大　142, 200, 203, 304
所得再分配　148, 279
所得政策　64, 89, 107, 121-2, 148
　課税にもとづく――　37, 64, 89
新オーストリア学派　56
新古典派（経済学）　24-5, 27-8, 34, 43-5, 50-1, 166, 171, 186, 209-10, 225
　――貿易理論　143
新古典派総合　11, 15, 109-10, 155, 244, 306
新自由主義　1, 8-9, 15-6, 20, 22, 46, 73, 132, 142, 150, 200-6, 233, 270, 294-5, 300, 304-7
　――時代の経済危機　194
新自由主義型成長モデル　205-6
新自由主義的妥協　22, 298
新マルクス派　205-6
信用アクセス効果　141
信用の利用可能性　228-9
信用割当の理論　229
新リカード派　→スラッファ派
スタグフレーション　13, 306
ステークホルダー型企業　22, 145, 307
ストック・オプション　139, 147
ストックホルム学派　248-9
スラッファ派　2, 28-32, 34
生産性インデックス賃金　13-4
生産性危機　14, 306
生産の貨幣理論　18, 37, 61, 94-5
政治経済学　143, 187, 189, 208-10, 235
　――の再構築　25
政治的景気循環　233, 288, 295-6
正常費用価格理論　59
正統派（経済学）　50, 52
制度学派（主義）　8, 30-1, 170
制度的動学　169, 185
セイ法則　255
世界金融危機　1, 19-20, 51, 69, 73, 131-2, 141, 150, 188, 200, 204, 304
設計主義　6-7, 9
節約の逆説　54
全体論　54
前提（レイヨンフーヴッドの）　52-6
粗調整　85

タ　行

多角的貿易体制　284-5
多幸症的ブーム　160, 176, 185
単一期間分析　104

弾力性
　生産の――　37, 61, 96, 302
　代替の――　37, 61, 96, 302
賃金コスト・マークアップ理論　27, 63, 88
賃金主導型成長　21, 65, 87, 224, 261, 268, 293
　――戦略　144-5, 150, 307
賃金爆発　14
定常的均衡の理論　105
停滞化政策　306
テイラー主義　12, 14
テイラー・ルール　83, 106, 113
敵対的買収　138-9
デフレーション　64
天井と床　177-9, 185
投機的金融　160-1
道具主義　53
投資財
　――の供給価格（曲線）　158-9, 162, 175
　――の需要価格（曲線）　158-9, 161, 175
投資の社会化　18, 74, 280, 286
同調論アプローチ　38, 100-1
「独占＝停滞」命題　36
独占度（理論）　60, 64-5, 217-21, 236, 263

ナ　行

内生的貨幣供給理論　18, 35, 38-9, 62, 98, 230, 303
内生的成長理論　66
ニュー・ケインジアン　16-7, 42, 93, 97, 105, 109, 128, 269
ニュー・コンセンサス　19, 62, 105-8, 110-1, 303
ニューディール改革（政策）　134-6, 165, 176
ニュー・リベラリズム　299-300
ネオ・ケインジアン・モデル　67-8

ハ　行

ハーヴェイ・ロードの前提　300
バビロニア流の思考様式　28-9
パラダイム　7, 24, 26, 43, 52
　――転換　7, 24-5, 43, 47
　ウォール・ストリート・――　171
　村の定期市――　171
ハリネズミ・モデル（ミンスキーの）　193, 195
反対者　49
　異端派側の――　49-50

正統派側の—— 49-51
非インフレ加速的失業率（NAIRU）　118-9
ビジネス・デモクラシー　229
微調整　85
批判的実在論　28-30
費用の逆説　262
ファンダメンタリスト・ケインジアン　2, 17, 28-9, 31-3, 36, 38-40, 98, 244, 302-3
不安定性原理　66
フィリップス曲線　112, 115, 119-20
フェルドーン法則　67
フォーディズム　13-4
不確実性　37, 40, 61, 63, 96, 156, 164, 172, 186
　根本的——　40, 57, 73, 96, 164, 186
不完全競争　39-40, 211, 214, 216, 221, 228, 263-4
不完全雇用均衡　21, 249-50, 259-60, 268
負債主導型消費ブーム　140, 142, 150
負債デフレーション　38, 63, 162-3, 175, 185
二つの価格水準理論（モデル）　158, 174
フル・コスト理論　59
『ベヴァリッジ報告』　283
ヘッジ金融　160-1
ペンローズ効果　138
包含原理　69
豊富の中の貧困　55
方法論的個人主義　54
保証成長率　66
ポスト・ケインズ派（経済学）　11, 15, 17, 84, 208, 244-5, 269, 280
　——の核心的命題　41
　——の基本的見解　27
　——の金利政策　122
　——の周辺化　44, 68
　——のマクロ経済政策　84, 122, 147
　——の名称　25
　日本における——　71-2
ポスト・ケインズ派経済学研究会　72
ポスト古典派研究プログラム　41
ホリゾンタリスト　38, 100-3, 105
ホリゾンタリズム　100, 104
ポンツィ金融　160-1

マ 行

マークアップ価格形成　35, 39, 59-60, 88, 209, 218-20, 283
マネタリスト　35, 62, 82, 99, 111, 119, 179
マネタリズム　35, 62, 82, 99, 105, 296, 303
マルクシアン・モデル　261
マルクス主義　95, 272, 274, 300
マルクス派（経済学）　7, 71, 166, 188-91, 196, 239
　——の景気循環（恐慌）理論　191-2, 196
満足化原理　54
ミクロ的基礎づけ　16, 225
ミンスキー・クライシス　188
ミンスキーの逆説　164, 195
ミンスキー派　2
ミンスキー・モーメント　149

ヤ 行

有機体論　55
有効需要の原理（理論）　10, 16, 39-41, 49, 56-7, 59, 65-6, 210, 212, 244-6, 249, 253, 259, 268-9, 271, 280-1, 286, 288, 301-3
抑止的システム　179-81

ラ 行

リアル・ビジネス・サイクル理論　110
リカードの等価定理　49, 83, 114
リカード＝マルクス的伝統　210
利潤圧縮（危機）　14, 197, 199
利潤原理　226
利潤主導型成長　65, 87, 224, 261, 293
流動性タイムマシン　61, 97
累積過程論（ヴィクセルの）　124
ルールにもとづく政策　80
歴史的時間　34, 57-8, 156, 162, 172
レギュラシオン学派（理論）　12, 137, 187, 208, 305
連続分析　104
労働価値説　239
労働者評議会　275, 289

《著者紹介》
鍋島直樹
なべしま なお き

1963 年　鹿児島県に生まれる
1987 年　早稲田大学教育学部社会科学専修卒業
1993 年　一橋大学大学院経済学研究科博士後期課程単位修得退学
　　　　富山大学経済学部助教授などを経て
現　在　名古屋大学大学院経済学研究科教授，京都大学博士（経済学）
著訳書　『ケインズとカレツキ――ポスト・ケインズ派経済学の源泉』（名古屋大学出版会，2001 年，第 1 回経済学史学会研究奨励賞受賞）
　　　　『現代の政治経済学――マルクスとケインズの総合』（ナカニシヤ出版，2020 年）
　　　　『入門社会経済学――資本主義を理解する〔第 2 版〕』（共著，ナカニシヤ出版，2010 年）
　　　　R. スキデルスキー『経済学のどこが問題なのか』（訳，名古屋大学出版会，2022 年）
　　　　G. ドスタレール『ケインズの闘い――哲学・政治・経済学・芸術』（監訳，藤原書店，2008 年）
　　　　J. A. クレーゲル『金融危機の理論と現実――ミンスキー・クライシスの解明』（共訳，日本経済評論社，2013 年）他

ポスト・ケインズ派経済学
――マクロ経済学の革新を求めて――

2017 年 3 月 10 日　初版第 1 刷発行
2023 年 4 月 20 日　初版第 2 刷発行

定価はカバーに表示しています

著　者　鍋　島　直　樹
発行者　西　澤　泰　彦

発行所　一般財団法人　名古屋大学出版会
〒 464-0814　名古屋市千種区不老町 1 名古屋大学構内
電話（052）781-5027／FAX（052）781-0697

ⓒ Naoki NABESHIMA, 2017　　　　　　　　Printed in Japan
印刷・製本 ㈱太洋社　　　　　　　　ISBN978-4-8158-0862-4
乱丁・落丁はお取替えいたします。

JCOPY〈出版者著作権管理機構 委託出版物〉
本書の全部または一部を無断で複製（コピーを含む）することは，著作権法上での例外を除き，禁じられています。本書からの複製を希望される場合は，そのつど事前に出版者著作権管理機構（Tel：03-3513-6969, FAX：03-3513-6979, e-mail：info@jcopy.or.jp）の許諾を受けてください。

鍋島直樹著
ケインズとカレツキ
―ポスト・ケインズ派経済学の源泉―
A5・320 頁
本体 5,500 円

R・スキデルスキー著　鍋島直樹訳
経済学のどこが問題なのか
A5・288 頁
本体 3,600 円

P・デビッドソン著　永井進訳
ケインズ経済学の再生
―21世紀の経済学を求めて―
四六・208 頁
本体 2,500 円

木村雄一著
カルドア　技術革新と分配の経済学
――一般均衡から経験科学へ―
A5・256 頁
本体 5,400 円

藤田菜々子著
社会をつくった経済学者たち
―スウェーデン・モデルの構想から展開へ―
A5・438 頁
本体 6,300 円

菱山　泉著
ケネーからスラッファへ
―忘れえぬ経済学者たち―
四六・244 頁
本体 2,800 円

J・A・シュンペーター著　八木紀一郎編訳
資本主義は生きのびるか
―経済社会学論集―
A5・404 頁
本体 4,800 円

吉田博之著
景気循環の理論
―非線型動学アプローチ―
A5・236 頁
本体 4,800 円

植村博恭／磯谷明徳／海老塚明著
新版 社会経済システムの制度分析
―マルクスとケインズを超えて―
A5・468 頁
本体 3,600 円

田中敏弘著
アメリカの経済思想
―建国期から現代まで―
A5・272 頁
本体 3,500 円

L・マーフィー／T・ネーゲル著　伊藤恭彦訳
税と正義
A5・266 頁
本体 4,500 円